U0895310

什么是不辨是非的人?

就是他通晓世间万物的价码,

但却对其价值一无所知。

我读长江商学院,

就是不想成为一个不辨是非的人!

内容简介

《读书向善》是“张默闻流浪记系列”第二本。

本书翔实地记录了作者就读长江商学院EMBA的全过程。书中不仅有与同窗之间的浓浓情意、点滴趣事，而且有每一堂课带给作者的知识体系、思考体系的提升。

“读书向善”是作者一直崇尚的读书观，“策划向善”是作者管理企业始终遵循的座右铭，“善”是一切根源的开始，也是一切行为和活动的目的。希望借助此书，提供给那些想就读商学院的企业家们一些“过来人”的建议，也希望能有更多的人通过就读商学院取得更大的成功。

图书在版编目（CIP）数据

读书向善：长江商学院读书手记 / 张默闻著. —北京：清华大学出版社，2020.12
（2021.2重印）
（张默闻流浪记系列）
ISBN 978-7-302-56826-1
Ⅰ. ①读…　Ⅱ. ①张…　Ⅲ. ①读书笔记－中国－现代　Ⅳ. ① G792

中国版本图书馆 CIP 数据核字 (2020) 第 218361 号

责任编辑：徐永杰　刘志彬
封面设计：张默闻
责任校对：王荣静
责任印制：杨　艳

出版发行：清华大学出版社
网　　址：http://www.tup.com.cn，http://www.wqbook.com
地　　址：北京清华大学学研大厦 A 座　　**邮　　编：**100084
社 总 机：010-62770175　　**邮　　购：**010-62786544
投稿与读者服务：010-62776969，c-service@tup.tsinghua.edu.cn
质 量 反 馈：010-62772015，zhiliang@tup.tsinghua.edu.cn
印 刷 者：三河市铭诚印务有限公司
装 订 者：三河市启晨纸制品加工有限公司
经　　销：全国新华书店
开　　本：145mm×210mm　　**印　　张：**14.875　　**字　　数：**369 千字
版　　次：2020 年 12 月第 1 版　　**印　　次：**2021年 2 月第 2 次印刷
定　　价：78.00 元

产品编号：089624-01

张默闻流浪记系列

Reading Is Good

读书向善

长江商学院读书手记

张默闻◎著

清華大学出版社
北京

与长江商学院创办院长项兵博士的合影

扫码听好歌

扫码看MV

谨以此书献给我平凡而伟大的母亲孙兰英女士

扫码听好歌

扫码看MV

一时间赶回杭州，还叫上离得更远的赵青老师。西湖边的饭店包间里热气腾腾，我们一行人被温暖、幸福包围着，鲜红的大龙虾腾云驾雾般地傲然耸立着，一道又一道美味佳肴不断震撼着我们这些久居国外之人。默闻拉着老父亲的手嘘寒问暖，拍着孩子的背一番鼓励。大家兴奋不已，推杯换盏，我却几乎轮不上说什么。接着是默闻给他们一老一小的礼物，左一件又一件，件件都是出奇地震撼着在场的每一个人……

这么多年过去了，尤其是从他创业至今我们都分头忙着，几年不能见上一面是常态，他的"甜言蜜语"我也忘得差不多了。更何况他自己已加入了最辛苦的企业家行列，有些事情该早就忘了、淡了……

然而，这次不期而至的拜访，却让我看到他的内心依然那么具体、深刻和美好，令人感动、令人难忘。他就是这样，一直好着，始终善良着，面善、语善、行善。我知道善是可以传承的，可以写在基因里、刻在骨子里、融在血液中。时至今日，中国策划界首屈一指的默闻仍然是一幅笑起来憨厚、纯净的模样。二十年来的商界历练，在增添了他的见识与智慧的同时，更坚固了善良的初心。我能想象，他纯朴、善良的笑容曾经融化掉多少商战中的狡诈与艰涩，又曾转化了多少干戈为玉帛。是的，对善良与纯朴不设防是所有人的本能，而被卓越才华与见解所征服更是一种必然！古今中外均如此。

向善，是默闻从无意识到不断强化的人生原则。多年的商旅生涯正在日复一日地把他善的本性打磨成事事坚守的态度与原则。可以这么说，默闻每天都是满怀善意在工作，正如我最敬重的稻盛和夫先生所秉持的"敬天爱人"的人生哲学。动机至善、了无私心更是这位经营之神的商道信条。默闻坦言："向善，这两个字，在我的世界里已经成了无可替代的价值观。我开始思索它的价值、它的内涵、它的现实、它的未来以及它的传承性。我发现'向善'二字

推荐序

向善人生

对默闻而言，我知道，善是他的本性，向善是他的原则，读书向善是他通往向善人生的一段重要旅程。认识默闻是在二十年前，在北京雍和宫戏楼胡同的那个小四合院里，二十几岁的默闻前来应聘。评语栏里，我写下了“纯朴、善良、有潜力”7个字，并且加上了大大的感叹号。

从此，和默闻的缘分就拉开了帷幕。在后来漫长的工作和交流中我才明白：我在一个小时内得出的“7字评价”竟是源于默闻世代遗传的基因，那基因流淌在他的血液中，也印刻在他的骨子里。默闻的父母都是朴实善良的中国农民，他们是这片土地上最基本也是最伟大的创造者中的一员。他们把勤劳贡献给这个生机勃勃的民族，更用善良滋养着自己的子孙后代。默闻常常提到他的母亲，一位善良质朴的农村妇女，她时刻提醒着默闻要好好做事、好好做人，要遵纪守法、不贪不占，要好好读书、报国爱家……默闻母亲的善良是鲜活的、立体的，表现在她对邻里和善、对别人有求必应、对子女深爱严苛。而对默闻来讲，则表现为对哥嫂好、对亲朋好、对一切帮助过他的人好。他持久地怀着报答之心，善良地念着每个人的恩情，那份点滴之间的情意，令人温暖、令人感动！

默闻逢人便讲我是他的发现者，有知遇之恩、伯乐之德，但我并不当真。就在2018年的暑假，我突然想带着儿子和九十多岁的老父亲去杭州玩几天，顺便看看默闻。得知我们去杭州的消息，他第

解决了我所有的学习、成长、发展与成就的一揽子问题。我很感激这两个字落户我们的公司。”

默闻的企业越干越好，他服务过的那些知名企业家，都对他的才华与作品赞不绝口。我隔着太平洋，远望着他的公司日新月异地成长，心里知道，一心向善、日日精进的默闻会成长得更好！他的读书向善，是以善的天性和向善的人生原则为基石，是对读书态度的一种自然而然的诠释。正如书中所说：读书向善就是在读书中要做到善良、善学、善谋、善断、善战。只有完成这“五善”，才能找到读书的乐趣和真理，虽然有时候真理就像愚公移山，特别劳累。我知道，“五善”不仅是默闻的观点，更是他的实践。二十年来，我看到默闻以他的善良和善学，做到了善谋、善断和善战。这也是为什么人们总说默闻是学习能力最强、学习速度最快的。依我看，他更是能谋能断、能打胜仗的！这些年，无论默闻进入哪个行业，不管多新，他总能在最短的时间提出他的真知灼见。这也是为什么，十几年前，身为美国纽交所上市公司AOBO的全球副总裁，他曾多次荣获公司授予的“不可替代领军人物”“罗文式员工”等荣誉称号。而如今，他更是不断践行“五善”，从而为张默闻策划集团赢得了一批又一批国内外知名企业。他的善良、善学、善谋、善断、善战，一次又一次地为客户企业创造了令人瞩目的成绩。

关于此书，我还在想一个问题：读者是谁？当我第一次看到这个标题时，做企业的我，最想谈的却是我们的孩子、我们下一代的读书问题。我们的教育在指引孩子们“读书向善”吗？孩子们可以通过“读书向善”最大程度地避免成为精致的利己主义者吗？面向未来，我们能够通过读书向善，培养出一批心怀敬畏、灵魂高贵、怜爱苍生，而又能造福一方的下一代吗？在过去的二十几年里我频繁地往来于中美之间，和哈佛大学的结缘，也正是源于我对教育和读书本质的好奇与思考。这些年，通过与众多当代精英的合作与近

距离的相交，从洛克菲勒家族到华尔街巨富，从美国国务卿到哈佛大学校长，从诺贝尔奖获得者到美国硅谷的天才级企业家，在长期的交往和深度的合作中，最令我触动的不是他们的财富、地位与成就，而是那些他们不经意间就透露出来的善意，那真实而自然的善，令我动容。我常想，是向善成就了他们的人生吗？也许这是有道理的。因为向善可以把你的思想和行为变得异常简单，于是一个人的所有能量也就凝聚起来，变得尤其锐利，甚至可以无坚不摧。然而在另一种现实中，我们也看到名牌大学成了自杀和他杀率最高的斗兽场，我们也看到一些年纪轻轻却深谙世故、精明老到却根本不相信善良的年轻人，我不禁寒噤，读书怎么会读成这样？

这几年，利用暑假时间，我也常常陪儿子去各地做演讲，其间经常有中学生的家长一起来听讲座。交流中，我吃惊地发现，其实是我们成人的理念里缺少了“读书向善”的信念，孩子们在我们的家庭教育中得到的是“书中只有颜如玉，书中只有黄金屋”。而书中还有的善良与利他、厚重的人格及高贵的灵魂却都已经被遮挡住了。然而，站在家长的角度去想，我们又不得不承认，在群体急功近利的背景下，哪位家长又能挣脱教育过程中的焦虑与迷茫呢？大家只想知道能被常春藤大学争相录取的秘诀，谁会愿意花时间和心思坐下来聆听善良呢？

默闻的这本书让我看到了希望。因为以默闻为代表的当代社会的中流砥柱，一批压力巨大却激情依旧的企业家们，正在率先读默闻的书，正在践行着“读书向善”。最关键的是，我们的下一代将从中受益。这是一本好书、一本及时的书，我认为所有为人父母者都要读一读。因为它关乎我们的下一代，关乎我们的民族和国家的未来。我相信，当向善成为我们的群体意识，当“读书向善”成为我们共同的一段里程，我们的民族会更强，我们的下一代会更好，我们所在的世界也才会更好。

最后，我想说，祝福默闻，祝福有幸读到此书的读者们，愿读书向善成就所有人的向善人生！

李艳春

哈佛大学校长战略顾问

哈佛大学世界女性领导力董事会董事

哈佛大学肯尼迪学院院长理事会理事

哈佛财富战略管理公司董事长

2020年7月18日于纽约

自序一　我为什么要写《读书向善》？

小时候，我是害怕学习的，特别是数学，经常是最后一名。好在我的语文成绩好，弥补了我在数学上的塌方式的败绩。那时候，我对读书的理解是：读书就是喜欢语文就拼命地学习语文，连语文老师的缺点在我眼里都是伟大的优点，而数学老师就很悲剧了，他再怎么努力地想拉我上岸，我都不把手伸给他，最后，他摇摇头放弃了我。我成为班里最偏科的那个人。

那时候，母亲对我是忧虑的。她说："我的二少爷，你什么时候能把书读好，我就谢天谢地谢祖宗了。"但是很遗憾，在母亲活着的时候，我的读书生涯是一塌糊涂、不可救药的。所以，读书，是母亲曾经对我最大的期待。读书，也成了我这半生一直努力达成的重要目标之一。

后来，长大了，开始好好读书了，书读得越来越多，人就开始懂事了。那些化解不开的仇恨在阅读的过程中得以化解；那些找不到答案的问题也开始在阅读的过程中得以找到答案；那些遥远的、高不可攀的、晃晃悠悠的、深不可测的人生道理在阅读里都被扯下面纱，露出了本来的样子。我发现，生活长得并不好看，你努力，它就向你露出笑脸；你慵懒，它就向你露出腐烂。而读书，就是你在岁月里抓住笑脸、放弃腐烂的最好方式，没有之一。

2017年，我首次提出了"策划向善"的公司核心价值观。向善，这个独特的概念，终于成功地霸占并结束了我这么多年飘摇不定的价值观游离状态。向善，这两个字，在我的世界里已经成了无可替代的价值观。我开始思索它的价值、它的内涵、它的现实、它的未来，以及它的传承性。我发现，向善二字，解决了我所有的学习、成长、发展与成就的一揽子问题。后来，腾讯公司也提出了“科技向善”的理念，我特别感动，我觉得这是大企业在经历了大发展之后的觉醒，更是企业家责任的一种回归和复活。不管是策划向善、科技向善，还是读书向善，只要从向善出发，结果就会“笑起来真好看”。我希望越来越多的企业和企业家加入到向善的经营哲学里来，这种感觉太完美了。

我一直坚信，终身学习是我的目标，读书向善是我的信仰。结束了长江商学院的学习，我对读书向善的理解也达到了高点。读书向善就是要做到善良、善学、善战。只有完成这三个善才能找到读书的乐趣和真理，虽然有时候真理就像愚公移山，特别劳累。

读书向善的善就是读书要秉承善良第一的原则。

我一直强调，读书和善良的关系是非常密切的，善良也是读书的重要原则之一。你带着一颗善良的心去打开书本，去汲取图书带来的智慧，读书就会将善良的力量在你身上发挥到极致。反之，你抛弃善良去读书，你的知识越丰富、越领先，你的破坏力就越大，你甚至无法预料没有善良之心将会给你和世界带来什么样的灾难和损失。读书者必须对善良给予敬畏，跟着它、拥抱它、亲吻它，让它成为你生命的一部分，与你的灵魂密不可分。善良越早地植入到你的读书岁月里，你的善良就会越早地发芽结果，与自己为善、与家为善、与社会为善、与世界为善。读书无小事，善良第一位。

读书向善的善就是读书要秉承善学第一的原则。

我一直强调，读书和善学的关系是非常密切的，善学也是读书的重要原则之一。人生短短几十个秋，根本无法读完世界上的好书，这就要求我们要善学。善学就是知道学什么，学到什么程度。读书过深，人就会傻；读书过痴，人就会钝；读书过猛，人就会折；读书过松，人就会愚。善学，除了在校的大学生以外，我们这些“60后”“70后”“80后”要掌握以下几个原则：根据家庭需要去读书，根据生意需要去读书，根据灵魂需要去读书，根据竞争需要去读书，根据人脉需要去读书。善学，是一种独特的读书能力，这个能力比你读多少书更重要。

读书向善的善就是读书要秉承善战第一的原则。

我一直强调，读书和善战的关系是非常密切的，善战也是读书的重要原则之一。我始终认为进攻是最好的防守，进攻过程中的善战是一切的基础和根本。读书向善，即为善战。善战者永远很年轻，善战者永远很好奇，善战者永远很自信，善战者永远在读书，善战者永远在思考，善战者永远在前线。但是，越是善战者，越要向善：读书向善、管理向善、文化向善、使命向善，唯有坚持向善才能立于不败之地，才能获得千秋功业。读书向善的善战，就是要把读书和战斗结合起来：你可以不拿枪，但是你要会指挥枪；你可以不会开枪，但是你要明白开每一枪的方向和作用。我希望每个人都是读书向善、极度善战的人，这样，善战才成为真正的善。

读书向善，可能是我们找到读书使命的最好答案。

我相信，每一个人都是向善的，每一个读书人都是渴望向善的。我们无法改变世界，但是我们可以一切向善，特别是读工商管理的先生们和女士们，你们的读书向善，你们的五彩光环，对中国、对世界将会产生重要的影响。我希望，我的读书笔记，让每一位读者都能读到向善的力量。为了不让大家感到枯燥，我添加了原创链接，让读者从课堂到课外能换换空气、换换口味，让读书多一点新鲜感、多一点美感。也许，这就是本书的特色之一吧！

好好学习，天天向善。但愿本书成为你、我、他读书向善道路上的一盏明灯，照亮自己，也照亮那些和我们一起走路的人。

是为序，敬读书。

2020年9月8日于中国杭州

自序二　企业家读长江商学院的十大必要性

我读长江商学院EMBA，完全是个意外。

我在选择读中欧商学院还是读长江商学院的问题上纠结了很久。最后，永达传媒的董事长、长江商学院CEO班的周志强先生一番描绘，长江商学院EMBA的方小东先生和周伟先生一番联合推荐，加上广告人文化集团副总裁陈晓庆老师的一番鼓励，让我最终选择了长江商学院，在EMBA第32期4班入学了。历经一年多老老实实的学习，我们终于在2019年12月的北京举行了长江商学院EMBA第32期结课典礼，300多名同学在此集结，有一种恋爱的人还没找到就毕业了的感觉。有时候，人就是一种奇怪的动物，同学们在一起的时候觉得每个人都有毛病，等到分别的那一刻才觉得人人都很可爱，甚至有点恋恋不舍。

直到这一刻，我才允许自己安静下来好好盘点我是怎么来长江商学院的，我将怎样离开长江商学院。长江商学院到底给了我什么？为什么企业家一定要读长江商学院？也许，我的答案就是你的答案，就是你一直想找的答案。那么，长江商学院到底给了我什么呢？我盘点了我在长江商学院到底得到了什么并形成自己的客观论断，即我读长江商学院的“十个得到”。

第一，我得到了全球化视野。在长江商学院，我第一次听到“站在月球看地球”的惊艳主张，我的格局一下子提升了很多，能站在更高的地方看世界了。

第二，我得到了顶尖级理论。在长江商学院，我第一次系统地体会了全球化商业理论体系，对我原有的商业理论做了校正。

第三，我得到了社交型体育。在长江商学院，我第一次明白长江商学院的体育精神其实是一种体育哲学，将个人的体能与勇气进行了很好的对接融合。

第四，我得到了新公益思维。在长江商学院，我第一次明白每一次公益的行动都要建立在企业战略之上，将公益和企业运营紧密结合产生能量。

第五，我得到了行业性信号。在长江商学院，我第一次强烈感受到同学们所经营企业的行业属性的波澜壮阔和独特风景，促使我重新审视行业气象。

第六，我得到了阶层化思想。在长江商学院，我第一次近距离感受企业家阶层的焦虑和思想，对于掌握企业家的阶层化思想提供了依据。

第七，我得到了战略型客户。在长江商学院，我第一次获得了求学期间获取客户的快感，加大了在研究客户、成交客户上全新的获取方法。

第八，我得到了精选型人脉。在长江商学院，我第一次对我的人脉关系进行精选和优化，得到了一大批高质量的、全新的人脉资源。

第九，我得到了海量化案例。在长江商学院，我第一次触碰到传奇的企业家都是同学的现实，他们的案例和风华一样可触摸、可研读。

第十，我得到了战略眼光升级。在长江商学院，我第一次全面丰富和升级了战略能力，战略眼光得到了提高，战略运用更得心应手。

所以，我极力地呼吁和推荐中国的企业家来读长江商学院，不仅要融入长江、体会长江、光大长江，更要将长江商学院的“站在月球看地球”的院长名言和“取势、明道、优术”的商学院价值观细细品读，结出硕果。为什么企业家要读长江商学院？我总结了十大必要性。

第一，全球教授资源。长江商学院的教授资源是全球化教授资源，规模和级别是一般商学院无法达到的。从某种程度上可以说，顶级教授是顶级商学院的根本保证。长江商学院在这方面很强。

第二，顶级校友资源。翻开长江商学院的校友名单，你会震撼地发现你崇拜的、你想了解的、你想认识的企业家都是你的校友，这是一个企业家的超级“鱼池”，随手一捞，全是风云人物。

第三，超级案例资源。长江商学院的教授们都是带着世界上最前沿、最先进的案例来和同学们交流的。这种新鲜的、深度的、客观的案例就是最好的商业教材，值得一睹为快。

第四，校企互动资源。长江商学院的校企互动，一是广度，二是深度，三是高度，四是气度，五是亮度，最后再加上频繁度，完整地构建起学院和企业的实效互动，让学习更生动、更主动、更激动。

第五，国际通道资源。上长江商学院，是中国企业和企业家融入国际的绿色通道。这个通道成熟而富于热情，定制而富于高端，为学院构建了洋为中用的互学机制和合作机制，将全球化学习和终身化学习高效互补，实现了学访的高质量发展。

第六，信仰施教资源。长江商学院的施教不是一成不变，而是因势利教、创意施教、因变而变的。在长江商学院秉承的信仰指导下，全面地展开教学，用普世全球的学院信仰灌溉每位学员的灵魂，让企业家心里永远有长江商学院的基因在奔腾。

第七，课程定制资源。长江商学院的课程会根据中国乃至全球的商业和经济变化来调整和定制，这种以课程实力构建课程势力的能力并不多见，甚至很珍贵。这对中国企业家来说是一个难得的好消息和好福利。

第八，学术观点资源。长江商学院的学术观点在全球都能产生重要影响，并雄踞各大商学院观点前列。高质量的学术观点对中国企业家商业价值观的形成非常重要，具有旗帜性的引领作用。

第九，体育精神资源。上长江商学院，很多企业家都成了体育界的精英，让长江商学院不仅有“体育学院”的美誉，还有“灵魂体育”的美誉，这种体育精神和商业精神的融合是长江商学院的重要特色之一。

第十，科学公益资源。在长江商学院，企业家会对公益，一个我们一直在做但始终价值感不高的事业，有了全新的认识。长江商学院的公益研究已经对全球公益产生了重要的影响。公益长江已经成为长江商学院重要的人文课程和行动课程。

我相信我的描述不能给长江商学院和读者更多的惊喜，因为只有你拥抱长江、进入长江，才能体会长江、热爱长江。本书所提供的读书笔记只是在长江商学院上课的粗浅感受，和教授原汁原味的授课差之千里。所以，我依然认真地建议：如果你想改变自己和企业的未来，你可以去长江商学院，重构自己的思想、重构自己的经验、重构自己的人脉、重构自己的格局，这里挺好。你可以看江向海，你可以纵情人生，所有你没有经历过的灵魂动荡在这里都能体会到。如果你成功了，读长江商学院，你会更成功。

2020年9月8日于中国杭州

目录

第一部分　学篇

第二部分 思篇

第一部分
学篇

时间：2018年5月25日夜
地点：长江商学院房山拓展基地
原则：为心情记录、向学问致敬

第一课：传说中的商学院学前拓展和拓展队的内部故事（上）

北京，晴。

第 32 期长江商学院 EMBA 班，终于开课了。

报道地点在北京，开学典礼在北京，拓展培训还是在北京。

一直想拥有在北京大学、清华大学读书的机会，一直都未能实现。后来，在北京大学新闻与传播学院陈刚教授的邀请下成了北京大学广告系的一名客座教授，但仍未能满足求学的夙愿。没想到，最后我还是来北京读书了。我骨子里很喜欢北京，这个城市和这个城市里的大学，一样让我向往。

班主任吴婕老师告诉我们 5—8 月在北京上课，8 月之后去长江商学院上海校区上课。我想，这大概就是长江商学院流行的学习模式，先在总部接受大范围的“驯化”，然后再到上海和深圳校区进行固定学习。在我看来，这是将人脉集中搭建后，再把人脉精细化建群、精细化分析、精细化管理，最后形成价值观统一的商学院“新兵”。这种错综复杂、暗藏规律的长江商学院学习方法，在全球商学院和企业商学院泛滥的现状下，对建立庞大的、高质量的校友拓展和维护体系，是睿智的。

北京是长江商学院总部，我是抱着朝圣的心情赴京的。原本打算 5 月 24 日从杭州坐火车到北京，不紧不慢地到学院报到。因为客户的一个电话，我却必须在 24 日赶到浙江丽水青田县的起步股份和董事局主席章利民先生进行战略研讨。转眼之间，我的高铁之旅就变成了从温州到北京的空中飞行，怎么看都像电影《速度与激情》的现实版。那天的飞机很大，那天的空姐很美，那天的早餐很慢，那天的心情很好。那天，我在飞机上看了《傲慢与偏见》，电影还没结束，空姐甜美的声音就飘了过来。原来，北京到了！

东方广场是北京最繁华的地方之一，长江商学院就在这里。按照班主任吴婕老师的要求：第一次报道必须穿正装。所以，去北京之前，我特意在杭州的银泰买了一套看起来相对含蓄的西服，配上15年前在美国AOBO公司做全球副总裁时的领带，感觉自己又“人模狗样”了，摘下头上戴了很多年的标志性帽子，突然感觉很不适应。员工调侃我说，当年AOBO公司的那个全球副总裁又杀回来了，但是我总觉得哪里不对劲、不合适、不习惯。

下午一点多，报道地点已“装”满了来自全国各地的企业家，高矮胖瘦、黑白俊丑，应有尽有。他们的腰杆都很直，看起来都很有料。说个搞笑的小插曲：我的西装上身，还是在商学院楼下求一个服装店的营业员，在试衣间换好的。整个下午，到处都是换衣服的人，脱、穿、穿、脱，壮丽又壮观，像极了幼儿园的情景。

你找我拍照，我找你合影，最终大家欢天喜地地拍了集体照，而且是穿着西服拍的集体照。因为是第一次拍集体照，很多同学没有赶上，懊恼者有之，强烈呼吁重新拍的有之。可见，飞机是有点不靠谱的淘气孩子，相反，高铁的准点率最高、最好、最方便。人们挂在嘴上的一句话就是：“大事做高铁，小事坐飞机。”看来这个出差经验是有道理的。

下午4:00，大家集合去房山拓展基地。我在北京生活过很多年，竟然没有去过房山，也不知道房山有个联合国教科文组织认可的世界地质公园。我们的拓展大军乘坐龙一样的大巴车队，浩浩荡荡、热气腾腾地“杀”向目的地，终于在晚上6:00左右陆续抵达。同学们立即展示出没有被看管的自由，放羊般地冲下车，拍照、吸烟、聊天，好奇地打量着这个高山环绕、楼宇成片的地方，开心得像一群孩子。平时那些表情严肃、思想严肃、嘴巴严肃的霸道总裁不见了，一群高中生一样的大孩子们纷纷露出本来面目。

饭，是地道的北京菜，量很“豪放”，有点部队伙食的味道。我原以为长江商学院的同学们会规规矩矩地排队，其实不然。看着插队成功者的笑容，我突然觉得我们的同学真是可爱极了，也印证了“成功者有时候更加孩子气”的论断。晚上7:00，我们被教官指挥着进入拓展大厅，一大堆端着长枪短炮的摄影师“咔嚓、咔嚓”地对着我们拍个不停，然后传到网络电子相册，让我们在网络上“搬运”走自己的照片。教官有点胖，很幽默，是一个“段子手”，很能压得住场。数个身型健硕的助教分布在他的周围。两个多小时的时间内，大家笑声不断，层出不穷的游戏简单却很有哲理，一浪高过一浪。最精彩的部分应该是编队的过程，22个队，300多人，就是一场中型的战斗。我们的队被命名为“新力量队”，口号是“新长江，新力量”；我们还现场捣鼓出来一首神曲：“我们的长江有力量，嗨，我们的同学有力量，新力量，新长江，嗨！”此时，我的创意和文案技能立即就有了用武之地，非常有成就感。那个“皮笑肉不笑”的教官一直看着大家在笑，他一定在想，这帮高学历的同学们，真好折腾、真好玩……

第一天的拓展终于落下了帷幕，时针直指12:00。我却丝毫没有睡意，同住的是一个北方的汉子，河北保定人，儒雅、高大、喜欢阅读。我在写作，他在看书，偶尔交谈，也是小心翼翼，生怕破坏在彼此心目中的良好形象。他说他也姓张，但是为了父亲改名为弓长木南，很清新淡雅的名字，就像日本电视剧里的人名。后来分别后，竟然再未见过。

拓展基地什么都好，就是我的房间靠近高速公路，汽车成夜地“叫唤”着，无法入眠。同学们都睡着了，我却一点睡意都没有，不知道在想什么，感觉很多事情没有想明白，也好像很多事情一下子就顿悟了。难道，这就是步入大学应该有的样子？这就是传说中的军训？我拿出手机给远在美国的妻子发了一条微信，我说，睡不着，她说，睡不着听你自己的歌，你写了那么多的安眠曲。这个回答一点都不浪漫，我正想争辩点什么，她的微信又来了："好好读书，不准喜欢别人，特此警告。"汽车呼啸来往，我在拼命抵抗，回头一看，"同居男友"已经酣然入梦。

最近，我习惯性地听张默闻策划集团的司歌——《闻名》。这首歌已经遍布各大 KTV 和音乐网站，是我的处女作。不妨，让我们一起来聆听这首荡气回肠、硝烟弥漫的歌曲吧。

《闻名》

作词：张默闻

作曲：陈　伟

演唱：冷　漠

扫码听好歌

读书享快乐

时间：2018年5月26日夜
地点：长江商学院房山拓展基地
原则：为心情记录、向学问致敬

第二课：传说中的商学院学前拓展和拓展队的内部故事（中）

北京，晴。

今天是300多名新同学集体“游戏人生”的一天。从早到晚都在玩游戏，还玩得很快乐。我原以为只有孩子们喜欢玩，没想到成年人，特别是这些平时位高权重的、智商和情商双高的企业家更会玩，并玩出了天真无邪的水平。“老谋深算”的班主任们混迹在同学们中间，扮演着“好妹妹”的角色，知道答案却不说破，就看这帮企业家们如何玩出精彩。此情此景、此情此境，很有谍战剧的风云感和娱乐感。

后来我才发现，22个拓展队，每个队里都“潜伏”着一位班主任。她们被安插在同学们的中间，和我们一起游戏，她们只看不说，就像一位教养很好的年轻妈妈在陪孩子们玩，然后像情报官一样把大家的表现“快递”出去。事实证明，管教好这些笼子里的“老虎”是非常有必要的。这些老师温柔、安静，有的如邻家女孩，有的如倒挂冰凌，有的如迷路小鹿，但都很受同学们，特别是男同学们的欢迎。一旦她们卸下教鞭，成为温柔女孩，立即就有一种花落晚霞里的烟火感，这些驰骋商场的男同学们怜香惜玉的本能就自发地涌现出来，就像济南的趵突泉。

游戏一多，热闹过度，大家就开始疲劳了。雄赳赳，气昂昂的拓展队队长也无法计较，因为计较效果也不明显。但是，大多数同学都在奋力迎战，少数的积极分子总是冲在第一线，与竞争的小组挥刀拼杀、捞取荣誉。别看这些高管平时“老虎屁股摸不得”，他们在游戏里就像可爱的小熊，你怎么蹂躏他们，他们都会可爱地全盘接受，仿佛回到了恰同学少年的青涩时光。

拓展期间，你可以在教官的指令下，随时抓住你身边女孩的手一起做游戏，那一握，来的不是电，而是一把汗。长江商学院的女同学 99% 都具有豁达智慧、江湖经验，都是职场老手，都会积极配合四面八方伸过来的任何一只手，不管手心里藏着什么动机。突然，你会很感动，因为你会觉得同学关系是世界上最美丽的关系之一。

没有长江商学院的授权，我无法告诉大家游戏的名称和内容。这是保密的，我们为此还签订了知识产权协议，只能玩透游戏，不能说破游戏。大家都很懂规矩，容易受制度的约束，这就是高级人才的素养。

平时，每个人都戴着高傲的面具和穿着厚厚的铠甲，骄傲地站在世界的面前，只有拓展训练才能激活每个人的天性。现在，因为同学的关系，一群人才能平等地在一起，不需要任何面具，只需要拿出自己灵魂深处最干净的东西来和大家分享就够了，这是命运赐予每一位同学的礼物。在这里，你可以做回孩子，你可以做回员工，你可以找回天真，甚至可以找回幼稚，但是，谁也不会看不起谁。我不知道，拓展训练结束后，大家的面具会不会重新戴上，但是，这一刻，放下，就好。

这一刻，我仔细地观察了我们第 15 拓展队的队长——尚凯先生。这是一位长得非常白净的、略胖的、英俊的青岛“英雄”，是个歌王。他很谦虚，大家都非常喜欢他，就连队伍里最美的小兰同学都向他“暗送秋‘菠’”，菠菜送了一筐又一筐。游戏里，他扮演盲人，我是搀扶者，一路的“肌肤相亲”，感情直线升温，最短的时间内就成为了好兄弟。我很感谢，我扮演盲人时的搀扶者金岭同学，一个来自成都的大小伙子。他像照顾孕妇一样照顾着我，带给了我黑暗里的光明。

我们新力量队有14个人，每个人都很可爱，可爱到你突然发现有了“心心相印”的感觉。他们分别是牛牛（王照英）、火锅（黎晓辉）、杨梅头（胡万荣）、娃娃（王思悦）、老黄牛（李永华）、娟娟（闫雯，女班主任）、小兰（汤玉如）、顺宝妈妈（刘启芳）、小麦（张默闻）、沙龙（唐韵鹏）、小岭（金岭）、光光（梁建飞）、老K（尚凯，队长）和咖啡（肖燕霞）。

过了5月30日，我们就会各奔东西，以后“交情”二字怎么写，写到什么程度，我不知道，也没有办法预测。可能会有两种结果：因为太忙，曲尽人散；因为太累，日趋散淡。但我相信缘分，因为缘分不骗人，浓也罢，淡也罢，就像雪里看梅。我相信，未来我们会像拍合影的时候大家喊的那句话一样：“因为向往大海，所以汇入长江。”万江总会入海，梅花终要盛开。按照我的灵敏和超级洞察，我为他们的性格做了大胆的预测：

牛牛，明明是二号人物，却下达一号人物的命令，够范！

火锅，成都火锅泡大的俊朗少年，就像宽窄巷子里的生意人，够精！

杨梅头，生活在上海的西北人，热情开放，重情重义，人气很高，够帅！

娃娃，天生的皖南才女，大气精致有修养，一半是侠女，一半是乖乖女，够萌！

老黄牛，山东土生土长的老黄牛，外表憨厚，内心刚烈，义字顶额头，够爽！

娟娟，虽不算活泼，但温婉之间、淡雅之间、传统之间总有一个是她，够静！

小兰，美得让新力量队中的很多男同学魂不守舍，性感、感性，大才之女，够强！

顺宝妈妈，道德模范，启芳这个北京大妞满腹才华，感召生命，容貌立体，气场强大，够烈！

沙龙，这小子有才华，长得和印度人一样，心地善良，和他一起你会觉得有安全感，够品！

小岭，这个高鼻梁的男人最精明，开始看不透，估计后来也很难看透，够稳！

光光，这个大哥哥经历丰富、故事多，绝对是商场上的一把大刀，有义气、有性格，值得交，够味！

老K，凯子是我第一印象比较好的王子型的人，温和到位，开放保守，还是中国好声音，够赞！

咖啡，这位是神仙姐姐，靠得近了和靠得远了，一样温柔，够德！

小麦，我，忠厚老实，勤学苦练，毫无情趣，开始不受人喜欢，未来将评价不错，够憨！

我不知道未来，我的上述评价还算不算数，还需不需要大改。但是凭借我的经验，误差虽然在所难免，但是基本应该准确。

拓展训练的地方在云泽山庄，这里四面被高山环围，山庄内绿树成荫、鸟语花香，名人书法赫然林立。最有创意的是，这里竟然是联合国教科文组织评定的世界地质公园，我万万没有想到在北京的房山还有这样一片胜地——奇峰怪石、摇摇欲坠、矗立千年、画风彪悍，突然让我有了想隐居于此的乱想。

下午还有半天课，晚上回北京即将投身于“花天酒地”的城市生活，但愿我还有机会来，但愿和新力量拓展队的兄弟姐妹们还能一起来重温经典、开发笑声，但愿到时候，不是西门吹雪寒意起，而是春风十里我爱您……

时间：2018年5月27日夜
地点：长江商学院房山拓展基地
原则：为心情记录、向学问致敬

第三课：传说中的商学院学前拓展和拓展队的内部故事（下）

北京，晴。

相聚总是很难，撤离实在太快。每个人在返程的时候似乎都失去了耐心，恨不得和昨天的故事一刀两断。

当拓展任务即将圆满实现的时候，当离返程的时间越来越近的时候，当我看到空荡荡的房间、乱糟糟的被单、呼啦啦的窗帘的时候，我突然涌起了一种生离死别、恍如隔世的小悲哀，仿佛今日一别，再不相见。昨晚还人流攒动的长廊，一夜之间门庭冷落，就像战后的战场。可能我天性悲观，看多了伤感。但是，它，真的存在。有人说我是孔雀性格，我问，孔雀是什么性格？他们告诉我，以后教授会告诉你答案。

5 月 27 日下午 5：00，拓展训练吹响了结束的集结号。同学们激情四射，整装待发，登上了返程的大巴。数量可观的大巴拉着满满的董事长和总裁们，穿梭在房山地质公园里，就像奔向妈妈怀抱的流浪儿，有点急不可耐、方寸大乱。这情景，让我想起了电影《太平轮》。

车队从拓展基地回到东方广场，五点出发，九点到达，整整走了 4 个小时。这时长，坐飞机往返杭州也够了。生活在北京而能信念不动摇的人，能对北京交通甘愿忍受的人，我认为都是心理极为强大的人，都是具有钢铁般意志的人。喜欢北京，也喜欢杭州，喜欢杭州那种雅而不骚的存在感、书香满院的文化感以及书画王朝的高贵感。杭州也堵，但和北京比起来，实在是小堵见大堵。一行大巴优雅前行，不计时光，倒也是一道新风景、一种新体验。

记得回城前，很多游戏依然在上演，隐藏在游戏里的哲理依然在冒泡。很多哲理我之前没有听过，但它让我明白一个道理：世间的假话里常藏着真话，游戏里亦隐着管理。只是，我们一直在“游戏别人，游戏自己”，从没好好地尊重过游戏，以至于被游戏“游戏”，这才是真正的悲剧。游戏真是个报复心很强的东西：你游戏生命，生命就游戏你；你游戏爱情，爱情就游戏你；你游戏友情，友情就游戏你。特准！

今天，350 多人在阳光的照耀下，被咔嚓一声定格了瞬间。我也因此记住了一句话：“因为向往大海，所以汇聚长江。”长江商学院的这句话再次验证了广告语是战略、广告语是宣言的真理。我突然有了一个想法，说不定哪一天，我会为长江商学院写一首院歌。尽管当天没有拿到合影，但照片本身却烙印在我的脑海：“背靠高山，万丈阳光，三百英雄，浑身佛光。”

两天的拓展，最大的感受就是“我们在不断地制造欢乐，却不敢不断地正视自己的黑暗”。每一个游戏，都像一根鞭子，鞭笞着我的卑污、混乱和不堪一击。真正的智慧是生活，真正的反思叫游戏，道理看似简单，却很少有人能悟。游戏结束了，但我却收获了一句感受：所有的商业运动都是一场游戏，就看谁是游戏的制定者，谁是游戏的破局者，谁是游戏的埋单者。

拓展毕业大会很隆重，拓展培训公司的软广告植入得也很有分寸。350 多名同学被教官“挑逗”得热血沸腾，台上台下“群魔乱舞”。22 位队长激情演讲，要么鞠躬、要么献吻、要么感恩、要么流泪，很有革命友谊永不忘的情怀。拓展毕业大会的最佳演讲者，被我们新力量队的才女刘启芳斩获。滴水不漏的演讲、刚柔并济的发言，轻松地征服和驾驭了已完全着魔的现场。我发现了一个可爱的结果：拓展的好处在于来的时候万般鄙视，走的时候感恩戴德。看来，企业无战事之时开展拓展训练也是企业凝聚人心的一个选择。但是，拓展是一项短期教育，长期还要靠企业文化与企业使命才能把员工的心拓展开来。

今天，老K，我们的队长，设宴款待我们这些桀骜不驯的、心高气傲的同学们，正式宣告新力量队诞生并做出重要指示——永不解散，永不荒凉。这个组织，群英荟萃：有超级麦霸，有海外华人，有商界精英，有公益达人，还有我这个刚刚爬出贫困线的小文案。牛牛，是我们队的“程咬金”，浑身散发着人格魅力，我都“爱”上他了。从来没有被某个速成的组织感动过的我，这一刻，彻底沦陷了。回到入住的北京饭店，已经晚上10:00。打开房间，打开行李，打开电脑，打开思想，打开记忆，整整两天，却活成了一个世纪。上学，有意思；上长江，有收获。夜深了，我习惯性地打开音乐收藏夹，开始听我写给妻子的歌——《桃花珺珺杨柳依》。张津涤的声音轻轻地、轻轻地弥漫开来，充满了整个房间。不经意间，这首歌已成为诸多广场舞大妈们的首选，旋律流淌在中华大地、万众之间。

《桃花珺珺杨柳依》
作词：张默闻
作曲：陈　伟
演唱：张津涤

扫码听好歌
读书享快乐

时间：2018年5月28日晚
地点：长江商学院北京校区
原则：为心情记录、向学问致敬

第四课：三百多位企业家学员的合影首秀与开学典礼实录

北京，晴。

一大早，我就开始按照新郎的标准打扮和收拾自己。一刀刀修剪掉多余的、营养不良的胡子，脱下 24 小时从不离开脑袋的黑色帽子，喷上迪奥香水，最后一看，却整成了伴郎的效果。如此兴师动众，只为一个目的，参加长江商学院第 32 期全体同学合影。穿上久违的西装，打上久违的领带，配上久违的校徽，挂上久违的职业笑容，迈开久违的学生步，从北京饭店走向东方广场。如此盛装地上学，是我人生中的第一次。

合影仪式安排在北京东方新天地君悦大酒店前的广场上。按照惯例，所有的合影者都要层层地叠加上去，最终每个人只能露出一张脸。合影更像是董事长和总裁们的形象风采大赛：男的傲气爆棚，很豪杰；女的浓妆淡抹，总相宜。每个人都展示出自己最好的一面。

我发现，拓展时温柔如水的女子眨眼间变成了女汉子，职业气场风起云涌；拓展时生龙活虎的男子突然成了绅士总裁，文质彬彬。盛装之下，每个人都那么好看，每个人都如此绝代风华。伴随着浓重的北京鼻音和声嘶力竭的喊叫，我们都被摄入了镜头。几分钟后，人海就像爆破后的建筑物，呼啦啦地第一时间都消失殆尽，奔向各自的教室。

长江商学院第32期开学典礼仪式，设计和流程与企业年会不相上下。长长的LED屏幕、帅帅的学院派主持人、美美的女老师群、嗡嗡的议论声、咪咪的接耳声，庄严、充满希望。印象最深的是长江商学院创办院长、中国商业与全球化教授项兵博士为本次典礼的致辞。项兵院长从长江商学院的初心与梦想、过去15年的探索与创新、未来的发展和规划三部分介绍了长江商学院“从哪里来，到哪里去”的使命。

项兵院长认为，对中国管理和经济问题进行研究、为中国培养一批真正有全球竞争力的企业家——具备全球视野和家国情怀，注重人文关怀、富有创新精神，这是长江商学院的初心和梦想。为了实现这一梦想，过去的15年，长江商学院做了包含打造世界级研究型商学院，重新定义企业社会责任，弘扬新商业文明，打造跨界的、全球的学习平台等一系列的探索，其中不乏把人文课程引入管理教育、设立公益学时的举措。

谈到未来，项兵院长认为长江商学院将继续把中国问题研究做得更深入，在打造整合全球最佳创新与创业资源平台、支持国家“一带一路”倡议、加强社会创新等方面实现突破，进一步推动东西方双向交流，为全球重大问题的解决贡献中国智慧，为中国崛起培养具有全球对接能力的企业家。

最后，项兵院长为我们这些新同学送上了最美好的祝福：“希望大家通过这段学习，能获得新知和智慧，分享你的经验，感受长江的友情，一起体验和见证长江人的真诚、豁达、家国情怀与担当，感知长江人不同的高度、视野、思维、格局与境界。”

作为长江商学院的创办院长，他的“项派情怀”感染了我。他有一句名言——站在月球看地球。我认为，还可以附加一句——站在月球看地球，看完地球回地球。站在月球看地球，强调的是角度和格局，是高度和全局；看完地球回地球，强调的是信仰、是情怀，是立足中国的问题。

听完他的致辞，我认为，长江商学院正在构建两个梦：一个是“长江全球教授梦”，核心战略是搬运；一个是“世界一流长江梦”，核心战略是家国。这两个梦的主演是企业家，导演是项兵院长，监制是一大堆驰名全球的教授；这两个梦的顶层设计是国运，具体实施是商道。与其说长江商学院是一个商学院，不如说长江商学院是一个具有国家高度、学术高度、公益高度、商道高度、国学高度与全球高度共存的全球化商业文明孵化基地。它的出现，是中国商业文明的一束光，可以点亮我们一直摸索前进的隧道。我很愿意称呼项兵院长为“项帅”，这场教育战争在他的主导下打得不错。2002年建院，转眼间，长江商学院已经结出累累硕果。

仪式感极强的开学典礼有一个最突出的特点，就是所有上台的人都是出口成章，像极了中央电视台一年一度的情深意切、花枝招展的春晚男女主持人。开学盛典，让我第一次感受到“最美的女人有智慧，最帅的男人有格局”的真谛。但是，老同学发表求学感言、新同学表达万分激动、老同学为新同学佩戴校徽、新同学从老同学的手里接过院旗，像极了传统的结婚典礼。看来，仪式感的创新也是最难的创意之一。

开学典礼之后是长江 EMBA 项目启航仪式。长江商学院助理院长夏莲女士以 EMBA 项目负责人同时也是第 29 期师姐的身份，为新同学们带来了“学在长江，因长江而改变”的主题分享。优雅、漂亮的夏莲女士一上场就把现场再度点亮，声音好听，人好看。现场有同学对我说，曹熠老师也很漂亮，问我她们谁更漂亮？我说：“我从小就是个色盲，看不清谁更美。”她为新生们解读了完成未来两年学习的方式，包括去中心化、定制化，打造更为互学共创的学习体验，通过连接和碰撞产生新的智慧、新的商业内容等。她说：“智者相伴，视野由此辽阔，你所看到的世界由你身边的人决定。”长江商学院是一个开放的平台，每一位新学员从跨入长江商学院的第一天起就加入了长江商学院的社群，从这里汇入大海。

夏莲女士认为，“长江人有一种特点，对长江人而言，成功并不是目标，成功不过是我们持续学习、不断创造的副产品”。在长江商学院，我们关注的不仅仅是商业层面的思考，更要思考如何通过商业智慧，用商业模式和商业能力推动社会的转型和发展，真正实现企业、社会和环境的和谐共生。同学们不能仅仅关注中国问题，更应该有全球视野和全球担当，让东西方智慧产生更多的碰撞与交流，推动全球发展模式的创新，走新商业文明之路，这就是长江人的责任……

第一次 70 多人一起在教室里吃午餐，这让我感觉很有意思。整个教室只有嘴在动、手在动，就像集体演哑剧一样。偶尔的窃窃私语，也像是猫和猫之间的互动。我想，这个场面也许是新生还没有完全熟悉而造成的可爱局面。当友谊的温度慢慢升高后，班主任吴婕老师提醒我们可以自行组织小组聚会。这也许就是长江商学院的魅力：读书，就是找到自己和同学的关系，和社会的关系，和企业的关系，和世界的关系，和角度的关系，和取势、明道、优术的关系。

最经典的莫过于同学们的自我介绍，限定两分钟，但每个人都不甘于只有两分钟。让人大笑者有之、无语者有之，偶尔冒出一个搞笑版的自我介绍，气氛会从低潮爬上高潮。就这样起起落落、就这样高高兴兴地把下午的时间全部消化完毕。

我的自我介绍很简单：我叫张默闻，男，1973 年出生，长相过于着急、过于不精致，现在看起来像 1937 年出生的人。我是一个很枯燥的人，唯一的爱好、唯一的职业、唯一的休息就是工作。我来长江商学院是因为我的客户都来了，所以我必须来，因为我要用长江商学院的方法征服长江商学院的同学。本来想送出我的第一份公益礼物，每人一套我的策划案例《策划人手札》，作为相遇的礼物。可惜一问出版社，本书竟然全部卖完……

晚上，到了欢天喜地的聚会时刻，各种组合，出席过第一场，还要出席第二场，更要出席第三场，我也被卷入其中。但是，我一般都会在九点多撤退，因为老婆对我说：“你糟蹋身体小命不保，财产可都是我和儿子的了。”这句话对我很管用，从那时起，我开始注意作息时间，其实早睡早起是对自身健康最好的尊重和奖励。

明天第一天上课，我很期待，我终于从站了多年的舞台坐回了学生席，我终于安静了。曾希望，我能成为长江商学院这一届里最健康、最有才的学生之一，见到同学们后，我才知道，很难！

时间：2018年5月29日晚
地点：长江商学院北京校区
原则：为心情记录、向学问致敬

第五课：管理大师就是管理人性的大师（上）

北京，晴。

人逢喜事精神爽，最妙不过读书郎。

5 月 29 日晨，我醒得特别早，因为要去赴一场特别的校园约会。梦中的情景即将上演，多少还是有点小慌张、小期待、小欢乐的。一进教室，就看见貌美如花的班主任吴婕老师，满面春风地督促学员们进行电子签到。一开始，我没有意识到签到的重要性，后来听说考勤很严格，就开始对签到特别敏感，一次没签，就会浑身发痒，后期甚至还有了强迫症。毫无疑问，吴婕老师是一位优雅海派的班主任。据说，她的祖籍在安徽，现在活跃在上海，让我们突然亲近很多。为什么我一听到安徽就兴奋呢？原来，我对安徽的感情深不可测。

走进教室的一瞬间，我的小心脏就像被婴儿的小拳头打了一下，变得软软的、暖暖的。原来，我竟然莫名其妙地成为了长江商学院第 32 期上海班三组的组长。竟然“做官”了，惊喜，惊喜，还是惊喜；意外，意外，还是意外。这对于一个英雄满地、大咖林立的明星班级来说，做个班委下面的小组长也是个意外的荣誉。我连忙于人海里找到吴婕老师，问她是不是搞错了，笑眯眯的吴婕同志干脆利索地扔来一句话：“你很优秀，就这么定了。”我有点恍惚，我问自己：“张默闻，你真的优秀吗？”我又连忙自我安慰：“是的，也许我真得很优秀。”

上课时间还没到，讲台上就已经坐了一位精神状态极其饱满的男士——传说中的阎爱民教授。一件洗得、熨得、穿得都非常得体的条纹衬衫，一条搭配和谐的领带，深色的西服，一脸的正气，神圣不可侵犯的眼神，配上第一次开课的场景，威严而干练。阎教授是组织行为学方面的专家，东北人，福相十足、大气精致，是我喜欢的那种。阎教授具有东北人的特点，幽默得有点刹不住车。男同学、女同学都被他“挑逗”得就像一池集体越狱的青蛙一样，活蹦乱跳。我发现，他不是一个生硬的授课者，而是一位非常接地气、非常懂美国，也非常懂中国的跨国管理专家。

阎爱民教授，现任长江商学院管理学院副院长，参与创建了长江商学院。他全面、透彻，智商、情商双一流。他的课，越讲越好，状态和故事都发挥到了极致。他把中国的外衣“脱”掉了，把美国的外衣“脱”掉了，把长江商学院的外衣“脱”掉了，甚至把项兵院长的外衣也“脱”掉了。但是，这种“脱”，让人尊重。然后，他又一件一件地把衣服穿了回去。

这次课，他讲的是管理学，把管理当故事来讲。最经典的是，授课过程中，他已经把自己和阿里巴巴曾鸣的“恩怨情仇”巧妙地交代了，把自己家庭的“贵族精神”巧妙地交代了，把自己和长江商学院的“情色故事”也巧妙地交代了。你一点都没有感觉不适，而是在不知不觉中被他的“广告”植入了。

原则上，我不会过多地涉及学习内容，那些交由专业的老师们去做。我只讲我上学的故事，写同学、写学习、写我的感悟和所得。因为流浪的路上，大家更愿意看的是故事。紧随阎教授的思路，我开始了对管理的新思考，融合过去 20 年自己对管理的理解，梳理出 50 句话，今天展示其中的 25 句。

（1）企业最大的资产不是一般的人，而是那些有道德底线和完整信仰的人。

（2）管理就是把人的长处用得更长，但是还不能因太紧而折断。

（3）挖人是对这个企业最大的挑战，可以上升到战略层面。

（4）把不合适的人请走是对公司最大的负责。

（5）20 世纪是生产率的世纪，21 世纪是高质量存活的世纪。

（6）一个公司的模式创意质量等于这个公司的利润质量。

（7）高质量是生产出来而不是检验出来的，靠检验的风险非常大。

（8）伟大的人取决于他身边的队友。

（9）超过竞争对手最好的办法就是拿出新东西。

（10）消费者是所有创意、创新、创造的灵感来源。

（11）放弃一个人和团队，拒绝和他们沟通就可以了。

（12）管理就是决策，战略就是选择，定位就是聚焦。

（13）直觉大部分都是准的，虽然它只有 10%。

（14）聪明的撤退和伟大的胜利一样应该受到奖赏。

（15）爱你的员工吧，你没有比这更好的办法。

（16）管理团队要双手合十而不要双手叉腰。

（17）老板只是创立了公司，最后却是员工养活了公司。

（18）授权容易控权难，控制不住就完蛋。

（19）信任特别好，监控也重要，授权如风筝，拉回是本事。

（20）管理就是把复杂的问题简单化，高深的理论说人话，混乱的事情条例化。

（21）省钱就是挣钱，在该给的给完后再多给 1% 能挣更多的钱。

（22）只有企业和员工都具有很强的竞争意识和较强的竞争力，公司才能不倒闭。

（23）不能在某一个领域坐到第一或第二把交椅，公司未来会很难，所以我们定位为中国第二。

（24）少想一下你的情人，多想一下你的竞争对手。

（25）快，很重要。

其实，我就想说一句话：管理大师就是管理人性的大师。

中午，按照江湖惯例，组长请组员吃饭。我理所当然地委托我最喜欢的小猪佩奇，那个上海男人朱健来打理午餐。意料之外，竟然诞生了“长江商学院32期上海班三组”的活动基金会。这下可热闹了，从此吃喝无忧有人管。晚上，再次欢聚，隆重纪念基金会成立，并选举产生出文娱委员、资源委员和学习委员，规划和设计了“小长江论坛”微组织，推动三组学习型组织的快速成型。请允许我记下他们的名字并为每个人画个像：文人骚客张默闻、外表厚道徐冰然、天生搞笑全向前、性别模糊杨琪、健身达人卢春龙、缺课大王郭阳春、满口英文陈学本、政商精英Amy、绝对可靠王世洪、千娇百媚吴华、小猪佩奇朱健。

饭后，很多同学都要赶往第二场、第三场。小组举手表决：以理解的心态放行，支持同学们进入下一场。但我也表明了态度：我不反对增加友谊，但反对花天酒地。我认为，越是到了可以挥霍的时候越要节俭，越是到了没有人约束的时候越要克制。他们若有所思，他们嬉皮笑脸，他们意味深长。

走出餐厅，一阵晚风吹来。门口有几个老外，男女混搭，叽里咕噜不知道在说些什么。回饭店的路上，我笑了，上帝啊，我连组员的名字都记不全，就这样成了组长，一定不是选的，我这样告诉自己。

时间：2018年5月30日夜
地点：长江商学院北京校区
原则：为心情记录、向学问致敬

第六课：管理大师就是管理人性的大师（下）

北京，晴。

今天，还是阎爱民教授的课。我惊奇地发现，每次他总是第一个到达，默默无闻地、神态严肃地、不食人间烟火地做着课前准备，感觉很像鲁迅先生笔下的藤野先生。我很敬重这样的老师，上课调皮，下课开放，时而幽默，时而风趣，如果不是师生关系，我很想称呼阎爱民教授为“阎王爷”。他不说话时，威严至极，像个站在云端的教授；他一张口，则像个调皮捣蛋的老男孩，满腹经纶，亦正亦邪。也许，这是阎教授真正的模样吧。

阎教授今天讲的还是管理学，依然声情并茂，依然全场无“睡点”。听他的课，经常会担心，担心他跑题后回不来。但是，每次他总能站在月球看地球，看完地球回地球，绕地球一圈又安全地回到主题。总在该结束的时候结束，一点都不担心超时，这是我截至目前见过的最会讲课的教授之一。今天，跟随阎爱民教授的授课思维我再次开启对管理的新思考，继续展示后面的25句话。

（1）我坚信世界上所有的差错大多发生在细节，而所有的成功大多取决于系统。

（2）竞争的本质是细节。

（3）管理就是做好无数个小的、数不清的细节工作。

（4）执行决定战略的命。

（5）战略越精炼，越容易被彻底和完美地执行。

（6）执行力，靠纪律和得到的好处来提高。

（7）公司没有危机感，其实危机已经站在你背后；有了危机感，才能有效地避免危机。

（8）公司从良好到破产只有两个原因：一是什么时候都离不开一把手；二是看不见危机。

（9）奖励别人什么你就会得到什么，不愿意奖励别人你就什么也得不到。

（10）做表面文章和投机取巧的人最容易获得信任，要高度警惕。

（11）管理是补药，但不能过度。

（12）必须打倒平均主义。

（13）奖励成功和奖励失败同等重要。

（14）无法评估就无法管理。

（15）我平时强调什么我就会去检查什么。

（16）不要只给高层责、权、利，每一个人都是责、权、利的中心。

（17）位置越重要的人越要懂得批评和自我批评。

（18）说了不等于做了，做了不等于做好了，要把想的、说的、做的一起摆到桌面上来看。

（19）商品的商业模式不行，公司肯定不行；人的商业模式不行，未来发展也不行。

（20）只有品牌的灵魂年轻了，才是真正的品牌年轻化。

（21）你打价值战我就打价格战，你打价格战我就打价值战，反正要打。

（22）领导者一定要能预测变化，包括国的变化、家的变化、人的变化、模式的变化与对手的变化。

（23）懒惰就是投降，投降就是灭亡。

（24）公司关门前的四大表现：老板的家出现动摇、产品平庸没创新、对手生长实在太快、团队居功自傲享太平。

（25）领导不在前面干，公司迟早要完蛋。

今天是四天课程的集体撤离日。

我发现，99% 的人选择下课后直奔机场，偌大的教室就像一个弃儿一样孤零零地矗立在那儿，连同学之间的告别都觉得是在浪费时间。每逢此刻，我都会安静地留下来，非常小心地整理好所有的文件，在教室里坐一会儿，感受一下刚刚还人潮汹涌此刻已人去楼空的场景。这种感觉，挺好。因为面对未来可能发生的生离死别，现在就是一种演习。

今天领了学院发放的行李箱，一个看起来像空哥和空姐使用的箱子，立即引来了同学们的惊叹。这样算下来，我们的装备已基本齐备：箱子、背包、杯子、本子、校徽、课件、手册、学生牌、合影、作业、网络教务群等。学生该有的装备基本到位，就看大家学习心态的装备是否武装到位了，这才是问题的关键。

今天，阎爱民教授为我们留了第一份作业，要我们根据自己的企业编制一份 5 个“P”的内容，回答你的客户是谁？你怎么为客户提供最优价值的服务或者说是怎么能不断满足客户日益增长的需求？你的运营模式是什么？阎爱民教授就像是营养师，三种营养素一步到位。问题不难，但做好很难。这种接地气的作业，做起来比较有干劲。

课后，我站在毕马威大厦的 20 层遥望繁华的北京街道，此刻我发现我喜欢上了长江商学院，因为长江商学院的课堂是开放的，教授和学员之间没有听和讲的单一角色归属。学员是课堂的主人，可以大胆地发表观点，与教授平等交流；教授是帮助学员梳理脉络并引导学员思考的启发者，教学相长、互学共创。这种“欢乐谷”似的、平等的教学模式正是我多年来一直想体验的学习场景，今天实现了、满足了。

茶歇的物品是丰富的，从小资情调的咖啡到健康无比的苏打水，从注重养生的龙井茶到100%的纯果汁，从新鲜无比的水果到无比诱人的糕点，从饱满的坚果到立体的餐具，一切的安排都是为了学生上课的感觉更美好。

晚上的北京饭店，显得格外庄严肃穆。我一个人背着行囊回到酒店，门口安保森严，让我觉得前所未有的安全。放下行李，我慢慢地坐在饭店门口的台阶上，看着灯火通明的长安街，突然想起我的母亲、我的父亲和一直疼爱我的伯父。此刻，他们仿佛都站在了我的面前，那么清晰、那么慈祥，和以前一模一样。

小时候，已故伯父张文会先生经常给我讲做人要知足的故事。散曲《十不足》的故事发生在明代，朱载堉用活灵活现的文字把一个贪得无厌的人的心理刻画得惟妙惟肖、淋漓尽致。三十年来，《十不足》的故事始终在警示着我：人的欲望是从低到高、从小到大逐步发展而来的。贪得无厌者的最大特征是贪欲越来越强，所以导致危害越来越大。故事提醒我做人要有更高尚的追求，不能一味贪图那些从天而降的富贵和以命相搏的成功。所以，1973年出生的我来长江商学院读书便是让自己活得不那么庸俗、活得更高质量而已。

明代朱载堉先生的《十不足》的原文是这样的：

“终日奔忙只为饥，才得有食又思衣。置下绫罗身上穿，抬头又嫌房屋低。盖下高楼并大厦，床前却少美貌妻。娇妻美妾都娶下，又虑出门没马骑。将钱买下高头马，马前马后少跟随。家人招下数十个，有钱没势被人欺。一铨铨到知县位，又说官小势位卑。一攀攀到阁老位，每日思想要登基。一日南面坐天下，又想神仙来下棋。洞宾与他把棋下，又问哪是上天梯。上天梯子未坐下，阎王发牌鬼来催。若非此人大限到，上到天上还嫌低。”

可能是出身过于贫寒，可能是青春遭遇贫寒浩劫，不知道从什么时候起，我开始变得不知足，一直赶着自己朝前跑、超前跑，跑着跑着，就只剩下自己了。妻子、儿子被我远远地抛在了后面。有一天，我突然惊醒，我害怕了，我要慢慢地回来，回到温暖的家，回到我久违的课堂。

此刻，我举起手里的学生证，轻轻地说，老人家，你们好吗?我来北京读书了。按照你们的期待，我来了，我靠自己的双手，我来了。我一定要好好读书，等到毕业那一天，我再去你们坟前向你们汇报我的所学、所思，看看那个曾经的邋遢少年是否真的成才了。说完，我发现我竟然泪流满面了。饭店的保安在不远的地方看着我，不知所措，他一定认为我遇到了什么悲惨的事情，否则也不会坐在那儿，像个找不到家的孩子。

在北京很多年了，从来没有认真地逛过王府井，我想去看看。但是，我还是放弃了，花花世界，不是我的世界。回到房间，打开电脑，开始写下以上的文字。时间已经到 23:50，眼皮开始打架，我熄灭了全部的大灯，只留下一盏微弱的床头灯，我要想一会儿妻子，想一会儿儿子，想一会儿还在公司等我的孩子们……

时间：2018年6月28日夜
地点：长江商学院北京校区
原则：为心情记录、向学问致敬

第七课：财务不难，就看你知道多少财务名言（上）

北京，天晴朗得像画不像话。

时间真是个善于跑丢的小动物，不知不觉便从5月跳到了6月。今天是在北京第二次上课的时间，虽然已过去一个月，但感觉依然就在昨天：茶杯里茶水还是热的，被窝里的汗珠还是湿的，就连王府井沸腾鱼香的味道似乎还在唇齿之间流连。

习惯住在北京饭店，一个外表庄严肃穆，内心古板权威的地方，一股浓浓的北京味道弥漫在长长的走廊。客气到你都不好意思发火的服务生，一直对着我笑，感觉善良极了。原本想换个离教室更近的饭店，反复斟酌后还是决定“从一而终”，正如我对婚姻的态度。

这次，原本也是计划从杭州出发的。没想到再次被起步股份的客户温柔地“绑架”，不得不取消航班，直接从客户的谈判桌上离开，从温州飞往北京。原来千方百计、百计千方准备好的上课装备全部被抛弃在杭州，“赤条条”地来到北京报道了。没带学生证、没带进门卡、没带记录本，还有应该上交的作业，简直就是被“绑架”到北京来读书的。这次课，上得有点狼狈。

今天的课，是齐大庆教授主讲的“财务会计”。财务是我的弱项，我从小就对数字不敏感，属于那种知道1+1=2，却不知道3−1=2的。来之前，赵青总裁就反复地告诫我，一定要好好地上财务课，提升一下财务水平，这是全体员工对我的期待。所以，我听得特别认真，就像听那遥远的童话故事。齐教授的个子很高，就像一个小巨人，骨骼清奇、瘦高竖立，典型的理工男。他上课不苟言笑，缺少笑料，但是条理性极强。与阎爱民教授相比，一个是段子手，一个是高冷哥，看来长江商学院的教授群是个特色组合，满园春色关不住，万紫千红总不同。

齐教授是长江商学院EMBA/EDP学术主任，洋洋洒洒一整天的浩瀚内容，对于我这个财务盲，不仅是体力活，还是烧脑活。安静下来后，我想谈谈平时比较喜欢的与财务会计有关的内容，不高深，却有趣：

（1）生活中的财务名言：①我们的晚餐并非来自屠宰商、酿酒师和面包师的恩惠，而是来自他们对自身利益的关切。②为自己获得最大限度的幸福，是任何合乎理性的行动目的。③天下没有免费的午餐。④鱼与熊掌不可兼得。⑤放对地方的石头就是城堡。⑥欲望就如不断长大的巨人，衣服对于它来说永远不够大。⑦学习经济学是再简单不过的事了，你只要掌握两件事：一个叫供给，一个叫需求。⑧效率优先，兼顾公平。⑨关注你是否是个穷人。

（2）货币中的财务名言：①物以稀为贵。②谷贱伤农。③价格是市场经济的晴雨表。④藏起来的金玉无异于埋在地下的瓦砾。⑤你可能跑不过刘翔，但一定要跑赢CPI。⑥利率就像投资上的地心引力。⑦复利是有史以来最伟大的数学发现。⑧负利率——存钱就是赔钱。

（3）消费中的财务名言：①别被诱饵效应给忽悠了。②猪肉涨价了就多吃牛羊肉。③由俭入奢易，由奢入俭难。④人们可以通过搜集消费者的偏好相对于物价的变动而变化的资料，来记录和研究市场行为。⑤一个人对一物所付的价格，绝不会超过，而且很少达到他愿支付的价格。⑥你的答案谁做主——锚定效应。⑦出于炫耀财富的需要，人们愿意为功能相同的商品支付更高的价格。⑧省钱就是挣钱。

（4）投资中的财务名言：①储蓄是所有理财计划的基础，也是一个人自立的基础。②节俭导致贫穷。③在别人没投资的地方投资。④不要把鸡蛋放在一个篮子里。⑤在别人贪婪时恐惧，在别人恐惧时贪婪。⑥千万别接最后一棒——最大笨蛋理论。⑦投资你所消费的。⑧决定房地产价值的因素，第一是地段，第二是地段，第三还是地段。⑨负债也是一种资产。⑩选择投资时机比选择投资什么更重要。⑪人生就像滚雪球，重要的是发现很湿的雪和很长的坡。⑫不可不自信，但不可过度自信。⑬一点风险都不冒就是最大的风险。⑭群众不可能永远正确。⑮宁可小赚，不要大赔。⑯心理账户——不是每一元钱对你而言都是等价的。

（5）市场中的财务名言：①金银天然不是货币，货币天然是金银。②用石头也可以买东西。③货币是经济中的足球。④劣币驱逐良币。⑤历史上，货币一直这样困扰着人们：要么很多却不可靠，要么可靠但又稀缺，二者必居其一。⑥不要忽视货币的乘数效应。⑦完全竞争和资源最优配置如同一枚硬币的两面。⑧卖的总比买的精。⑨市场上普遍存在形成垄断的偏好。

今天的晚餐，是我们队永远的小甜心——娃娃小姐姐负责张罗的。她的原名叫王思悦，安徽安庆人，典型的皖南女子，可爱、温柔、干练、大气，一帮子大男人队员都对娃娃喜爱有加。她，话不多，就是实干，默默地把一切都安排好，默默地把所有人都“征服”了。喝的是经典版的北京二锅头，喝得刚刚好，微醺。餐桌上永远的明星有三个：可爱的大哥大牛牛、亲爱的活菩萨顺宝妈妈、美好的小甜心CC，分别代表影响力、公益力和号召力。在这个美好的夜晚，我们拍合影、侃大山，轮番敬酒，说不完的掏心话，喝不尽的二锅头，抱不完的我和你，笑不够的谁谁谁。时间真是个坏小子，一直拉着我们往深夜跑。夜深了，也到了分别的时候。回到饭店，躺在床上，想了很多，突然想起了一段关于喝酒的文字：

如果不喝酒，刘关张在桃园聊完天就离开，《三国演义》，剧终。如果不喝酒，孙悟空就安静了，在天庭当个弼马温，《西游记》，剧终。如果不喝酒，贾雨村甄士隐，他俩遇见了没留下喝酒，曹雪芹写完第一回，《红楼梦》，剧终。如果不喝酒，宋江就不会题诗，108 好汉还没开始就散了，《水浒传》，剧终。酒改变了历史，还有什么不能改变？因为有了酒，才有无数英雄竞风流。如果没有酒，武松焉敢景阳冈上走？如果没有酒，鲁智深怎能倒拔垂杨柳？如果没有酒，关云长如何能斩颜良诛文丑？如果没有酒，杨贵妃又怎能千古而不朽？如果没有酒，李玉和就不会浑身是胆雄赳赳！如果没有酒，杨子荣哪能甘洒热血写春秋？

看来，想喝酒有 10 000 个理由，不想喝酒也有 10 000 个理由，就看你怎么为自己找理由。此刻，我带上无线耳机，打开了我为安吉县人民政府写的品牌歌《中国最美是安吉》，甜度很高的旋律，小溪般得倾泻而出。我的世界一下子安静了，就像我来到了安吉的白茶山上。

《中国最美是安吉》
作词：张默闻
作曲：陈　伟
演唱：任妙音

扫码听好歌
读书享快乐

就这样，我在音乐的陪伴下写了以上的文字。夜深人静，拉开窗帘，长安街上，依然车如水、灯如火、我如我。

时间：2018年6月29日夜
地点：长江商学院北京校区
原则：为心情记录、向学问致敬

第八课：财务不难，就看你知道多少财务名言（下）

北京，天晴朗得还是不像话，像画。

28 日晚上的集体狂欢给每位同学都留下了严重的后遗症，后遗症都生动地记录在每个人的脸上，从进入课堂的那一瞬间，我就看见了大家脸上的疲惫和意犹未尽。玩要参加，课要上，这方面吴婕老师是严肃的、认真的、不留情面的，考勤依然严格。

今天，继续聆听“高渊帅”齐大庆教授的“财务会计”。他讲课的风格决定了同学们听课的风格，整个教室的气氛非常庄重。我是很喜欢齐教授讲课的，虽然没有诙谐的内容，但是料很足，进入他的世界后，你会觉得他的每一句话都是经典。到现在我都觉得他很像一个人，这个人就是鲁迅。我牺牲了很多的脑细胞，勉强可以跟在大庆教授的后面，气喘吁吁、乐在其中。

财务会计与管理会计同为企业会计的两大分支，因其沿用传统的会计模式，故称传统会计，因其侧重于满足企业外部有关方面的决策需要，对外提供财务报告，故也称对外报告会计。

（1）财务会计有助于提供决策有用的信息，提高企业的透明度，规范企业的行为。

（2）财务会计有助于企业加强经营管理，提高经济效益，促进企业可持续发展。

（3）财务会计有助于考核企业管理层经济责任的履行情况。

说点八卦吧：利用上课的间隙，我观察了其他同学，发现存在6种不同的类型，很有意思。

（1）瞌睡者。有的同学开始还能一本正经地坚持听课，渐渐地就萎靡不振了。硕大的脑袋蜻蜓点水般地晃来晃去，就像个可爱的醉鬼。眼神迷离，时而睁开，时而闭上，上眼皮先生和下眼皮小姐大打出手，不断较量，终于一头栽在梦乡里，管你什么财务、什么会计，反正是睡了再说。

（2）手机控。有的同学在玩手机，就像老师和他们无关。老师上面讲，他们下面用手机讲，课程结束了，他们的天也聊完了。然后一脸懵逼地问，有作业吗？有课件吗？我突然明白，这一大堆董事长和总裁也有孩子般的天性，要么是好学生，要么是调皮捣蛋的学生。

（3）听讲者。有的同学听讲特别认真，表情虔诚到你都必须要对他们表示崇拜。他们一笔一画地记录讲义，眼睛一眨不眨地盯住老师，仿佛错过一句话就是罪过，连呼吸都是慢节奏的。我想，如果不是对知识的渴求，也许他们是无法做到那么专注的。

（4）公务者。有的同学上课不到10分钟就溜之大吉。我发现总有几个座位在签到、上课后一直空着，后来才发现原来他们都在教室外处理公司事务，一边喝咖啡，一边吃水果，就像在自己的办公室里一样。课上完了，电话会议也结束了，然后在最后几分钟回到座位，万般认真、无限虔诚地盯着老师，赎罪般地聆听最后几分钟的教诲。

（5）茫然者。有的同学是专业的茫然者。一看就是对老师讲的东西一知半解，但是依然认真听讲。我发现茫然者比领悟者更加像好学生。茫然者的最大好处就是一脸茫然、毫无表情，不记录、不提问、不思考，就是和你玩表情，认真到你都产生了同情心。这一刻，我似乎也是茫然者。

（6）拍照者。有的同学的手机从上课到下课都没有放下过，一直在拍教授的PPT。“咔嚓”“咔擦”“咔擦”的声音此起彼伏，教授讲一页，他拍一页，讲完了，他也拍完了，拍完了，也就完了。

正应了那句话：如果拍都不是爱，还有什么好期待。

这些可爱的同学们，上课和小学生差不多，调皮、迟到、睡觉，好习惯一大半，坏习惯一大片。但是我总觉得：学习态度反映管理态度，从一个人的学习态度就可以看出一个人的管理水平。这也许正是他们来长江商学院最需要学习的地方。

今天是我们第三小组的聚会日。我带领的第三小组诞生了班级最伟大的创意——重组小组、重构聚餐。创意源自陈学本同学。陈学本，江苏扬州人，腹有锦绣，混在上海，实业家。此人声音很扬州，做事很精明。他建议我联合其他组聚餐，结果是和六组胜利联合，一起欢聚。该创意立即被其他组响应，看来三组的创意力也应排名第二。

六组的组长徐良衡，大上海的大哥大，享受国务院特殊津贴的科技专家，专为茅台做防伪。鉴于他的权威和爽朗，我有一种预感，他可能是我们第32期上海班的第一位班长。但愿我的预感灵验，到时候，日日夜夜被正宗茅台召唤该是何等火辣的感受。

两组重构，非常成功。我们三组以绝对的酒量、超级的智慧，在“酒精”大战里豪夺魁首。最后，我们全部清醒地傲立酒场，他们则以摇摇欲坠收尾。最可贵的是，我们三组的两大酒神——娶了博士老婆的仝向前和跨界媒体与实业的双栖大鳄朱健，一致拒绝“鞭尸”，要给对手留有余地，以免伤害同学身体。就这句话，让两个人的侠义情怀跃然纸上，让一向璀璨的三组充满了铁血柔情和儿女情长。最终，我们成了铁三角。

时间已晚，有的人醉了，但他还醒着，有的人醒着，但他却醉着。酒后的我们，步行穿过王府井的小道，回到各自的酒店，带着各自的故事，带着各自的酒香，带着各自对下半场的遐想，融入灯红酒绿的北京夜色中。合上电脑，时针已经指向0：00。我打开窗，一股篝火般的热浪扑面而来，就像小时候儿子在我脖子上撒尿一般，热乎乎的。我没有了睡意，久久地伫立着，久久地思考着，思考逐渐被酒精取代，进入到山不转水转的睡眠境界……

时间：2018年6月30日夜
地点：长江商学院北京校区
原则：为心情记录、向学问致敬

第九课：项兵院长，你是一尊佛（上）

北京，晴，热。

期待已久的长江商学院创办院长、中国商业与全球化教授项兵博士终于来给我们上课了。

院长上课，等于御驾亲征，很多同学都是怀着朝拜的心情来的。在项兵院长上课之前，我得到了长江商学院王照英哥哥提供给我的一个重大消息：项兵院长是安徽阜阳人，和我是100%的纯老乡。这个消息极大地提升了我作为同乡的自豪感。我不禁感叹：亲爱的安徽、亲爱的阜阳，你就这样把一个叫项兵的阜阳人带到了我的身边，带到了长江的身边，带到了世界的身边。作为一名原汁原味的安徽阜阳人，我一直都很自豪，因为我们阜阳籍的历史名人不容忽视。首先让我介绍历史上那些璀璨夺目的阜阳名人。

姜子牙，名尚，字子牙，今安徽阜阳临泉县人。幸运的是，张默闻的祖籍就是安徽临泉县的一个千年古镇——杨桥镇。姜子牙72岁时在渭水之滨垂钓，遇到了求贤若渴的周文王。后来，姜子牙辅佐周武王成就大业，建立周朝。他是齐国的缔造者、齐文化的创始人，也是中国古代的一位影响久远的韬略家、军事家与政治家，还是一位重要的战略策划家。

管仲，今安徽阜阳颍上县人。春秋时期法家代表人物，我国古代著名的经济学家、哲学家、政治家、军事家，被誉为法家先驱、圣人之师、华夏文明的保护者、华夏第一相，是一位不折不扣的帝王伟业的策划者。

鲍叔牙，今安徽阜阳颍上县人。春秋时期齐国大夫，早年辅助公子小白，也就是后来的齐桓公。齐桓公即位后，举荐鲍叔牙为相。

甘茂，今安徽阜阳颍上县人。战国中期秦国名将，秦国左丞相。情商智商一流，攻取守战能力超群，最终脱掉战袍，位极丞相。

刘福通，今安徽省阜阳界首市人。刘福通先生是元末北方红巾军领导者，与韩山童等长期利用白莲教在民间进行活动。

吕蒙，字子明，东汉末年名将，今安徽阜阳阜南县人，因击败蜀汉名将关羽，一战成名。吕蒙发愤勤学的故事至今仍为千古美谈，成为中国古代将领勤能补拙、笃志力学的代表。与其相关的成语有“士别三日，当刮目相待”“吴下阿蒙”等。

张泌，字淑清，今安徽阜阳临泉县杨桥镇人，为明太祖朱元璋、明惠宗（即建文帝）朱允炆、明成祖朱棣三朝元老。初为元末贡生，随起义军给朱元璋做饭。朱元璋当皇帝后，封张泌为饮宴侯，后授兵科给事中，升都给事中，再升为光禄寺卿。永乐中，因尝宴中毒而死，明成祖赐以厚葬，张泌墓在杨桥南果子园村南郊。

张泌家旧址在杨桥，面临泉河，时大门上悬挂有“光禄第”金字大匾，旁注“洪武二十四年立”，此匾民国初年尚在。客厅有木刻精匣一个，内有御赐画像及皇上亲书黄绸圣旨一道。张泌死后，吏部每奏请授任光禄官，明成祖都问：“可得如张泌否？”意为：能得到像张泌那样的人吗？可见明成祖对张泌的怀念之深。

根据我的族谱以及安徽省志人物志的记载，亦对照爷爷墓碑上的碑文，确认张泌先生是张默闻的祖上，为明朝三朝元老，距今600多年。

阜阳的人才多如牛毛，但是巨星级的人才还是凤毛麟角，我认为应该加上项兵博士。理由很简单：①谁能在今天的中国历尽千辛万苦创办一所闻名世界的商学院？项兵做到了。②谁在中国培养了一批以马云、王石为代表的中国企业家？项兵做到了。③谁正在真正整合全球化教授资源服务中国？项兵做到了。

这就够了。一个人，一个商学院，一个全球化战略教育家，一个具有家国情怀的商学院创办院长，在他的世界里，他已经做到第一和无可替代。我认为他是中国公益精神大使、商学院创办大使、全球资源整合大使，更是安徽阜阳人的荣誉大使。很多人一定会觉得我是在讨好项兵院长，其实我从来没有想过要靠上这棵大树。因为，我只是单纯地为这个阜阳人自豪。他是一名优秀的阜阳人，因为，改变企业家能力也是为国家做了重大的贡献。

那么，项兵院长到底有什么样的观点？他的观点的质量如何？他是如何阐述中国商业与全球化的？还是让我们一起来聆听他交给世界的声音吧。

他认为，在经济全球化的今天，中国经济由大变强需要一批具有全球视野、社会责任感和人文关怀的商界领袖。长江商学院自成立以来，怀抱十年内跻身世界一流商学院的梦想，一直以“为中国和世界培养一批具有全球视野与全球资源整合能力、人文关怀与社会担当以及创新精神的世界级商业领袖”为已任，为打造全球新一代商学院做出了一系列的探索与创新。

他认为，学校的灵魂是其全职的、世界级的师资队伍。亚洲商学院最大的弱点是缺少属于自己的世界领先的师资队伍，而凭借各级政府及相关基金会的大力支持，取势于中国经济的崛起，长江商学院成功地聚集了一支以华人为主的世界领先的师资队伍。他们多数来自沃顿、斯坦福、欧洲工商管理学院等世界著名商学院。

他认为，长江商学院一贯重视对新兴市场的研究，着力探讨国企、民企和跨国公司如何在中国市场进行有效的竞争与合作，中国企业如何应对全球化的挑战，跨国公司如何整合中国市场而形成真正意义上的“以全球应对全球”。长江商学院的师资队伍，不仅通晓西方管理理论，得到国际学术界的广泛认同，而且深入了解中国及大中华地区的管理实践，立足于“取势、明道、优术”的战略指引，完全超越了传声筒和教学工厂的教学模式，成为这一领域新知识的全球引领者。

他认为，长江商学院率先在管理教育中系统引入人文课程，也是全球首家提出培养企业家“人文精神”的商学院。长江商学院为此成立人文委员会，由世界新儒学大师杜维明教授担纲主席，并邀请世界级人文研究学者加盟，在课程中系统介绍儒学、佛学、基督教、伊斯兰教等内容。在西方主流商学院强调跨文化交流的“套路与技巧”时，长江商学院已经开始注重人文内功的修炼，拓展了商学教育逻辑的内涵。

他认为，长江商学院已成为中国优秀企业家的共同选择，如中海油的傅成玉、巨人集团的史玉柱、阿里巴巴的马云、分众传媒的江南春等。长江商学院的世界领先师资队伍与中国的商界领袖们教学相长，共同实现打造世界级商业机构的梦想。同时，长江商学院校友会为他们搭建了中国极具影响力和价值的商业精英交流平台。长江商学院的超强凝聚力和向心力为同学们的人生和事业的持续发展提供了最有效的支持。

他认为，企业的领军人物普遍面临着“高处不胜寒”的困境，30 岁以后很难交到真心朋友，长江商学院的超团队文化增强了这一群体在校学习交流的广度与深度，使他们能够分享喜悦、共担痛苦。长江商学院独有的大家庭文化和超团队精神，让他们找到了一个心灵的港湾。

他认为，优秀的学员与强大的校友网络一直是长江商学院的宝贵财富，长江商学院希望它的学员不仅是物质财富的创造者，更有“为天地立心，为生民立命，为往圣继绝学，为天下开太平”的抱负和胸怀。社会责任感和人文关怀是长江商学院核心文化的重要部分。长江商学院始终关注并鼎力支持教育、科研、健康、扶贫、少年儿童发展和环保等各项社会公益事业。

他认为，凭借世界领先的师资队伍，原创性、前瞻性、实用性，甚至颠覆式管理新思想，长江商学院EMBA、MBA和高层管理教育项目在几年中已跻身中国乃至亚洲领先行列，并与哥伦比亚商学院、欧洲工商管理学院等建立战略合作关系。长江商学院已经迈进发展的第二阶段，着力把长江商学院打造成为一所泛亚洲的商学院。

他说的，不管是大话还是笑话，他都做到了。做到了，就伟大了。他是安徽阜阳人，这是我今天感受最多的内容。又到深夜，北京饭店开始变得静寂无声，我开始思考，伟大的商学院为什么是长江商学院？为什么长江商学院的创办院长是项兵？这里面存在哪些必然的联系？

时间：2018年7月1日夜
地点：长江商学院北京校区
原则：为心情记录、向学问致敬

第十课：项兵院长，你是一尊佛（下）

北京，阴。

持续晴朗的北京，终于开始闹情绪了。

第一次见项兵院长是在昨天，今天写，虽然算是过夜的文字，但依然感觉新鲜，依然能感受到很多不同的质感和信号。项兵院长给我的第一印象是胖胖的，简直是“大熊猫”级别。他的胖是那种全身“齐头并进”的胖：胖胖的肚子，胖胖的脸，胖胖的手，胖胖的知识和胖胖的笑容。项院长上的第一课是应对全球化的思维体系。课讲得很棒、很吸引人，同学们一下子就被他带入知识的海洋，一扫所有的困倦，一扫所有的茫然，快乐地在院长的故事里遨游。我感觉会上课的教授就像疯狂的迪斯科，会让你动起来，不会上课的教授就像安眠曲，会让你睡下去。毫无疑问，项院长是个上课的“勾魂高手”。

项院长讲课是走动式的，一会儿站在讲台的正中央，一会儿深入到同学的课桌旁，出口成章、妙趣横生。他用的最多的词语是“OK”，一堂课下来，少说也有100次。我发现，与其说项院长在讲课，不如说他在分享参加全球高端会议的感受。他的“站在月球看地球”的观点，他的“取势、明道、优术”的价值观和他的“以全球应对全球”的思维，体现了他的世界格局和中国智慧。一瞬间，你会觉得全球化就是他手里的一个玩具，就是他嘴里的一首儿歌，“嘴”

到擒来。他讲的世界是一个接地气的世界，他讲的全球化是一个可触摸的全球化，他讲的中国是一个可以更美的中国。似乎，盘踞在我们脑海里的很多国际问题一下子都冰雪消融了，一下子都烟消云散了。他让我们觉得我们已经离开了地球，站在了月球，齐刷刷地、全神贯注地看着这个离我们很远又很近的地球。

他把美国、印度、欧盟、日本、俄罗斯、巴西等国家或地区赤裸裸地展现在我们面前，问题和药方都摆在桌面上给我们看。项院长此刻更像一个医生，将纷繁的全球化解剖得稳、准、狠，你该怎么看待这个世界，你该如何与这个世界和平共处，分析得头头是道。世界，在我们的眼里突然成了一部电影，看完了，也就懂了，也就不紧张了。项院长最厉害的招数是让我们以小组的形式有选择地分析某个国家或地区，并和中国的企业发展结合起来，借鉴什么、学习什么、规避什么，然后分组汇报。

轰轰烈烈的研讨结束，汇报时项院长乖乖地跑到角落，听同学们讲每个国家的种种细节。这种大可爱、小狡猾，使我们对他更亲近。院长肯定明白，这些问题不是十几分钟就能找到答案的。其实，我们的答案正确与否已经不重要了，重要的是分析方法是否正确，洞察高度是否合理。等到大家都叽叽喳喳地、沾沾自喜地分享完毕，他则开始讲他研究的每个国家的一切。听完项院长的点评，我们集体陷入沉默，原来我们真的不懂这些国家。这种教学方式的结果，就是我们更加崇拜项兵，更加向往全球化。

一直以来，我渴望对新自由主义有更深入的理解。项院长给了我答案，他认为有些国家因为曾积极地拥抱撒切尔夫人 1979 年启动的新自由主义，享受了飞速的经济增长。但成也萧何、败也萧何，眼下开始面临新自由主义带来的日益严重的收入与财富分配不均、社会流动性下降与阶层固化、可持续发展等问题。这三大问题也可能正是全球面临的共同挑战。

他认为，新自由主义成就了人类历史上最伟大的财富增长，也可能是造成当今收入与财富不均以及社会流动性下降的主要推手。2008 年全球金融危机可以被看成是新自由主义结束的开始。那么，新自由主义发展模式之后世界各国的经济发展模式将何去何从？项院长认为中、美、欧三大经济体有不同的发展特征，因而有不同的发展模式或者需要探讨新的发展模式来解决。

对于美国而言，新自由主义走到了尽头，问题是下一个发展模式是什么？针对这个问题，美国社会内部存在分歧，有特朗普路线、希拉里方案，也有桑德斯推崇的社会主义道路。欧洲则面临着来自美国与中国等的竞争压力。同时，其内部也有严重的人口老龄化以及国家债务难以为继的挑战，这可能是欧盟近几年民族主义、民粹主义、单边主义、极右主义和政治分裂势力甚嚣尘上的原因之一。

中国面临的问题更加复杂。中国需要进一步深化改革与开放，打造更为透明、公平竞争的商业环境，构建一个有 A 类企业（家族企业）、B 类企业（具备现代企业制度特征，管理权与所有权分离，股权多元化的全球性公司）、C 类企业（国有企业）均衡发展的、更为合理的企业生态体系，同时通过更为强大的二次及三次分配来应对严重的收入与财富不均问题。

他认为，应当有机平衡、融合不同的发展模式，开发出可以促进包容性增长、可持续性增长以及社会流动性的新发展模式。中美两国作为具有显著共性的世界前两大经济体，在新发展模式的创建中占有至关重要的地位。中美两国应当进一步加强合作，让这个时代成为人类最好的时代，而不是最坏的时代。

在“一带一路”与中国企业崛起之道的主旨演讲中，项院长就说过，全球正处于多重变革与拐点汇集于一点的大变局时代，突出的变革包括经济发展模式转型、一系列颠覆性技术及创新、全球投资与贸易体系重构、国家治理与社会契约关系再造、单边主义和贸易保护主义兴起等。作为全球化的推动者及多边主义的捍卫者，中国贡献了诸多的新理念与实践，如“人类命运共同体”理念、“一带一路”倡议等。

最让我对项院长产生兴趣的，是他提出了“儒家经济圈”的概念。“儒家经济圈”是指与儒家文化有着深厚渊源的经济体，包括中国、日本、韩国、新加坡和越南。“儒家经济圈”的进一步一体化，在单边主义、保护主义、反全球化、逆全球化抬头的今天，具有重要的意义。“儒家经济圈”内的经济体可以秉承“和而不同”的理念，将发展模式的差异化视为一种互补与优势，增强相互之间的沟通、学习和交流。这一提法，为他的“站在月球看地球”的理论找到了最佳诠释。

今天是四天课程的最后一堂课，很多同学早就归心似箭，消失的速度比咖啡里的糖消失得还快。课后，站在课桌旁，我突然感到孤独，甚至有点小感伤，四天的课程就像是我和学院谈了一次小恋爱，刚刚有点温度，就各奔东西，也许这就是生活。

老习惯，我依旧是最后走出教室的那一个。慢慢地告别座位，走到门口接了一杯咖啡，慢慢地喝着，似乎都要忘记了去赶飞机这件大事。今天我要从北京飞往成都参加第一届皇玛·梦丽莎世界健康沙发大会并做主题演讲。那里有将近 2 000 名全球代理商，他们在等着我，等着我给他们信心和力量。我叫了一辆专车，司机很绅士，殷勤地让我系好安全带，问好目的地，车就像离弦的箭，朝目的地飞奔而去。

时间：2018年7月26日夜
地点：长江商学院北京校区
原则：为心情记录、向学问致敬

第十一课：耗费我10亿脑细胞才能听懂的半面创新课（上）

北京，白云朵朵，乾坤朗朗。

紧赶慢赶，我从广州营销大会的舞台上飞来了北京。每次乘坐飞机，就相当于多了一个空中办公室。抓紧时间扫尾未尽的文案，复盘广州之行的收获。休息之余，还看了一部美国大片。影片讲述了一个男人在妻子和女儿被杀后的理智复仇的故事。没有大场面，只有想象力，这个电影故事告诉我：复仇很重要，但是一定要找到方法，让罪犯得到合理的惩罚，让自己得到最终的救赎。电影刚结束，空姐甜甜的声音正好飘了出来："亲爱的旅客，首都北京就要到了……"空姐的声音依然甜美，就像丝巾从我的手上滑落。

打开手机，无数条信息蜂拥而至。班主任吴婕老师的呼唤最为强烈："张默闻同学，你到了吗？班委们都在等你。"当飞机和地面还在缠绵时，我迅速回了一条微信："报告班主任，飞机已降落，我正在火速赶往您指定的地点。"舱门打开，飞机终于温柔地靠在了八爪鱼一样的航站楼下机通道上。我拿上行李冲下飞机，而我那可怜的、全新的、定制的张默闻专用帽却被我"遗弃"在飞机上。直到坐上滴滴专车，摇下玻璃之时，才被迎面而来的风提醒："嗨，先生，你头上没有帽子了。"我的大脑突然一片空白，没有帽子，未来两天，我将如何见人？我发现，我有强迫症了。

说到帽子，想起了2008年。就在那一年，我第五次请辞AOBO

全球副总裁，终于获批。也就是从那时起，我开始留上了胡子，戴上了帽子，穿上了二十年永不改变的牛仔裤子，成了靠卖策划为生的“鬼谷子”。虽然在戴帽子这件事上，遭受了诸多非议，但这些年来，还是达到了帽不离头、头不离帽的境界。毫不夸张地说，十几年来，帽子已经成了张默闻和这个世界打招呼的一种方式，已经成了与张默闻相关的一个超级符号。最重要的是，帽子带给了我安全感，没有帽子，就像没有穿衣服。

如今，帽子却被我遗忘在了飞机上。我连忙给张默闻策划集团的行政总管寿寿同志打电话，让她火速快递一顶新帽子到北京。她说：“好的，按照上一次的邮寄方式，寄到宾馆，送到房间。”我问她知道地址吗？她没有应答，紧接着微信里冒出几个字：“北京饭店转张默闻先生的房间。”我无语了，因为已不是第一次发生这样的事。第二天晚上，帽子已经稳稳地戴到我的头上。我突然觉得我活了过来，但同时我却深感悲哀，我就这样被帽子“绑架”了。在没有帽子的时间里，很多同学都问了我同样一句话：我们以为你这次没来上课呢，没有帽子就不是你张默闻了。看来，帽子已经成了大家发现我、寻找我、记起我的一个超级符号了。

今天，为我们上课的是周宏桥教授。周宏桥教授祖籍江苏沛县，和汉高祖刘邦是徐州老乡。周宏桥教授出身书香世家，其祖上可以追溯到和刘邦一块儿打天下的周亚夫。他幼习文史，历兼复旦大学、北京大学、长江商学院、清华大学等近二十所顶级商学院 EMBA 创新学位课程教职，主讲“创新的思维、方法和实践”，代表作是《半面创新》。半面创新，一个听起来生涩难懂、充满诡异的创新奇学。

周宏桥教授是一位会学、会教、会玩的教授。上课有点小幽默，就像一个可爱的大男孩。他的嘴巴下面有颗痣，笑起来很有福相，甚至会给人一种伟人重生的错觉。据我观察：上他的课，睡觉的人不多，但是能听懂的人也不会很多。他是创新学方面的专家，但是在我看来，他更像一个文艺青年，他喜欢李白，更喜欢杜甫；喜欢宋词，更喜欢唐诗。经常，他在上课时，会突然蹦出一首自己创作的诗，就像突然掉下来一条美人鱼，让人惊喜。我不知道，周教授是教授里最好的诗人还是诗人里的最好的教授？

大概有文艺情怀的教授都有一个共同点：学能盖世，文能传世。周宏桥教授既有理科男的程序化思考，又有文科男的文艺范情怀，很有嚼劲、很有味道。他留的作业，我认为最难做的就是让我们站在月球看地球，好好地反思自己所进行的创新的得与失。弄得我最近一直吃不好、睡不好，天天反思自己，像个犯错的孩子一样，惨兮兮的、晕乎乎的。但是，周宏桥教授的课程引发了我对创新的思考和重构。我是这样理解创新的：

（1）什么是创新？创新就是多走几条路，走对一个说明创新就成功了。创新就是创造需求，创新就是要大胆、放肆地猜想。

（2）创新的道路是什么？不创新就去等死吧！创新一定要在原有的基础上进行，不要以毁灭为代价去创新。革新、复古，都很重要，没有积累就不会有创新。保守是舒服的，创新是痛苦的，没有创造力根本谈不上创新。在企业发展的道路里唯一能够摆脱拥挤的就是走上创新之路。

（3）中国企业如何创新？对企业来说不断创造新的体制、新的产品、新的市场和压倒竞争对手的新形势，企业才能立于不败之地。企业的成功之路，时间久了也会烂掉，只能靠创新焕发新生。

今天，长江商学院第 32 期上海班的新班委和同学们见面啦。张默闻带领的上海班三组竟然有两个人进入班委行列：一个是满嘴扬州普通话和英语夹杂的实业家陈学本先生，另一个是我；一个是秘书长，一个是宣传委员。就这样，人生中第一次当上了宣传委员。

都说新官上任三把火，班委也不例外，就职演讲都很精彩。我只说了三句话：以班主任为核心，以正能量为核心，以服务同学为核心。为了纪念，我特别记下了班委们的名字，希望多年以后看见这份名单还能感受到此刻的这群“老男女”的青春气息：贴心的班主任吴婕，茅台班长徐良衡，大美副班长孙海玲，白胖秘书长陈学本，超级大脑学习委员唐韵鹏，最佳写手宣传委员张默闻，稳中有料组织纪律委员宋加勇，天生戏精文体委员陈懿敏，照亮黑暗公益委员蔡史印，心直口快生活财务委员杨茜。

十大班委成员各具特色，正所谓：荤素搭配，营养均衡；男女搭配，干活不累。就职新班委，男生个个都像赵子龙，女生人人都是穆桂英，开了挂似的加大油门往前冲，幸福感几乎要冲破衣服、冲破喉咙、冲破教室。这景象让我感慨：爱，永远不嫌路远；人，永远不嫌忙碌。这很有趣，也是中年同学们最牛的一次挥洒青春。

今天，我作为分享者分享我的最新观点——超级单品就是超级品牌，演讲时间 30 分钟。我快刀斩乱麻般地抛出了自己的以下观点，赢得了一致的认可：

第一，中国企业研发豪华化。

当前，中国企业在产品研发上下足了功夫，每个企业的研发中心都排满了高、精、尖的“待嫁产品”，排队等待为消费者提供服务，并进行五个方面的力量组合：非常多的完美产品，非常棒的产品包装，非常艳的商业模式，非常新的广告创意，非常烈的销售团队。

第二，中国新品战略聚焦化。

我认为，一个企业一年中有一个新品能获得成功也就不错了。如果一股脑地推出一系列的新品，市场根本消化不了。怎么办？很简单：聚焦，聚焦，再聚焦，必须要走超级单品之路。

第三，中国品牌崛起单品化。

什么是超级单品？超级单品就是一个单品可以承担一个企业全年全部销量的 50% 以上。超级单品就是企业的销量担当、品牌形象担当，品牌就是它，它就代表品牌。超级单品就是企业“富养”的产品王子或者产品公主，是企业用“富养”的战略、广告、渠道养育的超级宝贝。娃哈哈营养快线，一个超级单品一年销售 200 亿元；加多宝凉茶，一个超级单品一年销售 200 亿元；农夫山泉，一个单品一年就卖 100 多个亿。可以说，没有超级单品的企业就不能算有真正的超级品牌。

第四，中国单品营销造星化。

没有方法找出一个超级单品，没有办法培育一个超级单品，没有措施营销一个超级单品，这才是中国部分企业营销的痛点之一。产品很多，没有明星；有了明星，不会造星。这就是中国企业、中国品牌、中国营销要思考的问题。

第五，中国超级单品营销配置化。

企业打造一个超级单品需要 13 个方面的超级配置：

（1）必须要有超级老板——玩的是魄力。

（2）必须要有超级需求——玩的是创造。

（3）必须要有超级渠道——玩的是网络。

（4）必须要有超级团队——玩的是进攻。

（5）必须要有超级创意——玩的是买点。

（6）必须要有超级传播——玩的是内容。

（7）必须要有超级口号——玩的是流行。

（8）必须要有超级符号——玩的是记忆。

（9）必须要有超级故事——玩的是感情。

（10）必须要有超级利润——玩的是空间。

（11）必须要有超级样板——玩的是复制。

（12）必须要有超级体验——玩的是口碑。

（13）必须要有超级模式——玩的是共赢。

13 个超级配置，每一个都是一个工程，每一个工程都需要专业化程度很高的“大师级”的团队来做。这就需要专业的全案营销策划公司贴身辅佐。

第六，中国超级单品兵法化。

从超级单品到超级品牌还有 6 步要走：

（1）推行创新性模仿（如华为的交换机、腾讯的 QQ）。

（2）重复使用能上瘾（如营养快线）。

（3）傍着第一品牌打（如百事可乐和可口可乐、杜蕾斯和杰士邦）。

（4）产品更新能力强（如西贝莜面、方太吸油烟机）。

（5）广告稍微出点格（如美的、六个核桃）。

（6）广告费用舍得花（如瓜子二手车、拼多多）。

如果产品很多，请先找出超级单品，因为二八原理就在你身边。越超级，越高级！讲完后，我惊喜地发现：分享过程全程无尿点，同学们的兴奋度都很高，第一次在长江“卖艺”，感觉不错。

老规矩，说说我们新力量队按照约定在北京的最后一次聚餐。这次聚会配置豪华，创意来自美丽的娃娃，聚餐的地点在一家西餐厅。舒缓的音乐、昏暗的灯光、绅士般的服务员、吸睛的高脚杯、洁白的台布、耀眼的刀和叉、霸道的大龙虾，配上队员们的各种表情，仿佛不是同学聚会，而是一个外宾招待会。有的队员安静无语，默默想念；有的队员温情有度，缠缠无绵；有的队员插科打诨，杯杯喝干；有的队员迷恋手机，分分在线。

每逢最后，总是伤感。整个聚餐似乎有点“生离死别”的忧伤感，配上西餐厅里优美的旋律，好浪漫、好缓慢，令人眷恋。端着酒杯，走到窗前，望着流动的北京夜晚，我突然觉得，有一种站在月球看地球的优越感。

我喜欢我们新力量队的每一个成员。在这里，你可以拥抱每一个人，告诉他，你很爱他，他会回答你，他也很爱你。丝毫没有违和感，这可能就是传说中的同学情谊吧！

回到北京饭店，已经是深夜 24:00，是明天也是今天。

时间：2018年7月27日夜
地点：长江商学院北京校区
原则：为心情记录、向学问致敬

第十二课：耗费我10亿脑细胞才能听懂的半面创新课（下）

北京，晴朗。

我习惯住在北京饭店，不是因为它的名气大，而是因为几分钟就能走到长江商学院的北京校区。关键是这一段路程中，可以看见很多我想看见的东西：荷枪实弹的警察兄弟、蚂蚁搬家般的地铁人群、高端大气的东长安街、熙熙攘攘的王府井。虽然只有5分钟路程，却能看见北京该有的味道和风骨。长江商学院坐落东方广场，空气里弥漫着商业的气味，匆匆而过的人身上飘散着香水味。我沦陷了，但我清醒着。

今天依然是周宏桥教授讲述他的创新的思维、方法与实践。我们在听，他在讲。他写了两本书，有名、有利、有高度；我写了30本书，有质、有图、有真相。我不敢和教授比质量，但是我可以和教授比数量，这种好玩、古怪又荒诞的想法，只有我这种“老男孩”才会想到。周宏桥教授向我们推荐了他读过的书，仅仅书单上就列出了上百本。我想，这么多的书籍，恐怕没有几个同学能够坚持全部读完。我根本做不到，不是没有时间，而是因为我认为写到书上的东西，绝对的真实性有待考证，古人还能做到，现代的人也能做到，只是做得不够彻底。

周宏桥教授不仅有扎实的理论基础，还拥有二十多年中美两地的工作经历，是真正意义上的创新实践者与探索者。周宏桥教授还创立了新维创新私塾，每年 3 个月环球旅行，与各国著名的企业家、500 强企业高管及创新研究学者进行交流，为中国名企、复旦 EMBA 授课，与同学们交流并参与他们所在企业的创新产品评审，持续完善方法论体系。这些，都让他的创新理念和课程教学更具说服力。听他的课，常常会以为是走进了国学课堂。“锦瑟无端五十弦，一弦一柱思华年”等诗句信手拈来，诗词递进顺序、意识流的走向，都能与互联网产品创新、服务创新、体验创新关联而成。更绝的是，他可以将人文底蕴、思想境界、哲理科学，清晰地罗列出文化发展逻辑，并类比企业发展规律，从而找出创新的机会。

但是，如果你以为周宏桥的创新，就是将哲学、科技、唐诗与管理“混搭”，那就错了。创新绝非只是简单的新旧搭配，而是透过现象找出其背后的理论本质。将创新与人文结合的“艺道专通”，是一种授人以渔的方式，借此方法来强调一整套从实践中如何提炼知识、创造知识的方法，并通过知识体系的关联及人类文明中知识创造的脉络传授如何进行终身学习的方法。我利用每一个课后的时间风卷残云般地阅读周宏桥教授的《半面创新》，感觉深度不可测量。

中国人民大学毛基业博士认为：“作者采用全新视角，基于其软件架构与工程训练和横跨东西方两种文化的背景，以一个方程式的形式，辅以旁征博引，系统而清晰地勾绘出一条独特的创新之道。”北京大学路江涌博士则认为：“十年磨一剑，新版更以‘正反台’思想赛穿全书，并以图形直观地表达了系统且精深的思想架构，完美地诠释了体系的哲学性、逻辑性和实用性。”“根植于中国传统文化乃至哲学，半面创新理论被巧妙而毫无违和感地展现出来。”是《哈佛商业评论（中文版）》钮键军副主编的中肯评价。

我们第 15 拓展队的小兰姑娘（汤玉茹）召集了北京、上海、深圳三个班级的同学进行聚会。跨界组合，大秀酒胆。

后来，我和黄凌云老师一起去参加安徽籍同学会。我们未到，别人就散了，看来缘分还不够。走回北京饭店，我突然觉得交际好累，我忘了别人说了什么，也忘了我说了什么，只觉得有点微醺。我要躺在床上，虽然床上只有两个白得耀眼的、胖乎乎的枕头。

习惯性地打开电视，习惯性地把频道锁定在CCTV-6，看一会儿然后睡去。就像童年时，麦场上还在放着电影，我却趴在麦垛上睡着了。电影结束后，整个麦场只剩下我一个人，从麦垛上爬下来，揉揉睡意蒙眬的眼睛，开始寻找回家的路……

时间：2018年7月28日夜

地点：长江商学院北京校区

原则：为心情记录、向学问致敬

第十三课：李教授，你把中国经济讲透了（上）

北京，白云朵朵。

今天上课的教授，长得很有喜感，他的名字叫李伟。但是，今天这个李伟，和其他李伟不一样，其背景非常“豪华”，一身“全球光芒”。

李伟教授是长江商学院的经济学教授、案例中心主任、中国经济和可持续性发展研究中心主任。李教授的课具有很强的经济暗示性和全球化思维，系统性和现实的批判性也都很强，对于全球化经营的公司决策者具有重要的指导作用。一边翻阅他的著作，一边听他讲课，这感觉就像一手拉着女朋友，一手端着咖啡一样，活活地把生涩的经济学听成了故事会。

今天的课，李教授选择的主题是套利，涉及货币、国际金融、中国经济、全球宏观经济等内容。有经济学背景的同学听得津津有味，没有经济学背景的同学则听得云里雾里。李教授的课也再次证明了一个真理——世界上最好的学术观点都是讲给需要它的人听的。

听讲的过程中，我突发奇想，想给长江商学院的教授们提四点建议，虽然这可能只是我的美好愿望。

（1）聚焦企业的实际经营、中国现状下的实际发展与竞争需要设计课程。

（2）课件设计和案例选择，更加本土化、鲜活化、尖锐化，如有需要可邀请当事人参与讨论。

（3）用讲故事的方法讲授课程，让课程成为好理解、好消化、好应用的工具。

（4）增加辩论环节，让一个事实能够发出它自己的声音，并且让同学们在辩论中获得深刻的价值。

需要声明的是，李教授的课讲得很专业、很棒。在来长江商学院之前，我已经把自己完全倒空，就像一只洗得很干净的空杯子，等待装上饱含“高级思想”的矿泉水。接纳每一个思想、每一位老师的洗礼，是我给自己定的底线。我会像一个守规矩的孩子一样，求知、求值、求治。

课间休息，永远是学生的最爱。一大批中年学生争先恐后地涌出教室，奔向咖啡、水果和甜点。有时候，我会觉得时光已倒流，青春回转。记得有位讲授国学课程的教授说过：“小孩子上的是小学，大孩子上的是大学。”我在想，那我们这些中年大叔、阿姨来的长江商学院应该叫“中学”才对啊。

尽管是课间休息，仍有一小批“好学分子”缠着教授合影、扫微信、问问题。我很喜欢这样的“好学”同学，以本班的学习委员唐韵鹏先生为代表，因为他们是辛勤的采蜜者，他们需要强烈的知识和视野甜度。但是，我却很少去凑热闹，因为我胆小。

又到了小组汇报作业的游戏环节，我们三组这次由朱健同学汇报。果然，我们的小朱佩奇很厉害，博得满堂彩。他说：“都是张默闻组长指导的好。”我虽然不太喜欢别人赞美我，但是面对真诚的赞美，我还是会抑制不住满心欢喜的。取得这么好的效果，我身上的肉都笑得跳了起来，写满了洋洋得意。我说：“阿健，你就是一个天才，给你一捆干柴、一根火柴，你就能把整个世界点亮。”我看见了，看见了小朱佩奇嬉皮笑脸背后的羞涩。这个浑身上下透着“坏”、透着智慧的大男孩，蛮招人喜欢的。

终于下课了，同学们就像一盘饺子一样“哗啦啦”跳进电梯，每个人的脸上都写满了“归心似箭”。五花八门的香水味，形形色色的奢侈品牌服装，混杂在一起，就像个杂技团。北京饭店，夜色朦胧，灯火辉煌。我独自穿过大厅，回到我所住的楼层。

顺手打开了音乐播放器，正在播放的是我为龙蟠润滑油写的企业歌曲《世界品牌，中国龙蟠》，一首振奋人心、振奋中国民族品牌的音乐，和今天的课程十分呼应。“世界品牌，中国龙蟠”八个大字，字字铿锵，这不仅仅是一首企业歌曲的歌名，更是品牌背后的发展战略，如今它不仅出现在龙蟠科技南京总部及全国各大生产基地的角角落落，更以嘹亮的歌声唱出了品牌发展的最强音。这首歌依然是陈伟作曲，张默闻作词，由歌手张津涤演唱，一起感受其中的力量吧！

《世界品牌，中国龙蟠》

作词：张默闻

作曲：陈　伟

演唱：张津涤

扫码听好歌

读书享快乐

一曲作罢，收回思绪，我准备开始写东西了。

时间：2018年7月29日夜
地点：长江商学院北京校区
原则：为心情记录、向学问致敬

第十四课：李教授，你把中国经济讲透了（下）

北京，蓝天，白云，微风。

早上起来，惯例是去餐厅吃早餐。突然感觉大为不同，原来这是在北京阶段的最后一次早餐，我竟然瞬间对这个早餐厅产生了眷恋。一般来说，最后一次和第一次总是让人难忘。这么多次的早餐，我总是坐在同一个位置，总是同一个美丽的服务员为我端来一杯血一样的红茶。

今天，她照例问我："先生，您今天还是红茶吗？"我说："是。"她说："先生，您真懂得养生！"每次早餐，我都会先吃点水果和蔬菜，然后吃一个荷包蛋，再喝两碗汤：一碗鸡汤，一碗牛肉汤。鸡汤保证营养，牛肉汤保证力量。两碗汤下肚，总感觉肚子里好像有一只鸡在叫、一头牛在跑。有趣极了。

今天，是退房的日子。走出北京饭店的一瞬间，我停住了，我轻轻地对北京饭店说："谢谢你，亲爱的北京饭店，希望毕业的时候我们还能再见。"此刻，阳光万丈、微风飘荡，拉着皮箱，我快步走向熟悉的教室。

今天还是李伟教授的课。依然是那些对我来说沉闷的、残酷的、令人恍惚的经济学话题。教授的观点依然模棱两可，可信、可不信，可听、可不听。热情的同学依然热情，麻木的同学依然麻木，只有百灵鸟一样的班主任始终在现场主持大局，温柔地"镇压"着那些蠢蠢欲动的同学们。

课间休息期间，我发布了上海班诗歌征集令，用于 8 月 10 日上海慈善音乐晚会上的朗诵表演。最后，一共收到了 7 首诗，看来上海班的文艺青年很多。不是唐诗宋词，就是现代流行，看来同学们的大肚子里装的不都是酒菜和红酒，原来还有万般优雅、千般柔情的文艺细胞，这也许就是长江商学院的奇妙之处。

李教授没有安排课后作业，只安排了现场作业，我以神一样的速度完成了教授布置的作业。班主任赞扬我说："默闻真是太有逻辑了。"我问："逻辑是什么？"班主任甜蜜地、有点撒娇地回答我说："逻辑就是说你的思路很清楚。"我小心翼翼地问自己："我真的是个有逻辑的人吗？"

李教授的课引发了我重重的、深深的、缓缓的思考。我认为，中国经济是典型的政治经济。国富民强一直是中国经济的特色诉求。所以，中国经济一直在政治的怀抱里繁衍，国家战略和情怀、政治家战略和情怀、企业家战略和情怀，都在政治方向的指挥棒下开展运动。中国的商业精英们要积极地拥抱中国、拥抱中国经济站在月球看地球，和世界经济一起边打边爱、边爱边打，最后完成经济、政治和文化的融合。

在经济建设上，中国人民只要不被捆住手脚，就会自然而然地重构商业模式，快速繁衍商业成果。我们不能保证不犯错，但是必须保证用最小的代价来试错。更重要的是，我坚信中国人的智商，中国企业家更是其中的活跃分子和精英分子。我对中国经济从来不悲观、不放弃，因为做生意，我们是认真的。

在李教授的引导下，我对高大上的经济话题有了以下的理解：

（1）我曾看到一组数据：自 1520 年以来，全世界只有 85 个机构存活至今，其中 50 个是大学。这组数据带给我们的警示是什么？我认为只有教育才是政治和经济的核心发动机。

（2）大海的表面很难保持平静，经济均衡更无法保持平静，不平静才是政治经济的特征。

（3）中国经济应该干好一件事：让中国人办企业，办更多、更好的企业。

（4）一个民族的精神风貌、文明程度都记录在它们的财政史上。

（5）为增长而增长，是经济癌细胞的生存之道，但依然有一些中国企业家属于叫不醒的人。

（6）当你能衡量你所谈论的东西并能用数字加以表达时，你才有资格说你对它是了解的；当你还不能衡量、不能用数字来表达时，你的了解就是肤浅的、不能令人满意的。所以，我说，数字是盏灯。

（7）社会的突出问题，是不能提供充分就业和武断而又不公平地分配财富和收入。

（8）货币，要么很多却不可靠，要么可靠但又稀缺，事实上我们是无法控制货币的，货币背后的黑手是人心。

（9）贸易鼓励人们追随的是自由而不是革命。

（10）稳定经济目标，要求我们能够控制住经济、走高就业之路。

（11）我相信生产率不等于一切，但长期看它几乎意味着一切。

（12）资本主义的原罪是有福时不一定能共享，社会主义的先天美德是有难时大家一定同当。

（13）经济发展的最终目的，就是以人为本。

（14）需求弹性可以说是汇率理论的核心。

（15）货币政策与财政政策的最终目标都是实现经济增长和提高人民的生活水平，本质上不是为了汇率稳定和正常项目余额。

（16）如果我们不能把握发展的内在含义，即使拥有再多有关发展的资料也无济于事。

（17）单就发展理论本身而言，其实并无多大价值，除非它改善了人们的生活。

（18）如果增长不能提高人民的生活，它就失去了存在的意义？

（19）请对人民投资。

（20）世界已经变成了一个全球性的金融村。

（21）第三世界的需求是实际资源的真正流动，而不是文字游戏。

今天的课比平时结束得早了些。我们新力量队约好去青岛进行一次拓展游学，所以一下课就小鸟般地“飞”到大堂集合，集体搭车前往首都机场。男同学秒变成时尚男生，女同学秒变成时尚女郎。严肃的课堂限制了大家的天真，这下好了，个性全部暴露。

原本提前计划好的拓展游学，仍有部分同学缺席了。忙，成了大家共同的理由。为了证明，有人展示出工作的排期和细节，有人晒出了接待客户的名单。这就是同学，因为重视，所以忠实。忙，是最好的理由，也是最坏的理由，因为，忙，从来都不是唯一的理由。在翻阅朋友圈时突然发现两句很喜欢的话：①表扬一个人最好用公文，批评一个人尽量用电话。②进城的途中务必与人为善，因为回家的路上你可能会遇见他们。

不说了，青岛，我们来了！

时间：2018年7月30日夜
地点：青岛
原则：为心情记录、向学问致敬

第十五课：那些在青岛做过的难以描述的事

青岛，海味十足。

昨天晚上，很晚才到青岛，这个涛声依旧的美好城市。虽然夜色已深，但是青岛就像一个新娘，浑身上下透着开放的温柔，精致的身体在海浪的抚摸下，很迷人。越来越浓的夜丝毫不能打碎我们的热情，最有老干部风骨的牛牛（王照英），身边美女最多的杨梅头（胡万荣），瓷器般的美女王思悦，好客山东的“代言人”老黄牛（李永华），浑身上下透着干劲和优雅的顺宝妈妈（刘启芳），说不清楚好人坏人的小麦（张默闻），长得和印度总理差不多的唐韵鹏先生以及最帅的潜伏歌手老K（尚凯），一起坐在青岛新区蓝海大酒店门口的海鲜烧烤大排档，开始迫不及待地感受青岛，感受青岛的星光之夜和啤酒之夜。毫无疑问，青岛啤酒成了带给我们更多欢乐的主角。在青岛啤酒的“哄骗”下，我们谈了很多话题，理性的、感性的、国家的、民族的、班级的……

靠近凌晨一点，我率先撤退，第二天才得知大部队到凌晨五点才彻底撤退。青岛的海风彻底吹醉了杨梅头和老K。说好的早上九点不见不散，最后只有我们的牛牛、CC、老黄牛、顺宝妈妈、沙龙和小麦，被拉向青岛上合组织会议场馆。那两个“醉鬼”就这样抛弃了我们。牛牛，明明是二号人物，却一直下达着一号人物的命令，够范儿。看来，关键时刻，还得看牛牛的那股倔劲，这个浙江人，有趣得很。

看完上合组织会址，我还是被震撼了。一个国际型会议就是一个超级建筑的诞生，一个超级建筑就是一个盈利的商业和新景点。当然，最值得一提的是一家叫“劈柴院”的青岛美食大院。有戏台，有老字号牌匾，有排山倒海的菜品，还有小龙女般的服务员。我们美丽的 CC，一见到“劈柴院”旁边的煎饺店，就再也迈不开腿了，牛牛殷勤地花十元“巨资”为她买了两盒海鲜煎饺，最后却被我们集体瓜分了。从这个细节，我发现牛牛绝对是一枚外表粗犷、内心细腻的暖男，他“讨好”女人的本事应该是中国排名第二，且没有人敢说第一。“劈柴院”的菜很好吃，老黄牛拿出了好客山东的最大诚意，让菜剩了大半桌。老黄牛，不仅好客还很能喝酒，虽然身体欠安，但是酒风刚烈，我服。

大概是我的主意，如果没有记错的话，大白天让一大帮同学浩浩荡荡地“杀向”KTV。同学们一开嗓，我彻底折服：顺宝妈妈的那英范儿，CC 的文艺范儿，杨梅头的醉侠范儿，牛牛的摇滚范儿，沙龙的煽情范儿，最“可怕”的是潜伏音乐皇帝，当年玩音乐出身的老 K，一首冲破天的民歌，唱得地动山摇、悦耳婉转。我的演唱动力一泻而出，活活拿不起话筒了。

最值得描述的应该是坐着帆船去看海，这是老 K 的安排。在青岛下海我是第一次，帆船运动更是我的处男级活动，很新鲜、很刺激。太阳很大，海风很小。坐我身边的是顺宝妈妈，海风撩起她的头发，救生衣衬托出她的优雅，好看极了。帆船好慢，就像行走在地平线上。太阳报复般地砸向我们，真是应了那句话：一半是海水，一半是火焰。就这样，我们在海上，漂着、说着、笑着。远处狂奔的快艇，掀起一个又一个高潮，艇上的男人一身肌肉，就像练过健身的海豚。敬业的摄影师忽前忽后地为我们拍照，远处的大船朦朦胧胧。我喜欢这种宁静，静静地和生活相处，静静地和时光相处，静静地和自己相处。有没有爱情，有没有作为，有没有梦想，真的没有那么重要。我只要，一片海、一叶舟、一首歌、一杯酒，就好。

晚宴设在良友，这是我们长江商学院第32期某班班长名下的酒店。在这里，我们宣布了著名的“队长轮值制度”，诞生了第一位轮值队长——光光大哥。我们有理由相信，在总队长老K的带领下，一定可以“尚”个新高度。转眼又是晚上，第二天还要赶早班飞机去广州，就没有再陪同各位亲密战友畅饮。有时候，错过，很美，为下一次来，埋下伏笔。

谢谢青岛，谢谢老K，谢谢老黄牛。你们那么好，就像优美的海浪不断塑造着我们友谊的脊梁。好想你们，特以此文，表达对你们的感谢！

夜深人静，打开音乐，《永不变芯》跃然入耳，这是我为晾霸晾衣机写的品牌歌曲。随着优美的旋律，听着远处的涛声，我融入了歌词、融入了意境。让我们打开耳朵，一起来听一听吧！

《永不变芯》

作词：张默闻

作曲：陈　伟

演唱：陈文浩

扫码听好歌

读书享快乐

夜深了，你们都睡了吧。我却还在辗转反侧，是思念吗？思念你们中间的谁呢？我却没有想起来。

时间：2018年8月10日夜
地点：上海音乐学院
原则：为心情记录、向学问致敬

第十六课：我的初恋，她却不在上海音乐学院

没想到，这辈子我竟然还能和上海音乐学院有故事、有关系。这可要感谢长江商学院，否则，我都不知道上海音乐学院长什么样子。我以为，像我这样的农民大叔，是和艺术殿堂无缘的，没想到，不仅有缘，而且缘分不浅。

2018 年 8 月 10 日晚，上海交响乐团音乐厅，热情洋溢，长江教育发展基金会慈善专场音乐会（上海站）首演徐徐拉开帷幕。长江商学院第 30 期校友，大师级钢琴家赵胤胤与德累斯顿交响乐团的 7 位首席音乐家完成了首演。其中，一个环节是上海校友会欢迎长江商学院第 32 期新生的“听 • 爱——在长江迎新会”。于是，我有机会迈进了上海音乐学院，迈进了上海交响乐团音乐厅，感受了一次音乐的慈善力量和新生的欢迎仪式。

上海音乐学院拥有三个艺术中心，即周小燕国际歌剧中心、国际弦乐艺术中心、国际钢琴艺术中心，每一个我都喜欢，都是一个美丽的梦。不过，只能“梦”在梦中。虽然说朝闻夕死亦可，什么时候开始都不晚，但是在音乐这条路上，我是跑不动了，也没有天赋跑。上海音乐学院的前身是蔡元培先生和音乐教育家萧友梅博士于 1927 年 11 月 27 日共同创办的“国立音乐院”，是中国第一所独立建制的国立高等音乐学府，首任院长为蔡元培先生。

我习惯性地开始了解上海音乐学院的校训——和、毅、庄、诚，这是我的职业习惯。

“和”在中国古代文化典籍中有《老子》的“音声相和”、《论语》的“乐从和”、《礼记》的“其声和以柔”等诸多体现。它要求学校无论是在外部的校园环境和内在的人文氛围方面均应做到和谐平和、和睦快乐、协调美好。

“毅”，分别有《说文解字》的“毅，有决也”、《论语》的“士不可以不弘毅，任重道远”、《韩非子》的“能法之士必强毅而劲直”等诸多体现。

“庄”，分别有《论语》的“临之以庄，则敬”、《列子》的“师之以庄贤于丘也”、《礼记》的“非礼不诚不庄”、《吕氏春秋》的“居处不庄，非孝也”等诸多体现，意指人的风度仪表、言行举止应端庄持重，教学场所和教学秩序谨严庄重。

“诚”，有《礼记》的“著诚去伪，礼之经也”、《说文解字》的“诚，信也”、《礼记》的“诚者，天之道也；诚之者，人之道也”、《韩非子》的“巧诈不如拙诚”等诸多体现。“诚”是为人守信的重要品质和道德规范，是做人之根本，它倡导师生要崇尚真理、探求真知、去做真人。校训“和、毅、庄、诚”所昭示的是上海音乐学院追求尽善尽美之艺术佳境与完美人格的至高理想，以及发展健全精神、优美人格、修己立人、化民成俗，“培植国民美与和的神志及其艺术”，改良社会风气的大教育观。

其实，一所大学能不能获得尊重就看它坚守的校训是什么，这就够了。

今天，长江商学院第一期慈善音乐会正式起航。台上，长江商学院第30期校友、大师级钢琴家赵胤胤，与德累斯顿交响乐团的7位首席音乐家，正热情奔放地演绎着贝多芬的名曲。台下，来自不同课程、不同期别、不同地域的校友们，在这个美好的夜晚，共赏大师级的音乐盛宴。

今天晚上是长江商学院慈善专场音乐会的首场演出，也是一次形式特别的校友捐赠——赵胤胤校友捐赠了 2018 年中国 14 个城市的音乐巡演中的上海、深圳、北京三场，作为长江慈善专场音乐会，票房收入将用于学院奖学金建设。音乐会开场前的迎新会上，梅建平副院长代表学院，热烈欢迎长江商学院校友及其家人的参与，欢迎新同学选择长江、汇入长江，欢迎校友们积极参与共建长江。我们长江商学院第 32 期 4 班在班主任吴婕老师的带领下，第一次登上上海交响乐团音乐厅，在这里被欢迎、被教育、被感动，同时献上了我们自编、自导、自演的系列节目。对我而言，则是有了以下 9 个发现。

（1）第一次发现我穿正装的样子是那么正经，是可以登上大雅之堂的。

（2）第一次发现女人穿旗袍、男人穿礼服扎领结原来那么贵族化。

（3）第一次发现长江商学院的社会力量如此强大，强大到可以渗透到社会的各个领域和层面。

（4）第一次发现伟大的音乐可以让人陶醉，可以让心灵和音乐一起变得安静而充满温暖。

（5）第一次发现在音乐面前，世界可以变得这么从容、这么有仪式感、这么高级。

（6）第一次发现音乐可以让不同国家的音乐家那么和谐地相处，那么和谐地共同演出。

（7）第一次发现我在音乐面前竟然像个孩子一样听话、投入，拥有敬畏感。

（8）第一次发现长江商学院里人才济济，而且都是各个领域的高精尖人才。

（9）第一次发现音乐沟通世界的力量是那么强大、那么具有磁性、那么让人舍生忘死和深陷其中。

演出在赵胤胤演奏的《月光奏鸣曲》中拉开帷幕，大师级的演奏，让现场观众沉浸在灵动的钢琴声中。德累斯顿乐团的7位首席音乐家演奏了贝多芬的管弦七重奏，阵容豪华，音律四溢，整个音乐厅流淌着令人着迷的灵魂享受。赵胤胤与德累斯顿首席演奏家们共同演绎了室内乐版《C大调第一钢琴协奏曲》，这是大师级音乐演奏家们合作的世界首演。1 000多人的音乐厅座无虚席，精彩的演奏让现场掌声雷动。赵胤胤返场两次，与德累斯顿首席音乐家加演两曲，感谢观众的热情。演出后，梅建平副院长、滕斌圣副院长向赵胤胤颁发捐赠证书，感谢他以捐赠音乐会、支持学院奖学金建设的方式，共建长江社区。长江商学院慈善专场音乐会的上海首演筹备，得到了上海校友会和全体上海校友的大力支持，梅建平副院长和滕斌圣副院长向上海校友会和全体上海校友颁发了捐赠证书。

走出上海音乐学院，带着浑身的艺术气息，我们全班同学一起去了上海一个非常有名的酒吧，开始了灵魂的第二次修炼。我要了一杯法国红酒，绕过灯红酒绿，来到酒吧的外围，一个可以看得见上海街道的地方，思绪一下子回到了1993年。那时，我在上海，每天骑着黄鱼车当搬运工，风雨兼程，苦乐其中。我仿佛又看见了自己，骑着黄鱼车从远处走来，身边不断有汽车滑过，雨水溅了我一身，他们习惯了，我也习惯了……

有同学叫我，我连忙擦干眼泪，走向他们。他们问："默闻，你怎么哭了？"我说："没有，有点伤感而已。"只有我知道，我想起了我的"上海1993"，那是我的初恋离开我的第二年，那时候，每一天，胸口都像扎了一把尖刀……

子夜时分，我回到了入住的饭店。我点上一支烟，没有开灯，我不知道我要怀念什么，只是觉得还有很多话没有说。

我爱你，上海；我恨你，上海！

因为我的初恋不在上海音乐学院，所以我很伤感。

时间：2018年8月29日夜

地点：长江商学院上海校区

原则：为心情记录、向学问致敬

第十七课：我行走在黑暗中，我和黑暗对话

上海，天气闷热，湿气漫漫。

8 月 25 日，我和夫人余宣莹从芝加哥坐飞机抵达上海。芝加哥是我们铁打的中转站，从上海飞哥伦比亚，从哥伦比亚飞上海，大多从芝加哥转机，虽然从达拉斯转机也可以。令人印象最深刻的是，不管是芝加哥机场、达拉斯机场，还是袖珍版的哥伦比亚机场都不提供开水，仿佛美国人民一直都是喝凉水长大的。

胖乎乎的远房小舅子坚持要到机场来接我们。我们从飞机上下来，又颠簸了三个小时才回到杭州。夫人一到杭州地界就激动万分，仿佛去年她一直生活在地狱里。夫人到家之后，就是各种吃，发誓要把一年来亏欠的美食统统都吃回来，西贝莜面、重庆火锅、杭州小笼包等。一场场激烈的美食战斗之后，一称体重，她还是原来那么轻。她很懊恼，并抱怨：长一斤肉也那么难。

时间飞快地来到了 29 日。8 月 30 日到 9 月 2 日是我第一次在上海上课的时间。听说，上海的教室很美、很新，靠近虹桥机场和虹桥高铁站，不但能看见高铁跑来跑去，还能看见飞机起起落落，从高铁站出口或者机场出口到教室，步行只需要几分钟，非常方便。

29 日一大早，我就匆忙从杭州赶往上海。这么多年来，我一向准时，从不迟到。这次来上海，主要就是为了体验长江商学院第 32

期 4 班蔡史印同学创办的“黑暗中对话”项目，这是一次非常难忘的“黑暗”之旅。时间还早，我就在入住的酒店周围开始了毫无目的的晃荡，记忆一下子就把我从眼前的上海拉回到 1991 年的上海。从 1991 年到 2018 年，整整 27 年了。27 年后的上海和 27 年前的上海，发生了翻天覆地的变化，面孔变了，气质也变了，更重要的是，上海已经变成了一个接纳全世界人口的国际大都市。

上海虹桥商务区是个热闹而繁华的地方，在这里，我看到了和杭州滨江天街一样名字和风格的天街。到处都是餐饮店，中国的，外国的；到处都是服装店，中国品牌的、外国品牌的；到处都是人，本地的、外地的、外国的。我信马由缰地晃荡在他们中间，老上海的味道已经越来越淡了，更多的是经济开放的味道、购物开心的味道、自信生活的味道、拥护现实的味道。我“流窜”了近一个小时，记下了几个我喜欢的餐饮店和我迷恋的咖啡馆，记下了通往高铁和机场的入口，熟悉环境历来是我到一个地方最先做的事。

在介绍“黑暗中对话”之前，我还是要介绍一下“黑暗中对话”（中国）的领导人——蔡史印。鉴于我们是长江商学院第 32 期 4 班的同学，从事业的角度我可以称她为蔡导师，从同学的角度我又可以称她为蔡同学，其实我更喜欢称她为蔡蔡。

蔡史印，这个女士不简单，她的经历和成就令人赞叹。

蔡史印，杭州人，复旦大学国际企业管理专业学士和纽约州立大学工商管理硕士（全奖），并从伦敦大学亚非学院中国艺术课程结业，曾就读于哈佛大学 YPO 总裁班、长江商学院 EMBA 班和加拿大维真神学院。十几年的职业生涯中，她曾任职于通用电气、西门子、美国国际集团和罗兰贝格咨询公司。2007 年底，她辞去通用电气基础建设集团亚太区首席技术官的职位，开始为西藏的盲童学校做义工，从而更多地接触视障群体。2010 年，她投身于社会企业，成为对话社会企业（德国）的全球首席执行官，创建了“黑暗中对话”中国社会企业，并迅速发展到了上海、成都、北京和深圳四个城市，致力于改变中国大陆地区对弱势群体的偏见与歧视。

她选择了在中国推广“黑暗中对话”这个透着公益力量的组织。对于她这样一个长得像布娃娃的女子，这个挑战可不小。我之所以愿意称她为蔡蔡，就是因为她身上具有的公益精神和家国情怀。别看她个子小小的，能量可是足足的，一双美丽的大眼睛能把你看得通透，小小的身躯里藏满了动力和想象，你一定想不到她还是跑遍全球的马拉松爱好者。她的家境非常的“波澜壮阔”，父亲蔡暄民先生，书法家、作家、收藏家，《大众电视》杂志和中国电视金鹰奖创始人之一，2005 年创办了著名的东明白庐艺术馆，藏品令人惊叹。蔡史印是蔡暄民先生唯一的女儿，是我们长江商学院 EMBA 班学员里非常有故事、有财富、有热情、有爱心的一位，也是最忙的同学之一。

“黑暗中对话”的使命是促进伤健共融和沟通，为视障人士提供有尊严的工作，提高公众对残疾人士的认识和包容，缩小残疾社群和主流社会之间的鸿沟。“黑暗中对话”坚持以改变中国社会对残疾人的歧视和偏见，包容边缘群体、促进社会共荣，为弱势群体提供平等的工作机会，将残障变为强势以及增强被歧视群体的自尊、自爱、自强为其社会使命，从而改变人们对于残疾人的思维定式，推动从助残到平等尊重的进程，推动无障碍中国社会的建立和健全。

“黑暗中对话”里有一批非常伟大的人，他们的名字叫导赏员。在他们的指导和陪同下，参观者们将用 75~90 分钟的时间，用视觉以外的感官去探索精心设计的黑暗展区：公园、繁华的街市、市场、咖啡馆等。在这个全新的体验中，参观者的认知被刷新。视障人群所处的黑暗世界，并不比普通人更差，只是有所不同。所有的导赏员都是失明或弱视人士，受聘于“黑暗中对话”，并接受过专业的训练。他们陪伴参观者完成整个体验，并将这样的经历投射到参观者的日常生活中。他们在黑暗中行动自如，游刃有余地处理每个人的需求，确保在体验的过程中，游客是舒适和安全的。导赏员提供了一个富有想象力且寓教于乐的体验——突破焦虑和迷茫，通过其他感官感知世界的喜悦！

带着对“黑暗中对话”的无限向往，我们长江商学院第32期4班的同学们齐聚“黑暗中对话”上海基地。那天，蔡蔡特别开心。同学们陆续到达，叽叽喳喳，好奇心都快要把“蔡公馆”的房顶掀开了。我们就像流水线上的螺丝钉，被一批批地带进“黑暗”里。那一瞬间，我突然发现黑暗竟那么迷人，让人恐惧，但也让人好奇。虽然只是一个游戏，但是“黑暗中对话”更有高度和难度。黑暗中，我们互不相见。与黑暗博弈，我们都不是第一次，但像在集中营里一样地体验黑暗却是第一次。好在同学们的声音都已经被格式化了，那些声音在黑暗中显得特别清晰，就像水杯掉在水泥地上，清晰得让人害怕。

鉴于对“黑暗中对话”的知识产权的保护，我不去描述我们经历了什么项目，我只想说说我在黑暗中和走出黑暗的几点感受。

（1）白天好美，就算是碌碌无为也美得要命。

（2）黑暗更美，美到你会突然喜欢上它。

（3）“黑暗中的对话”更有力量，它可以让你听出更多的内容。

（4）黑暗中的思考很美。

（5）我从来没有那么喜欢过黑暗中的音乐，看不见舞台却能感受到舞台。

（6）所有的教练似乎都是表演艺术家和钢琴指挥家，他们在调度和调教我们。

（7）黑暗中的我们似乎比平时更团结。

（8）突然想到盲人，原来黑暗的世界也充满能量。

（9）短短的90分钟，我们已经成功地变成了一群“盲人”，并对盲人的世界感同身受。

（10）最黑暗的地方就是最光明的地方，极限的黑就是极限的光明，这是心灵的光明。

当我们被“释放”出来的时候，当我们看见教练竟然都是盲人或准盲人的时候，我们集体沉默了、感动了、思考了，就连笑感十足、浑身是戏的“戏精”陈懿敏同学都一本正经起来。但是，我没有流泪，因为整个对话没有想象中的凄凉，反而展现出了盲人们的积极、乐观和美。他们真的很伟大，竟然把这场黑暗变成了光明。

那一刻，同学们都渴望蔡蔡为我们揭开谜底。

蔡蔡的话很简单：盲人们虽然看不见，但是事实上他们一点都不悲观，他们向往世界和美好生活，他们的时尚程度也和普通人一样。他们告诉我们一个道理——盲人的世界是光明的，而我们更不应该只看见生活中的黑暗。走出 90 分钟的黑暗，我突然有许多感悟。

（1）盲人的世界是光明的，而我们的世界也有黑暗和脆弱。

（2）盲人导赏员的自信和笑容是我很少看到的漂亮画面。

（3）在黑暗中对过话的人最容易看到光明。

（4）给盲人工作和信心的人是一群伟大的人。

（5）如果我看不见这个世界，我会和他们一样乐观。

（6）生命是个魔术师，越被打击，成长得越快。

（7）只有经历了黑暗中对话的人才知道盲人英雄的厉害。

（8）世界上没有 100% 的黑暗世界和 100% 的黑暗人生。

（9）走一走黑暗、试一试闭嘴，都是很有必要的事情。

蔡蔡很棒，她赚回了盲人的尊严。我认为这也是一个“好生意”，是我们应一直追寻的“中国好生意”。

29 日上海的黄昏来得特别早，体验完“黑暗中对话”，我们接着就走入了夜晚。天，就这样彻底黑了。由于时差的关系，我异常兴奋，就像马戏团的猴子。

时间：2018年8月30日夜

地点：长江商学院上海校区

原则：为心情记录、向学问致敬

第十八课：睿来了：原来公益可以这样漂漂亮亮地做（上）

上海。天气阴晴不定。

还没有上课，就有同学很神秘地告诉我，今天的老师是著名的朱睿教授，长江商学院EMBA班的项目副院长、明尼苏达大学管理学博士，一个有气质、有想法、有智慧的女教授。我一听就来劲了，连忙上网收集和朱睿教授有关的信息，一看，厉害了，正是我要等的人。

早上9:00，朱睿教授如期而至，课程的主题是公益创新与可持续发展。

朱睿教授给我的第一印象是优雅，举手投足间彰显着很高的修养和巨大的魅力。她站在台上，就像一块磁铁，把那些平时“站在地球看月球”的企业家们牢牢地吸引过来。我发现，同学们在朱睿教授面前变得很乖、很谦虚、很天真。同学们出现这种状况，除了因为朱睿教授的强大气场，更多的是为其魅力所折服。

朱睿教授的服装很美，一袭长裙，高贵典雅、色彩如画、赏心悦目。配上她的笑容、声音、书写方式、讲述和互动方式，那一刻，她成了真正的公主，同学们宠爱的公主。我一直认为中国的公益还不成熟，还需要成长。但是，朱睿教授的课让我一下子爱上了公益。打开公益的窗户后，我才发现，公益是个美丽的世界，鲜花遍地、山河壮美，只要你愿意，你就会和它融为一体，你会流泪，你会欢笑，你会学会和陌生人拥抱，也会学会和贫穷亲热；你会长大，你会成熟，你会成为一个有温度、有爱的人。

朱睿教授喜欢笑，喜欢和同学们打成一片。她不断地汲取繁华的案例，也不断地汲取苍凉的案例，但是她都会转化为我们需要的案例。她就是一个会讲故事的教授，一个能把课讲得很像故事的教授。她的笑容很暖、很知性、很美、很纯粹。她就像一个著名的音乐大师站在风雪里，时而怒放旋律，时而收敛音符，她在催眠同学们的同时，也陶醉在自己的美丽新世界里。

我静静地思考她的商业逻辑，她的中国思维和美国思维的互换，她的力量教学和教学力量的博弈，她的观点形成和释放的通道。结合朱睿教授的课程，我有了几点思考。

（1）她在用美国企业家的商业思维改良中国企业家的商业思维。

（2）她在用国际品牌战略思维矫正中国品牌战略思维。

（3）她在用世界前沿的营销体系思维定制中国前沿的营销体系思维。

她关注的品牌战略和营销体系正是中国企业家们需要的，这一点，我是惊喜的。朱睿教授，教鞭所到之处都有光彩。由于我积极的发言和热烈的互动，我的很多观点获得了朱睿教授的欣赏。她说："默闻，以后我们要多交流，也可以和大家讲讲策划和品牌。"我相信，这是一种重新嫁接的力量，我很希望跟着朱睿教授，为她效劳，那一刻，我甚至想关闭张默闻策划集团，去做朱睿教授的助理，这应该是一件蛮可爱、蛮值得期待的事情。

夜深了，我却精神抖擞，就像田野里乱窜的、矫健有力的野兔。我穿戴整齐，想趁着深深的夜色去看看上海虹桥商务区的夜景。夜景很美，人来人往。我最后在一家24小时营业的便利店买了一桶没记住品牌的酸辣粉，准备过过吃辣的瘾。

有件小事不得不提。由于时间关系，我策划的"从诗画杭州到最美安吉”长江商学院第32期4班的游学活动，因为和客户的事情严重冲突，不得不委托集团的赵青总裁代理。这件事引起了亲爱的班委们的小小不满，批评的声音温柔地砸来。万能的吴婕老师挺身而出支持了我，那个胖乎乎的、智商情商超高的陈学本秘书长也来安慰我脆弱的心。最令我感动的是孙海玲——一个非常美的副班长，坚定地鼓励了我。最后的决定还是按照原计划不变，杭州到安吉的第一次游学之旅正常进行。而我，被逼无奈，彻底成了幕后英雄。全部责任都在我，因为客户第一，委屈同学们成了第二，请原谅，下次一定做好时间安排，与同学们不见不散。

又想起了我的音乐。我想听了。

我翻出了自己写的一首企业歌曲《同一个世界，同一个浪鲸》。这是我为中国著名的卫浴品牌——浪鲸卫浴写的企业歌曲。

《同一个世界，同一个浪鲸》

作词：张默闻

作曲：陈　伟

演唱：陈文浩

扫码听好歌
读书享快乐

每次听完这首歌，我都能想到大海、鲸鱼、海浪、沙滩、仙人掌，还有一位老船长。每次，浪鲸卫浴的创始人霍成基先生在重要的场合都会率先演唱这首歌，喜爱之情溢于言表。我去看大海的时间不多，我更喜欢高山，因为我喜欢居高临下的感觉。而海，只有一片蓝，其余的全是想象。只有坐在帆船上，驰骋在大海深处，我才知道，海对陆地的向往，海对礁石的怨恨，以及海对命运的抗争。

夜深了，我这匹战马终于累了。

合上电脑，睡觉。

时间：2018年8月31日夜
地点：长江商学院上海校区
原则：为心情记录、向学问致敬

第十九课：睿来了：原来公益可以这样漂漂亮亮地做（下）

上海，薄云浅雾绕高楼。

今天继续听朱睿教授的课，继续享受她带来的卓越的公益思想。课堂上很“不幸”地再次受到朱睿教授的表扬，我的老心脏激动得“扑通扑通”直跳。因为我在小组讨论时，提出了“用商业的思维做公益，用公益的思维做商业”的想法。这就是朱睿教授厉害的地方，她能抓住一切细节精准地把钉子“钉”在你的身上，这不是一颗痛苦的钉子，而是一颗甜蜜的钉子。针对朱睿教授提出的公益核心思想，我也总结出了我的想法。

（1）尊重每一个公益者本身的基因、条件和现实，不能过于跨界做自己不专业、不熟悉的公益项目。

（2）找到、识别社会的超级痛点和超级需求，结合企业自身的力量，建立起一种可识别的公益纽带。

（3）要用创新的思维方式来建立公益系统、寻找公益资源，为受助者提供积极的、有意义的公益支持。

（4）公益一定要可持续、可复制、可敬畏，要能提高整体社会的福利而不是某一个点的服务。

我认为，最好的公益要符合以下 10 个标准。

（1）具有家国情怀。

（2）具有榜样力量。

（3）具有持续效应。

（4）具有本业优势。

（5）具有经营意识。

（6）具有全球视野。

（7）具有使命精神。

（8）具有名人背书。

（9）具有社会福利。

（10）具有超级透明度。

我认为，当前的中国不缺公益人士，但是很缺公益的标准化、法制化以及道德化。我们呼唤公益，更呼唤健康的、有序的公益。公益不仅仅是投入钱，还要投入爱和时间。我认为，最大的公益应该是通过你的公益行为影响国家政策的制定，给应该受助的人提供永久的解决方案。

公益也好，慈善也好，它到底长成什么样子呢？

（1）慈善是长久的事业、是永远不会倒闭的事业。

（2）扶危周急是美事但是能不自夸最好。

（3）很少有企业家是因为做善事把企业做垮的，只有做假善事才会把自己做垮。

（4）慈善必须以商业的计划执行才有未来。

（5）一支优秀的慈善志愿者队伍，是慈善事业发展的基本要素，这个队伍应该来自大学。

（6）礼发于诚才温暖，声发于心才动听，行出于义才获赞。

（7）慈善是一种更高的爱心、更高的智慧和更高的商业模式。

（8）企业的慈善品牌很重要。

（9）创造就业机会也是企业家的慈善。

（10）一点善心和一点善行，对人生的影响一定会超出你的想象。

（11）关爱环境也是一项重要的慈善，这一点越来越重要。

（12）我相信世界上有比军队和核武器更强的力量，这就是慈善和人道的力量。

（13）慈善是道德的积累，这个是花钱买不来的。

（14）企业家投身慈善公益事业要做三点修炼：一要彻悟，二要感恩，三要守身。

（15）慈善是长征，走下去，才重要。

（16）就人性来说，唯一的向导，就是人的爱心。

（17）世界上最伟大的事业莫过于慈善与惩恶。

（18）慈善是有同情心的人之间的互助行为。

（19）把自己看轻些，把别人看重些，也是慈善。

（20）我始终深信，没有任何人可以强到不需要别人帮助，也没有任何人弱到不能在某方面给他人帮助。

（21）活着的人远比死去的人更需要慈善。

（22）慈善应是一种自觉自愿的行为。

（23）为人民服务是最高境界的慈善。

（24）真慈善忘我，假慈善自私。

（25）与其皱着眉头送人一件贵重礼品，不如面带笑容送人一件小礼物。

课上，蔡史印同学分享了“黑暗中对话”，把“黑暗中对话”的前世今生作了非常棒的“揭露”，令人动容。张默闻的公益之心瞬间爆棚，在蔡史印同学分享的过程中，我已经为“黑暗中对话”的使命愿景和广告语做了历史上最快的策划和创意。未来，我会寻找时机公布我为“黑暗中对话”1 800 秒极速品牌策划案的内容。也许并不需要，因为蔡史印同学自己完全能搞得定。

今天的课，还有一位贵宾，朱睿教授盛邀的一位传奇大咖——招商银行原行长马蔚华先生，为我们讲述了他的公益思想。马蔚华先生不愧是金融高手，从全球讲到中国，从中国讲到全球，把公益、金融、中美贸易战、银行的前世今生都讲得骨是骨、肉是肉，妙语横生。马蔚华先生给我的印象可以用一句话来描述：“致敬马蔚华先生——做行长行不行行行行，论见识长不长长长长。”课后，我也开始了追星，“跟踪”到楼下，班主任好奇地问我：“你下来做什么？”我故作害羞地说：“想和明星拍个照。”行长大人果然亲民，“咔嚓”一声拍完了。

1 500 字肯定超标了，准备鸣金收兵。

此刻，我微醺！此刻，我想睡！

我突然觉得我需要一个激情一点的音乐来刺激一下我的大脑，我找到了几年前专为太阳升医药集团写的企业歌曲《我爱太阳升》。

这首歌是专为太阳升医药集团写的。我与方小东董事长，是老乡、是兄弟、是合作伙伴。这首歌，我写出了我的感情，小东也能品出的感情，想起这事就有点甜。

《我爱太阳升》
作词：张默闻
作曲：陈 伟
演唱：陈文浩

扫码听好歌
读书享快乐

这首歌果然有效，效果很明显，我开始了头脑清醒的失眠。

时间：2018年9月1日夜
地点：长江商学院上海校区
原则：为心情记录、向学问致敬

第二十课：原来，公司金融也是一项经济管理工作（上）

上海，似乎要下雨。

上海的新教室是我喜欢的，是我理想中的商学院的样子。

每一次来上课，都有水果、饮料、零食。亲爱的吴婕老师每天会站在讲台前介绍当天上课的教授，每天会点名，每天会接受各种请假和咨询。我发现，吴婕老师就是一个铁娘子，一边举起大棒子，一边举起兰花指，否则这一批企业家可是真不听话。

今天来上课的是周春生教授。周教授是长江商学院的常驻教授，EMBA 和 EDP 学术主任，在金融投资、证券市场、资本运营与金融衍生工具分析领域有很高的造诣，对国内外公司财务管理、资本市场运作及风险管理的理论与实践颇为熟悉。从另外一个角度来看，如此多大咖进入长江商学院，原因有三：①长江商学院的学术氛围好，所以教授的心情好。②薪水给得到位，精神、物质真正达到双丰收。③这和长江商学院的使命和愿景有很大的关系，世界级商学院这个诉求能满足全球华人教授的报国梦想。我这么详尽地记录每一位教授的前世今生，是要告诉全世界，长江商学院之所以能够风靡全球，不仅是因为长江商学院是强大的人脉关系平台，更重要的是长江商学院的教授真的能带给企业家商业高度的改变。有人说，长江商学院的教授很一般，我想说，出此言论的人才是真正的一般。

言归正传，周教授今天上课的主题是公司金融，这是从事该行业的同学们的福气。我非常认真地聆听，同时也在网络上搜索周教授的相关信息。周教授提出的信用风险分析模型、股票定价模型、公司分拆的实证研究及行为金融学理论等引起国际学术界及金融行业的广泛关注。周教授有关信用风险所作的开创性工作得到了巴塞尔银行监管委员会的高度重视，并被其录入官方文件，对国际金融规范的制定产生了积极的影响，相关论著已被美国及欧洲多家咨询机构及投资银行列为风险管理培训的教材。我必须承认，周春生教授的课已经为我打开了一扇金融之窗，说不定，哪一天，我就投身金融界了。

课后，我照例对公司金融进行了深度的思考，也有了以下几点不成熟的理解。

（1）公司金融是基于企业再生产过程中客观存在的财务活动和财务关系而产生的，是根据财经法规制度，按照公司金融的原则，组织企业财务活动，处理企业财务关系的一项经济管理工作。

（2）公司金融的目标是企业理财活动所希望实现的结果，是评价企业理财活动是否合理的基本标准。

（3）公司金融的原则是从企业理财实践中总结出来的并在实践中证明是正确的行为规范，反映着理财活动的内在要求。

（4）公司金融的方法是为了实现公司金融目标、完成公司金融任务，在进行理财活动时所采用的各种技术和手段。

最后，还是不能忘记我负责的宣传小组的成立。我们宣传小组的成员分别是：来自重庆的音乐才子刘川郁、来自松江的有机大米提供者王雪莲、来自上海的媒体大牛朱健、来自青岛的床上用品企业家王如平、来自杭州的喜欢跑步的杭纯、来自上海的特别好玩的杨琪，加上我，一共 7 个人。我们 7 位将一起完成长江商学院上海班宣传的 B6 计划：“班徽”（已经使用）、“班歌”（已经上线）、“班报”“班书”“班人物”“班论坛”。任务已定，就看成果。

最后，要隆重感谢我的最佳拍档之一——线索影视的葛帮进先生，为《站在月球看地球》这首歌的 MTV 找到了最美的镜头；特别致谢“满园才情管不住，一颗红星出墙来”的朱洪文同学为班级准备的晚宴，醉了不少人。我还算清醒，因为今晚我不想醉。

时间：2018年9月28日夜
地点：长江商学院上海校区
原则：为心情记录、向学问致敬

第二十一课：原来，公司金融也是一项经济管理工作（下）

上海，风和日丽。

今天依然是周春生教授的金融课。

金融课让我兴奋不已、苦思冥想，几乎耗费了全部的脑细胞，结果还是生一半、熟一半。看来，要想完全听懂周春生教授的“高端”课，我要把与金融学相关的公司金融学、公司财务管理、公司理财等好好地学习一下。

公司金融学是金融学的分支学科，用于考察公司如何有效地利用各种融资渠道，获得最低成本的资金来源，并形成合适的资本结构。一般来说，公司金融学会利用各种分析工具来管理公司的财务。公司金融学主要研究企业的融资、投资、收益分配以及与之相关的问题。公司金融研究的内容庞大：①它不再局限于企业内部，注重研究企业与金融系统之间的关系，以综合运用各种形式的金融工具与方法，进行风险管理和价值创造。②就企业内部而言，公司金融研究的内容也比“财务”或“理财”要广，它还涉及与公司融资、投资以及收益分配有关的公司治理结构方面的非财务性内容。

从现代公司金融理论研究的文献来看，公司金融大致包括：融资问题，治理结构问题，投资决策问题，与公司融资、投资以及估价相关的技术问题、研究方法等。

把上述问题搞明白，再去听周春生教授的课，感觉好多了。

今天，还是长江商学院第 32 期上海班第一期江海论坛的开坛时间。论坛嘉宾是前常驻联合国副代表、特命全权大使沈国放先生。沈国放先生和我的夫人余宣莹都是江苏人。我夫人是无锡人，沈先生是常熟人。江苏人都有一个特点，多有文艺情怀，沈先生似乎也不例外，喜欢写诗。沈国放先生谈起世界大事来，犹如滔滔江水一发而不可收，他语言简练、直击关键，慢声细语中隐藏着巨大的爆炸力。

今天，我发现了一个幸福的小秘密：每天早上在班级门口竟然有免费的早点。豆浆、油条、小面、馄饨、面包、牛奶、香肠、蛋饼、咖啡和蛋花汤，应有尽有。原来这是吴婕老师的美意，她怕晚起的同学没早饭吃。后来一帮子提前得到消息的同学开始起得很晚，就为这顿免费的早餐。

今天受到好兄弟全向前同学和朱健同学的邀请去彻底地唱了一次豪华版的卡拉 OK。得出三个结论：①在卡拉 OK 可以点到张默闻作词的歌曲十首以上，自豪。②在卡拉 OK 我能唱的歌基本上都是老歌，可见我老了，悲催。③在卡拉 OK 我的酒量见长，有点小酒鬼的感觉，不妙。很可爱的两个兄弟，我喜欢，坏也坏得地道，好也好得敞亮。

又是晚上，我站在窗前，看着一个大得没有原则的城市，突然想起我的 1991，那时候，我还在上海洗碗。从 1991 年到 2018 年，整整 27 年的跨度，这条路长得太不像话。明天我就要飞往广州为我亲爱的客户新兴电缆的新兴商学院第一次开讲。我想，一定要很精彩。因为新兴电缆的董事长是我们长江商学院第 32 期的学长。

时间：2018年9月2日夜
地点：长江商学院上海校区
原则：为心情记录、向学问致敬

第二十二课：超级领导力，就是要看清自己（上）

上海。

阔别一个月，同学们再次相聚在长江商学院的上海新校区。

每次相聚似乎都会做三件事：第一是喝酒吃饭，第二是吃饭喝酒，第三是喝酒加吃饭。长江商学院很有意思，同学感情更深厚些。当游学、分享已经不能够满足友谊的欲望时，酒就成了衡量、表达友谊的最佳方式。

大概因为临近国庆假期，每一组都不满员，总有几个日理万机的可爱家伙奔跑在商业战线的道路上。出乎意料的是，教室里出现了几个新面孔，原来是来补课的往期同学。我想今天来补课的同学们，都是今天还在请假的同学们的未来。不同的班级，一样的教室，陌生的面孔，相似的眼神，新旧夹杂，场面有点小尴尬、小可爱。

今天为我们授课的是著名的张晓萌博士。张晓萌博士现在是长江商学院副院长，主管高层管理教育项目，也是领导力与激励研究中心主任。我发现，长江商学院的很多教授都来自美国著名的大学，他们非常了解中国，也非常了解世界，他们可以用中国的眼光看世界，也可以用世界的眼光看中国，这也正是项兵院长提出的“站在月球看地球”的长江思维。毫无疑问，张晓萌博士是这群人中最具影响力的人物之一。

张晓萌博士讲的是领导力。从自我认知到影响他人，简单地说，就是看清自己、看清别人，然后改变自己、改变别人。张晓萌博士的课很有特色，本人更有特色，典型的北京大妞，性格不错、口才不错、身材不错、思维不错、地位不错、方法不错、背景不错，是一位怎么看都不错的教授、博士和副院长。

她的第一个特色：口才极佳。打开话匣子后，就像收音机，只要你不关闭，它就会一直在广播，很敬业。她的第二个特色：掌控能力强。她讲的案例很能与时俱进，她的控场能力非常强，一堆企业家同学在她手下都变成了“听话的猴子”，被她忽左忽右地支配着，乐不可支。她的第三个特色：励志的自我改变。她说她曾经有95公斤，后来变成60公斤，再到现在的65公斤，典型的脱胎换骨。她从小生活在部队大院，她的每一步都写满励志、力量和辉煌。她可以为爸爸送给她一张贺卡感动到讲遍所有课堂，也可以为儿子和女儿的童年故事变得无限温柔。

张晓萌博士是长江商学院的风云人物，没见她之前就听过很多有关她的故事。一见面，我们觉得她真有故事。她上课时而滔滔不绝，时而潺潺流水，能画龙点睛、聚焦核心、旁征博引、幽默风趣，也会提振大家的快乐感和小情绪。

听张晓萌博士的课，我有了以下10点思考。

（1）我果然是纯孔雀的性格，和别人谈事经常对人不对事，过度感性。

（2）在一个团队里，性格搭配也是生产力，没有互补的性格搭配才是可怕的组合。

（3）不管你是老虎、孔雀、猫头鹰、熊猫还是变色龙，在一个没有合理搭配的团队里，你会被累死。

（4）商学院课程的背后都有专门的科研团队，这是个功能明确的“诊所”。

（5）领导力是企业家们最喜欢听的课程之一，因为持续领导别人才是这个世界上最有成就的事。

（6）几乎每个听课的人都变成了领导力不健全的人，看见他们忙着自省，我很感动。

（7）教授的观点来自企业，而后反哺企业，这是一种学靠商、商靠学的互学游戏。

（8）人的情绪需要管理，人的性格需要改进，人的领导艺术需要组合。

（9）教授没有游学就没有新发现。对企业家也是一样，游学与业务经营同等重要。

（10）再聪明的教授，再善于改变的企业家，在僵化的商业体制里往往都会变得“手无缚鸡之力”。

张晓萌博士这次的课程描述及教学目标是使有效的管理者能够在任何环境下让人力资本与组织使命相匹配，并应对组织结构变迁、劳动力多样性和高速信息流带来的挑战。组织行为学中的诸多概念以社会交往和人际行为为核心。这门课将带领我们深入探讨高层管理者和职业经理人如何通过领导力与激励来影响他人，而这恰恰是影响个人在组织中如何表现的两个主要因素。

课程的核心目标：让学员深入理解具体的领导力与激励模型以及用于影响、激励、促进他人的实操方法，最大程度地促进个人和组织的成功；分析有效领导者的不同行为、个性特征以及管理风格，从而深入理解如何更加有效地与上司、同事以及下属合作，如何在不断变化的环境中影响和激励员工；形成有效的领导力，并明白自己如何能在组织中有效地影响和激励他人，自己希望成为什么类型的领导者，自己怎样才能成为一个更好的领导者。

张晓萌博士的授课方式多样，包括课堂讲座、领导力测评、案例分析以及视频讨论，并就阅读资料、演示文稿及案例中涉及的核心管理问题展开课堂讨论，强调学员的参与互动。第一天听张晓萌博士的课就收获满满。

晚上返回杭州，第二天早上返回上海。坐在火车上，看着一座座建筑都变成了“呼啸山庄”，我感慨中国的速度，但是我更感慨中国的高质量。有时候，快，真的挺好；但有时候，快，就忘了初心。也许是“快，忘了”，也许是“快忘了”，也许是“忘了快”。不到一个小时，我就来到了杭州东站，疲惫地走下高铁，看见了笑容可掬的季策。季策是一个 30 多岁的男人，是妻子的远亲，一个暖暖的大男孩，每次他都会来接我。

时间：2018年9月27日夜
地点：长江商学院上海校区
原则：为心情记录、向学问致敬

第二十三课：超级领导力，就是要看清自己（下）

上海，天上有朵思念的云。

世界上什么最幸福？答案很简单：当医生告诉你检查结果没有任何问题的时候。

早上8:00，我拿着一份检查报告给医生，医生看完后不紧不慢地说："你完全没有问题。"那种眼神，就像方丈对小沙弥说话，就像车间主任对流水线工人说话。虚惊一场，是我的生活常态。

走出医院的大门，我像豹子一样向杭州东站"扑"去，因为我要在上午11:00出现在上海班的教室里。一路呼啸，上午10:00，我已出现在教室，惹得班主任大人和同学们大吃一惊，张默闻同学，你这是从天而降的吗？

好好上课，这是我的习惯。

我的目光再次聚焦到张晓萌教授的身上。她今天的穿着很别致，一个披肩，把女人的风姿和教授的自信完美地结合起来。听了这么多的课，个人认为张晓萌教授的讲课内容最容易变成语录。结合张晓萌教授的讲课内容，我总结了30条听课笔记，暂名为"领导力语录"，观点是我的感受，并非完全是张晓萌教授的观点，以免有些观点让别人对张晓萌教授产生误解。

（1）似乎每个人都像一种动物，不是老虎、孔雀、考拉，就是猫头鹰或者变色龙。

（2）领导者的情绪控制是一种能力，更是一种方法，也是一种责任。

（3）团队就是一个可爱的、可打造的动物园，人类的管理学都是从“折腾”动物中研究出来的。

（4）针对每个人的性格都有一个药方，都有一种刑具，每个人的性格都可以被降服。

（5）领导力的关键在于沟通，领导和员工之间不是下达命令而是反复沟通，就像教孩子说话一样。

（6）每个人都有自己的风格，重要的是要营销你的风格。

（7）世界上所有的激励，第一看钱，第二看心情，第三看成果。

（8）不会妥协，就无法掌握合作的秘密。

（9）我们每个人都在寻找安全感，安全感是对未来的不确定性的焦虑。

（10）没有人不喜欢视觉高雅的办公环境。

（11）公开认同一个人很重要。

（12）每天都在销售自己的权威和权力的人业绩往往很一般。

（13）企业领导者 90% 的授权都是假授权。

（14）突如其来、毫无理由的变动是最让人头疼的事。

（15）企业的命运和企业领导人的战略方向有很强的关联。

（16）情商不高的人没有人喜欢，情商太高的人没有人信任。

（17）我们都喜欢一眼把人看透，所以，让别人把你看透后还愿意和你合作才是真的高情商。

（18）我经常通过开一次会就知道我和别人的领导力水平相比是偏低的还是偏高的。

（19）每一个领导者都要学点心理学，人心叵测、人性叵测，心理学可以帮助降低管理风险。

（20）如何认识自己，如何让别人认识自己，如何把自己卖出好价钱和好口碑很重要。

（21）榜样是最好的管理，专业是最好的自我保护。

（22）没有自控力的人是非常危险和糟糕的，四大指标很重要：身材、学习、道德、冲动。

（23）我认为，让员工永远和你在一起是个伪命题，历史上各个王朝的兴衰证明是个错误命题。

（24）没有经过高潮和低谷的人是没有味道的人。

（25）信任的本质是胜任乘以可靠除以自我利益。

（26）世界上没有一种管理方法对每个人都是有效的，只有用过之后才能证明它是否有效。

（27）教练型的领导者最辛苦。

（28）真正的管理者是一种天赋，课程对他来说只是一种验证。

（29）老师的最大贡献和最强能力就是让学员爱上学习、爱上反省。

（30）国学是个好东西，但坏人学就变成坏工具，愚蠢的领导学就变成愚蠢的工具。

张晓萌教授上课就像表演，现场一片火爆。她一会儿是主持人，一会儿是拍卖师，多功能、多角色、多渠道，和同学们打成一片。做女人，张晓萌够雅；做女儿，张晓萌够孝；做教授，张晓萌够专；做母亲，张晓萌够柔；做嘉宾，张晓萌够刚；做院长，张晓萌够势；做研究，张晓萌够细；做自己，张晓萌够烈。

今天，我画出了我的前半生的人生曲线图，要么沉到低谷，要么飙到高峰。我很喜欢这样的自己：知道自己的问题，想改就改，不想改就带着；知道自己的命运，想改就改，不想改就带着；知道自己的价值，想改就改，不想改就带着。我最大的变化就是从很在意别人说什么到今天不在意别人说什么，其实，没有人可以左右你的思想，只有你自己愿意把自己变成什么样子而已。受张晓萌教授的启发，我想起梁漱溟曾经提到的思维的8个层次，你在哪一层？

我又在哪一层呢?

第一层：要将主见浅而薄。

第二层：要把困惑变求学。

第三层：要将读书慧自我。

第四层：要敬三字知不足。

第五层：要把繁杂说简单。

第六层：要把学问用到熟。

第七层：要能一览众山小。

第八层：要把世界看通透。

结合张晓萌教授关于领导力的启发，加上对思维的 8 个层次的思考，我最需要找到的是我现在处于第几层？靠“站在月球看地球”能找到我想要的答案吗？我不知道！

最后，一次性地来了两位国学大师，同台竞技。我没听明白，很多同学也说没听明白。我很希望，与其把浩瀚的国学一次性、压倒性地在 60 分钟之内“倾倒”给学生，不如找到企业家的痛点，一次讲透一个，也许就会成为受欢迎的课程。

晚上，按照约定，去见了起步股份的章利民董事长，陪吃、陪喝、陪聊，晚上的时间全赔上了。

中国夜色，上海夜色，虹桥夜色。上海的夜啊，今夜请将我遗忘！因为，我今晚不想再思考了。

时间：2018年9月29日夜
地点：长江商学院上海校区
原则：为心情记录、向学问致敬

第二十四课：做价值投资，必须不忘初心、牢记使命（上）

上海，蓝天，白云，空气清新。

说好了今天节食，没想到，却吃了三天的量。事实证明，我的两个毛病没有办法克服，一是自控力，二是交际症，完全不懂拒绝。这是病，得治！

同学们似乎依然很忙。入学半年了，班内的同学有来有往，补课的同学络绎不绝，仿佛换了一个班级，变了一个学期，恍若重生。

今天，极白董事长吴剑先生通知我，凡是参加去“从诗画杭州到醉美安吉——长江商学院第32期4班第一次游学”的同学们，每人获得一份极白最高级的安吉白茶——先生礼。这是我进行茶叶策划以来的最佳包装和最佳文案的超级单品，获得了同学们的集体点赞。不过，我却没收到先生礼，理由是我缺席了这次游学。

今天来上课的，据说是位网红教授，鹤发童颜，课件新鲜度颇高。我对他产生了浓厚的兴趣。他就是薛云奎教授，长江商学院会计学教授。薛云奎教授，有点温和、有点小幽默，有时候别人没笑，他自己反倒先笑了起来。我对薛云奎教授说：“您能把单调乏味的会计课程讲得让大家兴高采烈，这就是您的本事。”看得出来，这句话对薛云奎教授产生了化学反应，他，竟然露出了害羞的笑容。

薛云奎教授重点讲了商业分析与价值投资，很多数据还是震动了我们的小心脏。我所理解的价值投资，就是实业投资思维在股市上的应用。价值投资要求不忘初心，强调股票投资和实业投资的一致性。价值投资战略最早可以追溯到20世纪30年代，由本杰明·格雷厄姆创立，经过沃伦·巴菲特的使用和发扬光大，价值投资战略在20世纪七八十年代的美国受到推崇。

格雷厄姆在其代表作中指出："投资是基于详尽的分析、本金的安全和满意的回报有保证的操作。不符合这一标准的操作就是投机。"他在这里所说的"投资"就是我们现在所说的"价值投资"。巴菲特说："我现在要比20年前更愿意为好的行业和好的管理多支付一些钱。我越来越看重的，是那些无形的东西。"巴菲特说他的血液里是85%的格雷厄姆、15%的费雪，但是如果没有费雪，他根本不会挣这么多钱。

价值投资的精髓是什么？就是以踏踏实实办实业的心态投资。价值投资的精华不在于具体的选股方法，而在于指出股票投资和实业投资的一致性，必须把办实业的精神用于股票投资。

价值投资就是要不忘初心，要求向前看，拥有广阔的胸怀。价值投资是正和博弈，其真正的精华在于共赢，拥有关心他人的能力。那么，价值投资的原则有哪些呢？

（1）竞争优势原则。寻找管理层正直诚信、有能力，也就是国人所说的德才兼备的公司。

（2）现金流量原则。考察现金流，这是识破造假的关键。

（3）"市场先生"原则。利用市场而不是被市场利用。

（4）安全边际原则。再好的公司，都不要为之出价过高。

（5）集中投资原则。只投资熟悉的公司。

（6）长期持有原则。买股票是为了踏踏实实地创造财富。

（7）买入原则。以低于价值的价格买入。

薛云奎教授带给了我其他维度的思考，我记录下了上课时的瞬间感受。

（1）欲了解一个企业的健康程度，看它们的财务报表就可以了。

（2）会计是一把双刃剑。

（3）只有更多地研究中国企业的财务报表，才能了解中国企业的发展现状。

（4）做假账不仅是道德问题，更是法律问题。

（5）每一个企业都在打一场货币战争。

今天，红星美凯龙的董事长车建新先生来做分享，有几句话很值得我深思。

（1）要学习。缺什么学什么！带着问题学！不要乱学！

（2）老板不能当甩手掌柜。面对请来的人才，必须要尊重，要向他学习。

（3）专业化可能是个坑，关联化更重要。

（4）靠一两个技能打天下的时代已经过去了，我们需要多个技能，最好三年一个技能。

（5）没有学习、没有素材，原创的可能性很小。

（6）天下掌握在职业经理人的手里，许多企二代接不了班。

（7）勤奋先勤脑。

（8）成就感是引擎、发动机。

（9）鲁班精神是匠心精神，只有具备匠心的人才有资格谈创新。

“创新法则”中，一个事物有 3 个基因，每个基因有 3 个微因，每个微因有 3 个纳因，加起来一共有 27 个纳因。当一个事物的基因、微因、纳因，和另外一个事物的基因、微因、纳因，交叉联系、组合、尝试，就能创造出新的事物，甚至是发明。车建新先生的分享，使我想到了优秀企业家的共性，那就是用什么时间思考什么问题决定你的未来。

扎克伯格、贝索斯……他们都曾是普通人，与他们的同辈人相比，在智力和资源上都相差不大。但为什么，他们能脱颖而出、功成名就？《企业智库》的唐一先生曾就此写过一篇文章：美国作家托马斯·科里花了整整5年，采访了177名白手起家的企业家和128位普通人，对比他们的生活方式。他发现，在一天的24个小时里，大部分人会在工作、睡觉、饮食、交通等事务中花费20个小时。也就是说，拉开人与人之间距离的关键，就产生在剩下的短短4个小时中。繁忙的工作和生活之余，到底是怎样的4个小时，造成了人与人之间越来越大的差距呢？

第一，超过80%的成功企业家每天用60分钟来制定梦想和目标。科里在书中说："我所说的制定梦想和目标可不是像大多数人一样躺在床上空想一些不切实际的东西，而是真正地去计划如何实现它。"所以"想"和"做"同样重要。有梦想是好事，但关键是，你必须制订计划，去实现自己的梦想，否则，梦想就会成为白日梦。

第二，近80%的成功企业家每天花60分钟在实践或学习上。科里的调查显示："我采访过的企业家们每天都会花时间强化一些和他们的事业有关的技能，学习一些相关的知识。这种习惯帮他们维持并提升他们的能力和知识储备，让他们成为行业里的行家里手。"成功的企业家们更愿意学习，而不是娱乐。股神巴菲特、日本首富孙正义每天都将大量的时间用于读书。

第三，90%的成功企业家每天用30分钟来建立更丰富的社会关系。他们每天都会做特定的事来维持和发展强大的社会关系网络，譬如参与或运营商业组织、非营利性或贸易组织；联系重要的人，和他们维持良好的关系；在重要的时间节点上，为商业伙伴送上祝福。

尤为关键的是，与优秀、智慧的人交朋友，更能从他们身上学习到自己还欠缺的良好特质。智者，是自己成功路上的助推器；朋友，是审视自己的一面镜子，能揭掉别人给自己贴的标签，更好地审视自己还有哪些不足需要去修正。

晚上，和美国的杰以及他的夫人陈仕婷女士共进晚餐。杰是儿子在美国寄宿家庭的男主人，曾经的美国大兵。陈仕婷女士是他的夫人，上海人，琵琶老师。两个人因为爱情在一起，已经十年，我很羡慕他们。我们谈了很多，都是关于中国与美国、孩子与未来。我向他们赠送了极白的先生礼，杰很喜欢。我请他们吃火锅，港式的，不辣，杰也很喜欢。但是他用筷子的方式很不熟练，有点小可爱。

回到深夜的怀抱，我给妻子打了个电话，美国时间早上 6:00，听得出她有些疲倦。接着与儿子交流，效果也一样，看来早上不适合电话交流。这一对懒惰的猴子。

时间：2018年9月30日夜
地点：长江商学院上海校区
原则：为心情记录、向学问致敬

第二十五课：做价值投资，必须不忘初心、牢记使命（下）

上海。天气阴霾，花草无力。

今天是国庆节前的最后一天。本来以为同学们大都会提前“消失”，没想到大部分同学都“死守阵地”，坚持听课，感动得祥云飘满教室。

鹤发童颜的薛云奎教授如约而至，开始了今天的授课。课程一开始，他就向我扔了一颗“炸弹”：“迈克尔·波特是哈佛大学商学院的著名教授，被誉为‘竞争战略之父’，绝对是世界排名第一，但是张默闻同学为什么是中国排名第二呢？”我不得不站起来解释：“因为《中华人民共和国广告法》明文规定不准说第一，所以我只能说第二。”教授笑了，全班同学也笑了。

薛云奎教授说，波特是当今世界上竞争战略理论领域公认的权威。1983 年他被美国总统里根任命为产业竞争委员会主席，将竞争战略理论引入国家层面，开展竞争力研究，引发了美国乃至世界范围内竞争力方面的讨论。波特的三部经典著作，被称为竞争三部曲，被译成十几种文字，在全世界传播。

胡力在《竞争战略之父》中这样写道：波特的竞争战略理论涉及企业、产业、国家三个层面。在企业和产业层面，波特提出了著名的五力分析法和三大经典竞争战略。波特认为，“竞争”是企业成败的核心，而决定企业获利能力的第一要素是“产业吸引力”。波特提出用五力分析法来分析一个企业的产业吸引力，五力包括新加入者的威胁、客户的议价能力、替代品或服务的威胁、供货商的议价能力及既有竞争者。五力会影响企业产品的价格、成本、投资，最终决定了企业所处的产业结构。这也是薛云奎教授推崇五力分析法的动机了。

研究发现，在激烈的竞争中，只有灵活运用竞争战略才能胜出。波特提出了三种经典的竞争战略：①总成本领先战略，即企业必须建立起高效、规模化的生产设施，全力以赴地降低成本，严控管理、研发和销售等方面的费用。②差异化战略，即将公司提供的产品或服务进行差异化，构建一些在全产业范围中具有独特性的东西。③专一化战略，即主攻某个特殊的客户群、某产品线的一个细分区段或某一地区市场。波特认为，这三种战略是所有战略的核心，每一个企业都必须确定希望在哪个范畴中取得优势，全面出击的结果只会是平淡无奇，谈不上竞争优势。这些理论也是我一直选择使用的武器。

原来以为薛云奎教授只是讲战略和投资很有智慧，没想到他竟然把哲学也理解得很妙，他在讲课中竟然加上了很禅意的内容。

他认为，世人总想走捷径，修行佛法也想着顿悟。世上有顿悟吗？可以说有，也可以说没有。修行有没有捷径可走？回答是有，正法就是捷径。也就是说，世上没有比正法更捷径的路了。所以，修行要走捷径，就要得到正法的指引。但并不是说，得到正法指引的人会同时到达终点，总会有快有慢。如果说很慢到达终点的人是渐修，那么，很快到达终点的人就算是顿悟了。所以，有或者没有顿悟，就看各自的不同理解了。

他认为，很多人不悟，分不清是资质愚钝，还是方法错误。用功、用功、再用功，一辈子坚持用功，最终也没有得到正法的指引，无法走上正确的道路，只能离正确的目标越来越远。

在人生的道路上，有的人从黑暗走向黑暗，有的人从光明走向黑暗，有的人从黑暗走向光明，有的人则从光明走向光明。正法之路就是内观，内观是生活的艺术，也是死亡的艺术。所谓生活的艺术，就是学会如何从光明走向光明，或者从黑暗走向光明，而避免从光明走向黑暗，或者一直从黑暗走向黑暗，所以，内观的利益不仅惠及自己，更惠及他人、惠及社会。

薛云奎教授特别讲了八个字：人尽其才，物尽其用。人尽其才就是把人用好、用到极致；物尽其用，就是把财务和资源用好。亲爱的薛教授还说了一句话："大企业病就是效率生病了。"薛云奎教授提到的思维分析法引起了我的兴趣，他把思维分成四面，即经营面、管理面、财务面和业绩面。投入品牌策划这么多年，我一直按照这四面进行梳理、思考、分析，最终诞生结果。

与教授的想法不谋而合，令我有点小窃喜……

带着喜悦的心情回到酒店，打开手机里的音乐收藏夹，找到我给森鹰窗业写的品牌歌曲《森鹰给你冬暖夏凉的家》，这首歌轻快的旋律和有温度的歌词，与此时的心情非常般配。

《森鹰给你冬暖夏凉的家》

作词：张默闻

作曲：陈　伟

演唱：张津涤

扫码听好歌
读书享快乐

时间：2018年10月25日晚
地点：长江商学院上海校区
原则：为心情记录、向学问致敬

第二十六课：技术与内容，未来生存的两条腿（上）

今天的上海，暖秋，据说明天要降温到8℃。

10月24日接待了两拨客户，一位是极白茶叶董事长吴剑先生，一位是起步股份品牌营销副总裁邵军先生。吴剑先生是来洽谈继续合作事宜的，邵军先生前来则是为了ABC KIDS年度品牌传播的事。一整天，我的左脑在和茶叶打交道，右脑在和童装童鞋打交道。这种忽东忽西、忽上忽下的感觉让我感性着。

因为第二天早上9:00要出现在教室里，所以我在把客户全部安排好后立马奔赴杭州东站。我和永达传媒的周志强先生抵达上海虹桥康得思酒店的时候已经是晚上11:00多了。酒店里冷冷清清，前台的服务员朝我们笑着。那位我熟悉的服务生温柔地提醒我："张先生，您的房间是景观房。"到了房间才知道，所谓的景观房就是推窗可以看见灯火闪烁的虹桥机场和高铁站的房间。每次都是穿过它们的身体，今天我看着乘客一批一批地穿越机场和火车站的身体，突然有点幸灾乐祸的感觉，就这样得意着、观赏着，我竟然凌晨一点才睡着。

今天的主角是张维宁教授，长江商学院创创社区学术主任。先来分享几条张维宁教授有趣味的语录，作为快乐小插曲：①经济不好对于我们来说就是杀毒软件，是净化自己的最好时机。②投资根本没有什么科学的方法论。③现在最难过的是小偷，因为都在用微信和支付宝，不带现金了。偷手机更没有机会了，因为人人手机不离手。

张维宁教授今天主讲技术与内容驱动的商业模式，我最感兴趣的区块链内容也在其中。张维宁教授认为，一个新技术普及的早期阶段，有三个基本特征：①基础设施非常不健全，大量的拥堵、无法做高并发、无法做大容量传输、无法做共识迭代，有大量的底层基础问题没有解决。②所有参与者的心智都不成熟，很多时候我们都太着急了。③利用焦虑心态的行骗广泛存在。

在如何理解区块链技术的问题上，张维宁教授认为我们可以用微信组局的案例来通俗地解释区块链技术。区块链中的链式数据结构就相当于微信中的接龙发帖，我们在发帖时制定一个规则，每个人发帖时必须包含“上一个帖子的内容 + 下一个帖子的编号 + 自己的名字”，这就是共识机制。规则确定后，大家自动登记，没有任何一个单一用户能够控制这个账本，这就相当于去中心化。微信群里的每条消息大家都能看见，更新的记录如果有错或者有重复，每个人都可以检查，这就是共享账簿的概念。群里的人大都互相认识，各有各的名字和代号，这就是通过非对称加密技术保证陌生人可信。

张维宁教授认为分布式账本相对于中心账本的优势有哪些？

（1）透明。避免因中心控制带来的信息不对称。中心化账本在目前的商业模式中非常普遍，它的问题是对参与方的激励不足，而区块链会改变对参与者的激励水平。

（2）效率。实时获得数据，效率更高。

（3）安全。中心化账本相对不安全，要更改账本只需要找中心控制机构，银行需要投入巨额经费用于 IT 安全；但分布式账本的修改成本巨大，要攻破 51% 以上的账本才能修改。

（4）可溯源。中心化账本做成可溯源账本的成本非常高，因此通常只会对高价值产品做可溯源安排。

区块链技术的发展有以下三个基本阶段。

（1）区块链 1.0 阶段：电子货币，包括比特币、瑞波币等。电子货币阶段可以做最简单的去中心化交易。

（2）区块链 2.0 时代：这是我们目前所处在的时代，以区块链为重要标的的阶段，最重要的是智能合约、数字资产，还有去中心化的各种商业应用，包括认证、支付等。

（3）区块链 3.0 阶段：未来能够形成的一个完全去中心化的社会网络。如果能够达到这一阶段，意味着我们可以以极低的成本形成社会的信任关系，从而使整个社会的运行成本大幅下降。

未来，区块链的技术格局会改变，区块链会成为新的基础设施，会与大数据、人工智能、云计算、物联网、加密技术等一起，奠定新一代的基础设施，用来构建监管部门所需要的包含众多手段的监管工具箱，以利于实施精准、及时和更多维度的监管。由此得出，企业战略制定的三大维度：第一，“长”，放眼未来，谋划当前；第二，“宽”，生态优势，跨界竞争；第三，“高”，纵观全球，整合资源。

那么，媒体内容与技术融合需关注哪些关键点呢？对于这个问题，我比较赞同赵子忠和许雅老师的观点。我们知道，媒体的深度融合，其中一个重要的话题就是内容与技术的融合。传统媒体提出的概念是“内容为王”，强调新闻内容的引导力、影响力、传播力和公信力，强调传统媒体的内容优势。新兴媒体依托技术创新，建立了一个又一个的信息技术平台，在一定程度上形成了“渠道为王”，“技术决定论”成了主流。因此，传统媒体具备的内容优势和新兴媒体的技术优势如何融合是媒体融合战略需要重视的。由此，以下 4 个问题最值得关注：①科技公司的新闻化。②新闻机构的技术化。③技术和原生内容。

2019 年，信息技术进入新一代的创新，主要集中在新兴技术，包括 VR 技术、物联网技术、人工智能技术和 5G 技术等。面对新技术的发展，内容和技术开始战略性融合，新闻传播业又一次被推到了风口浪尖。新华社推出人工智能合成主播，新华网Star以“读心术”的方式生产出国内首条生理传感新闻……人工智能技术改变了传媒业的内容生产、分发环节。

我认为，技术与内容是我们未来的两条腿，先尝试着走两步，别没有摸清道路，一头栽进去，这一点很重要。

听了一天的课，累并快乐着。张维宁教授喜欢自嘲，经常会爆出冷幽默，把昏昏欲睡的同学们弄得精神百倍。经鉴定，这位教授是一位好玩的教授，具有强大的朋友圈。他的课很现实，如刀，刀锋锐利；如茶，满屋飘香；如酸辣汤，味道特别。

上课的过程中，张维宁教授竟然说了一句几乎让大家要哭的话：“我连续重感冒，截至今天我已经连续7天每天上课7个小时，我很害怕我牺牲在讲台上，我来的时候和老婆说，如果我有问题，请你照顾好我们的孩子。”这话一说出来，同学们突然沉默了，教室里突然响起了掌声，身边的女同学红着眼睛告诉我，她想哭。原来，长江商学院的老师真的很辛苦。致敬！致敬！致敬！

今天，也是我们长江商学院第32期4班的二组和三组以酒会友的日子，看来一场大战在所难免。我想好了，能躲就躲，酒场荣耀，我已经拱手让给了“80后”和“90后”，我服输，我服老。

天黑了，虹桥商务区一片灯红酒绿。

时间：2018年10月26日晚
地点：长江商学院上海校区
原则：为心情记录、向学问致敬

第二十七课：技术与内容，未来生存的两条腿（下）

上海，暖秋，天气违背天气预报，气温降到 8℃。

教室里闷热得像正在沸腾的开水，我们就像开水里翻滚的饺子。

今天，同学们出现了集体性疲惫。连续两天疯狂的聚会，消耗了大家太多的精力，今天的课上，同学们乖多了、温柔多了，像一群可爱的幼儿园的小朋友。今天，张维宁教授的感冒加重了，偶尔还会出现站立不稳的迹象，我们都深情地看着他，看着他拼尽全力授课，认真地听他说的每一句话、每一个观点。

张维宁教授今天讲授的内容依然是关于区块链和人工智能，信息量大、前沿感强。

区块链和比特币已经成为世界范围内的热门话题。无论是各国的领导者、各大企业 CEO，还是不同行业的专家或者投资者，大多被问及过对于区块链和比特币的看法，这也为我形成对区块链和比特币的理解奠定了基础，以下是部分专家对于区块链和比特币的看法：

（1）微软联合创始人、投资者和慈善家比尔·盖茨说："比特币是一场技术的创世巨作。"

（2）美国铸币局第 38 任总监埃德蒙·莫伊说："比特币及其背后的想法将颠覆传统货币的概念。最终，货币因此变得更好。"

（3）高盛公司首席执行官劳埃德·贝兰克梵说：“要知道，当初纸币取代黄金时，人们也抱持着怀疑的态度。”

（4）MegaUpload 首席执行长金·多特康姆说：“比特币是一个非常令人兴奋的发展，它可能会跃升为全世界的货币。我认为在未来 10 年内，它将成为支付和转移资产最重要的方式之一。”

（5）美联储主席本·伯南克说：“虚拟货币可具有长期承诺，尤其当这项创新技术推动更高速、安全和有效的支付系统时。”

（6）eBay 旗下 Hunch 联合创始人、McAfee 旗下 SiteAdvisor 联合创始人克里斯·迪克森说：“3 个货币基础：以商品为基础、以政治为基础、以数学为基础。”

（7）Paypal 首席执行官大卫·马库斯说：“我真的很喜欢比特币。我拥有比特币。它是一个有价值的存储，一个分布式的账本。如果你可以接受风险，它也是一个很好的投资工具。但在波动性放缓之前，它不会是一种货币。”

（8）企业家和投资者马克·安德森说：“比特币是一种经典的网络效应，是一种积极的反馈循环。使用比特币的人越多，它的价值越高，新用户使用该技术的动机就越高。比特币通过电话系统、网页和网络服务（如 eBay 和 Facebook）分享这种网络效应。”

（9）比特币和黄金的领先专家特雷西·玛雅说：“即时交易；无须等待支票清算；没有交易纠纷（商家会喜欢这个）；不会冻结账户，没有国际电汇费用；没有任何费用；没有最高存款额度……这听起来像是世界上最好的支付系统！”

（10）Bitcoin Chaser 创始人马克·肯尼斯伯格说：“区块链是技术。比特币仅仅是其潜力的首个主流体现形式。”

那么，区块链和比特币到底能给世界带来什么呢？它们的命运终将如何？它们将在中国如何发展？本来我想问问张维宁教授，但考虑到他的身体，我还是选择自己去寻找答案。幸好，我原来的老板托尼先生正在全球推动区块链的建设和运营，也许我能在他那里找到答案。看着张维宁教授拖着病中的身体还在授课，我一边感动一边思考，思考长江商学院的文化、思考长江商学院的价值观、思考长江商学院的全球力量，到底是什么支撑着长江商学院的每一位教授的学术世界和精神世界呢？长江商学院公众号上的一篇文章，在某种程度上帮我找到了答案，现在我把它“搬运”过来，以示对长江商学院的敬意：

第一个故事：一顿简早餐

2001 年冬天的一个清晨，在北京大学任教的项兵教授走进落成不久的北京君悦酒店。他应李嘉诚的邀请共进早餐，“当时我是第一次见到李先生”，回想与李嘉诚的初见，长江商学院创办院长项兵记忆犹新。正当他为一代首富的餐桌上竟只有米粥、馒头和 4 小碟咸菜感到惊讶时，李嘉诚说出了影响数万人命运的一句话：“我希望为中国在中国创办一所世界级的商学院，为我们国家培养一批世界级的企业家。”站在历史的重要节点上，华商领袖李嘉诚向项兵发出邀请：打造一所世界级的商学院。思量再三，项兵接下重任。

于是，2002 年，长江商学院应运而生！

第二个故事：一个蓝印章

建院一事敲定后，学院的 Logo 设计作为紧急事宜之一被提上议程。亚洲设计师之父陈幼坚先生便是在此时收到了来自长江商学院的邀请。“从设计开始到结束，是一个灵感迸发、创意碰撞的美好过程。”在一次分享会上，陈幼坚先生回忆起设计长江商学院标识的历程时这样讲道。基于对长江商学院定位和需求的深入了解，陈幼坚先生以中国传统的篆刻印章为主要创作概念，用“长江”二字的繁体字作为构图，右半部分为繁体字“长”，整体的下半部分便是繁体字“江”。内部的白色纵横线条，还象征东西方书籍不同的排放方式——中国习惯将书籍横排，而西方习惯将书籍竖着排起来，将学院“学贯中西”的核心理念很好地结合到了一起。标识的整体设计又类似于周易命理卦象中的乾卦，乾卦讲的是一个事物从发生到繁荣的过程，即春生一夏长，代表马到功成吉祥之意。以蓝色为主调的色彩组合，则表达智慧、积极、前沿和科技的感觉，同时也是滔滔长江水的颜色。整体的 Logo 好像是印章盖在文件上，象征着一所学院的庄重承诺。

第三个故事：一堂公益课

每年 9 月开学，中央广播电视总台与教育部合作的开学第一课都会刷爆屏幕引发热议。在长江商学院，也有这样的“开学第一课”。初院伊始，李嘉诚先生曾在长江商学院课堂上对 EMBA 学员们亲传成功心法。秘诀只有两个字——奉献！拥有这天然的公益 DNA，2005 年，长江商学院引领性地将人文课程与公益实践系统引入商学管理教育，提出培养企业家“人文关怀和社会担当”的使命要求。2010 年，长江商学院设立 48 小时公益学时制度：要求所有的 EMBA 学员必须完成 48 小时的公益学时才能毕业。2017 年，MBA、FMBA 开始实行“24 小时公益学时制度”，至此，公益学时制度覆盖长江商学院所有的学位项目。

在历年的摸索中，长江商学院公益第一课、公益创新与企业可持续发展等一系列公益课程的开创者朱睿教授提出了一个全新的公益理论——最好的公益是用商业模式做公益！授人以鱼，不如授人以渔。公益形式一定要创新，不是输血式，而是造血式。以商业模式做公益的理论思想在长江商学院孕育，也在长江商学院的公益中实践、检验和升华，在国家精准扶贫的号召下，长江商学院用行动践行着“教育扶贫 + 产业扶贫 + 健康扶贫”的理念。公益课是长江人的第一课，公益也成为了每一个长江人的 DNA。

第四个故事：一堂必修课

2005 年，长江商学院倡导人文精神，率先在管理教育中系统引入人文课程，并成立人文委员会，由北京大学人文讲席教授、北京大学高等人文研究院院长、美国人文与社会科学院院士杜维明教授担纲主席。人文课程被纳入必修模块中。

“心之何如，有似万丈迷津，遥亘千里，其中并无舟子可以渡人。除了自渡，他人爱莫能助。”人文第一课，讲的就是自渡。人要有出世精神才可以做入世事业，要于饱食暖衣、高官厚禄之外，有更纯粹、高尚、怡情养性之企求。一流的企业家往往拥有丰厚的人文底蕴，是一个大写的人，是企业家精神与人文精神结合的典范。世界上任何一个企业的成功无不是本土文化价值和普世价值结合、交融的结果。“没有人文很难征服世界。领导一个全球化团队征战全球，人文底蕴是内功。”项兵院长认为，未来的商界领袖必须具备深厚的人文底蕴，更要有人文关怀，能承担更多的社会责任。

第五个故事：一江三首席

长江商学院是培养企业家的地方，这里讲的企业家除了学员，还包括教授。长江商学院的教授团队里就走出了三个首席战略官：2006 年，长江商学院战略学教授曾鸣，出任阿里巴巴集团参谋部资深副总裁；2014 年，长江商学院副院长、金融学教授陈龙，出任蚂蚁金服集团首席战略官；2017 年，长江商学院副院长、战略创新与创业管理实践教授廖建文，出任京东首席战略官。教授在科技公司任职，是全球趋势，但是一所年轻的商学院，培养出三位中国乃至世界顶尖企业的首席战略官，学术价值和商业价值都如此巨大，在全球是独一无二的。蚂蚁金服集团首席战略官陈龙接受采访时这样讲道：“一个好企业若想发展，一位好教授若想成长，都必须同时具备框架思考、交流碰撞与实践三部分，缺一不可。”“长江商学院不仅改变学生，也改变了教授，它是一个化学反应体，让双方能够真正去理解和推动在现实社会中发生的事情。”

第六个故事：一个体育院

了解长江商学院的人都知道，长江商学院又被戏称为“长江体育学院”。中国唯一的一对跑完世界马拉松六大满贯赛事的伉俪，从体重 105 千克、跑不了 100 米华丽变身为 75 千克、半马 150 分钟的戈壁新人，为了一个鸡蛋暴走 50 千米的女同学……他们都来自长江体育学院。对同学们来说，每年最激动人心的一件大事就是“玄奘之路商学院戈壁挑战赛”，穿越117千米茫茫戈壁，竞逐四天三夜。他们为什么要去参加戈壁挑战赛？阎爱民教授给出了我们想要的答案：“我们是为了挑战、砥砺自己。大漠成全了我们，成为不同的自己、更完美的自己！我们追求的是在强劲对手面前不甘示弱的勇气，是面对武装到牙齿的、近乎专业的选手敢于亮剑的精神！”虽然商界一直都是男人驰骋的战场，但在“长江体育学院”，巾帼不让须眉，跑得最远和登得最高的是两位女同学。长江商学院EMBA第27期校友、登山家罗静成功登顶希夏邦马峰，成为首位完攀全球14座8 000米级山峰的中国女性。另一位赫赫有名的“体育健儿”是EMBA第26期校友马妍星，被誉为“长跑女神”的她，在各大赛事上创造的成绩惊艳四座。

在长江商学院，你会发现周围生活着一群既能当领导、带团队，又能突破自己、挑战自己的人；一群既能开公司、干事业，又能生娃、练马甲线的人。莫要看轻了豪杰，能做一番大事者，总有一种真挚的精神在内，这就是长江商学院的体育精神。

第七个故事：一个大讲堂

在长江商学院，最不容错过的还有一堂顶级的公开课。想想看，如果Facebook首席运营官谢丽尔·桑德伯格面对面告诉你如何培养职场领导力，《经济学人》集团首席执行官安德鲁·拉什巴斯亲自给你分享经济发展趋势，国际货币基金组织前副总裁朱民近距离为你分析中美贸易战，这将会是一种怎样的体验？而这些，都是长江商学院最有价值的公开课——“长江大讲堂”一直在做的事情。

2018年，“沃顿商学院最受欢迎谈判课”的教授斯图尔特·戴蒙德、无印良品设计总监原研哉、麻省理工学院物理学终身教授迈克斯·泰格马克等人就先后登上了“长江大讲堂”。作为“网红公开课”，“长江大讲堂”从来都座无虚席，甚至有异地的同学会专程飞到北京，只为听大师们讲一堂课。教育的本质意味着，一棵树摇动另一棵树，一朵云推动另一朵云，一个灵魂唤醒另一个灵魂。长江大讲堂是这唤醒中的关键一环。

第八个故事：一个改变词

因长江而变中的“变”有4层含义：认知的改变、格局的改变、意义的改变和责任的改变。在这个时代，真正的成长不仅来自财富的增长、企业的成长和社会地位的变化，而且还源于认知的不断迭代与成长。格局的改变，即超越商业问题与模式，超越商业本身理解商业。长江商学院倡导现代企业家应该关注企业、社会与环境三者可持续性发展问题，将眼光拔到新高度。人生意义的理解改变，则超越了富与贫的理解，让成功扩大至更大的范畴，突破自我，实现更高的成就。最后谈及责任之变，则是让公益真正成为长江人的一种生活方式与生活态度，发自内心地去参与、践行公益。“24小时公益学时制度”，鼓励企业家们承担社会责任，投身公益。

不是所有的商学院都叫长江商学院。长江商学院的最大魅力在于奉献，在于学生和教授共同构建的奉献生态圈。我有理由相信，长江商学院一定会成为国家管理人才的摇篮和重要基地之一。

夜深了，我还在想着长江商学院，但是我不知道长江商学院是否也这样想着我？

时间：2018年10月27日晚
地点：长江商学院上海校区
原则：为心情记录、向学问致敬

第二十八课：教授长得帅，营销讲得新（上）

今天的上海，如愿降温了，但是我却把衣服穿薄了。

今天，上课的是令人眼前一亮的李洋教授，西装革履、皮鞋锃亮、金边眼镜、面容干净，是所有教授里最惹女同学喜欢的翩翩教授。李洋博士专注于营销大数据模型开发和大数据战略实现。李洋教授的课很能迎合长江商学院第 32 期 4 班同学的需求。

李洋教授看起来像“80 后”，其实就是“80 后”，激情四射、底气十足。整整 7 个小时，我连续记录着他的金句。

（1）2016—2017 年，全球最成功的营销人是特朗普。

（2）2017—2018 年，全球最成功的营销概念是区块链。

（3）特朗普有一句话：任何舆论都是好宣传。

（4）舆论不是原则而是能力。

（5）能给你钱的市场就是你的一线市场。

（6）特朗普说：“实话实说，如果没有推特，我今天不会站在这里。”

（7）特朗普说过：“我使用社交媒体，的确不是总统应该干的，但这是现代的总统应该干的。”

（8）品牌的着力点有“两化”，即用户中心化——价值观上尊重用户，营销精细化——方法论上尊重数据。

（9）人类最擅长的不是理解逻辑，而是听故事。

（10）好产品是原点，好故事是支点。

（11）听故事是人的天性，人们更关心与自己相关的故事。

（12）企业要有故事，企业家更要有故事。

（13）企业家个性品牌管理要注意个性品牌与行业的关联度，而非公众场合的个人品牌管理，频繁刷脸不足以支撑企业品牌。

（14）与传统商品相比，那些基于社交关系、社交图谱、社交圈推广的产品更富有吸引力。

（15）社交媒体切分了互联网大部分的流量。

（16）网红是网络红人、网络推手、传统媒体以及受众心理需求等综合作用下的网络媒介产物。

（17）我们进入了大数据时代，但却处于缺乏数据回报的时期。

（18）数据不等于商业价值。从数据到价值，中间尚有很大的一段距离。

（19）证明一件事情需要数据，而说谎更需要数据。

（20）大数据的核心不是数据，而是过程方法论。

（21）数据的背后是人。

（22）区块链能保证上链信息不可篡改吗？不！在一定的条件下，任何信息都有可能被篡改。

（23）链和币不可分，币为链提供激励机制。

（24）私有链、联盟链更像是办公软件。

（25）区块链的技术效率低是去中心化的必然结果。

（26）区块链在商业落地的基本前提是去中心的真实价值、上链的信息风险、利益均衡机制。

（27）区块链的血液是加密货币。

（28）区块链的落地尝试：实现去中心化、数据真实与不可篡改的信任机制。

（29）区块链产品溯源：如何让一只鸡翅膀数字化，上链信息本身的真实性无法保证，有限范围的区块链上数据可修改。

（30）区块链的供应链金融：贸易的真实性（欺诈风险）；联盟链与其他行业联盟形式；卖方按时、保质、保量交付货物（履约风险）；买方准时付款（信用风险）。

（31）营销是为了明天的销售。

（32）典型的营销短板：有商标、无品牌；重投放、轻内容；缺乏终端互动、不会与用户沟通；仅强调产品的功能性，缺情感、无故事。

（33）品牌网红化是缓解品牌老化的手段之一。

毫不夸张地说，我听得最仔细，因为我感兴趣。

李洋教授把复杂的学术简单化，把简单的学术口语化。李洋教授是个温暖的教授，干净、温和。他的课给了我很多启示，我一直认为年轻的教授有年轻的力量，他们的思想和这个时代是同步的、是新鲜的。我很希望能再次听到李洋教授的课，再次感受他的温暖与才华。计划再去纽约时，要去参观哥伦比亚大学，因为李洋教授就来自这所大学。

此刻，上海虹桥高铁站，灯火通明、人流如织。离开这个城市的人，来到这个城市的人，都在这里汇聚。站在高处，我感受到了他们的忙碌。其实，我也是他们中的一员。突然，我想到了项兵院长一句话：“站在月球看地球，只有站得高，才能看得远。”此刻，我理解了这句话。

时间：2018年10月28日晚
地点：长江商学院上海校区
原则：为心情记录、向学问致敬

第二十九课：教授长得帅，营销讲得新（下）

今天的上海，流淌着温情。气温和谐。

今天，李洋博士继续为我们讲述品牌年轻化和互联网方面的内容。李洋博士认为，品牌年轻化就是要找到全新的人群和年轻化的沟通方式，发现目标消费人群的巨大变迁以及它们的价值观、消费习惯、主流文化、媒介接触和知识结构等。关于品牌吸引的问题，李洋博士提醒我们要注意“00后”是互联网原住民。他用很多品牌年轻化的案例带给我们以下启示。

（1）话题性：视觉、文字等表现形式与目标客户群的既有认知产生反差，甚至是产生冲突。

（2）连续性：持续地以同一风格强化用户记忆和认知，并且以一个内核衍生出各种形态的记忆点。

（3）全面性：全方位占据用户的社交入口等。

2018年6月，我在复旦大学的演讲题目就是“品牌的年轻化就是你们的年轻话”，在这里再度与大家分享演讲的主要内容。

什么才是品牌年轻化？首先要看看品牌年轻化的“十化”标准。

（1）老板的心态必须年轻化。老板心态不年轻，年轻肯定不可行。

（2）品牌的内涵必须年轻化。品牌骨头不年轻，皮囊年轻不可能。

（3）广告的话术必须年轻化。年轻化就是年轻话，年轻话就是年轻化。

（4）产品的包装必须年轻化。年轻化不是死板的年轻人化，年轻化是年轻的情怀品牌化。

（5）沟通的方式必须年轻化。年轻的方式配上年轻的话术，年轻的媒体配上年轻的传播。

（6）产品的渠道必须年轻化。年轻人站在哪里，年轻的产品就在哪里。

（7）营销的团队必须年轻化。用年轻人的思维，做年轻化的品牌。

（8）基因的确立必须年轻化。品牌基因首先年轻化，品牌推广坚持年轻化。

（9）产品的战线必须年轻化。一个年轻品走向一群年轻品，一群年轻品走向一路年轻品。

（10）战略的定位必须年轻化。战略定位必须年轻，战略营销才会年轻。

有人问我什么是年轻话？我认为年轻话当前有以下关键词。

（1）比特币。一种由计算机代码组成的 P2P 形式的数字货币。

（2）佛系。随遇而安，看淡一切，不折腾的人生态度。

（3）吃鸡。玩家在游戏《绝地求生大逃杀》中取得第一。

（4）风口。现在指具有颠覆性、市场缺口大、盈利潜力可观的行业机遇。

（5）票圈，就是朋友圈。

（6）赞。表示认可、赞扬的意思，可以作为形容词，也可以作为动词。

（7）小奶狗。比较黏人，对女友忠诚的男朋友。

（8）C 位。中心位置或者核心地位。

（9）猫奴。爱猫成癖者，是一种调侃或者自嘲。

（10）主播。现在的主播多指网络平台主持人、网络视频作者和直播间的主持人。

（11）老司机。现为行业老手或者在某个门类拥有丰富资源的人，可以是褒奖也可以是戏弄。

（12）共享。将物品或者信息的使用权、知情权分享给他人共同拥有。

（13）石乐志。就是指“失了智”的谐音，失去理智或者智商的意思。

（14）流量。现在指一定时间内网站和网址的访问量，如流量明星。

那么，如何做到品牌年轻化呢？

（1）不喝鸡汤，一定要喝小鸡汤。话术和年轻人的心灵要靠近。

（2）年轻话的话术一定要与时俱进，常说常新。

（3）让年轻者自己说给自己、自己打动自己，这才最容易成功。

（4）年轻话就是粉丝的话，没有粉丝的话算不上年轻话。

（5）年轻话要和产品进行有机的结合，把话说得更有趣。

李洋博士的课，让我对互联网有了更深层次的理解，具体包括以下几个方面。

（1）互联网是什么？对于营销来说，互联网 = 互 × 联 × 网。

（2）“互”不仅是指互动。实际上，互联网已经成为了一个社会，成为一个很重要的社会社交平台，我们要在互联网上做很多事情，包括聊天、沟通、交流等。

（3）“联”是联接，联接是互联网最根本的一个特性。互联网为我们提供了一个低成本的联接，让我们可以做很多电商、很多平台。

（4）“网”是信息扩散的网络。正因为如此，做互联网营销的时候，很多人喜欢用互联网来制造一些爆炸性的新闻，希望能够激发病毒性传播，这正是利用了其自发和发散的特性。

（5）常见的社交网络营销策略是把广告加在流量中让人浏览，有没有一种方式能够跳出“流量 + 广告”的模式，更好地用社交网络来做社会化营销？答案就是回归社交网络的本质，用产品和服务帮助大家在社交网络上进行更好的社交。

（6）大数据时代，我们很难有隐私，也很难把数据藏起来。首先，数据的收集可以是多样的。其次，要整合、挖掘有用数据。数据越大，噪声越多，如何去除噪声，提取有用的数据，是非常艰难的。最后，要运营好数据。运营数据时，我们要理解数据到底是什么？数据是如何产生的？实际上，数据的背后是人，是人产生的数据。

（7）要把互联网落地，与传统行业相结合，这是问题的关键。现有的互联网模式多为广告和信息扩散的平台，没有触碰到最核心的交易。如果没有触碰到最核心的交易过程，那它就没有互联网化。

（8）互联网带来的是价值的重新定义，但需要具体行业具体分析。互联网让你更好地了解用户、大数据让你更好地了解消费者，但同时，大数据也更好地武装了消费者，消费者本身也变得更精明，所以需要我们更精细化地去洞察、理解他们，然后再提供服务，为他们创造价值。

（9）以前我们讲市场份额，现在我们要讲钱包的份额；原来我们讲产品的生命周期，现在我们要讲用户的生命周期；原来我们讲产品组成，现在我们更关心客户的组成；原来我们讲市场细分，现在是需要个人定制，这才是真正的互联网。

李洋博士的课，激发了我听课的欲望。李洋博士是那种把生涩和复杂的问题讲得很像故事的人。他说过一个笑话，很有意思。他说，大数据时代如何利用大数据找出真正的有钱人？有人启用了“三豪模型”，看看他的“豪车＋豪号＋豪宅”，只要这三个都是“豪”字辈的，就一定是有钱人。仔细想一想，很有道理。

享受完品牌年轻化和互联网的盛宴，最后，我想以让财富转化为幸福的 5 个方式作为今天学习的结束。

（1）多买体验，少买物品，让自己全身心投入。

（2）特殊对待和珍视自己的喜好。

（3）购买时间，获取更多的自由。

（4）先付款，后消费，保证自己的期待。

（5）赠与和布施，独乐乐不如众乐乐。

我准备这样做，但是我不知道我能做到几条。从小到大，我都不是一个幸福感特别强的人。但是，我希望我能坚持做好，毕竟上长江商学院就有一个重要的使命，那就是如何在新时代获得超级幸福感。

夜深人静，孤独袭来。

我打开了电视，那些“叽里呱啦”的娱乐节目扑面而来。

时间：2018年11月29日晚
地点：长江商学院上海校区
原则：为心情记录、向学问致敬

第三十课：我就喜欢台湾教授那一本正经讲组织竞争力的样子

上海，美丽的天空。

今天的上海，白云朵朵，大街上流淌着清新的味道。但是，我那些可怜的在杭州的邻居们却只能在雾霾里来来往往。我突然发现，老天爷对上海很偏心，雾霾围城，他们却能幸福地呼吸，我轻轻地叹了口气，谁让上海靠海呢？

今天，为我们上课的是大名鼎鼎的胡仁华博士，主题是信息技术与组织持续竞争力。胡仁华博士是犹他大学 David Eccles 商学院会计与信息系统学系教授，台湾本土成长起来的“超级”教授。胡仁华博士上课很有特点：

（1）上课时，他的口头语是：“来，帮我一下。”意思就是请同学们呼应他的问题。

（2）上课前、下课前，总会播放一段和专业黏性很大的、好玩的视频，把大家的目光“抓”回讲台。

（3）上课时，板书最认真，使用的都是台湾的繁体字。

（4）上课时，不停地拍手，就像一个快乐的小朋友。

胡仁华博士的课内容充盈、思路清晰、表达幽默，整个人始终处于“奔腾”状态，但也不失谦卑感。在播放视频的时候，他也会不由自主地随着音乐的律动而扭动，使我想起了电影《功夫熊猫》。

今天的授课内容引起了我很多的思考，除了他讲授的信息技术和组织持续竞争力方面的精彩内容外，他带领的长江商学院第12期总裁班赴芝加哥大学布斯商学院课程学习的随笔，打开了我对创新的新思考、对中美文化的新理解。

（1）我们的管理者往往依赖于过去成功的经验和思维模式，在一个完整、静态的环境中，能使他们继续做出很好的决策，然而，商业环境在迅速变化并越来越复杂，过去行之有效的东西将来不一定奏效，或者说正在失去效果，所以管理者必须不断地观察环境，寻求不同的视角并考虑创新的方法。

（2）任何要成为创新大户的公司，需要做到：①内生。内生涵盖如何将见解进行商业化。②转变。重点关注如何改变文化和转变业务，从而使创新成为核心过程。③引领。侧重于如何引领创新经济，并带领大家在平台上进行模拟，以获取参与性联系，从而体验创新及其所需的变化。

（3）随着全球经济一体化的深入和客户对个性化产品需求的加剧，企业在产品更新迭代方面有了更高的要求，如何设计出更有竞争力的产品和对产品创新进行有效管理，怎样正确选择良好的产品创新管理模式并使其得以贯彻实施，是企业能否顺利实现产品创新目标的关键。有以下6项战略决策可供参考：提供给市场的品种维度、垂直整合度、客户接口和分销渠道的性质、工艺技术、供应链中解耦分离点原则和产品构架。

（4）如何引导企业创新。全球互联时代没有一成不变的经济模式，穷则变、变则通、通则久。创新对企业建立竞争优势、掌握行业未来等都有重要的意义。快速发展的人工智能和自动机器人技术正在取代训练有素的专业人员，引领创新成为许多公司急需的技能。

企业在创新的过程中会遇到很多挑战，包括官僚主义的破坏性、组织自身的抗体、流程的障碍、实施时间被拉长、文化障碍增加风险等。如何克服挑战加速创新发展，关键在于创新文化的建立，需要管理者了解现有文化、决策过程以及在改变政策对项目进行昂贵的投资之间先为成功建立一个平台等。

（5）中美文化差异的对比。①治理结构：美国有比较完善的治理结构，形成有效原则的时间比较长。②企业运作：美国当前的企业中上市公司占比很大，国有企业较少，市场化程度很高。中国经济多元并存，但上市公司体量不大，与美国100年前的状况较为类似。③养老体系：美国有全员覆盖的养老体系，退休的美国公民不需要子女养老并很少跟子女住在一起，所以美国公民可以有更多的空间做自己喜欢做的事。④教育体系：美国以高品质的教学质量和灵活的教育体制成为全世界莘莘学子梦想的留学圣地，其高等教育层面多且相当分散，以竞争和自治高等学府为特征。美国的学校有公立、私立之分。联邦政府也设有教育部，不过功能不同于我国的教育部。

（6）企业竞争的实质是资源竞争。社会资本既是企业参与竞争所需的重要的社会关系资源，也因其生产性提高了企业占有、动员其他资源的能力。社会资本的作用机理在于以信任推进合作、以网络形式实现资源分享、以规范保持资源优势与合作秩序。同时，社会资本也因其封闭性导致社会资本网络内部各企业间的共享性资源具有同质性，“弱关系强度”理论和“结构洞”社会资本理论的探讨在某种意义上弥补了社会资本理论在企业竞争优势创造中的不足。

（7）如何建立企业竞争优势。可以借助VIRO模型，即价值、稀缺性、难以模仿性和组织模型做分析，对企业创造并保持竞争优势来说，资源的稀缺性与难以模仿性具有决定性意义，企业要想具有竞争优势至少要占有并能使用稀缺性资源。

暂时给学习与思考放个假，不妨说说长江商学院上海校区的教室。校区特别现代化、很有国际范，但是有一个小缺点，就是空调一旦打开，温度就成了上帝，一直热得让人想跳进黄浦江。

今天是班级里最可爱的男人之一徐建海同学请客，这顿饭是建海同学的“负荆请罪饭”，因为他请假两个月，再不请客同学们都准备将他遗忘了。他感受到了这场“预谋已久”的变化，就安排了这场海门夜宴。美好的夜晚迎来了一位神秘人物——周宏桥教授，他的半面创新风靡全球，他的出现点燃了同学们拼酒的斗志。周宏桥教授特别为我带来了一位可爱的朋友与帅气的小老乡——中欧商学院营销协会会长、上海锦绣红枫企业咨询有限公司创始人孙浩先生。孙浩先生人帅，好撸铁，胸有肌肉、腹有马甲线，酒前文质彬彬、酒后风情万种，是一个很有才、很好玩的人。

酒高人散快，我们一帮好歌之徒转移到另外一个“战场”，到那儿才发现，个个都是文艺委员，人人都是业余歌手。我特别点了自己的一首歌《站在月球看地球》。之后，我借抽烟的机会溜之大吉，请原谅我提前告退。老婆说，倒在工作台上算烈士，倒在 KTV 里算寻欢，早点回到自己的阵地才安全。否则，道德的子弹乱飞，不知道谁会误伤谁？回酒店的路上，一直在听的是我为安徽外国语学院写的院歌《无限芳华在安外》。

夜深，人不静。

我还在想教授讲的内容。他的每一句话都很有道理，85% 的内容要听懂而且还要把其中的 2~3 条应用于自己的企业，这是我给自己定的目标。我问自己，我听懂 85% 了吗？哪三条是我的公司目前可以使用的？我在问我自己。

《无限芳华在安外》

作词：张默闻

作曲：陈　伟

演唱：张津涤

扫码听好歌

读书享快乐

时间：2018年11月30日晚
地点：长江商学院上海校区
原则：为心情记录、向学问致敬

第三十一课：商业不讲流程，就像长江没有大堤

上海，天空有点悲伤感。

课前，吴婕老师说："这次课是2018年度的最后一次课。"这个消息就像颁布生离死别令一样，导致同学们之间的友谊一下子就加深了很多，大部分人都开始了多愁善感。那些经常开开心心的同学则表现出了与平时不一样的伤感，完全是商学院的高度、高中生的情怀。我觉得，这也许就是中年学生的后遗症，不该动情的动情了。

今天，胡仁华博士主讲商业流程管理和知识管理。大量的数据和理论知识就像春运的人群黑压压地向我们走来。昨天晚上已经将脑袋清空，以便来填装胡仁华博士提供的知识。胡仁华博士有三好：态度好、内容好、诠释好。他让生涩的管理课变得很有想象空间。在他的诱导下，那些高质量、高价值的管理内容占据了我们骄傲的脑袋。

听完胡仁华博士的课，我开始让左脑和右脑一起发动，要把管理这个硬骨头啃下来。我一直认为，头脑清醒的、世界一流的组织都会专注于客户，专注于客户就必须考虑商业流程管理。

我们要如何理解商业流程呢？商业流程是指组织企业资源以达到具体目标的方法。历史上，企业一直以专业化为中心，根据特长或职能来组织工作和资源。今天，许多企业以流程为中心，试图对

工作和资源进行整合，从而为客户获取预期的产出或成果。商业流程是相互联系的工作任务的集合，其启动目的是为了对某件事做出反应并为客户创造出预期成果。

商业流程具备以下几个特点。

（1）实现特定成果。商业流程的存在是为了实现预先定义或有针对性的成果。

（2）为该流程的客户而设计。客户是流程成果的接受者或受益人。

（3）为了响应特定事件而启动。企业必须能够将一个流程追溯到最初引发或启动之时的事件。

（4）相关工作任务的集合。流程中的步骤必须相互关联，而不是工作的任意集合。

最后，要牢记一句话：商业流程为流程客户带来预期的成果！

有人说，研究商业流程管理的生命周期应该从 7 个方面开始落实：流程确认和范围确认、流程建模、流程分析、流程改进、流程执行、变革管理、流程绩效监控。由此，我们可以找出流程绩效测量的 4 个基本维度：①时间维，如周期时间、各个任务的平均处理时间和等待时间等。②质量维，如故障次数、返工率、故障平均间隔时间、残次品率和可靠性等。③成本维，如整个业务流程、各个任务等的平均成本。④客户满意度和客户痛苦指数。

最重要的是，对于流程的重新设计，我们的做法包括：①记录、分析和重新设计业务流程。②重组工作流程，整合步骤以减少浪费，消除反复、纸张密集型的任务。③需要一个关键业务流程组织新蓝图，并且有可能会改变企业的组织结构。④流程的重新设计意味着业务、商业模式要作出重大改变。

企业流程管理中的关键因素有：领导能力、企业流程管理经验丰富的企业项目经理、与组织战略的联系、流程架构、实施企业流程管理的结构性方法、变革管理、人员与授权、项目启动与完成、测量与可持续绩效改进和实现价值。

最后，我们还要进行商业流程管理的总结：①针对 2~3 个核心流程，当前的流程设计是否恰当？流程执行是否有效和高效？②针对 6~8 个关键流程，当前的流程设计是否恰当？流程执行是否有效和高效？③如何在流程的重新设计和标杆中获益？④如何在企业层面上增强和获取重要的流程知识？⑤如何锻造出创造 IT 基础架构的能力，并且使其与业务流程管理协调一致？⑥如何在流程的重新设计中有效、快速地行动，以充分利用其效果，同时又能为流程的成功改进、企业的绩效改进而对变革进行管理？

接下来，开启关于知识管理的思考：思考知识管理首先要思考企业的高级行政人员的职责，我认为有 7 个方面：启发（inspire）、调动（mobilize）、授权（empower）、指导（direct）、选择或过滤（select or filter）、制定战略（strategize）、鼓励和奖赏（encourage and reward）。

当然，在管理中，管理者也应把员工当客户：①最顶级的服务就是积极反应、超越客户需求。②做好顶级服务，最重要的是把员工当作第一层客户。③假如你只有差劲的员工，那么你也只会是一家差劲的公司。④我们对员工做的事情是建立信任感：给员工一个专业的工作环境，尊重他们、训练他们，他们自己就会激励自己。

为什么说在企业中知识非常重要：①知识是公司的关键资产。②知识是一种无形资产。③数据转换成有用的信息和知识需要企业的资源。④知识不像有形资产一样受收益递减规律的影响，相反，知识的价值会随着更多的人参与分享而增加。⑤知识有不同的存在形式，如知识可以是隐性或显性（编纂）的，知识包括专业知识、技巧和技能，知识包括懂得如何遵循程序，知识是知道事情为什么发生（因果关系）而不是何时发生。

在对知识管理进行把握的基础上，形成了以下 8 条语录：（1）知识是基本的企业资产。（2）有效管理知识的生命循环，从知识创造到知识的升级与退役。（3）创建一个促进在组织内进行知识创造与共享的环境。（4）知识工人与白领或蓝领工人不同，对他们应该采取目标管理。（5）应注意饮水机现象和彼得法则。（6）IT 技术可为知识管理提供支持，但知识管理更多的是关于人、组织文化与变革管理。（7）企业应同时运用编码化和个性化的方法来管理知识。（8）程序（流程）的正当性很重要。

在企业经营的过程中，企业高管如何拥抱失败？印度塔塔集团竟然为“最佳失败创意”颁发年度奖；Intuit 公司和美国 Eli Lilly 制药公司都会定期举行失败庆祝会；宝洁公司鼓励员工在业绩评估时谈论自己的失败。

高管们应该如何思考失败呢？多数高管认为失败是不好的；许多高管认为从失败中学习是非常简单的；要求员工反省他们做错了什么，并告诫他们今后避免发生类似的错误；更好的办法，指派一个小组对所发生的事进行审查并写出详细的报告，然后分发到整个企业。

当然，分析失败的原因非常重要：①越轨行为：一个人选择去违反规定的流程或实践。②疏忽：一个人不慎偏离规范或没注意所有细节。③能力缺乏：一个人不具备技能、条件或训练去执行一项工作。④方法不足：企业提供不适当或不完整的处理方法。⑤任务挑战：一个人面临的任务太困难以至于不能每次都可靠地执行。⑥过程复杂性：当遭遇新的互动的时候，一个由许多元素组成的方法出现了问题。⑦不确定性：由于未来事件缺少透明度，造成了人们采用一些看似合理的行动却产生了不希望得到的结果。⑧假设性检验：实验被引导去证明一个想法或设计将出现失败。⑨探索性测试：实验被引导去扩展知识并调查导致不希望结果出现的可能性。

这些领悟对我来说非常珍贵，也是从这一刻开始，我看见了救治不当管理的药方，希望能药到病除，也希望永不复发。

今天是我们在长江商学院学习的半年庆，我为本次庆典命名为

“将友谊进行到底”，并创意策划了全部的欢乐内容。由于客户临时有不可抗拒的任务，只得再度与半年庆擦肩而过。为了弥补这个遗憾，特别赋诗一首，以示纪念。

将友谊进行到底

转眼半年有余，放眼满园桃李。我们想啊，想向长江敬个礼！绕过难解的试题，拥抱考试的阶梯，将我们的师生友谊进行到底！

想念拓展团队，眷恋即将别离。我们想啊，想向时间敬个礼！走过岁月的足迹，紧握友谊的美丽，将我们的骨肉友谊进行到底！

每月四天欢聚，热情高高举起。我们想啊，想向同学敬个礼！烈酒啤酒的洗礼，荤素搭配的道理，将我们的同窗友谊进行到底！

群里热情的战队，群外忙碌的姐妹。我们想啊，想向事业敬个礼！不管细雨的淅沥，不问未来的距离，将我们的革命友谊进行到底！

半年了，我喜欢着你。半年了，我观察着你。半年了，我温暖着你。半年了，我深爱着你。我想啊，想向心中的你敬个礼，将我们的友谊和思念进行到底。因为，我爱你！

时间：2018年12月2日晚
地点：长江商学院上海校区
原则：为心情记录、向学问致敬

第三十二课：听与中国交好国家的兴衰史就像在联合国开会

上海，阳光万丈，很透亮。

今天是上海班课程的最后一天，很多一直潜水的同学都像水泡一样冒了出来。今天，为我们授课的是杨瑞辉教授，长江商学院经济学教授，牛津大学（University of Oxford）数学博士。杨瑞辉教授采用全英文授课，我也因此第一次体验同声翻译课程，很新鲜也很庄重，感觉自己突然来到了哈佛大学商学院。一本正经的样子连自己都崇拜自己了。

杨瑞辉教授喜欢坐着讲课，声音很有磁性，表情和肢体语言很丰富，特别是在回答俞曙同学关于中、美、俄关系的问题时，竟然一再对俞曙的贡献表示感谢，如此谦卑的风范让我非常震撼和敬仰。杨瑞辉教授讲授的内容是关于世界上和中国关系密切国家的兴衰史。班上有位美女对教授的观点持有不同意见，反应还很激烈。事实上，每位教授都有自己的观点和神秘的使命，但是，作为学生，我们一方面要理性地看待世界、看待中国的友邦，更要理性地看待敌对中国的国家。要有自己的判断力，不管教授如何宣讲，我们都要相信自己的判断，教授的观点只能是一种参考。

作为长江商学院EMBA的一名普通学生，我对世界和中国的看法是这样的。

1. 对于世界

（1）只有全球化品牌观、道德观融合才能推动国家品牌的进步和发展。

（2）世界上没有永远的和平，也没有永远的战争，只有永远的防范和制衡。

（3）强盛国家的商业精英非常有必要研究世界上有影响力的王朝的兴衰史。

（4）国家边界是在不断变化的。

（5）战争发生的可能性一定是经济手段无法解决经济纠纷后必然产生的。

（6）军事实力是另一种商业较量。

（7）永远不要 100% 地相信盟友，它们的变化性组合能力非常强。

（8）全球化企业最后会成为国家与国家较量的排头兵。

2. 关于中国

（1）中国的国家安全建立在对内贫富均衡、对外防御侵略两个要点上。

（2）中国的政治制度保持长久必须是国与民的平衡，民与民的平衡，党与国的共生，国与国的共生。

（3）中国必须正视个人财产保护和家族商业模式的研究。

（4）中国文化也是糟粕与精华并存的，需要国家作为主导做出明确界定。

（5）我们有很多东西是无法和发达国家抗衡的，我们需要沉着、高效地面对。

（6）毛主席关于笔杆子和枪杆子的论断对于今天的国际形势依然有效。

（7）中国最需要发力的是教育独立。

（8）中国人要记住：防范经济好的时候被侵略、防范性格中的奴性部分、防范改革不彻底带来的倒退。

本来想问问教授对我的观点的看法，后来放弃了，因为这些问题根本就没有标准答案。晚上9：00，我终于从傲娇不羁的上海回到了美不胜收的杭州，心情一下子就温柔起来。杭州的毛毛细雨，轻抚过我的脸颊，就像儿子的小手那么温暖。喜欢这样的夜晚，喜欢这样的凉意。于是，我又神经质地打开《中国皇玛中国家》。韩磊声音就像从青藏高原借来的，高亢、嘹亮、深沉、悠扬。

《中国皇玛中国家》
作词：张默闻
作曲：陈　伟
演唱：韩　磊

扫码听好歌
读书享快乐

我终于从渴望课堂开始渴望逃离课堂，我终于从离开一个城市渴望回到离开的城市，这个城市的名字叫杭州。杭州有个新城叫滨江，滨江有个大楼叫中赢国际，中赢国际的十三层楼叫张默闻策划集团，那里有令我神魂颠倒的书房。

每次我都会醉倒在书房里，不是酒精灌醉了我，而是那满屋子的芬芳书香，让我沉醉。

那种醉，很美！

时间：2018年12月13日晚
地点：长江商学院北京校区
原则：为心情记录、向学问致敬

第三十三课：这堂课，听得我心惊肉跳（上）

北京，白天艳阳高照，夜晚月朗星稀。

这次的修课之路是曲折的，先从杭州到贵州，再从贵州到北京，最后从北京大学的讲台来到长江商学院的选修课堂。去贵州是为了业务，去北京大学是为了演讲，去长江商学院是为了完成选修课。绕来绕去，就一个原因，为了生活更美好。

突然发现，在我的右边，坐着吴京同学，《战狼》的导演加主演。看着他那么认真地听课，感觉怪怪的，以前一直认为明星上课不应该是乖乖的，但是吴京是乖乖的，所以我觉得怪怪的。据我所知，他不是我们第 32 期的同学。近距离看吴京，健壮如牛，没有电影中的豪气，反倒很文雅、很阳光，放在人群中竟也是一枚默默无闻、低调如草的长江学子。今天，在班上还见到了我们第 32 期上海班的几个大侠级同学，安外女侠吴华、眼医大侠郑飞、河南浪侠仝向前、“杀人”游侠陈璟、高大女侠徐圆圆、笑佛大侠顾年东等，真是同为长江人，无处不相逢。

今天，为我们上课的是许成钢博士。许成钢博士是长江商学院的经济学教授，哈佛大学经济学博士，首届中国经济学奖（与钱颖一共享）获得者。许成钢博士今天的授课内容是中国经济改革的经验和教训。这堂课讲得风起云涌，让我对中国的改革有了一些学术方面的思考和期待。

1. 持续发展需要改革分权式的威权制

（1）分权式威权制的精髓是从中国两千多年的皇权帝制以及苏俄制度演变而来。

（2）地区竞争、试验在克服官僚体制及保守意识形态、阻碍改革方面起了决定性作用。

（3）分权式威权制为实现地区竞争、试验提供了制度基础，但地区竞争做什么依赖竞争目标。

（4）以经济增长速度为目标曾经很有效，使 GDP 增长大幅加速，但这只是过渡性地解决，因为政府面对的问题是多方面的。

（5）地区竞争最终无法解决超出 GDP 范围的社会经济问题，倒退到计划经济则更无助。

2. 制度改革的基本要素

（1）地方选举是基础。

（2）完善村级选举，普及镇级选举，开始县、市级选举及省级规划。

（3）这是保护党的干群权利、保持执政党自身稳定健康所必需的。

（4）逐渐建立权力制衡，各级政府必须服从宪法。

（5）建立保护宪政、制止任何机构违宪的机制。

（6）以法律为基础的治理机制代替大量的行政机制。

以上观点仅代表个人的思考和感受。作为一个策划人，理解和思考制度与改革是非常有必要的。但是，中国的制度和改革必须尊重中国国情，只要做到利国、利民、利企、利全球，敬天、敬地、敬人、敬稳定就好了。

在这个大背景、大思考的引导下，我开始思考中国民营经济的发展。毋庸置疑，改革开放 40 余年间，民营经济经历了从无到有、从小到大、从弱变强的蝶变。1980 年，浙江温州发出第一张正式的个体工商户营业执照，结束了我国个体私营经济的“零”时代。数以万计的个体户、民营企业陆续出现，不少在日后成长为实力雄厚的知名企业，如阿里巴巴、华为、恒大集团等。改革开放 40 余年，民营经济发展的亮点主要体现在以下 5 个方面。

（1）规模持续快速扩张，经济社会地位显著提升，从无到有，到目前已经与国有经济一起成为国民经济的关键支柱。

（2）管理水平明显提高，管理日益规范化，现代优秀的管理思想、管理方法与管理工具在民营企业得到广泛应用，现代企业制度正在逐步建立与完善。

（3）创新能力不断增强，创新贡献更为突出。民营企业家对创新的重视程度进一步提高，持续加大创新投入力度，加快创新步伐。

（4）对经济与社会发展贡献巨大：城镇就业占比超过了 80%，新增就业占比超过 90%，财政收入贡献超过 50%。

（5）经营环境发生根本性改变，尽管当前民营经济发展面临较大的困难，对改革有新的期待，国内的营商环境有了巨大改善。

有民营经济研究专家用“野草”形容民营经济。“它们无须撒种、施肥和浇灌，只要外部环境和土壤不是极端恶劣和贫瘠，就会顽强生长。要是遇到春风，就会漫山遍野，蓬勃发展起来。”与此同时，40 余年来民营经济在整个国民经济发展中的地位不断提高。从最初的不允许发展到允许发展，从“必要补充”到“重要组成部分”，再到“必须毫不动摇地鼓励、支持和引导非公有制经济发展”。

为了彰显民营经济在国民经济发展领域的重要作用。2018 年 10 月 24 日，全国工商联公布了“改革开放 40 年百名杰出民营企业家”榜单，马云、任正非、张近东、许家印和马化腾等民营企业家榜上有名。

40 余年来，民营企业的发展，是根据市场需求的变化，“不断调整、发展的道路，特别是受到政策支持的一些行业，民营企业一般都会积极参与，分享改革开放的红利”。民营经济发展整体上看具有如下 4 个方面的优势：①灵活性优势。民营企业对市场变化的反应更为敏捷，能够对需求快速作出响应，能够对投资布局与生产安排快速作出合理调整。②效率优势。民营企业家具有更强的效率追求动机，更看重企业的资源使用效率、人员产出效率和管理效率等。③市场化优势。民营经济诞生于市场、发展于市场，天生与市场具有紧密联系，并能更好地利用与驾驭市场，充分发挥市场的作用，促进企业遵循市场规律、快速发展。④后发优势。与背有沉重历史包袱的国有企业相比，民营企业具有显著的后发优势：能够从创业开始就引进使用先进技术与管理经验；没有沉重的人员负担与企业办社会的历史包袱，没有长期固化的路径依赖，可以实现轻装发展。

我们再目光聚焦到被誉为“创新之都”的深圳，不仅有华为、平安、腾讯、正威集团、比亚迪等众多产业巨头，还有大疆、华大基因等细分行业的领跑者。这些深圳的本土企业，都有一个共同的名字——民营经济，它们带动深圳科技产业的发展，使深圳成为科技创新成果、科技创新人才和创新型企业最集中的城市之一。

《2018 中国企业创新发展报告》对中国 31 个省份、56 个行业的 1 500 家上市企业进行了全方位的评估，其中民营企业数量达 1 083 家，占上市企业样本数的 72.2%。在市场里游泳、在竞争中成长，民营企业表现出对市场环境和政策变化适应能力强、把握市场机遇准等诸多优势。当前，我国经济正在由高速增长阶段转向高质量发展阶段，处在转变发展方式、优化经济结构、转换增长动力的攻关期。转变带来的挑战虽然不小，但机遇同样巨大。无论是作为推进供给侧结构性改革、推动高质量发展、建设现代化经济体系的重要主体，还是以机制灵活、贴近市场优势抓住“互联网 +”、分享经济、人工智能等带来的机遇推动创新发展，民营企业都肩负重要使命、拥有广阔的发展空间。

我有一句话想说，中国民营经济是最热爱国家的一个经济群体。只有爱国，才能真正实现民营经济的健康发展，才能呼吸到国家给予的经济负氧离子。

今天的北京艳阳高照，是一个难得的好天气。屋里暖和得没有道理，屋外寒冷得不够意思。此刻的我，想起了若干年前的北京时光，那时候年轻，不懂害怕、充满力量，只是少了一些智慧和成熟。

命运有时候很奇怪，你想长大，长大后你又后悔长大，这也许就是人的最大困惑。北京饭店，人来人往，但都和我无关，站在人群中间，我突然觉得孤单，孤单到只剩下我自己。

时间：2018年12月14日晚

地点：长江商学院北京校区（选修课）

原则：为心情记录、向学问致敬

第三十四课：这堂课，听得我心惊肉跳（下）

北京，依然晴空万里，就像被香皂洗过，干净、无菌。

选修课的第二天，部分同学开始准备“胜利大逃亡”式返程。

许成钢博士继续讲述中国经济改革的经验与教训。听了许成钢博士的讲述，我明白了很多道理。为了配合课程，我特意搜索了一些经济学家、政治经济学家和政治体制改革专家的观点，也许，从他们的观点里能看到经济改革的未来。它们，不代表我的观点、教授的观点，只代表社会的期待、社会的思考。

首先，看看金融这张脸。金融发展的关键问题在于信守尊重市场的承诺。市场是政策手段，不信守承诺的政策常常会导致市场不力。

其次，看看政企这张牌。保护产权、理顺政企关系是必要的体制改革的核心问题之一。注重对私有产权的保护，也是促进民营经济快速发展的推动力之一。

再次，看看选举这张票。在政府制度改革方面，从基层到地方的选举是基础，应完善村级选举，普及镇级选举，开始县、市级选举及省级规划。

最后，再看看增长这张图。关于增长，我与许成钢博士的观点较为相近。经济也好、改革也罢，增长才是硬道理。

任何企业，都很注重增长。有调查显示，94% 接受调查的中国企业高管表示，增长在他们所在的企业举足轻重；而30%的企业高管则表示，增长在他们所在的企业是最为重要的。

但是，可持续增长往往让人难以捉摸。超过60%的企业高管表示，他们没有足够的信心能达到预定的增长目标；70%的企业高管表示，比起以前，现在更难达到盈利增长目标；66%的企业高管则表示，比起10年前，现在更难有明确、有效的增长途径。

尽管如此，还是有部分企业能做到持续增长，如华为、亚马逊、海尔、宜家和星巴克，有着能引起客户共鸣的价值观。它们一系列独特的能力在和产品组合相协调的情况下，为企业价值提供了有力的支撑。简单来说，要达到增长靠的是企业整体而不是单独一项产品或服务。只有企业没有被单个机会所诱惑，而是在很稳定的基础上创建一个强劲的增长引擎，才能有信心获得可持续的发展。其他以自身能力见长的企业也一样注重建立增长引擎。举例来说，星巴克的CEO霍华德·舒尔茨谨慎地制订了以企业能力为基础的增长计划，所以它才能获得很高的市场占有率。

我们知道，这和在困境中增长的传统观点截然不同。不管有没有能力去有效地完成，许多商业专家仍然建议企业寻找快速增长的途径。太多企业不顾快速增长会带来什么后果，都要试着抓住每一个扩张的机会。通过研发新产品、进军新市场、兼并收购，还有投资有机增长（很多时候通过推出和竞争者相似的产品占据市场份额）来达到扩张的目的。传统的增长途径关注以下几个关于外界环境的问题：我们应该往哪里增长？蕴藏商机的市场在哪里？这些市场能给我们带来什么？这些问题，和它们的吸引力一样，很明显。它们一开始给你带来新的收入，可是最终却适得其反。通过这种方法达到增长会压迫企业进入没有能力获胜的新兴市场。届时，我们会发现你必须重新培养必需的能力。这将会是一个艰难且代价巨大的过程，特别是如果要在短时间内完成。很多情况下，这会导致失败、浪费金钱，甚至误导企业驶离稳定、增长和成功。

我们相信要实现可持续增长须关注以下问题：①你独一无二的优势是什么？②我们怎么以与众不同的方式增加价值？③我们有哪些比竞争对手做得更好的方面能为我们带来增值？④我们该如何创造能够不断推动前行的相关能力？

如果企业以原有的能力为出发点来培养增长引擎，会从4个方面实现增长：①非常慎重地发展那些核心能力之外的业务，会重视现在的市场，并围绕企业的核心能力增长。②企业将为现有客户提供和现有产品互补的新产品和服务。③贴近市场的扩张，也被称为邻接扩张，即在企业能力范围内进行区域扩张或实现产品多元性。④培养新的能力来帮助企业的增长引擎：在开阔核心形象的同时打开新的渠道。这4种增长方式互相促进和影响，如市场增长的全面部署通常会催生新型商业模式的诞生，培养企业的成长。增长引擎并非一项产品或服务，而是一家企业所固有的。遗憾的是，许多企业领导者都不够重视增长引擎所带来的优势。盲目追寻增长不能帮到他们，唯一可行的做法就是从整个企业着手，增长也就会自然而来。

两天的课，听得很沉重，也让我有了更多的思考。最后，我想用个人认为极具灵性的几句话来结束本次的学习，献给我萍水相逢的参与这次选修课的同学们："无论你遇见谁，他都是对的人；无论发生什么事，那都是唯一会发生的事；不管事情开始于哪个时刻，都是对的时刻；已经结束的，就已经结束了。如果事与愿违，请相信这一切都是最好的安排。"这几句话也让我想起了另一段相似的话："无论你遇见谁，他都是你生命中该出现的人，绝非偶然，他一定会教会你一些什么。在人的一生中所遭遇的困境和不解，在当下或许是难以接受的，但在过后某一时刻会突然觉得，这一切都是最好的安排。所有的丢失，都是为了珍爱之物的来临腾位置；所有的匍匐，都是高高跃起前的热身；所有的支离破碎，都是为了来之不易的圆满。一切都是最好的安排……"

生命中的一切，我们都无须拒绝，笑着面对，不去埋怨。遇到的人，善待；经历的事，尽心。一切都是最好的安排。上天不会无缘无故做出莫名其妙的决定，它让你放弃和等待，是为了给你最好的。走到生命的哪一个阶段，都应喜欢那一段时光，完成那一阶段该完成的职责。不管正经历着怎样的挣扎与挑战，或许我们只有一个选择：虽然痛苦，却依然要快乐，并相信未来。正所谓山有峰顶、海有彼岸，漫漫长途、终有回转，余味苦涩、终有回甘，上长江，大概就是如此。

课程结束，走在回北京饭店的路上，翻开音乐创作文件包，打开一首我思念已久的歌——《我的远方我的诗》。这首歌是我为安吉极白茶叶原董事长、白帝氨基酸安吉白茶品牌创办人吴剑和其夫人陈璇写的，原因只有一个，为他们同年、同月、同日、同校、同窗而作，这是令我非常感动的爱情故事，这首歌也代表着我们友谊的“情歌”的诞生。

《我的远方我的诗》

作词：张默闻

作曲：陈　伟

演唱：张津涤

扫码听好歌
读书享快乐

其实，每个人都渴望清晨醒来时的爱情和子夜熄灯时的爱情，那种甜蜜就像荷叶上的露珠，就像咖啡里的蜜糖，就像故事里的笑声，就像风景里的孩子。只要我们都细致一点、温存一点，所有的破碎都会远离我们，所有的远离都会靠近我们。

若如此，那该多好！

时间：2018年12月27日晚
地点：长江商学院深圳校区
原则：为心情记录、向学问致敬

第三十五课：社会主义经济理论与实践课，真的很有必要（上）

深圳，海天一色，我心飞翔。

昨天，在安徽省电视台地面频道年度大会上做了主旨演讲，演讲的题目是“地球表面是地面”。没想到这句话火了，在媒体界的微信圈刷屏了。最终，这句话还被重新创意成：“地球的表面叫地面，地面上的频道叫地面频道，地面频道的老大叫安徽地面频道。”

合肥，一个令我满脑子都是回忆但又不愿再想起的地方。演讲结束，直奔机场，从合肥飞往深圳。飞机在轰鸣中降落在宝安机场。真是冷暖两重天，合肥小雨纷飞，深圳温暖如春。

合肥就像一个中年大叔开始创业，深圳就像一个时尚集团的霸道总裁。新桥机场的广告多为白酒，宝安机场的广告则以智能产品与时尚服装为主，机场和高铁站的广告在某种程度上也是一个城市气质的体现。

今天的主角是魏杰教授。

魏杰教授，博导、清华大学经济管理学院企业战略与政策系主任、中国经济研究中心主任。最近，刚看过魏杰教授的新书《强起来的时代：战略与路径》。书中说新时代就是指强起来的时代，强起来的时代的重要目标是建成现代化强国。那么，什么是现代化强国？现代化强国有着自身的评价指标体系，其中一个重要指标就是要有极强的综合国力。

课程伊始，魏杰教授就扔下一句话："2019年稳很重要，只有稳才能进。稳是2019年的主题。"他讲了6个稳：稳就业、稳金融、稳预期、稳外贸、稳外资、稳投资。这一稳，稳稳地讲了一天。我一边听课，一边思考什么是"强起来"。查阅了很多资料，"强起来"的正解是近代以来中华民族的不懈追求。所谓强起来，就是在中国共产党的领导下全面深化改革，坚持强党、强国、强军的有机统一，决胜全面建成小康社会，夺取新时代中国特色社会主义的伟大胜利，为实现中华民族伟大复兴的中国梦不懈奋斗的伟大使命。

"强起来"是"富起来"的"升级版"，必须乘势而上，是在"富起来"的基础上全方位的提高和升级。中国的关键在党，强党是"强起来"的前提；国家是民族安身立命之所，强国是"强起来"的根本；军队是国家和人民的保护神，强军是"强起来"的保障。"强起来"不是"现在完成时"，而是"长期进行时"。"强起来"不等于"已经完全强大"，不是为了独善其身，更不是为了耀武扬威，而是为了造福世界。

魏杰教授的课很接地气，干货很多，这也是同学们的共同感受。

夜深人静，合上电脑。独坐在深圳朗廷酒店房间内发呆，看着窗外高楼林立、华灯闪烁，突然觉得自己好生渺小。

本想洗洗睡了，想想创意革命尚未成功，便又打开了电脑……

时间：2018年12月28日晚

地点：长江商学院深圳校区

原则：为心情记录、向学问致敬

第三十六课：社会主义经济理论与实践课，真的很有必要（下）

深圳，满大街的年轻人。

从酒店到教室，需要5分钟，一首歌的距离。《我们一起朝东走》，是写给上东医药集团的。歌曲颇具迪斯科曲风，动感十足，每次听这首歌，都有一种“一路向东”的冲动。写这首歌的后果是我一走路就想往东，不想往西。这首歌动感十足，很像迪斯科曲风。

《我们一起朝东走》

作词：张默闻

作曲：陈　伟

演唱：陈文浩

扫码听好歌

读书享快乐

随着最后一个音符渐渐走远，也到了今天要上课的教室，同学们叽叽喳喳很热闹。不知道是谁说的，魏杰老师的课就像是免瞌睡神器。他时不时冒出来的冷幽默把学生们逗得前仰后合、尖叫不断。今天的内容还是“稳”，由此带来了我对2018年中国企业发展的一些思考：2018年，中国企业的日子很不好过，有些企业已经开始提前裁员或放假了，农民工返乡潮也来得格外早。《中外管理》上有一篇文章，详细论述了当前中国企业正在遭遇的五重困境。

第一重困境：实业被房地产的高利润挤压，日子过得越来越悲催。

第二重困境：互联网暴利效应让中国企业越来越焦虑。

第三重困境：产品越来越不好卖，未来拼的一定是客户价值。

第四重困境：传统的营销方法已经没有了相对与绝对的优势。

第五重困境：不转型等死，转型怕找死。

2020 年，如果这些问题还没有得到根本性逆转，中国企业依然不容易走出困境。我在想，张默闻策划集团是否需要转型？答案是需要转型，需要从以下 9 个方面进行转型。

（1）确定集团的超级竞争力到底落在哪个超级内容上。

（2）确定为长期客户服务的根本方法和定价系统。

（3）确定全案的内容范畴，不做非专业、非企业需要的内容。

（4）确定企业音乐创作、客户终端空间设计、美术级超级符号、影视制作的外包机构的优选战略。

（5）确定客户服务的巡航制度和合同到期前夕甲乙双方的深度沟通会。

（6）确定集团的 5 种主义：公司长期主义、营销现场主义、人性创意主义、故事经济主义和战略竞争主义。

（7）确定集团 CEO 管理负责制。

（8）确定中美联合商学院张默闻学院进入张默闻策划集团战略新编制。

（9）确定张默闻创意奖面向全国的推广。

这 9 种转型，必须和集团的主业紧密结合，对外产生极大的品牌影响力，对内产生极大的内生激活力。

魏杰教授讲了一段话，我必须要记下来：“孩子一定有天赋、有基因，不要太为难孩子，该是天才就是天才，不是天才怎么努力都没有用，一定要顺其自然。”“天才都是偏才，不要去难为孩子，不是那个料不要逼迫他。”这两句话引起了我的思考，同时也是受到网络文章《给女儿的一封信》的启发，促使我想和我的儿子聊聊以下问题。

（1）关于道德。道德首先是一种实践，善良不能仅存于内心，善良要去行动才有意义。

（2）关于专业。专业的好坏是相对的、辩证的，不要用利益的标准来衡量专业的好坏。挑专业就是挑兴趣，专业再热，学科再强，你不喜欢，没有意义。

（3）关于知识。“读书无用论”是存在的，但个案不能说明问题，普遍现象才有说服力。做一个简单的统计，就会发现知识与收入的关系。知识决定一个人的气质、趣味、眼界、欣赏水平、价值观……这些都是知识熏陶的结果，而不是金钱交换的产物。

（4）关于阅读。现在很多年轻人不喜欢阅读，不肯花时间安安静静地阅读。读书像交友，要仔细甄别，非善勿近。一个简单的方法是读经典，只要是经典，只要你想读，都可以去读。

（5）关于竞争。不靠人情关系，要靠本事竞争，需用实力说话。一个人如果不想过低三下四的生活，就必须有能让自己抬头挺胸的资本。我们要抓住机会，直面风雨人生，迎接时代挑战。

（6）关于漂亮。内外兼修很重要，言谈举止，会传递一个人的风度；待人接物，可泄露一个人的修养。知识是最好的化妆品，良好的素养会让人更有魅力，这是一种岁月都无法剥夺的吸引力。

（7）关于恋爱。感情不是拿来玩的，恩爱不是用来秀的。真爱深沉而非浅薄，真心无私而不贪婪。爱的决定应该基于平时细致的考察，如果相爱是认真的，生命就会祝福你们。

（8）关于交友。人的一生一定要有几个交情过命的朋友。快乐有人分享，你会更快乐；悲伤有人分担，你就不会太悲伤。希望别人对自己好一点，首先就要对别人好一点。遇事能让则让，有难可帮就帮，予人玫瑰，手有余香。

（9）关于时间。时间最公平，每个人的一天都是 24 个小时。

时间是补不回来的，浪费了就是浪费了。有道是“记得少年骑木马，转眼已是白头人”。不妨在适当的时候，把时间花在更有意义的事情上。

今天，我要从深圳飞抵无锡去拜见我亲爱的穆虹老师。据说，她准备辟谷 21 天，要让自己“重量级”的身材变成“轻量型”身材。我希望她能获得成功，因为我们对“瘦穆虹”是很好奇的。

此时，魏杰教授在讲述，同学们在笑，而我也沉醉在上长江商学院以来最精彩的课堂之一的场景中。

时间：2019年3月9日晚

地点：长江商学院上海校区

原则：为心情记录、向学问致敬

第三十七课：滕教授终于让“怪兽”公司战略露出了本性（上）

上海，天气一般，略略有凉。

3 月 8 日早晨我还躺在贵州盘州市花园酒店的床上，晚上则已经到了上海虹桥康得思酒店。世界原本因为辽阔而神秘，现在却被飞机弄得很小很小，小到世界都不像一个世界了。

晚上我要参加长江商学院第 32 期 4 班在西郊宾馆 19:00 举行的三八女神节，为一大批美得不像话的女同学们点亮幸福时光。飞机降落在虹桥机场的时间是 18:00，我洋洋得意地扑向出租车等候区，却发现排队的人流一眼都看不到头，高高低低的肩膀，细细碎碎的抱怨，慢慢吞吞的蠕动。

我紧急掉头，在虹桥机场附近找到了一个“专车”。司机兄弟以大无畏的自信带着我上路了。眼看马上就能看见学姐学妹们，那份激动就像热锅里的饺子活蹦乱跳。看着窗外，越来越像郊区的建筑和人流，我的担心开始加剧。我问，兄弟，这街道的气质和西郊宾馆怎么越来越不像了？他说，放心，就这气质。终于，车停在了一个宾馆的前面，模糊记得上面赫然写着类似于“西郊假日酒店”的字样。我的 9:00 女神节，我的 19:00 推门惊喜全都变成了泡影。

可怜的司机兄弟特别仗义地和我一起拦车。最后，终于看见一辆出租车，我救命般地扑了上去。在车上，新的司机兄弟说，他是河南的，我说，我是安徽的。他说，应该导航，我说，感谢帮忙。终于到达了目的地，不过还是迟到了。

我之所以记录这个故事，是因为我觉得这个经历比商学院教授讲的案例还精彩。上海虹桥机场是一个我非常熟悉的地方，原本有更好的解决方法，可是我却在错误的路上越走越远。反思之后，得出了三个结论：①着急是所有错误的开始。②只管结果不看过程会死得很难看。③任何事情都要验证一下方向才能全速前进。

幸运的是，最终还是来到了女神节现场。女神节的节目很精彩，腔调也很高：百年不换的主持人，调皮不换的男同学，千金不换的茅台酒。最让我难忘的是老班委谢幕环节，那一刻，恍如隔世，意味深长。欢乐时光总有曲尽人散那一刻，等待我的依然是那个叫康得思的酒店。

3 月 9 日，今天为我们上课的是滕斌圣教授，长江商学院欧洲市场副院长、长江跨国公司研究中心主任。一位典型的上海男人，帅、雅、礼。一身西装，很有味道；一口普通话，字正腔圆。

一整天聆听滕斌圣教授的课程，我结合自己的实战经验总结出“公司战略 30 条”。

（1）战略是对企业全局的谋略、是对企业长远的谋略、是对企业发展使命的谋略。

（2）战略的实施需动用大量的资源，没有资源不要贸然实施战略。

（3）战略见效需要时间，不会立竿见影。

（4）战略的实施难以逆转，不能浅尝辄止。

（5）只有最合适的战略，没有最好的战略。

（6）战略是在确定了企业的目标后，决定如何采取行动和分配资源以达成目标。

（7）战略是路径的选择。

（8）可怕的战略是被别人牵着鼻子走，更可怕的战略是自己牵着自己的鼻子走。

（9）战略的核心是回答谁是你的客户、你能向客户提供什么、如何提供产品或者服务。

（10）战略有“四做”：想做到什么程度、可做到什么程度、能做到什么程度、该做到什么程度。

（11）战略的思考顺序：从想法到模式，从模式到战略。

（12）战略不管是设计还是流程，都要对可实施负责。

（13）任何战略的形成都要靠理性思维与直觉思维，前者看数据，后者看天赋。

（14）战略分析做得再好，没有魄力也没用。

（15）在战略里，使命（Mission）是我们现在的任务。

（16）在战略里，愿景（Vision）是我们未来想成为什么。

（17）战略实现的 5 个步骤：确定公司的愿景、使命和价值观以及主要的公司目标和目的，分析外部竞争环境，把握机会和威胁，分析组织的内部环境，把握优势和劣势。

（18）战略的类型有三种：集团战略、业务战略和职能战略。

（19）战略的产业链包括：供应商、制造商、分销商、零售商、客户。

（20）战略的价值链包括：技术、产品设计、制造、行销、配送、服务。

（21）战略的核心竞争力包括：价值高（Value），稀缺性（Rareness），不易模仿（Imitability），难以替代（Substitutability）。

（22）战略就是一部提速机，讲的是速度：研发速度、推出速度、后续产品速度、服务速度、回馈速度、纠正速度、产品改良速度、占领市场速度、领导市场速度、对付竞争者的速度、顺应潮流的速度、低成本速度、差异化速度和专门化速度。

（23）战略营销和营销战略完全不是一回事。

（24）没有战略型的领导者，就不可能产生大公司。

（25）随意改变战略，要么战争所逼，要么是领导“缺氧”。

（26）战略布局要尊重聚焦，更要尊重未来的生存空间。

（27）所有的企业战略都不是一成不变的，大部分都是由竞争者推动变化的。

（28）战略就是选择，选择敌人、选择朋友、选择模式、选择愿景。

（29）所有的企业战略都要服从国家战略和竞争者战略。

（30）有时候，战略靠直觉；有时候，战略靠运气；更多的时候，战略靠使命。

时光飞逝，转眼夜已深。

原本想喝杯咖啡，看看报纸，写点东西。但是，一回到房间就忙于写作，竟然忘记了时间。

窗外已然是满天星光。我，关上窗帘，灭掉灯，任凭黑暗开始对我的蹂躏……

时间：2019年3月10日晚
地点：长江商学院上海校区
原则：为心情记录、向学问致敬

第三十八课：滕教授终于让“怪兽”公司战略露出了本性（下）

上海，小雨。

商学院的周围，地面有着些许积水，人们在嬉笑和细小的雨粒中穿梭。小雨，不仅没有让人们紧张，反而让本就繁华的虹桥更是多了一些别样的浪漫和风情。

早上，看着镜子里的我，竟有些悲伤。镜子里的我看上去就像被放在盘子里半个月的橘子，干瘪而没有水分。我终于变成了一个正在消失的少年，正在奔腾的中年。1973，生我的年代，竟这般对我，任凭青春如火，烧得岁月如灰，我突然可怜起自己来：自己竟然还没有准备好老去。

今天，滕斌圣教授继续讲述公司战略之智能时代战略，内容很丰富，收获也很多。我依然选择结合自身实战，总结出“智能时代战略思考 25 条”。

（1）人工智能的应用领域是替代人工、辅助人类，这是我们要掌握的应用目标。

（2）中国式的智能商业正在形成：应用 + 案例 + 数据 + 生态 + 关键 + 技术 + 流程 + 整合 + 开放 + 文化。

（3）在未来的 BI 平台中，预测、分摊、假设模拟、数据挖掘等交互式技术将成为新一轮的 BI 系统升级方向。

（4）智能商业的应用方向包括：商业智能向云端发展、更短的部署实施周期、预测分析得以普遍应用、从单独的商业智能向嵌入式商业智能发展、注重移动商业智能工具、从部门级向企业级进化等。

（5）未来的新经济体系会呈现三个重要特征：小前端、大平台、辐射网。

（6）对于擅于学习先进技术并创造新商业模式的中国企业来说，人工智能将会成为它们新的核心竞争力。

（7）战略调整的焦点：先战后略、关门反馈、新方法论。

（8）智能时代战略有时会用相当极端的方法来测试对未来的判断。

（9）战略制定的前提是远见、是对产业终局的判断，所以愿景很重要。

（10）制定战略的核心是形成愿景和行动之间快速、有效的反馈闭环，让战略在发展中自我调整。

（11）把学习逻辑贯穿整个业务过程，不断上线、迭代、优化。

（12）随着处理数据量的增加，观察和预测的准确性得到了提高。

（13）人工智能不仅可以深入了解已经发生的事情，而且还能分析正在发生的事情、预测接下来可能发生的事情。

（14）人工智能可以帮助商业领袖制订计划，帮助员工提高业绩。

（15）在商业智能的基础上，企业将数据分析作为一种服务提供给消费者，提供数据分析模型帮助客户做出更优化的决策，而非仅局限在企业内部。

（16）战略非计划，战略是能力、是行动、是敏捷组织。

（17）传统行业正面临大爆炸式颠覆和挤压式颠覆的双重威胁。

（18）万物互联是基础，自动服务是结果。

（19）“互联网＋制造”的四大模式：网络化协同、个性化定制、服务化延伸、智能化生产。

（20）工业 4.0 的三大主题：智能工厂、智能生产、智能物流。

（21）智能时代，企业战略的核心是“智 + 能”。

（22）传统制造业会被倒逼而集体“造反”，进而走向智能时代。

（23）咨询公司的现有理论会纷纷跳进智能管理理论中，但是智能依然无法替代战略创意。

（24）智能时代，公司战略的核心在于领导者的智能商业理念。

（25）智能商业时代的内容和产品、服务与体验都会接受更严苛的考验。

每次学习，每位教授，都会带给我冲击和震撼。所以，我敬畏每一位教授，这是我的基本智慧。

今天，长江商学院第 32 期上海班新班委和新组长终于亮相。很不幸、很荣幸再度成为新一届班委——连续两届蝉联宣传委员。官，不大，讲的是奉献；官，不大，讲的是才华。我的总裁取笑我说，一当官你就兴奋。我说，这官比生产队长高级些，值得我沾沾自喜。看来，到现在我身上的小农意识都没蜕化完毕，想来，很是荒谬。新班委只有一位新成员，呼声很高的、叫郑飞的暖男。他一上场，立即受到一群女同学的欢迎。

中午，我在上海虹桥康得思酒店与长得很帅的《中国广告》新任社长、主编鲁培康先生进行了长谈。他将《中国广告》定位为战略营销与传播，路子对了，相谈甚欢。

晚上，参加了分众传媒高级客户经理人举办的见面会，深度了解了江南春先生的台前幕后，见面会充满欢声笑语，大家谈笑得体，令人愉悦。在这个叫苏浙汇的餐厅里，和一大帮杰出的广告人斗智斗勇，实在是过瘾。

回到酒店，准备洗洗睡了，突然想起了章利民先生，原本想找他出来坐坐，但是电话一直不通。特意选出手机中预存的《每一步都是起步》，优美的旋律立刻溢满房间。

《每一步都是起步》

作词：张默闻

作曲：陈 伟

演唱：陈文浩

扫 码 听 好 歌

读 书 享 快 乐

夜深了，人静了。

我拉过来一个枕头，紧紧地抱在怀里，就像抱着我的童年。

时间：2019年4月18日晚

地点：长江商学院上海校区

原则：为心情记录、向学问致敬

第三十九课：美丽的燕子，美丽的公司金融课（上）

上海，华灯初上，不见日月。

早上从杭州赶到金坛，下午从金坛飞驰到上海。

原因很简单，亲爱的长江商学院又开课了。现在已经没有了刚入学时的新鲜和生涩，正在逐渐变成“老油条”。和那些一本正经的企业家同学们嬉笑怒骂、勾肩搭背，已经是家常便饭。

许久未见，校区还是那么严肃、认真地存活着，依然打开大门欢迎着每一位远道而来的同学。表情不悲不喜，心情不好不坏，就像滚滚长江，管你山路蜿蜒，管你水流湍急，一直向东滚去。这次因为上海车展的缘故，酒店房价飙升，常住的上海康得思酒店已经被别人霸占，我只好换了一家快捷酒店。

今天，为我们上课的是青春洋溢的黄春燕博士（长江商学院金融学教授，长江商学院金融 MBA 学术主任），典型的海派大女生，活泼、可爱、有趣，喜欢笑，笑得很有故事、很有力量。教学生涯 20 载，依然很少女，岁月从她身边划过，却没有留下任何痕迹，矿泉水一样的眼睛波光粼粼。文雅里透着干练，温柔里藏着强势，学识高端，温暖可人。黄春燕博士是中国科技大学少年班的高、精、尖学生。她讲课的时候，就像在散步，纤手插在裤兜里，一副征服感极强的美人模样。

听了一整天的课，在反反复复的分组讨论后，我安静地写下了“十三句金融语录”：①宏观是我们必须接受的，微观才是我们有所作为的；环境是我们必须接受的，创境才是我们有所作为的。②投资如何创造价值，就是做大蛋糕；融资如何创造价值，就是分蛋糕。③项目就是现金流。④企业金融里有两大决策系统：投资决策、融资决策。⑤公司增长源自效率提升和再投资扩大规模。⑥如何度量风险？洞察概率分布状态、计算预期回报率和波动率。⑦不是所有的冒险项目都有高预期的回报，只有系统性风险（市场风险）才有高回报。⑧上市可以降低资金成本。⑨企业如何创造价值？增加利润率、更高效地使用资产、有效地使用运营和金融杠杆、市场占有率和规模、风险管理。⑩现金为王。⑪资本永远不能控制一家公司和这个公司的价值观。⑫没有控制权的资本方是弱势群体。⑬企业一旦无条件屈服于资本，离被俘虏的排期就很近了。

说实话，对金融、对资产管理我一直是门外汉，但今天在黄春燕博士的课中找到了答案。黄春燕博士认为：中国的金融结构已经发生了重大的变化，中国资产管理行业的规模已经约占到存款规模的 70%。尽管银行仍然占据整个社会经济体系中最核心的地位，在经过多年的发展之后，资产管理业务对银行存款业务的替代已经非常深入。

黄春燕博士在《资产管理的演讲与未来》中提道：从消费者的角度看，选项越多，不确定性越大，人的愉悦程度就会越低，甚至会感觉到痛苦。资产管理行业恰恰在让消费者选一堆他根本不知道该如何选的东西。中国有近 7 000 支共同基金、上万支私募基金，更有令人眼花缭乱的信托和理财产品。一般的投资者完全没有能力去评判产品的风险与回报，更没有能力选择适合的产品并构建合理、高效的投资组合。

资产管理行业的现状可以用三个字概括：大、多、难。“大”是指资产管理行业资产规模之大。截至 2016 年底，国内资产管理市场管理的资产总规模约为120万亿元，超过银行业的信贷总规模。“多”是指资产管理行业产品之多。所以，在任何时间，就算选定了投资公司，每个投资者还面临着无数的选择。美国先锋基金的一份研究报告表明，资产配置，也就是合理地将资金分配到不同的资产类别，能解释90%的投资回报。这个“难”，就是产品选择及资产配置之难。理论上讲，诺贝尔奖得主哈里·马科威茨和威廉·夏普早在投资组合和资产定价理论里告诉我们如何平衡风险和收益以及建立最优投资组合。

但是，理论所基于的假设使我们有足够多的数据来评判所有投资项目的风险与回报。理论上投资者可以用脚投票，选择好的资产管理者、好的行业、好的投资策略。但现实中，机会不平等、信息不对称，绝大部分投资者是迷茫的，只会盲目地跟风。

没有一个行业是一成不变的，有需求就有创新。反观资产管理行业的现状，大致可以归纳为两个极致：多的极致和少的极致。所谓多和少，指的是投资策略，也就是产品。

有人喜欢用“割韭菜”来比喻中国的资本市场，亏钱的人离开市场，下一波投资人又信心满满地冲进来，重蹈覆辙。如果投资人越来越少，对经济发展来说并不是件好事。长远来说，一个有广泛参与度的资本市场对中国经济非常重要。

谁来决定这个行业的未来？到底是“多”还是“少”的模式？是投资者还是金融机构？这些问题还没有答案，却值得多多思考。投资业的未来也决定了谁可以主导资金的配置，影响资源的使用效率，促进和推动供给侧结构性改革的方向。年轻的资产管理行业需要从金融的本质入手探寻资产管理行业的未来。

今天，我坚定地拒绝了一个高端的酒局，老老实实地回酒店休息了。晚饭不吃，浑身轻松，那种舒服难以言表，我决定坚持！

华灯初上，微风拂面，走在归途，爽快！

时间：2019年4月19日晚
地点：长江商学院上海校区
原则：为心情记录、向学问致敬

第四十课：美丽的燕子，美丽的公司金融课（下）

上海，晴空万里，有点云。

夫人的琵琶老师陈仕婷女士让她在上海的母亲给我送来一把老式的琵琶，交接地点在虹桥地铁站。结果一个没出站，一个进不去，找了无数圈，终于成功地对上暗号。阿姨是个很好的人，非常客气，一口一个张老师，叫得我都不好意思了。我也只能一口一个阿姨地叫着。19 日上午，我让远房小舅子来上海取走了琵琶，因为我临时要出差去北京，只能让琵琶先回杭州等待它即将归来的女主人。

今天，依然是黄春燕博士讲授公司金融。

我还是喜欢先记下我自己思考的关于公司金融的 8 个观点：①股权估值是故事加数字，二者要完美兼顾。②估值的过程比结果更重要。③价值创造主要来自投资决策。④融资基本上是零和游戏。⑤如果融资与投资不绑定，坏项目不会因为融资变成好项目。⑥债务积压过重时会导致赌徒行为。⑦股权融资的信息成本高。对赌协议看俏江南和万达，控制权看阿里巴巴，市场估值偏差看中概股回归。⑧做大蛋糕人人向往，分蛋糕人人心疼，这是规律。它在提醒我们蛋糕好吃，也在提醒我们蛋糕太甜对身体不好。

很显然，这两天我被黄春燕博士深深吸引，她竟然让我对我一无所知的金融产生了浓厚的兴趣。黄春燕博士认为：救市需要砸钱，中外概莫能外。救市的工具箱里不外乎三种工具：补贴（包括补贴买方或者补贴卖方）、限制交易（包括限制卖出或者强制买入）、直接到资本市场购买资产。

直接购买是最为低效的策略，其他两种手段的效率还有待充分挖掘。补贴买方的目的在于鼓励资金进场，可以分成两种：给买方提供低成本融资、直接补贴购买。救市说到底还是要让市场自身去发挥作用，补贴的作用在于让市场尽快恢复元气，回归正轨。

补贴的另一种做法是补贴卖方。好处是，补贴之后，股票持有者就会不着急卖，价格也就不会跌得太凶，不会出现所谓的踩踏效应。补贴卖方最大的问题是道德风险。如果暂时把道德风险搁置一边，我们也可以讨论一下如何高效地补贴卖方。

（1）为即将平仓的投资者提供流动性，允许其推迟平仓。这种补贴的本质是将风险从投资者转移到融资提供方，即券商和银行。

（2）让券商选择性地“债转股”。也就是在即将平仓之际，给投资者一个选择的机会，将一部分股票以双方同意的价格转给券商，以抵消融资额，这其实是企业破产重组时常用的方法。

一个健康的市场应该是大家都知道规则，然后大家选择多少人从前门、多少人从后门逃生。选择前门还是后门其实就是大家自主选择什么时候上市、退市、交易、锁定。如果人为地限制只有两三个人从前门逃生，虽然成功率是100%，却不代表从后门离场时也能有同样的成功率。

回到股市的例子，这就好比如果市场中90%的股票都通过被限制交易以后，剩余的流通市值很低，政府用很少的资金就可以拉动股价，把市场托起来。但这并不表示当被限制的股票入市时可以以同样的高价出清。

总而言之，在目前的情况下，救市最高效的手段是补贴买方，包括提供资金和直接补贴购买，允许甚至鼓励券商利用“债转股”的方式私下收购融资盘的股票，一定程度上限制交易，以及将资金交给专业的管理机构。

半个世纪前，享有“华尔街教父”称誉的本杰明·格雷厄姆在接受美国国会质询“到底是什么力量能使价格最终回归价值”时，格雷厄姆回答说：“这是我们行业的一个神秘之处，对我也一样神奇。但根据经验看，这终将会发生。”这个神秘的力量就是我们坚信的市场机制。

回到房间，我依然沉浸在公司金融的课程内容里。我不是投资人，也不是融资人，我隔岸观火，但是不能保证哪天我会神经质地冲进金融的大海里。但愿到那时，能进能退，笑到最后。

晚饭依然不吃，窗外万家灯火。

我没有想到，上海最终成了我的求学之地。我想到了我的1991，那时候我还在洗碗，在静安区的新闸路1111号。

时间：2019年4月20日夜
地点：长江商学院上海校区
原则：为心情记录、向学问致敬

第四十一课：新零售、新消费和新营销，到底新在哪里？（上）

上海，天气冷暖恰当。

今天的老师，是一位来自山东的哥哥——荆兵教授，名字和项兵院长仅一字之差。荆兵教授认为要讲中国的市场营销，必须先从中国的消费者讲起。国内的部分消费者对品牌、质量缺乏了解，或者不肯相信自己的判断力，头脑中充斥着一些奇怪的想法，包括进口货比国产货好、洋牌子比土牌子好、同类产品中广告做得多的质量比广告做得少的好。因此，部分本土品牌，尽管完全面向国内市场，也要有一个洋味十足的品牌名，这些都是误区。

对于商业与文化的关系，荆兵教授的观点和众多学者一样，认为商业与文化互相渗透，不过荆兵教授更关注不规范的商业文化。“中国这些年来的经济开放，改革对文化和价值观的影响十分明显，这一点大家都有切身体会。文化也同样影响商业手段、行为及规范。”他认为中国的“吃喝”文化、“关系”文化和“后门儿”文化在商业中的作用还存在着，中国离一个完善的商业社会还有很长的路要走。

荆兵教授喜欢把国家比喻成一个人，他认为经济发展就像人在长肌肉，但是人最重要的是长骨髓，有骨髓才能造血、才能长出健康的肌肉。对于国家来说，骨髓就是一个好的机制，他认为市场机制建设是当前中国急需解决的问题。我们必须培养自己的造血机能，才能更好地发展自己的商业模式和高新技术，才能不用依赖外部“输血”。

今天，荆兵教授讲授的主题是新零售、新消费、新营销。结合自身的经历，我总结为以下 8 句话。

（1）开店开得好，功夫在店外。

（2）新零售是更适合新时代市场变化、消费者需求的零售方式。

（3）新零售的路径是以实体店的数字化、智能化为基础，实现线上线下融合的零售业态。

（4）新零售的成功标准是创造更高的社会价值。

（5）新零售的误区是纯需求思维、纯供给思维，这是对经济规模的误判和数据价值的高估。

（6）消费者的决策过程包括线上调研和线下体验，同一个消费者既在线上购物又在线下购物。

（7）新零售的实现路径：实体店数字化、线上线下一体化、经营规模化或特色化、重构供应链。

（8）零售商越大，越应重视自有品牌。

荆兵教授是长江商学院的“新兵”，语言温柔、方言很重，与同学们的互动并不“热烈”。我感觉这位“新兵”很有思想，遗憾的是他只讲出了 40% 的精彩，隐藏得很深。下课铃声一直深受同学们的热烈欢迎。能把这 70 位企业家管成“乖乖虎”，不是谁都能做到的。

从教室回酒店的路上，听着《真材实料刺力王》，一首写给贵州宏财集团刺力王旗下维生素饮料的广告歌曲。这首歌是为我的客户所写的品牌广告歌曲。客户评价说这首歌把刺梨产业、宏财集团、刺力王品牌三者进行了一次性传播，一箭三雕。每次听到这首歌，我都能想起几十万种植刺梨的盘州老百姓，他们的眼神，充满渴望、充满期待。

《真材实料刺力王》

作词：张默闻

作曲：陈　伟

演唱：孔兰兰

扫码听好歌
读书享快乐

一边听歌一边思索荆兵教授可能隐藏的那60%，脑洞不断被打开……

时间：2019年4月21日夜
地点：长江商学院上海校区
原则：为心情记录、向学问致敬

第四十二课：新零售、新消费和新营销，到底新在哪里？（下）

上海，天气不明朗。

这两天，我果断地远离了班级聚会，睡得好，也醒得早。生活方式已经接近老年人，但是我喜欢。

今天，依然是荆兵教授的新零售、新消费和新营销课程。荆兵教授认为，过去的一两年中，“新零售”一词变得越来越火爆，相关的实践探索也时常出现在各类媒体中。新零售的实质是什么？新零售是指利用互联网、大数据、移动支付、VR 和人工智能等技术对零售业进行升级改造，以提升消费者的购物体验和商家的效率。

荆兵教授一直关注如何控制新零售的购物体验，认为购物体验包含：①消费者能否以合理的价格买到更好或更合适的商品。②商家能否提供更好的售前和售后服务，如提供更丰富、更生动的产品信息以供消费者决策，以及在更短的时间内送货上门等。③消费者能否更便利地买到自己想要的商品。

在购物体验里，商家效率很重要。商家效率是指如何提升坪效和人效，同时降低人工、租金、采购、物流、损耗等运营成本。新零售的实施往往要求商家完成其门店管理的数字化和线上线下业务的一体化。新零售的具体模式会因产品品类的不同而不同。但即使在同一品类中，新零售的模式往往也不只有一种。在新的商业环境和消费升级的大背景下，快速迭代的新技术为商家提供了更多的机遇和可能。在新零售的实施过程中，只有黑科技是远远不够的，还应该建立或调整管理和激励机制，把人和技术有机地结合起来。

因为今天要赶去北京，不能陪荆兵教授共享晚餐，探讨更深层次的新零售的内涵。很抱歉，这一欠，不知道什么时候才能补上。余生很长，就看缘分的火车在哪一站停下，午餐时，我特地去休息室与荆兵教授深聊了十分钟，针对教授课件里提到的恒大冰泉案例，我提供了大量的证据佐证其品牌策划的成功性和不可复制性，以及它为中国高端矿泉水争得荣誉的战略贡献。荆兵教授认可了我的说法。当我把恒大冰泉的案例和成果通过微信转给他时，他回了几个字：太棒了。我喜欢这三个字，恒大冰泉一直遭受的误解因为“太棒了”这三个字，烟消云散。这一刻，我的内心一片欢喜。

窗外是城市、是乡村、是夜晚，车厢内是思考、是反省、是梳理。世界就是如此，你怎么对待它，它就怎么对待你。读书也是一样：你读它，它就读你；你敷衍它，它就敷衍你。

什么事情都需要互动，互动起来才更有感觉。恒大冰泉，心系玉壶。

回酒店的路上，有音乐陪我。我为森鹰窗业创作的企业歌曲《我的森鹰我的大国之鹰》是我最喜欢的歌曲之一，得到了很多朋友的喜爱和赞美，森鹰的董事长更是称赞其唱出了森鹰品牌的情怀与力量，那就让我们一起来感受一下“大国之鹰”的气度吧！

《我的森鹰我的大国之鹰》

作词：张默闻

作曲：陈　伟

演唱：金久哲

扫码听好歌

读书享快乐

时间：2019年5月16日夜
地点：长江商学院上海校区
原则：为心情记录、向学问致敬

第四十三课：知心姐姐的组织行为课（上）

上海，小雨有点脾气，不够多情。

昨晚的上海心情不太好，断断续续地洒了几滴泪，搞得像失恋一样。今天一大早，却露出了笑容，很殷勤地和全上海的人民打招呼。等我随着虹桥 CBD 的春风来到教室的时候，发现今天来上课的同学数量猛增，多了不少补课的老兵，教室一下子就被塞满了，甚至还碰到了“失联多年”的企业朋友——葵花药业的关一同学。更为惊奇的是，我发现了电影《天长地久》的主演王景春同学。景春同学好小的眼睛、好谦虚的态度，一句“我是演员”就把自己完美地推销了出去。你看，这就是影帝，一位很谦虚的影帝。

很多同学来补课，是为了今天授课的周京教授。周京，女，一位非常敬业、非常活跃、非常有深度的教授。周京教授给人一种远嫁多年的姐姐终于回家的感觉。周京教授上课很有意思，开场就批判了 PPT 的作用，然后就开始了没有 PPT 的授课。周京教授已获得世界三大学术组织的最高荣誉：美国工业和组织管理心理学学会（Society for Industrial and Organizational Psychology）、美国心理学学会（American Psychological Association）和心理科学学会（Association for Psychological Sciences）的会员，这是授予全世界在组织行为学和组织管理心理学领域做出杰出贡献的学者的最高荣誉。周京博士是迄今为止获此殊荣的唯一中国人。

周京教授的观点很直接，也很干脆，她的一些观点令我很受用。

（1）现在的组织和以前的组织相比更有弹性。我的理解是：①人才的进入和离去更有弹性。②管理的战略和模式更有弹性。③文化价值观更有包容感和弹性。④人性的思考洞察与公司的业务链接更有弹性。

（2）人生苦短，要做好三件事：没时间说假话、没有时间不认真、没有时间不高兴。我的理解是：①用真话减少沟通成本。②用认真增加成功率。③用高兴促进幸福指数。

（3）管理者的三大武器：以法制人、以理服人、以情感人。我的理解是：①用毫无表情的制度征服人。②用爱因斯坦的理性思维管理人。③用感情补酒的魅力团结人。

（4）企业的真正愿景是企业和员工共同的理想。我的理解是：任何单方面的理想都不是成功的愿景，而是一厢情愿的愿景。

周京教授不经意间的一句话，让我一个下午都在思考不休。她说，腾讯推出了全新的品牌主张——科技向善。我的神啊，我在 2017 年就提出“策划向善”的观点，把它作为张默闻策划集团的核心价值观。与腾讯这样伟大的公司同样倡导向善，这感觉让我妙不可言。

说实话，我很喜欢周京教授，有一种说不出来的亲切感和崇拜感。她的举手投足间都充满能量，似乎我们在她的眼里都是小孩子，特别是在组织行为学领域。我总觉得她的身上有一种东西，后来，我才发现，应该是高雅的智慧或智慧的高雅。

此刻，夜深了。

晚上 22:00 左右，妻子从美国打来电话。妻子问我：“上长江商学院，有收获吗？”我说：“你觉得我有什么变化吗？”她说：“没有什么变化，还是痞痞的。”我说：“对了，这就是上长江商学院的直接成果。”

我说太晚了。她很大度地说：“一和我说话你就困，那我挂了。”我还没反应过来，她已经消失在电话的另一端。可我，却睡不着了。

时间：2019年5月17日夜
地点：长江商学院上海校区
原则：为心情记录、向学问致敬

第四十四课：知心姐姐的组织行为课（中）

上海，晴得惹人醉。

天气不错，心情也不错，首先说点高兴的事。

今天，可爱的周京教授主持了班级的第一次辩论赛。教授大手一挥，把班级的同学们“砍”成两半，一瞬间，就出现了敌我双方的阵营。为了纪念我人生的第一次高级辩论，作为反方主辩手的我，必须要记住我的队友们：第二辩手男神郑飞，第三辩手男神叶方仓，第四辩手男神徐良衡，后勤智慧保障女神杨茜和一大堆的才子才女啦啦队。

辩论的主题是中国企业现阶段要不要启用自恋狂领导者。虽然正方的辩手涵盖了班级里的“超级大脑”，但经过你来我往的辩争，最终我方取得了胜利，我获得了最佳辩手，郑飞获得了最佳候补辩手。这个结果，让我半天没有反应过来，我在心里默念：感谢队友、感谢对手、感谢周京教授。当然，这只是课程中的一个小游戏，过了就过了，我用“十分钟”就从得意忘形里走了出来，好像什么都没有发生过。

今天，周京教授谈了组织行为学里的三个金句。

金句一：创造力包括专业知识、思维技巧和内在动机。

我的理解是：没有强大的专业知识根本谈不上创造力；没有强大的思维技巧根本谈不上创造力；没有强大的内在动机根本谈不上

超级创造力。

金句二：最优秀的，是最难发现的。

我的理解是：最优秀的往往藏在最不容易被看到的地方，我们经常赞美的东西未必值得我们去赞美。

金句三：在组织里，黑三类人是指马基雅维利者、自恋狂和变态人格。

我的理解是：这三类人我不会用，也希望中国的企业家们都不要用，至少不能重用。

授课的过程中，周京教授列举了很多全球化领域中的组织行为方面的案例，由此引发了我对案例的思考，更引起了我对成功案例的思考。想起了在长江商学院课堂上学习到的《我们能从成功的案例中学到多少？》，现择要摘录如下：

突然想起《追求卓越》这本书，从某种角度看，该书也算得上是一本成功案例集。书中所有的案例，都来自成功的企业，也有作者的亲身实践。有评论家称赞该书内容丰富、实用、有理有据，是所有管理专业学生和管理人员的必读书。与同类图书相比，本书对不同的企业进行观察是追求卓越的一大进步，对取得成功或失败的企业或其他机构进行实证研究应该是本书取得成功的因素之一。

我想说的是，在应用来自这些研究的成功经验时，我们必须要警惕陷阱，防止出现意想不到的负面结果。我们能从成功的案例中学到多少？答案部分取决于如何使用这些成果。成功案例的研究至少有三种研究方法：描述、预测和行动指南。对成功案例的描述可以起到鼓舞人心的作用，为进一步的调查奠定基础。新颖的战略加上对成功案例的描述可能会提示创新的思维。对成功案例的研究有时也可以预测成功。根据研究，对结果进行推理，预测某个机构或流程的未来，作为下一步的行动指南。

值得注意的是：《追求卓越》出版两年后，书中引用的43家“卓越”企业中，有很多没有能一直保持卓越地位。一些陨落的企业偏离了帮助它们成功的做法，而另一些陨落的企业仍然坚持书中所说的定律。这说明，已发现的成功企业的特征不足以帮助它们在未来取得成功，同时，这些特征也不是成功的必要条件。

实际上，专注成功及其相关特征的研究在方法上一定是有不足的。在研究方法上经常会讨论这些不足，但我们的经理们通常会忽视这些不足。由于这些不足，针对成功案例的研究无法证明某种条件下企业一定能够取得成功。此外，此类研究也很难完全确定这些条件和预测成功的相关性。换句话说，成功案例的研究本身无法指出通向成功的道路。

我已经出版了30余本图书，目前也面临着这个问题，就是我的成功案例可以帮助其他客户取得成功吗？能，我坚信！因为，我希望读者掌握的是我的策划思想，而不策划方法。因为，没有任何方法能包治百病。

2019年5月，长江商学院正式宣布：长江商学院图书馆全面馆藏张默闻全套图书，长江商学院北京、上海、深圳三大校区均可借阅张默闻的图书。这标志着张默闻创意23年来的智慧结晶再次获得权威认可。长江商学院倡导“终身学习”的理念，其图书馆常常会收录具有实战指导意义的图书，以拓展企业家思维的深度和广度。如今，长江商学院图书馆馆藏我的全套图书，既是对我过去的认可，也是对我的今后提出了更高的要求。

值得一提的是，我记录的脚步从未停止，未来会在更多、更好的图书中分享我的观点，也希望大家一起互动，共享思维上的饕餮盛宴。

下课了，我要去量体裁衣了。因为，长江商学院324班的周年庆即将在青岛举行。为了那一天，我还需要提前准备好海报设计和周年庆典的创意……

时间：2019年5月18日夜
地点：长江商学院上海校区
原则：为心情记录、向学问致敬

第四十五课：知心姐姐的组织行为课（下）

上海，微热。

做梦也没想到我现在竟然如此迷恋虹桥，也许是因为来的次数多了，所以就爱上了。长江商学院上海校区就在虹桥，这个交通四通八达的地方。最让我开心的是，这里什么都有，商场林林总总，街上人流如梭，颇有一住就爱上的味道。

读 EMBA 不是一件轻松的事情，比想象的还要累。有一种风景叫商学院课堂，“教授上课来回走，学生困得像条狗”。一个月四天课，从早读到晚，本来是正常的学习，但是对于这些中年学生们却是一种折磨，既要忙于日常工作，又要静下心来认真读书。

今天，依然是周京教授的“组织行为学”。我最喜欢她讲的一句话：任何谈判，都要带给谈判者回去给领导汇报的时候有成就感和可以汇报的成绩单，这样才是成功的谈判。20 多年的职业生涯，让我意识到这是一个非常重要的观点，而且是一个很容易达成目标的观点。今天的课上，所有的发言者在发言后都会得到教授同样的一句话：“你说的太关键了。”一次、两次、三次……我突然明白了，对别人的肯定是一种好的教学法。可以想象，不容许别人说话的领导，是多么不具有领导资质和天赋。

我很喜欢周京教授提供的一个测试题，是关于情商，也是关于情绪控制的测试，题目如下。

（1）通常我知道自己为什么会有某些感受。

（2）我很了解自己的情绪。

（3）我真的能明白自己的感受。

（4）我常常知道自己为什么觉得开心和不高兴。

（5）遇到困难的时候，我能控制自己的情绪。

（6）我很能控制自己的情绪。

（7）当我愤怒的时候，我通常能在很短的时间内冷静下来。

（8）我对自己的情绪有很强的控制能力。

（9）我通常能为自己制定目标并尽量完成这些目标。

（10）我经常告诉自己我是一个有能力的人。

（11）我是一个能鼓励自己的人。

（12）我经常鼓励自己要做到最好。

（13）我通常能从朋友的行为中猜到他们的情绪。

（14）我观察别人的情绪的能力很强。

（15）我能很敏锐地洞悉别人的感受和情绪。

（16）我很了解身边的人及其情绪。

我发现，组织行为学其实也是心理学的一种，是一门给企业高管们建立组织战争的思维高地的学科。由此，我想到了十多年前，心理学家罗伯特·霍根、罗伯特·拉金斯和丹·法兹尼写过的一篇出色的论文——《领袖魅力的阴暗面》。这篇文章认为，问题经理可以分为 3 种类型：①步步高升者。他们能毫不费力地得到提拔，因为他们从来不需要做艰难的决定，或者树敌。②心怀不满的人。他们背地里策划打击自己的敌人。③自我陶醉者。这是最有意思的一类人，他们精力充沛，自信心十足，充满魅力，不断地往上爬。

事实上，自我陶醉者是非常糟糕的职业经理人。他们拒绝任何建议，一方面他们认为接受建议会让他们看上去能力不够，另一方面认为他人的建议毫无价值。霍根等人认为：“自我陶醉者往往把功劳归功于自己，一方面不愿意为失败和缺点承担责任，另一方面又很贪功。”更严重的是，自我陶醉者在做判断时，比常人更有自信。因为他们在作判断时非常自信，其他人一般会相信他们。这样，自我陶醉者在团队中的影响力会变得很大。当出现领导空缺时，由于自我陶醉者时刻被强烈的自信和渴望被认可的情绪所控制，他们往往会毛遂自荐。

三天的课程下来，在周京教授的点拨下，我总结出了“组织行为学的 17 条新语录”。

（1）组织行为学是研究组织中人的行为与心理规律的一门学科，伟大的企业一定有一个伟大的组织。

（2）最卓越的领导者并不依靠任何一种领导风格，你必须能适应被领导者的变化。

（3）怎样打破领导者与员工隔阂的恶性循环？第一，要推迟下判断。第二，要在早期频繁地一对一交流，直接、清晰地表明自己的领导风格。第三，要全面了解员工的工作风格、背景、喜好、动机。第四，要及早干预，避免小问题滚成大雪球。

（4）和员工有了隔阂怎么调停？要站在对方的角度，确认争议、查找根源、讨论解药、避免复发。

（5）高效团队是由数个具有互补能力与资源的个人组成，致力于一个共同的目标，对最终结果负责。

（6）领导决策的挑战：数据不完整、大家意见相左、情况复杂、时间紧迫。

（7）群思误区的解决方法：①建立讨论机制，要求参与者有不同的意见。②专人负责魔鬼代言、明确保护与众不同的意见。③强制考虑不同的解决方法、信息。④欢迎奇怪的想法、推迟下判断、追求点子的数量而非质量。

（8）团队决策中领袖的重要性：①领袖必须敢于问没人问，拒绝过早的共识。②领袖必须鼓励，保护员工上呈负面信息（失败、问题和错误）。③领袖必须把创新的流程制度化，并以身作则。④领袖为团队发声时甘愿冒个人风险，得到的是他人眼中的威信和在团队中的地位。⑤领袖可以是任何做到以上各种行为的人，不一定是正式的领头人。

（9）怎样提高团队决策的有效性？①先讨论过程，再讨论内容，最后确定讨论范围与讨论先后。②选择投票、协商或其他方法解决分歧。③管理讲话时间、打岔等的任何规定，如何应对更为大声、直言的小组成员，如何应对更为安静、稳重的小组成员。

（10）头脑风暴的准则：避免过早地达成一致。

（11）最严重的错误往往不在于给出了错误的答案，而在于提出了错误的问题。

（12）创新者异乎常人，创新者是独到的联想者、绝佳的发问者、勤奋的观察者、广泛的交际者和不断的实验者。

（13）员工的心理安全包括：能否畅言心中的想法，同事是否打压你犯的错误，能否毫无顾忌地谈论问题和异议，意见和大家不相符就得不到重视。

（14）欺骗的误区：欺骗者吞吞吐吐、谎言听起来不太生动，欺骗者更紧张、谎言不够严密。事实上，谎言听起来更滴水不漏，讲真话的人会自发地修正小的不一致。

（15）谎言的三个文字特征：①第一人称明显减少，因为内心不想和自己扯的谎发生太多直接的联系。②更多的负面情绪，如“憎恨”“不值得”“悲伤”等令人不舒服的词语。③说谎带来不适和负罪感。④更少的逻辑连接词。⑤说谎的人没时间顾及词语的正确使用和背后的逻辑。

（16）倾听的五个层次：①完全漠视，耳朵没有打开。②假装在听，打开外在的耳朵，却关闭了心灵和头脑的耳朵。③先入为主，选择听自己想听的。④积极地听，抛开成见，融入、体会和站在对方的立场。⑤同理心的聆听，经过专业的训练、引导，鼓励对方讲出内心的感受。

（17）怎么做一个超级好领导？如果你要建造一艘船，不要鼓动他人去采集木头、分工合作或发号施令，相反，要引导他们去憧憬广阔而无边的海洋。

转眼又是深夜。打开窗帘，看见了依然人来人往的虹桥，我竟然莫名地感动了，原来这个世界上还有那么多、在同一个时间点奋斗的人。真好！

周京教授的优雅一直在我的脑海里盘旋，这个老师，我喜欢，她让我想起了新疆，想起了新疆的王静同志，当年参与神内胡萝卜汁营销策划时认识的，一个好得不能再好的人，她们很像。

时间：2019年5月30日—6月2日
地点：青岛
原则：为心情记录、向学问致敬

第四十六课：我为青岛游学写诗、写词、写故事

青岛。骄阳似火，热情过度。

我想为大家讲一个故事，主角是长江商学院第32期4班的全体同学，主题是青岛游学。好了，让我们直接进入游学故事吧。

第一大看点：重读游学新闻

2019年5月30日—6月2日，长江商学院EMBA第32期4班迎来了主题为“同学长江，同游情岛”的游学活动暨周年班庆。身为宣传委员，我为本次活动倾情献计，期待呈现出一场集感性与狂欢、高度与深度为一体的班级游学活动。

（1）同学长江，倾情创意助力班级游学。光阴荏苒，流水飞逝，长江商学院EMBA第32期4班走过了一年的美好时光。在这一年中，同学们在长江论道、在安吉游学，更在半年庆中将友谊进行到底。每一次班级活动，均以“站在月球看地球”的高度，从主题创意、晚宴策划、视觉设计、文案金句等全方位地展现出第32期4班的精英风貌。长江入海，同学情深，友谊成为每一次活动的核心诉求。于是，本次活动以一个“情”字贯穿始终，并与活动目的地青岛巧妙结合，提出“同学长江，同游情岛”这一饱含情感的主题。围绕这一浪漫主题，我提出的“用一个班的力量改变世界，用一个岛的情怀凝聚友谊”“比长江宽阔的是大海，比大海宽阔的是同学”等

主题，成为风靡全班的“流行语”。

策划不仅在于主题与文案，更在于精美的视觉设计上。以中国水墨画为灵感，融合长江风景与青岛元素设计出的主旨画面，勾勒出了第 32 期 4 班长江人汇入大海的共同向往。不仅如此，本次更以敏锐的前卫设计感，设计出极具流行风格的预热海报、邀请函、颁奖证书、晚宴画面等视觉平面，让活动从传播到落地都更具高度，获得了所有同学的一致好评。

（2）同欢情岛，精彩策划开启周年庆典。青岛游学在无限创意下拉开了精彩的帷幕，第 32 期 4 班全体同学从世界各地齐聚滨海之城，创下长江商学院有史以来首次“一个都不少”的班级游学纪录。4 天的游学，从欢迎晚宴到参观企业，从访问海尔到游览崂山，每个环节都能感受到活动策划的用心之处，每一个感动的文字、每一幅动感的画面，让一路的风景如诗般随行。

周年荣耀，欢聚时刻。当长江商学院院歌《站在月球看地球》的旋律响起之时，全班同学齐声高歌，所有的情感随之涌上心头。当我代表第 32 期 4 班将一幅 3D 画像献给班主任吴婕老师时，一身旗袍的“上海玫瑰”一经亮相引爆全场，吴婕老师无比欣喜地说道：“默闻不愧是我们班的才子、人气王，总是拥有无限的精彩创意！”年度照片让感动的泪与欢乐的笑一起绽放，大型爱情模仿活动“偏离轨道”激发出所有人的参与热情。

周年庆接近尾声，“365 个陪伴与 365 个思念”诗歌朗诵感动登场：“365 个陪伴装点了今夜，365 个思念注满了长江”“今夜的情岛海浪翻涌，像你我倾诉不完的深情。”在深情的朗诵声中，所有的人都流下了感动的热泪。同学长江，同欢情岛，同学友谊不断延续，长江精神感动你我。

第二大看点：重读邀请函

亲爱的长江商学院324班全体同学们：

大家好，见函如面，非常想念！

同学，是青春的诗酒，随着岁月加倍地保留，一声呼唤，穿过大半个中国去见你；长江，是叙不完的旧，学在游历中，回忆满心头，一年情深，成为彼此理解的老友。我们共同探索经济的高度，我们共同研究商业的热度，我们共同发散思维的广度，我们共同感动友情的深度。

这一次相见——思念是圆的，就像上合历史的厚；欢乐是暖的，就像青岛夜色的柔；学习是实的，就像海尔发展的路；公益是美的，就像崂山迷人的游。这一场庆典——放下名利与地位，忘掉尊贵与虚荣，与同学畅谈，与长江怀旧，给自己一次精彩的游学，给班级一次难忘的聚首。这一种奇迹——长江商学院第32期4班同行同走，一个都不会少。来吧！我们亲爱的同学，让我们“同学长江，同欢情岛”，感受一次集游学与班庆的盛典吧！

2019年5月30日—2019年6月2日。

最美游学530，最美班庆约会您！

第三大看点：重读上岛宣言

写给长江商学院第32期4班青岛游学暨第32期4班周年班庆大典的第一封信：

轻轻地，你来了，从那江南烟雨中飞来；悄悄地，他来了，从那北国列车中驶来；盼望着，盼望着，我们都来了，从那滚滚长江中汇聚而来！啊，亲爱的长江商学院第32期4班，可爱的同学，日夜期盼着的时刻到啦，心里念着人全来啦！当你走近，请你聆听，这情岛的每一阵风声，都是我等待的痴情；这情岛的每一朵浪花，都是我欢迎的热情。

来吧！打开这枕边的信，开启属于我们的欢聚。让我们在碧海蓝天中敞开心扉，忘记所有的烦恼，只与快乐同行。相约在海边的情人坝上，在最好的年华遇见最美的自己。这是我们的盛典，这是我们的约定，说不完的心里话，让我们从清晨说到日落；叙不玩的同学情，让我们从海上爱到山上。歌唱吧！舞蹈吧！最最亲爱的人啊，情人在等您！情岛欢迎您！

第四大看点：重读下岛宣言

写给长江商学院第 32 期 4 班青岛游学暨第 32 期 4 班周年班庆大典的第二封信：

因为向往大海，所以走入长江，长江终将汇入大海，你我终将别离于海上。

亲爱的，我们海边漫步，不过是昨日的事，而海上千载白云悠悠，留下了你的诗篇。

亲爱的，我们共览八大关，不过是昨日的事，而海上千载晴空万里，留下了你的风光。

亲爱的，我们同游崂山，不过是昨日的事，而海上千载仙风道骨，留下了你的身影。

亲爱的，我们周年庆典，不过是昨日的事，而海上千载斗转星移，留下了你的纪念。

海已经漫上来了，漫过我生命的沙滩，而又退得那样急，把你我的时光席卷而去，洒下漫天星斗。

再见了，我的情人，让我与你握手，再轻轻地抽出我的手，思念从此生根。

再见了，我的情人，让我与你握手，再轻轻地抽出我的手，年华从此停顿。

泪滴在心中汇成长江，慢慢化作情深义重的凝视。

再见了，我的情人！

第五大看点：重读“365个陪伴与365个思念”

365个陪伴，装点了今夜；365个思念，注满了长江。最是那一份难忘的同学情，在黑夜的海上，泛起柔软的波光。总想着，一年应是漫长，谁曾想，快乐如此匆忙。昨日，我们还在一起，将友谊进行到底。昨日，我们还在回忆，从诗画杭州到最美安吉。昨日，乐跑联赛上是你的背影；昨日，趣味运动会上，我们都看到了你的努力。我们常想，离别理应各自潇洒，谁奈何，杯酒又添新愁。今夜，我们就在这里，在这里想着365天的欢与喜，从月球到地球，再回到彼此。今夜，我们就在这里，在这里念着365天的情与真，从感谢到感动，再期待重逢。我想，是海风，让思念来得更加凶猛；我想，是情岛，让周年变得越发温情。

一年365天，一世324班同学。道一声同学，那一声同学里是365个日夜、365个回忆；道一声珍重，那一声珍重里有365个陪伴，365个思念。今夜的情岛，海浪翻涌，像你我倾诉不完的深情。今夜的你我目光交融，似情岛装满心事的海风。夜深，抵不过你我情深，还好，我们还有明天。明天，我们还能在情岛续写情谊；明天，我们在情人坝留下我们的足迹。亲爱的同学，365个陪伴常在左右；亲爱的同学，365个思念永在心间。

时间：2019年6月15日夜
地点：长江商学院北京校区
原则：为心情记录、向学问致敬

第四十七课：和欧阳锋一字之差的教授开讲金融创新与风险管理

北京，晴，人流如织。

凌晨 1:00，抵达北京饭店的大堂，慌里慌张、急不可耐地督促前台的“北京大妞”为我办理入住手续，此刻，我太需要一张床了。昨天上午在青岛，做了一场 4 个小时的演讲，然后从青岛奔赴天津，又开始另一场 4 个小时的创意提案，晚上 23:00 还要从天津赶往北京，以便不错过欧阳辉教授的金融创新与风险管理课。

虽然很累，但每项工作都上交了完美的答卷。记得娘曾经说过，这一生你累、你闲、你贫、你富，这都是命。我认命，我也认累。许久未见的北京，许久未见的同学，陆陆续续地又见面了。有的已经模糊不清，有的还算记忆犹新，大家虽不言语，但只要点下头，就又相识了。

这是我与欧阳辉教授的第二次见面。没想到，他很热情地和我打招呼，并且很直接地告诉我，他每天都看我的微信，很喜欢我“中国排名第二”的品牌定位。我突然萌生感动，也有一种小学生获得老师表扬时的欣喜。

欧阳辉教授把生涩的金融课讲得就像一杯糖水，顺着五脏六腑直达心灵深处。通过深度学习欧阳辉教授高屋建瓴的金融分析，我与金融，似乎亲切了很多，原本隐藏在心里的金融恐惧症正在慢慢消失。我突然对近年来中国金融的风起云涌产生了莫名的兴趣。

（1）令人骄傲的GDP。根据世界银行数据库数据显示，中国GDP增长迅猛，从1980年的0.19万亿美元增长至2019年的14.36万亿美元，2019年中国GDP同比增速为6.1%。

（2）令人兴奋的中国人均GDP。1980年，我国人均GDP约为300美元，相当于世界平均水平的12.3%；2019年，按照现价美元估算，我国人均GDP约为10 000美元，大致相当于世界平均水平的90%。

（3）令人敬仰的民营经济。2018年，民营企业贡献了50%以上的税收、60%以上的GDP、70%以上的技术创新、80%以上的城镇劳动就业、90%以上的新增就业和企业数量。民营企业已经成为我国国民经济的重要力量。

（4）令人放心的银行融资主渠道。2018年，社会融资总量为19.26万亿元，较2017年（19.44万亿元）有所下降，这也是2014年以来的首次社会融资总量下降。为此，欧阳辉教授亮出了自己的部分金融观点：积极发展债券市场、积极推进股权融资和注册制、推进金融科技和互联网金融的发展等。欧阳辉教授的观点就像营养液，不断地向我输送新知，让我对声势浩大的科创板产生了好奇。

（5）令人期待的科创板。从2014年开始实施的IPO首日限价深刻影响了我国证券发行市场的交易价格与交易数量。科创板为我们提供了一个宝贵的改革创新的机会。我有一种预感，不知道什么时候我会一头扎进金融的世界里，如果有那么一天，我想这一定和欧阳辉教授有关。

金融课让我脑袋发晕，我要用音乐来化解大脑被过度开发的疲劳感。于是，我选择了《你是燕子你是诗》来缓解烧脑疲惫。

《你是燕子你是诗》
作词：张默闻
作曲：陈 伟
演唱：张津涤

扫码听好歌
读书享快乐

今天中午，我们拓展队的核心成员李永华、刘启芳、王照英、尚凯等一批老同学再次相聚。李永华大哥依然那么热情可爱、低调大方、抢着埋单，用一口浓浓的山东方言表达着对我们的思念和爱。很喜欢这位大哥，真诚得就像一匹骆驼，慢慢地走在辽阔的草原上，不温不火、不急不躁，温暖得很。刘启芳，一名美得有点突出的京城美女，还是那么优雅、干净、能说、会道，真诚里透着圆滑，圆滑里写满了故事。作为一名公益生，她的才华和思想是高度匹配的。王照英，这个被我称为“大哥”的人，今天温柔了很多，可能是因为昨天喝酒喝到不知道北京有长城、杭州内藏西湖了。作为我们的队长，尚凯还是那么帅，文艺青年一枚，他的唱歌水平，在青岛时我见识过、陶醉过。所以，我准备把他推荐给作曲家陈伟老师，以圆他的歌唱家梦想。

时间：2018年6月20日夜
地点：长江商学院北京校区
原则：为心情记录、向学问致敬

第四十八课：和欧阳锋一字之差的教授开讲期货与期权

北京，雨中车，雨中人，连成一片。

走出北京饭店的大门，天空下起了雨。雨丝细细地、温柔地洒在我的全身，略略的凉，丝丝的冷。我没有带伞的习惯，因为从小到大习惯了风雨，经常以被雨淋而感到自豪，这习惯转眼已有40年。

今天的我有点儿背，身份证和学生证统统没带。前台那个帅得有点像王力宏的服务员就是不让我进门，怎么解释都没有用。眼看马上要到上课时间了，在我正着急的时候，幸亏一个同学过来帮我解了围。

今天，是欧阳辉教授带来的“期货与期权概论”。为了配合欧阳辉教授的“演出”，我们必须先要做好课前预习，了解什么是期货合同，什么是期货合约？

期货合同就是一份市场参与者之间具有合法约束力的约定，赋予他们在交易所于未来某时以今天约定的价格买卖特定资产。期货合约是指具有指数特性的买入、卖出股票资产组合的权利和义务。

股指期货是现金交易，不存在真正的股票交割，每天根据市场进行结算。在最后一个交易日，期货价格和现货指数持平，可以得到市场现金流的最后结算。

股指期货的风险规避是通过套期保值来实现的，投资者可以在股票市场和股指期货市场反向操作达到规避风险的目的。股票市场的风险可分为非系统性风险和系统性风险，非系统性风险通常可以采取分散化投资的方式将影响降到最低，系统性风险则难以通过分散投资的方法加以规避。

欧阳辉教授还给我们提供了加餐，讲述了常见的财富管理产品。2018 年，中国个人可投资资产总规模达 190 万亿元，2016—2018 年年均复合增长率为 7%。2018 年，中国可投资资产在 1 000 万元以上的高净值人群数量达到 197 万人，2016—2018 年年均复合增长率为 12%。2018 年，高净值人群数量超过 5 万人的省市共 11 个，分别是广东、上海、北京、江苏、浙江、山东、四川、湖北、福建、天津和辽宁，其中广东、上海、北京、江苏、浙江、山东 6 省市率先超过 10 万人。

从资产配置组合上看，高净值人群对单一资产依赖度下降。2015 年，高净值人群的财富相对集中在股票和公募基金。2017 年，高净值人群的财富主要集中在银行理财产品、信托和股票。2019 年，最大单一资产占比进一步下降，说明高净值人群正在依据市场情况和监管影响对资产进行分散和调整。

结合自身的工作经历，我对欧阳辉教授讲授的内容有了以下 7 点观察。

观察 1：资产配置的中心仍然在境内。伴随 A 股估值回归、科创板设立、经济企稳等利好因素，越来越多的高净值人群的投资重心正逐渐回归境内。

观察 2：境外资产配置以分散风险为主。风险分散和对冲是现阶段高净值人群考虑境外投资的最主要原动力。在资产配置上，境外债券、境外储蓄及现金等固定收益类产品占比将近 50%，2019 年相较于 2017 年有所增长。

观察 3：境外资产配置目的地的选择日趋多样。与 2017 年相比，2019 年中国香港作为境外投资目的地的提及率从 53% 提升至 71%。此外，高净值人群对美国、澳大利亚、加拿大、英国等地的投资度均出现下降。中美经贸摩擦、英国脱欧等带来的不确定性加强，投资者担忧情绪明显。

观察 4：对金融科技青睐有加。金融科技将从打破渠道壁垒、提升信息透明度、优化信息使用效率等方面助力财富管理机构优化业务模式，然而对智能配置、智能推荐等更深层服务功能接受度还有待逐步提升。

观察 5：财富目标结构发生变化。保证财富安全和财富传承持续作为最重要的两个财富目标，占比较 2017 年不断上升。

观察 6：财富传承安排与家族信托持续扩容。近年来，境内家族信托增长较快，家族信托服务不断完善：受托财产从单一的现金类财产演变成目前以现金为主，兼有保单、股权、不动产、艺术品等多元化的资产，同时进一步融合法律、税务、公司架构等更全方位的服务。

观察 7：保住财富是首要的。富人的投资大多比较保守，因为财富带来的边际效用是递减的，而失去财富所带来的痛苦比获得财富带来的快乐程度要大得多。

最后，把长江商学院的精神教父李嘉诚先生的最新演讲放在今天的学习笔记之后与各位共享。

在林林总总“做好人”“做好事”的口号中，一个以自我为中心的人看世界，和真诚有本心的人看世界是不同的。超级出众的人常常会问自己：我是魅力、功效之星，还是滔滔大论、制造问题的人？现代环境的新挑战，在平庸圈套的死胡同徘徊，徒然浪费资源事倍功半；要探求不一样的方法，才可寻找到有价值的量变。建立自我，关键的态度是“谦卑、谦恭、谦虚”。谦卑具有修复、激励功能，它是“虚伪、自大和傲慢综合征”的预防针。有思想、有智慧带谦虚修为的人，是有量度、能长期处理复杂压力的问题解决者，他们意识到自己的观点，并非唯一有效、可行的选择。谦恭的人常有好奇、开明的特质，自胜者强是充实人生的灵丹妙方。立志要改变世界的人，有实质的良心和才华同样重要。你的深度与宽度决定你是解决问题的人，还是问题本身。

有人认为我这把年纪，时间不再没有方向，时间就是当下。晚上仰望星空，让我了解人的渺小，漫漫长路上，很多的时候也会感到沮丧无力，但为了明天，我依然披上战衣，去思考、去感受、去行动，永不言倦——继续为公益求变，寻找更好。

北京饭店，浪漫依然，我站在它的门前抽烟，思想却跑出了很远很远。听首歌吧，我这样劝自己，于是我熟练地打开了《谢天谢地谢谢您》。

《谢天谢地谢谢您》

作词：张默闻

作曲：陈　伟

演唱：张津涤

扫码听好歌

读书享快乐

时间：2019年6月20日夜
地点：长江商学院北京校区
原则：为心情记录、向学问致敬

第四十九课：借我一双慧眼，把 HR 都看透（上）

上海，天气阴沉，就像班主任生气的样子。

今天，正常上课的同学很多，补课的同学更多。很多同学平时请假太多，终于到了集体补课的时候。第 32 期 4 班也成为补课的明星班级。感情这回事很有意思，隔班如隔山，平时大家总觉得不亲，可一旦分开就会开始想念。

王一江教授是长江商学院经济学及人力资源（HR）方面的教授。王一江教授的课让我对 HR 的思考产生了“山重水复疑无路，柳暗花明又一村”的感觉。根据王一江教授讲授的内容，我结合自己多年的管理心得，总结出了“HR16 金句”。

（1）发达国家的劳动力成本占 2/3，HR 做不好就很难让企业变得伟大。

（2）抓人心，做事业；定战略，建系统；搭平台，引人才。这 18 个字很重要。

（3）HR 管理的十大主题包括：领袖素质、团队建设、薪酬激励、绩效管理、职业生涯管理、培训开发、组织与制度设计、中小企业人力资源管理、市场战略与 HR 战略、中国特色的管理和创新。

（4）企业的生命周期分为初创期、成长期、成熟期、衰落期，不同时期的 HR 战略是不一样的。

（5）HR 工作要从 6 个方面展开：工作设计、岗位配置、报酬激励、培训开发、劳资关系、治理结构。

（6）经济学家是如何理解人性的，我们要看8个理论：需要层次理论、ERG理论、需要理论、双因素理论、公平理论、强化理论、目标设置理论和期望理论。

（7）要想在商业上取得成功，先要懂得做人的道理，世情也是一门学问。

（8）不要用文化的东西去评判一个企业的成败，企业文化可能是个伪命题，关键在于和你一起的人能得到什么。

（9）海盗分金是对博弈论的最好解释。

（10）不谋战略，何谈执行？不筑体系，何求细节？这两句话值得牢记。

（11）HR管理战略体系的三个统一：内部统一，围绕一个明确的思想，各个方面协调统一，形成有效的HR模式（战略）；外部统一，HR体系与其他管理体系协调统一；战略统一，HR战略与产品战略协调统一。

（12）靠人取胜四部曲：分析环境、制定战略、明确关键要素、建立管理模式。

（13）企业建立HR模式时要注意两点：①根据市场战略，定位HR模式。②具体步骤：战略—流程—模式。

（14）毛主席思考了四个维度：①中国革命当时的环境——半封建半殖民地的环境。②革命需要的战略。③革命管理中的关键要素。④革命的管理模式。

（15）真正把企业做得很大的人多不是HR专业的奇才，因为真正的人才观是洞察人性、驾驭人性、管控人性。

（16）企业管理不能从人开始，要从战略开始、从业务开始。

王一江教授把HR这个世界级难题很轻松地化解掉了。虽然课程只进行了一半，但是精彩却层出不穷。关于人、关于人与企业、关于人与企业战略的课程，故事精彩，逻辑缜密，怎一个“妙”字了得。

我知道，世界上最难的是做人。想想我这么多年经历的 HR 大咖也是数不胜数，但是总觉得大多数人都没有把人管好，准确地说是没有把人性管好。我一直认为人性高于一切，人性是一只怪兽，驾驭它比什么都重要。

转眼又是华灯初上，时光好快，快得我都跟不上了。夜深了，又到了音乐的主场，翻开音乐收藏夹，打开了歌曲《来世莫欺少年穷》。最喜欢在夜深人静时，伴着歌声，一个人看着窗外的万家灯火静静感受，个中滋味，只有懂的人才懂。

《来世莫欺少年穷》

作词：张默闻

作曲：陈　伟

演唱：曾年春

扫码听好歌

读书享快乐

时间：2018年6月21日夜
地点：长江商学院上海校区
原则：为心情记录、向学问致敬

第五十课：借我一双慧眼，把HR都看透（下）

上海，阳光微弱，就像一个刚刚做过手术的病人。

王一江教授是讲故事的高手，把HR课上成了一堂故事课。同学们都很爱听，不知不觉一天就过去了。今天，王一江教授讲了两个人：曾国藩和乔致庸，一个平了太平天国，一个建了乔家大院。

可能因为是湖南长沙人，王一江教授在讲到曾国藩时满怀深情、无限自豪。他特别提醒我们思考三个关于曾国藩的问题：①曾国藩用什么方法加强湘军建设？②曾国藩怎么解决战士打仗怕死的问题？③学习曾国藩团建的经验，要注意些什么？

毛泽东和蒋介石都曾高度评价过曾国藩。青年时期的毛泽东，潜心研究《曾文正公全集》，得出了“愚于近人，独服曾文正”的结论。晚年时，他还认为曾国藩是地主阶级最厉害的代表人物。蒋介石对曾氏更是顶礼膜拜，认为曾国藩的为人之道，“足为吾人之师资”。他把《曾胡治兵语录》当作教导高级将领的教科书，将《曾文正公全集》常置案旁，终生拜读不辍。据说，他点名的方式、静坐养生的方法，都一板一眼模仿曾国藩。

对曾国藩的评价，近百年来仁者见仁、智者见智，褒者有之，骂者也不乏其人。曾国藩，率领湘军，镇压了太平天国，被清廷称为“同治中兴”的第一功臣；曾国藩，创办了中国最早的洋务军工企业—安庆内军械所，成为洋务派的重要代表人物；曾国藩，把“诚”

的道德范畴，广泛地用于与洋人的交涉之中，又多了一顶媚外的帽子；曾国藩，严于治军、治家、修身、养性，实践了立功、立言、立德的封建士大夫的最高追求，被后世视为道德修养的楷模。

无论他人如何评说，我认为理解曾国藩可以从以下几个维度入手。

1. 曾国藩是中国近代现代化建设的开拓者

曾国藩是中国历史上真正积极实践的第一人。曾国藩倡议建造中国第一艘轮船，开启中国近代制造业的先河；建立第一所兵工学堂，肇始中国近代高等教育；翻译印刷第一批西方书籍，不仅奠定了近代中国科技的基础，而且极大地开阔了中国人的眼界；安排第一批赴美留学生，为国家培养了大批栋梁之材，其中民国第一任总理唐绍仪，中国“铁路之父”詹天佑、清末外交部尚书（部长）梁敦彦、清华大学第一任校长唐国安等均为此中之佼佼者。

2. 曾国藩是中国思想政治工作的开山祖师

曾国藩自称 “训练之才，非战阵之才”，他教导士兵“说法点顽石之头，苦口滴杜鹃之血”。他以儒家精神练兵，使湘军成为一支有主义的队伍，他作《爱民歌》传唱，使湘军声威大震。蒋介石在黄埔建军时，也将曾国藩的《爱民歌》印发给学生演唱，收效甚大。他看到洪秀全崇拜天主教不符合中国国情，随即写了一篇《讨粤匪檄》，使许多知识分子脱去长衫，投到湘军的旗下，同太平军作战并取得了最后胜利。

3. 曾国藩是修身、齐家、治国第一完人

他打败太平天国，保住了大清江山，是清朝的“救命恩人”；他“匡救时弊”、整肃政风、学习西方文化，使晚清出现了“同治中兴”；他严于律己、崇尚气节、标榜道德、身体力行，获得上下一致的拥戴；他的学问、文章兼收并蓄，博大精深，是近代儒家宗师，“其著作为任何政治家所必读”（蒋介石），实现了儒家修身、齐家、治国、平天下的真言，完成了立功、立德、立言“三不朽”事业，不愧为“中华千古第一完人”。

4. 曾国藩是升官最快、做官最好、保官最稳之楷模

从政要学曾国藩，经商要学胡雪岩。自近代以来，曾国藩就被政界人物奉为“官场楷模”。这是因为：①升官最快，37 岁官至二品，在清朝独一人。②做官最好，政声卓著，治民有言。③保官最稳，历尽宦海风波而安然无恙，荣宠不衰。

5. 曾国藩是网罗、培育、推荐、使用人才的第一高手

曾国藩一生致力结交、网罗、培育、推荐和使用人才，他的幕府是中国历史上规模和作用最大的幕府，几乎聚集了全国的人才。为招揽、留住人才，他屡屡上书举荐部下，为部下谋官要权、争谋职位。他一生推荐过的下属有千人之多，官至总督巡抚者就有 40 多人。他们中，既有李鸿章、左宗棠、郭嵩焘、彭玉麟、李瀚章这样的谋略作战军需人才，也有像俞樾、李善兰、华蘅芳、徐寿等一流的学者和科学家。

6. 曾国藩是持家教子的典范

曾国藩是个好儿子，能使父母宽心；是个好哥哥，教导和照顾弟妹，体贴入微；是个仁慈的父亲，儿女的好榜样。他的家书讲求人生理想、精神境界和道德修养，在骨肉亲情日渐淡漠、邻里亲戚形同陌路的现代社会里，确实有劝世向善的价值，值得一读。

7. 曾国藩是人格精神的典范式人物

曾国藩在同辈士大夫中属中等，颇为钝拙，但他志向远大、性格倔强、意志超强、勤学好问，非常人所能及。他待上、待下、待同事豁达大度，一生中朋友很多，很受人尊重；他守着“拙诚”、埋头苦干，不论遭受多大打击，都不灰心丧气，且能再接再厉、坚持到底。

8. 曾国藩是中国封建社会的最后一尊精神偶像

曾国藩具有高深的学问素养，是一个“办事（干出事业）兼传教（留下思想学说）之人”（毛泽东）。他一生勤奋读书，推崇儒家学说，

讲求经世致用的实用主义，成为继孔子、孟子、朱熹之后又一个“儒学大师”。他革新桐城派的文章学理论，其诗歌、散文主导了道光、咸丰、同治三朝的文坛，可谓“道德文章冠冕一代”。

写曾国藩，不能不提李鸿章。李鸿章是安徽人，也是我的老乡。曾国藩和李鸿章都属于晚清中兴四大名臣之一，都是汉族官僚在清朝的代表，两个人达到了在异族统治下汉族官僚所能达到的巅峰。

我想，他们是师生、是同事、是名臣。我个人更喜欢曾国藩，特别是《曾国藩家书》。《曾国藩家书》是曾国藩的书信集，成书于 19 世纪中叶，记录了曾国藩在清道光三十年至同治十年前后达 30 年的翰苑和从武生涯，内容广博，既有治军为政之道，又有人生处世之谈，是研究其人及这一时期历史的重要资料。细读此书，你会发现其中不乏经典语句，简直是字字珠玑，特挑出来一些以飨读者。

（1）勤字功夫，第一贵早起，第二贵有恒；凡将相无种，圣贤豪杰无种，只要人肯立志，都可以做得到的。

（2）须有宁拙毋巧之意，而后可以持久。

（3）危急之际，唯有专靠自己，不靠他人为老实主意。

（4）口腹不节，致疾之因；念虑不正，杀身之本。

（5）不深思则不能造于道。不深思而得者，其得易失。

（6）轻财足以聚人，律己足以服人，量宽足以得人，身先足以率人。

（7）唯正己可以化人，唯尽己可以服人。

（8）遇诡诈人变幻百端，不可测度，吾一以至诚待之，彼术自穷。

（9）择交是第一要事，须择志趣远大者。

（10）与多疑人共事，事必不成；与好利人共事，己必受累。

（11）盛世创业重统之英雄，以襟怀豁达为第一要义。

（12）禁大言以务实。

（13）学而废者，不若不学而废者。学而废者恃学而有骄，骄必辱。不学而废者愧己而自卑，卑则全。勇多于人谓之暴，才多于人谓之妖。

（14）凡一家之中，勤、敬二字能守得几分，未有不兴；若全无一分，未有不败。和字能守几分，未有不兴；不和未有不败者。

（15）功不独居，过不推诿。

（16）三乐：勤劳而且憩息，一乐也；至淡以消嫉妒之心，二乐也；读书声出金石，三乐也。

（17）凡人之情，莫不好逸而恶劳，无论贵贱智愚老少，皆贪于逸而惮于劳，古今之所同也。

书信集中，有一封曾国藩写给弟弟们的信，更是感人肺腑。我把原文呈现，以纪念他在人性洞察方面的伟大成就。

求业之精，别无他法，日专而已矣。谚曰“艺多不养身”，谓不专也。吾掘井多而无泉可饮，不专之咎也。诸弟总须力图专业。如九弟志在习字，亦不必尽废他业。但每日习字工夫，断不可不提起精神，随时随事，皆可触悟。四弟、六弟，吾不知其心有专嗜否？若志在穷经，则须专守一经；志在作制义，则须看一家文稿；志在作古文，则须专看一家文集。作各体诗亦然，作试帖亦然。万不可以兼营并骛，兼营则必一无所能矣。切嘱切嘱！千万千万！此后写信来，诸弟各有专守之业，务须写明。且须详问极言，长篇累牍，使我读其手书，即可知其志向识见。凡专一业之人，必有心得，亦必有疑义。诸弟有心得，可以告我共赏之；有疑义，可以问我共析之。

——节录自道光二十二年九月十八日致澄弟温弟沅弟季弟

这段话让我感到深深的震撼！看来我 23 年只做策划的战略定位是正确的。这封家书不仅仅是家书，更是一篇劝人在某一领域因专而强的职业定位理论。

把人研究透以后，就要把对人的洞察运用到实际的企业经营中，由此得出最受欢迎的企业要具备的特点：报酬高、就业安全、福利好、员工参与程度高、学习机会多、提升机会多、工作环境好、工作内容愉快、公司信誉好、产品竞争力强。最后，我们看看保证激励效果的原则：效益领先、采用全报酬、市场竞争、激励相容、成果分享、内部公平、政治可行、取舍平衡、大头在后、承诺可信。

思考之多，已经将脑袋全部灌满，似乎再也装不下任何东西了。

仲夏时节，绿树成荫，美歌动听。2019 年 6 月，一年中颇具活力的时节，《我心永达》的重磅发布，也算是应景、合时。

《我心永达》

作词：张默闻

作曲：陈 伟

演唱：大 哲

扫码听好歌

读书享快乐

时间：2018年6月22日夜
地点：长江商学院上海校区
原则：为心情记录、向学问致敬

第五十一课：金融市场与投资基础（上）

上海，早晨，之所以美好，是因为阴天退休、阳光上班。

今天为我们上课的是一位姓梅的先生，和梅兰芳先生一样都喜欢京剧，是一位不折不扣的、狂热的票友。他是个有梦想的人，自己耗资数千万元打造京剧演艺公司，致力于将国粹推向全世界，已经初具规模。从开学到现在，他是第一位不让学生上课看手机的老师，很有魄力。在梅教授的高压下，那些一上课就玩手机的同学竟然毫无斗志，不得不“缴械投降”。

梅建平教授很有意思，他也是第一位称自己为“梅教授”的人。梅教授，长江商学院金融学教授、沃顿金融机构中心学者。梅教授为我们带来的是“金融市场与投资基础”，课讲得不错，很生动、很接地气。坐在酒店的房间回忆今天的课程内容，我更愿意把获得的信息变成几句话。

（1）我们的中年危机与中国经济的中年危机。

我们的中年危机：①入错行了吗？②工作、家庭的重点对吗？③生活中有爱吗？④我幸福吗？⑤我的人生目标是什么？

中国经济的中年危机：①经济发展的方向错了吗？②政府、企业、人民的关系对吗？③社会平等、公正、和谐吗？④人民的生活幸福吗？这个比喻很有意思，这也是我觉得梅教授是个特别好玩的教授的原因之一。

（2）改革开放 40 年的四大投资机遇。

这也是我很想知道的，我想知道未来我要往哪里去？1977—1991 年，看知识（考大学、出国等）；1992—2001 年，看股权（上证指数、改制等）；2002—2017 年，看房地产；2018 年至今，看投资人（人才、福报、健康、大数据、公共产品等）。这么多问号，包含这么多内容，我到底要往哪里去？有一条我是要牢牢抓住的，那就是福报。

（3）女性原来这么强大。

这句话太逗了！我感同身受。我在家惧内，在公司惧女合伙人。女性真的是彻底翻身了。不妨来看一组数据：美国 500 强中女董事占 20%；欧洲 500 强中女董事占 19%。

（4）男人是看跌资产。

今天，处于生物链顶端的男人们，在社会各部门中处于主导地位，尤其在经济部门更是如此。但在未来，男人在智力上的优势将会被人工智能取代，在体力上的优势将会被机器人取代，在方向感上的优势将会被“高德地图”取代。未来的男人可能会像有了汽车之后的马一样，其主导地位将被女人取代。讲到这里，我觉得做男人已经没有什么前途了。

（5）关于房子与房价的传说。

“房价是应该上涨的，涨到尽量高的高度。银行的按揭要压下来，特别是二套房坚决不允许按揭，不让银行产生过多的不良资产就行，目的是让有钱人尽量多地买房子。当他们把钱花得差不多的时候，房产税一定要开征，会彻底把房价压下来，这样才能让大家都住得好。”我不知道这句话是谁说的，但是我感觉有点道理。

毫无疑问，梅教授特别善于讲故事，这不，他还讲了一个关于巴菲特的故事，值得拿来欣赏和感悟。他说，对于巴菲特的成功，他总结为 9 个字：做好人、走正道、成正果，这里面包括三个小故事。

故事1：抠门的巴菲特。2011年左右，比尔·盖茨是全球飞人，但巴菲特很喜欢美国，不大愿意出国。经过比尔·盖茨多年的游说，巴菲特终于决定和比尔·盖茨一起来中国旅游。飞停中国香港的时候，天色已晚，巴菲特就说，明天早上我请你吃早饭。第二天早晨，等两个人见了面，巴菲特把比尔·盖茨带到了附近的麦当劳。比尔·盖茨知道老爷子喜欢吃麦当劳，但是没有想到的是，巴菲特在买早餐时，特地从口袋里拿出了两张打折券，说："我昨天晚上看《南华早报》，上面正好有打折券，因此我剪下来了。"比尔·盖茨觉得太好笑了，两个世界上最有钱的人，到麦当劳吃早餐还要打折。不仅如此，他们还拿着打折券拍了一张照片。

故事2：可爱的巴菲特。巴菲特有一个蛮有趣的习惯——每天早上起来的第一件事就是看天气。如果下雨、下雪、有雾或者阴天，他就会跟老婆说："在我的口袋里放2.8美元，因为2.8美元正好可以买一份麦当劳的早餐。如果天气晴朗，他的心情也好，他就会对老婆说："亲爱的，今天在我口袋里面放3.2美元，我要吃一个套餐，外加一份薯条。"

故事3：惜福的巴菲特。巴菲特管理着5 000亿美元的资产，但是巴菲特的公司只有25个人。巴菲特没有司机，如果有朋友要去他的公司，他会亲自开着一辆美式旧车去接。

从上述三个故事可以看出，巴菲特非常珍惜他的福报。再看今天中国的一些企业家，虽然在财富上和巴菲特还有很大的差距，但是在日常生活中已经开始了奢侈浪费。巴菲特作为世界上最富有的那个人，是很节俭、惜福的，这也是梅教授今天跟我们分享这9个字的原因吧！

鉴于这篇文章的力量，我将停止本书的后记。

致敬梅建平教授，致敬巴菲特，致敬走正道的自己和走正道的你。

时间：2018年6月23日夜
地点：长江商学院上海校区
原则：为心情记录、向学问致敬

第五十二课：金融市场与投资基础（下）

上海，天无雨，心有霜。

昨天晚上，顾振良大哥哥邀请第32期上海班第五小组全体成员去打高尔夫球。这种高雅的运动一下子就把同学们分成了两类：一类是高尔夫球霸，一类是高尔夫外行。球霸们光彩照人、装备精良，一副世界冠军的模样；外行们穿的就像要参加临时董事会，毫无造型可言，一副刘姥姥进大观园似的好奇模样。我属于后者。

“烧烤同学情，浪漫高尔夫”，长江商学院第32期4班浪漫高尔夫暨狂热烧烤之夜正式拉开了帷幕。那些从来没有摸过球杆的人，在教练的指导下，实现了高尔夫球打洞的第一次。在他们忘乎所以的时候，我悄悄地站到烧烤架的旁边，等待着我喜欢吃的烧烤——烤羊肉串、烤辣椒、烤韭菜、烤馒头。然后，趁他们有的打牌，有的享用啤酒加鸡翅，有的进行高尔夫球对抗赛之际，我悄悄地离去了，没有惊动任何人，就像我从来没有来过。到现在我才发现，我和他们的生活离得那么远，几乎看不清。

今天，为我们上课的依然是资深京剧票友梅建平教授。这位可爱的教授还是那么充满活力，虽然年近60岁，却依然用30岁的心脏、40岁的气色和我们交流着，精神焕发、朝气蓬勃。今天主讲“金融市场与投资基础（明道篇）”，课程信息量很大，众多国际金融故事纷沓而来，令人酣畅淋漓。梅教授讲了那么多，我只牢牢地记住了一组数据，即经济增长的千年视角。

0—1000 年：几乎没有增长，0.01%。

1000—1500 年：几乎没有增长，0.15%。

1500—1820 年：增长率翻倍，0.32%。

1820—1870 年：增长率达到原来的三倍，0.93%。

1870—1913 年：黄金时代，2.11%（全球化）。

1913—1950 年：下降至 1.85%（反全球化）。

1950—1973 年：复苏并繁荣，4.91%。

1973 年至今：又一个黄金时代，3.01%（全球化）。

这组数据太有意思了，正好应了那句话，历史的好坏一定要看财务数据。

最后，我还是把我思考的和梅教授引导我的 5 句话作为本次课程的结束语吧。

（1）不要把鸡蛋放在同一个篮子里，要放在不同的扁担上以防止扁担断掉。

（2）人们总喜欢看见混得好的人轰然倒下，这样他们的羡慕妒忌恨才会彻底地化解。

（3）我现在的生意是挑水，所以很累，而真正的公司是要建管道，然后走向复利。

（4）谦卑是当你有资本高调时你选择了低调，节制是当你有条件奢侈时你却选择了朴素。

（5）越有钱的时候越要节俭，最要考虑的是自己老无所依的时候还有一点钱可以维护生命的尊严。

绕过金融思维，我突然对企业家与职业经理人的关系产生了兴趣。企业家最大的优势在于发现、把握机会的能力，以及奔着赚钱而去的习惯。时局变化、政策调整、新科技的出现，以及消费行为的改变等，几乎每天都在发生。面对这些，大部分人着眼于如何适应或降低风险，但企业家们却能从中发现赚钱的机会。

从外界形势的变化很快联想到商业机会，是一种能力，也是一种习惯。并不是每一个机会都值得采取行动，优秀的企业家还应具有对机会的洞察能力。也就是说，除了对未来的想象，还应针对可能的机会，设计出一系列的步骤，展开切实的行动。

在企业运营中，职业经理人的角色与贡献不可或缺。职业经理人在许多方面十分值得我们学习，但与企业家相比，其在发现、把握机会以及迅速开展行动方面存在一定的差异，原因在于：从基层一路升迁的职业经理人，其思维方式上更倾向于循规蹈矩，习惯于接受上级所设定的路径，谨守职责、全力以赴。从另一个角度看，具有企业家潜质的人，多半在职业经理人的职位上待不长久，很早就出去创业了。

课上，梅建平教授提到他曾率领长江商学院 CEO 班第 13 期学员赴日访问，实地参访日本名企，并与日本大佬级企业家深度对话，他为日本企业家的敬业精神及社会责任感所折服。

他说，他们见的第一位企业家是日本近江商帮的塚本先生。在一个多小时的交流中，令人惊叹的是，塚本先生不像是一个 21 世纪发达国家的企业家，更像是 18 世纪清朝私塾的教书先生，非常看重孔孟之道与传统文化，强调做生意要做到“三好”：卖方好、买方好、世间好。塚本先生认为，公司的新员工在培训期间每天早上起来，不仅要清扫自己店门前的垃圾，而且要清扫邻店甚至大路上的垃圾。塚本先生给梅教授分享了他的两件传家宝：一张“富不过三代”图、30 瓶他的父亲用过的铅笔头。他的父亲在战后开始了艰难的创业，每天早上 3:30 起床开始工作，第一件事是削尖批文件的铅笔，一辈子共留下 30 瓶用到不能再用的铅笔头。塚本先生令人敬仰，但不失童真的做法给梅建平教授留下了深刻的印象。

这个故事也给我留下了深刻的印象：看重传统文化、自己清扫门店、“富不过三代”图、30 瓶用到不能再用的铅笔头。我在想，“富不过三代”图到底是一幅什么样的图？我很好奇，我很想去一睹真容。

深夜来临，心思变重，不知原因，深感忧愁。如此夜晚，应该听一听《万朵梅花这朵香》，一首写给皇玛·康之家沙发董事长夫人王梅老师的歌。

《万朵梅花这朵香》

作词：张默闻

作曲：陈 伟

演唱：张津涤

扫码听好歌

读书享快乐

时间：2019年8月1日晚

地点：长江商学院上海校区

原则：为心情记录、向学问致敬

第五十三课：周公子的营销管理课

上海，晴而美，亮而爽。

今天的上海，充满了喜剧色彩。天上的云就像一个个调皮的男孩，地上的花就像一个个害羞的女孩，整个世界变得特别有意思。上海，这个高高在上的城市一夜之间温柔了许多。一切的变化，源于今天为我们上课的周宏骐教授。

周宏骐教授，我们的“周公子”，一个可爱的老男孩，也是一个淘气的老男孩，被同学们称为只讲干货、新货、真货的“三货教授”，所以我要好好写写这位教授。

第一个特征：52岁却活成25岁的样子。细皮嫩肉、完美身材，一口地道的台湾腔英文。心态年轻、语言时尚，长期往来海峡两岸，对两岸的商业状况了如指掌，讲起课来妙语连珠。

第二个特征：温柔地讲故事和温柔地批评都很在行。上课时，声音温柔，行云流水、不温不火，属于那种心灵导师型的教授。把握学生情感、促进学生交流、借势学生热情，样样精通。周公子上课特别强调“尊严”二字：第一，必须将手机静音；第二，必须不能进进出出；第三，不能仰天长睡。如果不听话，他会温柔地笑着批评你，让你无地自容、乖乖就范。

第三个特征：高质量的课件与高质量的互动。他的课件密密麻麻、色彩斑斓，信息量巨大。课件的高质量主要体现在实战方面，这和他曾经的世界500强高管经历密不可分。互动的高质量则主要体现在他讲述故事的能力并温柔地抓住学生的思维方面，让你心随他动，笑也动、敬也动，听课还一动不动。

周公子认为，“市场营销管理”是西方管理科学中的一个重要的组成部分，它将市场、产品、销售者与购买者的复杂行为关系总结为一个框架性的思维方式，此框架包含：①商品的价值组合，主要包含强硬的核心及防卫式环带。②分析市场机会与制定战略，主要包含市场细分、目标市场的选择与定位。③拟定进入市场的具体战术，即产品、价格、沟通、渠道的营销组合。④营销组织与管理。通过对周公子的重点文章的阅读，我整理出“周公子经典语录16句”，希望能对了解周公子的思想精髓有一定的作用。

（1）营销（做生意）和战略（做企业）是有区别的，并说明Business是否有不变的框架要素和变化的环境要素。

（2）市场营销学包括技术力、产品力、商品力、商业模式力、销售力。

（3）新零售中，“70后”要吃饱，“80后”要吃好，“90后”要吃得有趣。

（4）商业3.0指移动互联、参与互动，而商业4.0则是智能+。

（5）在商业生态系统中，搭建商业策划共生体＝客户生态系统（营销系统）+合作方生态系统。谋局者会绑定各利益方，维持长期稳定的利益关系，成为一种联合行为。

（6）商业共生体的内容包括：①一切生意皆起始于营销。②生意的本质是创造价值的逻辑与路径。③竞争驱动了生意的进步。④得民心者得天下，中国生意更需要注意客户洞察。

（7）要学会分析转型不转行，要懂得明辨新旧，新科技往往带来新思潮，它们相互促进。

（8）企业家需要搭建商业共生体（商业基因），也就是我们常说的“局”。

（9）商业搭建的结构元素是调整，商业操作的环境元素是嫁接。

（10）新商业的特征是智能自动、算法增效和认知商业：①移动终端变成物联网+随身智能助理。②大数据变成人工智能。③云计算变成分散式算法。④社交媒介变成社群+认知内容。

（11）商业4.0时代，用户的生活、工作被进一步数据化，演变为更清晰的用户画像。

（12）互联网思维还没过去，人工智能思维已经登场。互联网只是前菜，人与信息联接，人与人联接沟通；人工智能才是主菜，人与物联接，物与物联接沟通。

（13）营销业务包括营销战略（方向和目标）和营销战术（方法和工具—营销组合）。按照大小将客户细分为价值型和交易型，按照类型将客户分为主要客户、次要客户、顺便客户和放弃客户。

（14）性感商品的判断依靠价值定位，在客户生态里找到痛点，在合作方生态里找到秘密。

（15）概念定位的五大原则：竞争性、简单、提供信任状、顺应已认知的常识和聚焦。

（16）通过智能终端与社交媒体，开始重构“营销组合”，创造价值的差异化工具：内容认同产生价值、社群创造群体频繁活动、场景应用成为商业入口、联结创造价值。

此外，周公子还有不少段子一样的语录。

（1）这个世界上的CEO有两种：运营型CEO和创新型CEO。什么是运营型CEO？如果谷歌招你做CEO，它们给你一个框架，你只要非常努力地在“搜索”这个框架里做得越来越好就够了。但脸书出现之后，搜索业务如果不能拥抱社交与人工智能，就会被看成传统业务，如果此时你能跳出搜索的框架，把外部的改变带进公司，你就成为一个敏锐的创新型CEO。不过，现在有一些创业者，看起来是创新型CEO，但是没有运营能力，不能算是真正意义上的创新型CEO。我更喜欢一种CEO，他具有一定的创新能力，也具备运营能力，从而能在稳定发展中得以长久发展。

（2）商业模式其实就是生意模式，说到底，商业的本质是做生意。

（3）生意要经营得好，得关注 2 个元素：①结构元素。把生意做好，是有框架与规律可循的，是属于不随时间改变的生意的本质部分。对结构元素最基本的认识，就是把技术力变成产品力去创造价值，好的产品力，必须通过一系列的“增值”，变成好的商品力。不过，单有商品力还不够，还要把它设计成商业模式力。②环境元素。随着环境的变化，生意也在变、在调整。环境元素包括新科技、新思维、消费升级、政策法规等。

（4）商业是在不断推陈出新之中进步的，每一个时代的人都想用新科技与新思维，把上一代人做过的生意重新做一遍，创造“新商业”（新生意），成为新赢家。每个时代的年轻人都有叛逆之心，这是驱动人类发展的力量。

（5）新商业有两种：①新物种。人类发明飞机以前，是没有航空工业的，飞机就是新物种，能带来新生意。②现有生意的迭代，如今日头条满足了移动用户新的阅读需求，是传统媒体的“转型不转行”。我们相信，再不好的世道中也一定有好的公司。

（6）互联网和互联网思维是不是同一件事情？你可以不做互联网的事，但你不能没有互联网思维。新科技（生产力）颠覆原有的技术，带来生产关系（社会经济关系）的变化，出现新的做生意的方式，超越了原有生意的范式与量级。

（7）新商业是在移动互联网时代，把现有生意嫁接移动互联网新元素。新商业的特征包括：社交思维、智能应用、数据驱动、产生新物种或现有物种的升级迭代。

（8）老板有老板思维，是前脑和后脑的协同思维。前脑策略，后脑谋略；策略负责事，谋略负责情。台面上讲的多是前脑，巩固事业根本的则为后脑。一般的管理课讲“前脑”，讲战略、商业模式、发展路径、组织架构、运作流程、工作方法、企业文化等，这些知识很关键，但仍在表象，真正起决定作用的则是后脑，如信任问题，这些后脑谋略，才是老板思维。

（9）创始团队要考虑清楚：①创始团队里有没有人有很强的生意思维。②创始团队里有没有人具有领袖魅力。③第一创始人最好要占 50% 以上的股份，毕竟一个公司里只能有一个“太阳”。④是否有以小博大、出奇制胜的创新方法，不然要新公司干什么，原来的做生意方式就够了。

丝毫不用质疑，周公子是实战派教授，他的话都在点子上，他的理都在结果上，长江商学院真的很需要这样的教授。我认为中国的企业家目前需要：①提升商业创意竞争力。②通过商业创意，确定企业的发展路径。③不能学术水平大幅提高而做生意的能力大幅下降。周公子是能满足同学们的这些需求的，他的课整体对得起“高质量”这三个字。不错，这个台湾教授，是个有点可爱、有点淘气的教授。

窗外，灯火通明，车来车往。酒店外的灯光闪耀着红色的光芒，就像到处都流淌着粉红色的故事。今天，我没有去赴酒局，而是选择在房间里安静地阅读周公子的语录，感受他，感受他的时代与光华，感受他观点的收藏与喷发。

夜，来了，小心翼翼地，就像一位夜行侠。

时间：2019年8月2日晚

地点：长江商学院上海校区

原则：为心情记录、向学问致敬

第五十四课：周公子的交易设计课，有点扎心

上海，还是晴而美。

虹桥机场上的飞机，起起落落，很美。周公子的课还是结束了，听者和讲者都很有收获，毕竟这是一次难得的实战盛宴。

今天的手记，只想记录一个硬核内容，那就是业务相关者的交易设计，我想用自己的语言记录下这个对我来说非常重要的营销收获。在描述收获的时候，我们必须要遵守以下原则。

（1）企业的商业模式也许需要优化和重构。

（2）企业营销会受到新科技的冲击。

（3）所有的企业都将面临新业态的挑战。

（4）企业家应该成为一个生意人，像阿里巴巴、海底捞等的创始人一样。

（5）所有的企业家都应该终身学习。

（6）所有企业的生意都起始于营销。

（7）所有企业的商业本质都是从现有业务到新创业务上的价值创造。

（8）要和企业中的所有人一起进行业务交易，实现商业共生体。

（9）设计商业模式就是设计商业共生体。

（10）企业要画好两张图：价值全景图与利益全景图。

（11）资源多半是天生的，能力多半是后天养成的。

（12）战略是在价值上选择生态位，而商业模式是在生态位上

搭建和优化共生体。

（13）每一个商业模式都是共生体，所有的人都要分钱。

（14）商业模式的创新就是迭代商业共生体。

（15）业务的本质分为价值型和交易型：捆绑更多的业务就是价值型业务，更标准化的业务就是交易型业务。

（16）商业智慧就是设计交易，成功的企业之所以成功是因为其擅长设计交易。

（17）新零售的本质是用户的增长与运营。

回到主题，什么是业务相关者的交易设计？我认为就是把企业的每一个合作方进行“捆绑”，都和你的企业发生关系，从股东到高管，从高管到中层，从中层到基层，从基层到绝对基层，建立商业共生体，让每个人都发挥巨大的能量，将公司的商业模式进行优化和重构。解决人的问题必须先解决物质的问题，解决物质的问题必须先解决商业模式的问题，解决商业模式的问题必须先解决商业共生体的问题，这一切都是战略问题、营销问题。这一点，当前中国的三大商业巨头做得都很好：“让天下没有难做的生意”的马云、倡导“科技向善”的马化腾、“举世瞩目”的任正非，他们都是战略高手、模式高手、交易设计高手和商业共生体实践高手。

今天很累，累得就像快要被晒干的蛇。依然拒绝了晚上的一切应酬，提前回到房间，复盘自己过往的业务。突然觉得自己其实知道得很少，少到让我有了羞耻感。此刻，手机开始播放我为起步股份 ABCKIDS 童装童鞋品牌的总裁祁小秋女士写的歌曲《人间最美是小秋》，这首歌已经成为祁小秋女士的单曲循环和旋律至爱。

《人间最美是小秋》

作词：张默闻

作曲：陈 伟

演唱：张津涤

扫码听好歌
读书享快乐

好晚的夜，我点上一支烟。随着烟圈萦绕，绝情升空，我想起了关于烟的一段文字，几乎绝美，令人眷恋：烟恋上了手指，手指却把香烟给了嘴唇，香烟亲吻着嘴唇，内心却给了肺，肺以为得到了香烟的真心，却不知伤害了自己！是手指的背叛成就了烟的多情，还是嘴唇的贪婪促成了肺的伤心……人生如烟，岁月无痕。烟自多情，却把自己烧得只剩下灰……

时间：2019年8月3日晚
地点：长江商学院上海校区
原则：为心情记录、向学问致敬

第五十五课：比较视野下的中华领导智慧（上）

上海，天空如镜，照耀着城市的繁华与优雅。

早上醒来的时候，一缕阳光从窗帘里挤了进来，虽然它什么话都没说，但是我却能感受到它的友善和多情。它就像我的初恋女友，慢慢地将精巧的小脑袋靠上我的肩，将一头乌黑的秀发洒落在我的胸前，少女特有的、单纯的牛奶味道弥散在我的鼻腔，手在我手心里不断写着一个字，痒痒的、滑滑的、轻轻的，虽然笔画忽轻忽重，但是我能感受她的调皮与可爱，以及慢慢地向我的嘴边移动的小嘴。就像此刻的阳光，慢慢地、慢慢地靠近，令人不忍拒绝。

今天，为我们上课的是张国刚教授，任职于清华大学人文学院。张国刚教授是安徽人，我的老乡，今天讲授的课程是“国学智慧与现代管理——比较视野下中华领导智慧”。张国刚教授给我的印象有三个：教授里的教授、主流里的教授、国情里的教授。

张国刚教授的观点带给我大国之心、大国自信和大国知心三种心理感受。他是懂中国、懂新时代、懂中华文明的。他既不过度弘扬西方，也不过度批评中国，他站在一个教授的高度将中国国学里的政治、经济、文化、金融、商业、管理、体制等思想进行梳理，向我们展示了一个学风刚烈、见识超群的中国文人的风骨，这是我喜欢的。学习国学，关键在于应用，他的课最珍贵的地方在于可用、可思、可传、可播、可论。以下是我喜欢的张国刚教授的一个观点。

人的本性是讲自由的，社会的本质是讲秩序的。西方人推销的自由、民主、人权，最大的荒谬就是不讲自由与秩序之间的关联性。秩序靠什么维持呢？我个人认为是法律、道德和宗教。西方有法律制度，中国有道德体系。道德是什么？就是仁、义、礼、智、信。它们对过度释放的成功欲望起到平衡的底线作用。虽然这些不能代替法律的震慑作用，但是如果丢掉了这套道德体系，人们的心灵便没有了归属。从汉朝的独尊儒术，到宋明理学，从魏晋士大夫的家法，到宋以来的家规家训，其实都是要解决“爱拼才能赢”的问题——社会可以激烈流动，人们则要按规则、按秩序办事的底线问题。

2018年，张国刚教授的《子思的三点忠告》道出了企业如何用人、如何决策、如何保持“和而不同”的硬核观点。《子思的三点忠告》主要讲述了这样一个故事：

卫国不是强国，可是卫国的始封国君姬封，却十分“牛”。他是周文王与太妃生的儿子，武王姬发、周公姬旦都是其一奶同胞的兄长。孔子的嫡孙子思，就治国理政问题，多次对卫侯提出忠告，主要阐述了三个观点。

观点1：用人问题。子思曾向卫侯推荐苟变，但卫侯认为苟变诚然有军事才能，但是品行有瑕疵，曾在征收赋税时白吃了两颗鸡蛋，故废而不用。子思则认为，粗大的杞梓之树，几个人都无法环抱，哪个巧匠会因为树干上有几尺烂木，就废弃不用？

子思的话道出了两点道理：①选拔人才要取其长，容其短。唐太宗就说过，人之行能（品行、才能），未必兼备。②非常时期，大争之世，对于急需人才，更应该有包容心。不能因为两个鸡蛋，就忽视了苟变本身乃不可多得的将才这个事实。所谓“含垢藏疾，君之体也”。“垢”和“疾”都不好，但作为君主，应能容人之所短，用人之所长。

卫侯最终明白了子思的意思，说：“谨受教矣！”客气地接受了子思的教诲。从另一个角度看，子思是社会名人，《中庸》即出自其手，卫侯不得不顾及社会影响，所以，能够听取其言论。

观点 2：决策问题。子思认为，君主如果自以为是，就听不到也听不进他人的意见。即使君主的意见是正确的，也应集思广益。何况谁能保证自己的决策永远正确呢？如果君主决策失误，臣下苟同取媚、阿谀取容，这是多么谄媚；如果君主不问是非，只喜欢别人顺着自己说话，这是多么昏聩。

君臣之间应当坦诚相待，才能众志成城、治国安邦。如果君主文过饰非，容不得不同的意见，搞得臣下不敢说真话，非亡国不可。于是，子思直告卫侯：“君之国事将日非矣！”卫侯说：“何故？”对曰：“有由然焉。”子思说出了他的理由。

君主有错，卿大夫不敢指出；卿大夫有错，庶众不敢指出。这就失去了纠错机制。《诗经》曰：“具曰予圣，谁知乌之雌雄？”给领导戴高帽子的，就有好处；给领导提意见的，就有祸害。这样下去，正确的决策从何而来？

观点 3：“和而不同”的问题。子思对卫侯的上述两条忠告，道出了领导力修炼的核心内容：出主意（决策）、用干部（用人）。能够讲真话，指出君主过失的，就是忠臣。敢于指出国君有重大过错，是贵戚重臣的本分。敢于向领导提意见，弥补国君决策中的失误，不是给领导拆台，而是补台，即所谓“和而不同”。“和而不同”，进谏纳谏，是中国古代中央集权体制的一个内在必需环节。

上述故事说明了三个“论”。

（1）长处论。用人要用长处，紧急关口用人更不能只看此人瑕疵，要看对未来命运的价值创造。长处论，就是论长处，抓住长处的同时若能控制短处就更完美了。

（2）决策论。领导不能搞一言堂，听不进逆耳忠言。决策论就是论决策，既要能听逆耳之言，又要能辨利害关系，争取最好的方法，得出最好的结果。

（3）汇报论。指出领导的决策错误，不是为了拆台，要用智商解决问题，用情商执行问题。汇报论就是论汇报，让领导高兴也要让领导答应，给领导面子也要让领导服气，给领导选择更要给领导方法。历朝历代，纵然你有经天纬地之才，不能获得君心，空有德，无处展，又有何用？

晚上，正写到激烈之处，突然接到远方老姐姐的电话，谈到现在的孩子没有规矩。由此我便想，什么是国学智慧？其实中国的老家规就是教养、就是国学智慧，如不许撸袖管儿、不许挽裤腿儿、不许抖落腿儿、不许斜楞眼儿、不许叉着腿儿、不许搅菜碟儿、不许筷插碗儿、不许嘬牙花儿等，这些都是老家的传统规矩，放在现在也不过时。

如果这些家规都做不好，谈什么中华智慧，谈什么国学大道。泛泛而谈，断难结出好果子来。

最后，我想说的是，中国的企业家如果不敬畏国学，最后可能会变成无根之人，站不直、走不稳，大风一来成风筝，手里直落一丈绳。那时，就真的晚了！

时间：2019年8月4日晚
地点：长江商学院上海校区
原则：为心情记录、向学问致敬

第五十六课：比较视野下的中华领导智慧（下）

上海。小风，微热，薄汗，小雨，就像得了小感冒。

三天的上海学习，三天的晴空万里，三天的神经紧张，三天的腰酸背痛。终于迎来了第四天，第四天是返程时间。但是，今天的我却充满悲伤，因为夫人与儿子将登上飞往美国的航班，一个在美国求学，一个在美国陪读，从此天涯相望泪水流，从此我又开始一个人。

今天依然是张国刚教授的“国学智慧与现代管理——比较视野下的中华领导智慧”。张教授的几个观点，我尤为认可：①领导力的战术。听多数人意见、与少数人商量、拿自己的主意、轻自己的得失。②领导的层次。高层：有胆识、超脱、价值、领导；中层：沟通、协调、效率、管理；基层：专业、勤勉、效率、执行。③领导力的本质。把握方向、提出愿景，并通过对他人施加影响，使他人自觉地为实现目标而努力奋斗。只是一句“君闲臣忙国必兴，君忙臣闲国必衰”，让我心里五味杂陈、感叹伤神。我就是个最忙的人，一直无法找到压力的出口。我的总裁小Q告诉我，“君有君的忙，臣有臣的忙”才是正道，这句话让我一下子就释怀了。

我曾经读过一则故事，这个故事让我掩卷沉思很久。

宋燕曾为齐国的宰相，遭到罢免后对手下的官员们说：“有谁愿意跟我去投奔其他诸侯？”大家都整齐地站在那里，谁也不回答。

宋燕说："可悲啊！为什么士大夫易得而难用呢？"陈饶答道："并不是士大夫易得难用，是做人主的不用啊。人主不用，士大夫就会怨愤。你不会任用人才，反而要责备他们，这就是你的不对了。"宋燕说："你这话是什么意思？"陈饶回答说："士人连三斗粮食都领不到，而国王的仓库却是满满的，这是国君的第一个过错；园子里的果子多得很，以至于后宫的人们用果子互相投掷来嬉闹，而士人却连一个都尝不到，这是国君的第二个错误；后宫里漂亮的绸缎堆得都腐烂了，见风就散，士人却无法得到一件，这是国君的第三个过错。财物是国君轻视的，而对于怎样死、为谁死，士人是很看重的。国君不能赏给他们自己轻视的东西，却希望他们为自己卖命，这不是太难了吗？"宋燕说："是我错了！"

今天的课上，得到了张国刚教授的新作《〈资治通鉴〉与家国兴衰》。书写得很有深度，读着不累，也很有意思。受他的影响，我决定回到公司后开始阅读由台湾29位资深教授联合编撰的、原汁原味的《白话〈资治通鉴〉》，好好补补这碗历史高汤。为了加深对《白话〈资治通鉴〉》的理解，我特别研读了毛主席对《资治通鉴》进行的一番研究，颇有拨开乌云见晴天的感觉。

《资治通鉴》是北宋史学家司马光的主要著作，是我国现存最大的编年体通史，与《史记》并称我国的"史学双璧"。毛主席视它为中国历史上的两部大书之一（另一部为《史记》），终生喜读。

据孟锦云回忆，毛主席晚年床头总放着一部《资治通鉴》，这部书上不知留下了他多少的阅读印迹。毛主席曾经十分感慨地对孟锦云说："这部书我读了一十七遍。每读一遍都获益匪浅。一部难得的好书噢。恐怕现在是最后一遍了，不是不想读而是没那个时间啰。"谈及《资治通鉴》这部书时，毛主席曾对身边的工作人员说过："中国古代的历史，学问大得很呐，有人觉得中国古代的历史全是糟粕；不值一看；还有一种人，觉得中国历史上的东西全是精华，包医百病，我看这两种人都有片面性。我的观点是既有精华，又有糟粕；既要继承，又要批判分析。”

对于《资治通鉴》中的一些封建内容，毛主席慧眼明察：“你看《资治通鉴》最后一段写了赵匡胤，也只是说太祖皇帝如何如何勇敢，如何如何英明，如何如何了不起，简直白璧无瑕，十全十美，全信行吗？”

1954年冬，毛主席在同历史学家吴晗的一次谈话中说道：“《资治通鉴》这部书写得好，尽管立场观点是封建统治阶级的，但叙事有法，历代兴衰治乱本末毕具，我们可以批判地读这部书，借以熟悉历史事件，从中吸取经验教训。”

毛主席熟读《资治通鉴》，对其中有利于“治道”的名言警句了然于胸，所以在写作《矛盾论》时，恰到好处地引用了这句话，并结合实际，指出由于不能“兼听”，导致偏听偏信，致使“我们的同志看问题，往往带片面性，这样的人就往往碰钉子”。

这只是毛主席评点《资治通鉴》的一小部分，更加浩瀚的点评我们无法字字获取，但是这几条看下来已经非常过瘾。所以，领袖之美在于读书向善，就是善良、善学、善用、善谋、善断、善战。所以，我决定在有生之年，尽力将《资治通鉴》也读17遍。

午后，我提前赶到上海浦东机场，送别即将赴美的妻儿。妻子依然很瘦弱，儿子依然瘦高，一个大孩子，一个小孩子，就这样从上海浦东暂时消失在我的世界里。妻子对于去美国是排斥的，她说，她一点也不喜欢美国，但是她为了儿子拼了。也许这就是母亲，这就是母亲的力量和伟大。儿子在美国读高二，她就像一个成年的袋鼠装着儿子，在美国进行艰难的陪读，我在国内打拼事业，上演了一幕幕牛郎织女的聚散场景。这是她不愿意的，也是我不愿意的。

看着他们进入安检口，我的眼泪瞬间流下来了，整个送别大厅充满揪心的感觉。我觉得我被抛弃了，她们也被抛弃了，而我是这个电影的总导演。儿子对我微微一笑，说：“老爸，再见。”我突然觉得我错了，我很想一把把儿子抓回来，但是，他已经转身走了进去，他的背影告诉我：不用送了，老爸，我会照顾好自己。站在密密麻麻的人群里，我无限孤独。

在车上，音响开始播放《天上的星星爱情的灯》，这是我写的第一首情歌，想用它来缓解别离的伤感。有时候，听着听着，我就开始落泪。泪滴砸在杯子里，有破碎的声音。

《天上的星星爱情的灯》

作词：张默闻

作曲：陈　伟

演唱：陈　瑞

扫码听好歌
读书享快乐

时间：2019年9月5日晚
地点：长江商学院上海校区
原则：为心情记录、向学问致敬

第五十七课：锐教授的断言：CFO 出身的 CEO 最受欢迎（上）

上海。温柔多晴，但情不知所终。

今天为我们授课的卢锐教授，一头性感的灰白头发。看到卢锐教授的第一眼，我便想起了郎咸平先生的模样。这位教授，西装革履白衬衫，温和有礼不搞笑，一副文质彬彬、谦谦君子的模样。

卢锐教授是管理学（会计学）博士，长江商学院 EMBA 和清华大学 EDP 客座教授。他没有直接进入课程主题，而是先提到王永庆、稻盛和夫、任正非对 CFO 的精辟论断：王永庆曾说过，会计就是他的眼睛；稻盛和夫认为像玻璃般透明的经营在财务上更应如此；任正非相信合适的 CFO 随时可以升任 CEO。他们三个人的论断告诉我一个道理：CFO 很重要！

那么，CFO 为什么如此重要呢？

CFO（Chief Financial Officer，首席财政官）是现代企业中重要的高层管理职位之一，是掌握着企业的神经系统（财务信息）和血液系统（现金资源）的灵魂人物。在一个大型企业中，CFO 是一个穿插在金融市场操作和企业内部财务管理之间的重要角色。企业理财与金融市场交互、项目估价、风险管理、产品研发、战略规划、核心竞争力的识别与建立、洞悉信息技术以及电子商务对企业的冲击等自然都属于 CFO 的职责范围。

在商业管理中，不仅要对 CFO 有充分的认知，还要熟悉公司中的其他“O”：CBO（首席品牌官），CCO（首席文化官），CDO（开发总监）；CEO（首席执行官），CHO（人事总监），CIO（首席信息官），CKO（首席知识官），CMO（首席市场官），CNO（首席谈判官），COO（首席营运官），CPO（公关总监），CQO（质量总监），CSO（销售总监），CTO（首席技术官），CVO（评估总监）。

其实，管理会计和财务会计本质上是不同的。管理会计的内涵是什么呢？

美国会计学会（AAA，1958）认为：管理会计是利用适当的技术和观念，加工历史和未来的经济信息，以帮助管理人员制定合理的经济目标方案，并协助管理部门达到此经济目标，制定合理的经济决策。

国际会计师联合会（IFAC，1988）认为：管理会计是在一个组织中，对管理当局用于规划、评价和控制的信息（包括财务信息和经营信息），进行确认、计量、汇总、分析、处理、解释和传递的过程，以确保资源的合理利用并承担相应的责任。

美国管理会计师协会（IMA，1997）认为：管理会计是提供价值增值，为公司规划设计、计量和管理财务与非财务信息系统的持续改进过程，通过此过程指导管理行动、激励管理行为，支持和创造实现组织战略、战术和经营目标所必需的文化。

我是这么理解会计的。

（1）财务人员通常给人的印象是严谨，也有人用“保守”来形容。因为财务人员在与他人沟通的过程中会过多地使用财务语言，会让合作方对财务人员的价值和贡献产生一些误解。

（2）会计人员实际上是公司中最聪明的那一群人，他们能够结合公司内部的经营数据和外部的市场数据，对公司的经营发展作出非常详尽的分析和准确的判断。如何把这些内容分享给同事，使他们共同对经营发展的建议和战略方面的安排产生协同效应，并提供支持，实际上是最为重要的。

（3）传统的财务会计工作中，我们只需要做好自己的事，但管理会计的目标需要一个团队的力量协同完成才能实现，这是只有领导力才能发挥的重要作用。只有通过领导力的培养，财务人员才能成为思想引领者，成为非常重要的决策参与者和决策支持者，成为更重要的战略方案的推动者和战略方案的监督者。这是从领导力的角度给财务人员提供的最重要的支持。

（4）考取 CMA 是非常英明的决定，无论是对财务人员还是管理人员来说都是如此。我自己也在不断地学习管理会计方面的知识。以前我们简单地认为 CMA 就是一门认证考试，随着企业财务人员以及管理人员互相交流的深入，我们发现只有系统地掌握管理会计知识才能更好地为公司创造价值。

最后，我还想和大家讨论两个问题。

（1）小企业的大企业病：①无论什么行业，只要赚钱就都做。②还没达到一定的规模，就按集团企业的模式运作。③简单的事情复杂化。④分权过重，导致浪费和无法掌控。⑤非要招聘精英，不务实。⑥组织层级过多，总裁下设副总裁，副总裁分管部门老总，部门再下设子部门，而子部门往往只有一两个员工。⑦所有的员工都找专业化人才，导致成本过高、分工过细。

（2）大企业的大企业病：①肥胖症：机构庞大、机构林立。②迟钝症：职责不分、信息不畅。③失调症：内部矛盾增多、争权夺利。④僵化症：安于现状、墨守成规。⑤高烧症：盲目自大、有点业绩就飘飘然。

可以说，不管是小企业还是大企业，如果陷入“大企业病”的怪圈里，那这家企业就会很危险。

今天是长江商学院第 32 期 4 班 9 月 4 天课程的第一天。大家很久没见，身体和心理似乎都产生了强烈的渴望，晚上的交际大战即将拉开帷幕。不过，我谢绝了所有同学的邀请，一个人缓缓地消失在他们的视线里，回到酒店，打开思考的密码，写下了以上的文字，也写下了今天全部的感受，这感觉有点臭美！

最近有点看不起自己，体重已经超过 75 千克，75 千克是我的底线，羞耻感早已爆棚。于是，我决定于 2019 年 9 月 5—8 日连续绝食，把吃进来的再饿回去。你们也许会问我，这到底是为什么？原因很简单：该享受美食的时候就去享受，长肉也是幸福；该受罪的时候就去受罪，饿饿也是活该。这是我的饮食哲学，听起来有点不可思议。

任何一个夜晚的来临总会给人期待，每次期待似乎都充满想象。越来越深的夜总会让我想起我写的那些歌，尤其是那首《速度与温柔》。

《速度与温柔》

作词：张默闻

作曲：陈　伟

演唱：张津涤

扫码听好歌

读书享快乐

按下按钮，音乐真是个催眠的好东西，这不，音乐刚一响起，我就被困意袭击了。还是睡觉吧！

时间：2019年9月6日晚
地点：长江商学院上海校区
原则：为心情记录、向学问致敬

第五十八课：锐教授的断言：CFO 出身的 CEO 最受欢迎（下）

上海。细雨迷蒙，乌云密布。

今天，帅哥卢锐教授继续讲述“管理会计”。从昨天到今天，卢锐教授一直很温柔，语调平和、用语文明，听他的课你会觉得心里很平缓、很悠然、很平和，就像一首安眠曲。

今天的课信息量极大，这些都是企业需要的财务和利润方面的知识。正如卢锐教授所说，在财务管理中财务预算非常重要。财务预算是指反映企业预算期现金收支、经营成果和财务状况的各项预算，主要包括现金预算、预计利润表、预计资产负债表，是企业全面预算的一部分。全面预算是指以企业的战略目标为出发点，以市场预测为依据，以销售预算为主导，进行生产、成本费用和现金收支等各方面的预算，预计财务报表是整个预算体系的终结。

企业建立预算管理体系需要做的工作包括：①建立预算管理组织。②建立预算管理制度。③编制预算管理手册。④编制预算管理指南。

全面预算管理的基本步骤有：①建立预算体系（包括预算目标、标准和程序）。②预算的编制与审定。③预算指标的下达及相关责任人或部门的落实。④预算执行的授权。⑤预算执行过程的监督。⑥预算差异的分析与调整。⑦预算业绩的考核。

编制预算时常见的问题有：①领导不重视。②领导拍脑袋定预算。③业务部门不配合。④预算没有用，超了找老总签字就行。⑤预算成了一种斗争工具。⑥预算老是做不准，特别是收入和利润预算。⑦预算没有长期性。

制定好预算的前提与原则有：①一定的企业规模。②稳定的管理团队。③扁平的组织结构。④参与计划流程。⑤对业务的共同理解。⑥持续学习。⑦建立适应市场条件变化的模型。⑧倡导预算文化。

合适的预算方法有：①固定预算。②弹性预算。③零基预算。④滚动预算。我非常喜欢彼得·德鲁克说过的一句话：预算不是一场数字游戏，而是围绕战略目标的设立进行思考的过程。

今天，卢锐教授讲的几个故事对我的触动非常大。

故事1：节省从一把手做起。

宜家的老板英格瓦·坎普拉德就是靠“抠门儿”奠定成功基础的，他虽为瑞士首富，但生活简朴：他的座驾是已经行驶了二十多年的普通旅行车，有时还乘坐公共交通；吃饭是自己掏腰包；乘飞机总是坐经济舱。他的做法激发了宜家在全球的9万名员工重视节俭的美德。

微软总裁比尔·盖茨也是个非常节约的人。他平时穿普通的休闲服，还有人曾发现他穿的牛仔裤上破了一个洞。他乘飞机通常坐经济舱，吃飞机上的三明治和汉堡。有一次，他开车到某饭店赴约，当时停车场满了，服务生建议他把车停到贵宾区，但费用比普通区要高很多。比尔·盖茨坚决不同意，即使朋友提出要代付停车费。最后，比尔·盖茨还是把车停在了普通区。

故事2：培养员工的节俭意识。

有一家公司正在招聘财务人员，要求是认真、负责、敬业、专业。一位刚毕业的女大学生前来应聘，经过紧张的面试、笔试后，她不是最优秀的。HR经理对她说：“小姐，你是否适合这份工作，我们还要进行讨论，你回去等消息吧！”找工作的人都知道，“等消息”基本上就是“没戏”了。可是，这个女孩从兜里掏出一元钱给经理。经理愣了，问道：“你给我一元钱干什么呢？”她说：“不管录不录用我，都请您给我打个电话。”HR经理说：“如果录用你，自然会给你打电话；如果不录用你，就没必要给你打电话了，也不需要你这一元钱。”女孩说：“如果录用我了，您用公司的电话打给我是工作分内的事。可是，如果不录用我，打电话的钱就不应该由公司承担，应该由我本人承担，所以这一元钱是让您给我打电话的。”HR经理心头一震，这个女孩的节约意识令人赞赏，她首先考虑的是公司而不是自己。最终，该企业当场录用了这个女孩。

故事 3：该花的钱一定要花。

1970 年，福特生产的汽车达到了 1 250 万辆。但在一次汽车质量检查过程中，企业发现某款汽车后座的气缸会相互碰撞。根据预测，每 2 000 辆车中会有 100 辆车发生碰撞，会导致 180 人死亡、180 人受伤。福特认为若要解决这 1 250 万辆汽车的气缸问题，要花费 1.375 亿美元；若不解决，一旦发生事故，赔偿金将为 8 000 多万美元。于是，福特为了节约这 5 000 多万美元，选择了听之任之。遗憾的是，之后多辆福特汽车发生爆炸，死伤将近 200 人。福特汽车在美国市场的占有率瞬间跌入谷底。在消费者的心目中，福特汽车变成了杀人的工具。

丰田在美国的市场占有率很高，当时它最畅销的凌志卖了 8 000 辆，可是突然有一天，丰田要把凌志召回。这是什么原因呢？原来，丰田发现汽车的逃难系统和刹车灯有一个小问题，虽然不是大问题，但丰田依然把 8 000 辆凌志全都召回了。美国人非常感动，认为日本人太负责任了，结果凌志的销量超过了奔驰、宝马，在当年汽车销售的排行榜上名列第一。

故事 4：成本费用控制的哲学思想。

魏文王问名医扁鹊说：“你们家兄弟三人，都精于医术，到底哪一位最好呢？”扁鹊答：“长兄最好，中兄次之，我最差。”文王再问：“为什么你最出名呢？”扁鹊答：“长兄治病，是治病于病情发作之前。由于一般人不知道他能事先铲除病因，所以他的名气无法传出去。中兄治病，是治病于病情初起时。一般人以为他只能治轻微的小病，所以他的名气只及本乡里。而我治病于病情严重之时。一般人都看到我采取在经脉上穿针管放血、在皮肤上放药等治疗方式，所以以为我的医术高明，我的名气因此响遍全国。”这个故事告诉我们一个深刻的管理哲学，那就是最佳的控制是防止问题的发生，“未雨绸缪”“防微杜渐”是控制的最高境界。

最后，让我们一起来认识“企业家的12把财务砍刀”：砍价、砍人手、砍机构、砍固定成本、砍采购成本、砍预算、砍库存、砍劣质客户、砍日常开支、砍会议、砍面子、还刀于鞘。

“企业家的12把财务砍刀”更进一步指出：投入成本，是为了更好地节省成本。这是刀法修练的最高境界，手中无刀，心中有刀。但是，我们要更加注意：技术创新会凸显你的成本优势，流程改造改善你的成本构成，规模经济压低你的单位成本，信息化完善你的成本管理，人力资源建设能有效地降低成本。与其说这是一堂财务课、管理课、会计课，不如说这堂课更像是一堂哲学课。虽然该课程理论性非常强，但是它却在本质上改变了我，督促我要将管理会计学习进行到底。

夜深了，虹桥高铁站依然灯火通明，那些我认识的、不认识的人也许正在经过虹桥回自己的家。这种情景很美，我喜欢这世界上每一个想回家的人，他们深情、积极、忠诚，虽然他们在路上，但是他们浑身散发着光芒，就像年轻时的我，也像现在的我。

此刻我想到一首歌曲——《爱家你就常回家》，这是我为皇玛•康之家健康沙发写的广告歌曲，正适合此时的心境，于是戴上耳机打开音乐，开始聆听。

《爱家你就常回家》

作词：张默闻

作曲：陈　伟

演唱：刘奕辰

扫码听好歌

读书享快乐

时间：2019年9月7日晚
地点：长江商学院上海校区
原则：为心情记录、向学问致敬

第五十九课：汪博士，你把全球税务这点事儿说透了（上）

上海。昨天小雨今日晴，爽。

汪醒吾博士，美国南加州大学马歇尔商学院会计学副教授，为了这两天的课程，专门从洛杉矶飞来上海。

汪醒吾博士态度温和，普通话尚可，规规矩矩的衬衫、规规矩矩的裤子，典型的美国教授做派。他为我们带来的是关于税务的课程。

汪醒吾博士，非常聪明，他先问同学们喜欢做作业、喜欢考试吗？在得到集体否定的回答后，他说，他会尊重同学们的选择，但是要求大家必须按时上下课，不能中途逃之夭夭。一天下来，竟然没有一个漏网之鱼。他是第一个反对让同学们分组讨论的教授，他说，这是教授偷懒的一种方式。

今天的课，让我弄清了以下三个税务名词。

（1）税。政府支出、政府收入（税收）、政府财政（盈余、赤字）和公债，均与“税”息息相关。

（2）预算赤字。政府赤字需要以国债来弥补，政府的偿债能力和举债额度应以 GDP 来衡量。

（3）GDP。GDP = 家庭消费（C）+ 投资（I）+ 政府开支（G）+［出口（X）- 进口（M）］。

我想从中美税务制度对比的角度进行思考。由于政治和经济体制不同，二者是不能直接比较的。

中美都是复税制模式，美国以所得税（直接税）为主体，中国则以流转税（间接税）为主体。美国以所得税为主体税种，是实行鼓励竞争及自由贸易政策的要求，是缓和社会各阶层矛盾的要求，是调节、控制社会总需求与总供给之间矛盾的要求。无论从广度还是深度上，我国税收的宏观调控与美国相比都存在相当大的不同。

从微观方面看，美国主要采用降低所得税税率的方式来调节，中国则大多采用减免优惠的方式来调节。美国调低税率是税收本身的操作，有利于维护税收的规范性；中国的减免税方式更多的是一种行政上的操作，对市场经济的运行会有一定的影响。

通过比较中美两国税制，我得到以下启示：改革税收的调控方式，提高税收在国民收入中的比重；完善税收征管模式，改进税收征管的手段和方法，坚持以法治税。

中美税制结构及税负不同：①美国倚重个人税，中国倚重企业税。②国民税负由两部分构成：个人税和企业税。二者相加后占 GDP 的比重，被称为宏观税负和国民税负。美国是一个以私有经济为主体的国家，它主要以个人的高税负来对国民收入进行再分配调控，目的是发挥个人税种“均贫富”的重要作用。相反，中国是一个以公有经济为主体的国家，它主要以个人的低税负来展示公有经济的优越性，因此，中国的个人税种比较少、税负也较轻。

以下就中美个人所得税的情况进行对比分析。

（1）税种设置比较。美国开征的个人税种，主要包括个人所得税（含炒股资本利得税、炒房资本利得税）、财产税（也称房地产税或不动产税）、遗产税（也称死人税）、财产赠与税等。

（2）税制“均贫富”作用比较。美国个人收入申报是公民的基本义务和法定责任，只有申报的收入才是合法收入，不申报的收入则为非法收入。我国的个人所得税主要是针对工薪所得进行计征，对非工薪所得的课税力度较弱，存在一定的制度漏损。

（3）税种贡献比较。美国个人所得税在财政收入中所占比重非常大，相反，中国个人所得税的贡献很小，几乎可以忽略不计。值得注意的是，美国联邦、州、地三级政府对个人所得税税种进行重复征收，只有财产税，联邦政府不参与征缴。因此，美国个人所得税税种不仅对联邦政府财政收入贡献最大，而且对州、地政府财政收入的贡献也是最大的。

（4）国民税负或宏观税负比较。比较国民税负，关键看宏观税负，即财政总收入与名义 GDP 的比值。如果不包括国有土地使用权出让收入，2014 年、2015 年我国的宏观税负均为 29% 左右；如果计入国有土地出让净收益，宏观税负分别为 30.2% 和 29.8%。从国际比较来看，无论采用哪个口径，我国的宏观税负都低于世界平均水平。

最后，借用汪醒吾博士的一句话结尾：“世事难料，但死亡和税例外。”也就是说，我们无法躲避死亡和纳税，要想生活得好，不管你在世界上的任何角落，这两件事你都躲不了。

时间：2019年9月8日晚
地点：长江商学院上海校区
原则：为心情记录、向学问致敬

第六十课：汪博士，你把全球税务这点事儿说透了（下）

上海。没有风，没有雨，没有心情。

今天的主角依然是来自南加州大学的汪醒吾博士，今天的主题是境外投资税务。汪醒吾博士一如昨天，精神抖擞、活力四射，一点儿也看不到时差带给他的任何疲惫感。他是我见到的上课最有活力的老师之一。

汪醒吾博士认为，全球征税系统衍生的税务问题主要包括双重征税（double taxation）、税务筹划（tax planning）、受控于外国企业（controlled foreign corporation, CFC）、转让定价（transfer pricing）、境外所得（股利）的遣返（repatriation of foreign earnings）、境外预提税（withholding tax）、国内股息的征税、逃税、漏税（tax evasion）。

要研究境外投资税务，首先要区分居民个人与非居民个人。居民个人是指在中国境内有住所，或者无住所而一个纳税年度内在中国境内居住累计满一百八十三天的个人。非居民个人是指在中国境内无住所又不居住，或者无住所而一个纳税年度内在中国境内居住累计不满一百八十三天的个人。居民个人在境内和境外的所得综合缴纳个人所得税，但境外所得会存在有重复缴税的问题。因此，居民个人境外所得在国外缴纳的所得税税额，可从在中国的应纳税额中扣除。非居民个人则对中国境内所得缴纳个人所得税。

居民企业境内和境外所得缴纳企业所得税。同样，居民企业的境外所得有重复缴税的问题。境外所缴纳的所得税税额可从应纳税额中扣除。非居民企业在中国境内设立机构、场所的境内所得，在中国境内未设立机构、场所，或者有设立机构、场所但无实际联系所得，只就境内所得征税。

企业全球经营的方式包括：直接出口经销商、销售代表、授权、国外分支机构、国外子公司。境外收入双重征税的免除方法包括：税收协定、免税法、扣除法和抵免法等。

随着我国经济实力日益强大，“走出去”的企业越来越多。经济全球化的大背景下，各国越来越重视跨境交易监管。很多企业不了解对方国家税制，不懂得税收协定，不知道磋商程序，为此付出了沉重的代价。我们不仅要了解国际税改政策、国内反避税新动向、跨国企业税务风险的类型，还要掌握申报的具体操作要求、风险规划思路，更要掌握“走出去”“回家来”业务的税务规划问题。

我认为，国际税务环境复杂多变、境外投资法律复杂多样等，都将影响“走出去”企业母公司以及境外运营实体的税务状况，从而影响投资收益。企业“走出去”之前，如何制定税务筹划方案、规避风险、提升企业全球运营效率，成为“走出去”企业的必备课。中国企业“走出去”，首要问题是选择一个合适的组织架构、法律形式，保护中国企业规避法律风险、实现投资收益最大化，这是中国企业境外投资获得成功的基石。综合考虑和分析投资母国、投资东道国以及中间控股公司所在国的相关税务影响。一般来说，商业实体的法律形式可以是设立子公司、分支机构、合伙企业或者信托等其他形式。不同法律形式的商业实体，其税务各有利弊，每一种法律形式都需要综合考虑税务影响。

税法通常对不同法律形式的税务处理有着严格的区分。子公司是独立的纳税实体，在东道国可以享受较多的税收减免，但子公司除了就其本身的应税收入纳税外，还需在分配股息时缴纳预提所得税。分公司在所在国不具有独立的法人地位，与居住国总公司同属一个法人实体，公司汇总计算盈亏，因而，分公司的经营亏损可以冲销总公司的盈利。但值得注意的是，中国税法一直不允许企业用中国境外分支机构的亏损抵减中国境内总公司的盈利。合伙企业的组织形式更为灵活，在国外十分常见，在中国，合伙企业这一组织形式并非主流，不过随着基金行业的发展，这一现状可能会发生改变。

中国企业境外投资的股权投资架构，可以选择由中国境内公司直接持有境外实体的股权（直接投资），也可通过在其他国家（地区）设立中间控股公司，间接持有境外实体股权（间接投资）。相比直接投资，间接投资具有诸多优势：

（1）在引入投资、利润汇回以及退出时，更加灵活。

（2）能够更好地规避法律、税务以及业务运营的风险。

（3）可以降低或免除所需缴纳的境外预提所得税，充分利用境外税收抵免。

（4）能有效控制投资收益汇回的时间，从而递延纳税。

（5）能增加可供再投资的现金利润。

随着“一带一路”倡议的推动实施，我国企业境外直接投资（ODI）呈现快速发展的态势，面临着复杂多变的境外投资和税务环境，税务风险管理的重要性受到更多关注。如何进行合理避税，实现降低税务风险、减少企业损失的企业理财目标，需要进行系统的、深入的研究。

理解和整理以上内容消耗了我很多精力，但是我很快乐，因为我终于相信了汪醒吾博士的那句话，人，只有死亡和税无法避免。了解税、掌握税、运用税是一个企业家最重要的能力之一。

昨天晚上，长江商学院第 32 期 4 班举行了浪漫的“音为爱——长江商学院第 32 期 4 班中秋音乐晚会”。活动在上海虹桥英迪格酒店的十层露天阳台举办，整个阳台被打扮得富丽堂皇、美轮美奂，同学们则一个比一个漂亮、一个比一个灿烂、一个比一个温情。因为是“音为爱”，所以每个组选唱的歌都离不开月亮，《城里的月光》《月亮代表我的心》《都是月亮惹的祸》《弯弯的月亮》等轮番上场，鬼哭狼嚎与悠扬绵长交替出现，令人忘我。

回酒店的路上，我突然很想听那首《想你爱你忠于你》，一首写给安吉白茶的品牌歌曲。当优美的旋律响起时，身心宛如飞翔在安吉的竹海、茶香之间。

《想你爱你忠于你》

作词：张默闻

作曲：陈　伟

演唱：张津涤

扫码听好歌
读书享快乐

夜深了，深夜了，突然很饿。最终我还是控制了吃的冲动，毕竟已经成功节食第三天了。想到明天早晨就可以吃饭了，我突然又觉得幸福极了。我，果然是个吃货！

时间：2019年10月10日晚
地点：长江商学院上海校区
原则：为心情记录、向学问致敬

第六十一课：一堂让我作为 CEO 获得管理大奖的课（上）

上海，有一种盛大节日结束后的疲惫感，但是依然不减它本来的傲骄和贵气。

今天的老师是一位不会说中国话的华人。据说其出生在美国，祖籍在广东，现在在中国各著名大学和商学院讲述他的 Tech Mark 管理实战模拟课程，他的名字叫伍健民。

这个“可爱”的老头鹤发童颜，幽默风趣，胖乎乎的，惹人欢喜。让我们来看看他的“简谱”吧。

伍健民，美国印第安纳大学博士，美国百森商学院终身教授。他为中国的中小企业及大型国有企业管理者传授一系列关于企业成长所面临的挑战方面的培训课程。作为一个教育工作者，他不仅获得了美国百森商学院的很多殊荣，同时也获得了来自其他教育机构颁发的多项荣誉。

他授课的题目是 Tech Mark 管理实战模拟课程，这堂课被同学们戏称为“一堂烧脑的商业死亡游戏”。这些平时趾高气扬的董事长和总裁同学们在这堂课的打击下，终于老实了很多、谦虚了很多。

那么，Tech Mark 的作用是什么呢？ Tech Mark 是一种充分讨论各种与高层管理者相关的管理概念和技巧的催化剂。在 Tech Mark 的世界里，你被激励去提出问题并讨论问题，与你的团队成员交换看法和思想，并且学会观察竞争对手的策略。面对含糊性、不确定性和复杂性，团队成员要学会通力协作，一起来分析问题、进行决策并承担决策所产生的后果。

烧脑的管理实战模拟课带给了5点喜欢：

我喜欢这9个字：告则忘、授则忆、行则悟。

我喜欢用来定义企业发展的5个词：创立、生存、成功、腾飞、资源成熟。

我喜欢这句话：商业模式一定要能把你的愿景、使命及价值观变得更加鲜活。

我喜欢这几个关键点：管理者问责制，为所有利益相关者创造价值；协调战略和执行的重要性；跨职能部门的观点很重要；团队决策需要在一个非常模糊的、不确定的和有竞争的市场中协调、分析。

我喜欢这样理解战略：战略就是企业的盈利之道。

烧脑的管理实战模拟课在教授的指挥下轰轰烈烈地展开了。5个组扮演5个企业的高级决策者和执行者，联合进行商业演练模拟，虽然看不见硝烟，但是却仿佛能闻到焦土的味道。第一天的"战争"结束，我总结出了以下10句话。

（1）没有任何决策者和执行者会一直正确，世上没有常胜将军。

（2）一个高速的、敏捷的组织系统非常关键。

（3）企业管理者必须要"又红又专"，"红"是协作能力，"专"是专业水平，二者缺一不可。

（4）没有战略是很难改变商业命运的。

（5）管理问责制非常有必要。

（6）掌握市场的变化就是我们的机会。

（7）关键部门、关键人物与商业项目的关键点是我们必须要关注的"三关"。

（8）每个关键人物都必须是那个行业的"老妖怪"。

（9）杜绝重大意外的最好方法是每个人都学会倾听、学会吸纳、学会应用杰出的意见。

（10）一个头脑清醒、胸怀清醒、专业清醒的 CEO 很重要。

好了，我快被这个烧脑的商业游戏搞残废了，我发誓再也不想参与类似的活动。但是，我却把它引入到我们的企业，用它来“折磨”我们企业的高管，以便促使他们进行全新的思考。一个人的错误决定可能会毁掉整个企业及其建立的商业体系。所以，严格的问责制很重要，重要的岗位一定要有继任者，否则就无法进行任何问责，这是一个非常重要的经营原则。

此刻，夜已深。我的心变得空灵，就像隐藏在太空某处的未知世界。那些平时被我宠爱的歌曲，此刻小心翼翼地躲在歌曲库里不敢和我打招呼。我想，大概是这个作业把我的脑子烧坏了。但最终，还是没有忍住，还是打开了我的音乐库，找到了《中国第一彩绘村》。

大通彩绘村位于山青水绕、如诗如画的江西乐安，我作为乐安养心谷景区的全案操盘手，在深度挖掘养心谷旅游品牌的绝妙定位与卖点的过程中，被大通彩绘村一幅幅栩栩如生的壁画所震撼。在得知大通彩绘村是国家扶贫项目后，我更是认为大通彩绘村的美景不能掩藏于山林之中。作为中国排名第二的策划公司，张默闻策划集团本着“策划向善”的价值观，要用“向善”的力量无偿帮助大通彩绘村进行歌曲传播，让更多的游客感受到大通彩绘村的魅力，让村民通向致富之路。由此，便诞生了《中国第一彩绘村》这一首融情融景又极具传播功能的品牌慈善歌曲。

《中国第一彩绘村》

作词：张默闻

作曲：陈　伟

演唱：张津涤

扫码听好歌
读书享快乐

音乐真是个催眠的好东西。这不，困意马上来了，我随着睡意开始了今天的梦游之旅。

时间：2019年10月11日晚
地点：长江商学院上海校区
原则：为心情记录、向学问致敬

第六十二课：一堂让我作为 CEO 获得管理大奖的课（下）

上海。不阴不阳，不冷不热。

11 日 18：00，长江商学院第 32 期上海班的班级群突然被刷屏，一条这样的信息被反复转发：“再次恭喜中国排名第二的策划人张默闻作为 CEO 率领的 Tech Mark 管理实战模拟第二小组通过浴血奋战，不断优化战略战术，最终夺取唯一特别大奖。小组得到了 Tech Mark 管理实战模拟发明人、美国百森商学院终身教授伍健民先生的亲自颁奖，他为每一位成员都戴上了金灿灿的金牌。这次胜利是班级荣誉、是长江荣誉，更是金振江、杨琪、杨茜、顾宇倩、宋加勇、王世洪、万怡和、杨琴、牟鹏宇等整个小组每位成员的超级荣誉。”

作为这个小组的 CEO 和战略领导者，我代表小组发表了三分钟的获奖感言，摘录了其中的 10 句话以示纪念。

（1）作为 CEO，我的作用就一个，相信我的团队并让团队相信我。

（2）从个人英雄主义回到团队合力主义上来。

（3）我们一手背《论语》、一手打算盘，一手做战略、一手做战术。

（4）牢牢关注和咬定竞争者，打败他们就是胜利。

（5）我们非常尊重会计算的人，我们把他们的能力发挥到极致，他们是这个项目的隐形 CEO。

（6）我们允许每个人大声说出自己的观点和意见，任何人都不能隐瞒自己的观点。

（7）我们没有被暂时的低分数打趴下，相反，我们越来越冷静。

（8）我们团队里的每一个人都有优势，我们的成功是一个优势加上无数个优势获得的。

（9）作为CEO，我只告诉他们一句话：我们就是冠军，我们做的都是对的。

（10）我推行了从一人多能到人人专能的策略，最重要的是我们对目标保持高度敬畏。

我们临时小组将这个实验完美地完成了。我们将协作进行到底，我们将分析进行到底，我们将分工进行到底，我们将竞争者研究进行到底，我们将策略研究进行到底，我们将每个人的问责机制进行到底，每一个人都把工作做好了，结果自然就会好起来。

我承认，这两天是痛苦的，从一脸懵逼到成为冠军，这就是思考的力量、管理的力量、调度人的力量。我不是一个商业天才，我只是一个商业思考者。我点上一支烟，站在酒店的楼下，迎着风，进行着两天学习的复盘，就像一场电影，我莫名其妙地成了主角。

说实话，今天有点小骄傲，幸福来得这么突然，一点预兆都没有。

怎么庆贺呢？回酒店的路上，耳边响起了《我爱我爱你的脸》那优美的旋律，这是我为社交电商品牌斑消宝祛斑霜（现名斑小将）写的广告歌曲。

不管多少年，不论阴晴天，你已定居在我的心里面。

不管大小船，不怕浪翻天，你已定居在我的心里面。

旋律在回响，天，有点冷，虽然身边有性感的街灯。

《我爱我爱你的脸》

作词：张默闻

作曲：陈　伟

演唱：张津涤

扫码听好歌
读书享快乐

时间：2019年10月12日晚
地点：长江商学院上海校区
原则：为心情记录、向学问致敬

第六十三课：谢谢你，葛大爷（上）

上海。温暖如春，有点温情的感觉。

今天为我们授课的是葛剑雄教授。这位教授有点味道，花白的头发、蓝色的衬衫、如炬的双眼，猛一看以为是稻盛和夫来到了现场。葛剑雄教授从走进教室到下课，始终如泰山一样稳坐在椅子上，就地开讲、洋洋洒洒，嘴动、心动，就是身体不动。我想，这大概就是传说中的站如松、坐如钟的大师模样吧！

今天葛剑雄教授为我们讲授丝绸之路的历史、地理背景和一带一路的前世今生，讲得绘声绘色、超级醒脑。据说葛剑雄教授是网红教授，他的课往往一票难求。葛剑雄教授，复旦大学图书馆馆长，是中国史、人口史、移民史等方面的著名专家。他的作品曾获“纪念党的十一届三中全会理论研讨会”论文奖、“五个一工程”入选作品奖、“郭沫若史学奖”等。他被国务院学位委员会、教育部评为“作出突出贡献的中国博士学位获得者”。

我特别喜欢葛剑雄教授讲的地域文化。他认为，中国幅员辽阔，民族众多，所以人们常说 “百里不同风，千里不同俗”。例如，南方人习惯吃细粮，北方人喜欢吃粗粮，傣族人习惯住吊脚楼，福建沿海信奉妈祖等。正所谓“一方水土养一方人”，不同的地域造成了不同的地域文化。

那么，什么样的文化才是真正的地域文化呢？了解地域文化对我们现代人有什么启示呢？

葛剑雄教授认为，地域文化就是最能体现一个区域或一个空间范围的特点的文化类型。之所以称其为特点，就是因为它与众不同。例如，北京人以前住四合院，但上海人就不住四合院，而是住石库门，这就是“不同”。所以，地域文化应该能够体现地方特点。

什么叫“风”呢？用现在的话来讲，“风”就是流行，流行的东西不会传得非常远，只能在一定的范围内传播，超过这个范围可能就不流行了。“俗”是什么呢？“俗”，就是“风”流行一段时间后，有的就慢慢地变成“习惯”了，就保存下来了。有的“风”，流行一阵子就变了，新的“风”又来了。所以，“风”在一个地方流行，并不一定就能形成地域文化，只有等它慢慢成为“俗”了，成为一批又一批人的习惯，它就逐渐被保存下来了，这就是地域文化的雏形。

葛剑雄教授还有一个经典的论述：正说中国——古代“中国”究竟有多大。谈到中国的和平崛起，谈到世界上大国的历史，自然要提到古代中国。古代中国究竟有多大？究竟算不算大国？这是我们了解历史和进行比较的前提。截至目前，人们还存在不少误解。首先，“中国”被正式当作我们国家的名称是从 1912 年中华民国建立才开始的。在这之前，“中国”的概念是不确定的，从仅指中原地区扩大到泛指整个国家。因此，要确切地描述中国古代的疆域范围，只能说当时这个朝代实际统治的范围有多大。例如，秦朝有多大，唐朝有多大，清朝有多大。如果要说当时的“中国”有多大，就得说明这个“中国”是什么概念，它包括当时的哪些政权。

其次，不用说历代之间，就是一个存在时间稍长的朝代，它的疆域也是在不断变化的，特别是那些曾经较大规模开疆拓土的王朝，往往前后会有大幅度的变化。例如，西汉初期的西界还没有到达河西走廊，但后期已扩大到巴尔喀什湖，后来又退至玉门关。

最后，还必须区分，哪些地方是一个朝代的正式行政区，哪些地方是藩属国，哪些地方只是“声威所及”。例如，西汉后期匈奴的单于（首领）曾向汉朝投降，但汉宣帝并没有将匈奴并入汉朝，而是资助单于返回匈奴，并规定双方以长城为界，互不侵犯。所以，汉朝的北界始终没有越过阴山，匈奴也不属于汉朝的疆域。

听葛剑雄教授的课，有一种醍醐灌顶的感觉。我开始重新打量我们的文明，而且出现了沉重与思考的双重感觉。我觉得中国太需要葛剑雄这样的教授了，能把历史说明白、把文明说明白、把中国说明白。对我来说，这就是这堂课带给我的最大价值。

合上电脑，心潮澎湃。葛剑雄教授的语录一直在我的脑海里翻滚。我反复回味和咀嚼教授的语录，总结出了以下几种感受。

（1）我们看到的历史记载大部分都是真假难辨的。

（2）小人最大的能力就是胡说八道且坚持胡说八道。

（3）不能正视历史的真相，我们就不可能真正强大。

（4）任何时候不愿意承认别人的伟大，我们就无法真正伟大。

（5）爱国的前提是必须深刻了解、理解真实的中国。

（6）走出去才是一个国家最大的安全。

时间不早了，洗洗睡了，我和我的祖国一起。

时间：2019年10月13日晚
地点：长江商学院上海校区
原则：为心情记录、向学问致敬

第六十四课：谢谢你，葛大爷（下）

上海，白云朵朵。

葛剑雄教授今天讲授的是文明冲突与世界新格局。提到文明冲突就必须要先研究一个人，这个人就是文明冲突论的创始人、美国著名学者塞缪尔·亨廷顿。在冷战刚结束、苏联解体不久，塞缪尔·亨廷顿就于20世纪90年代早期提出了后来一直在政界和学术界争论不休的文明冲突理论。

塞缪尔·亨廷顿认为，21世纪国际政治角力的核心单位不是国家而是文明。他的主要观点包括：①历史事实。②世界变小，文化的接触会产生摩擦。③因为现代化及社会变迁，宗教填补了人从传统中跳脱后的真空。④全球化不应该等于西化。⑤文化的差异是不易改变的。⑥经济的地区主义增长（如欧盟等）。

塞缪尔·亨廷顿的“文明冲突论”的核心观点有以下几点。

（1）未来国际冲突的根源将主要是文化的，而不是意识形态和经济的。冷战后的国际政治秩序是同文明内部的力量配置与文明冲突的性质分不开的。同一文明类型中是否有核心国家或主导国家非常重要；在不同的文明之间，核心国家间的关系将影响冷战后国际政治秩序的形成和未来走向。

（2）文明冲突是未来世界和平的最大威胁，只有建立在文明基础上的世界秩序才是避免战争最可靠的保证。因此，在不同的文明之间，跨越界限非常重要；在不同的文明之间，尊重和承认相互的界限同样非常重要。

（3）全球政治格局正在以文化和文明为界限重新形成，并呈现出多种复杂趋势：①历史上第一次出现了多极的、多文明的全球政治。②不同文明间的相对力量及其领导或核心国家正在发生重大转变，文明间力量的对比会受到重大的影响。③一般来说，具有不同文化的国家间最可能发生的是相互疏远和冷淡，也可能是高度敌对的关系，而文明之间则更可能是竞争性共处，即冷战和冷和平。④种族冲突会普遍存在，在文化和文明将人们分开的同时，相似的文化将人们带到了一起，并促进了相互间的信任和合作，这有助于削弱或消除隔阂。

（4）文化，尤其是西方文化，是独特而非普遍适用的；文化或文明之间的冲突，目前主要是世界上 7 种不同文明间的冲突，其中伊斯兰文明和儒家文明可能会对西方文明产生一定的威胁。

中国社会科学院欧洲研究所研究员、副所长，马克思主义与欧洲文明研究中心主任田德文则认为。

（1）文明冲突论无法解释后冷战时代的国际冲突。文明冲突论的特点是将文化差异的作用推到极致，强调文明差异不仅将成为国际冲突的深层原因，而且文明板块内部将形成国家集团并与其他文明对抗。这就犯了把“相关性”当做“因果性”武断立论的逻辑性错误，使得文明冲突论无法解释后冷战时代国际冲突的真实原因。

（2）文明冲突论能制造出中国威胁论。塞缪尔·亨廷顿认为：“中国的历史、文化、传统、规模、经济活力和自我形象，都驱使它在东亚寻求一种霸权地位。”国强必霸的逻辑开了后冷战时代“中国威胁论”的先河。

（3）文明差异未必造成文明冲突。塞缪尔·亨廷顿完全从冲突论的视角来看世界，所以看不到日益强化的以和平与发展为核心的人类共同价值追求，进而忽略了作为国际关系常态和主流的国际合作。习近平新时代中国特色社会主义思想秉持的文明观，强调文明是多彩的、平等的、包容的，而“只要秉持包容精神，就不存在什么‘文明冲突’”。

我个人是认可田德文先生的观点的。我认为亨氏并不是真正地、完全地了解中国，我认为他应该在中国住上一段时间，好好地感受一下真正的中国，再谈文明冲突论会更好。但我同时认为，不管是支持还是反对亨氏的观点，我们要做的是在文明冲突论的面前，寻找到属于中国文化那独特的“至柔至刚”的文化关系及国际政治理论与方略，使我们历史的、现实的文化资源能够促进世界和谐的文明关系及未来世界秩序的建立。

老师讲了一天，我们听了一天，内心真的很冲突。文化与文明这两个词不断地敲打着我的心，最后只能静心领悟、潜心思考，在教授的调教下形成、丰富自己对文明冲突的看法。

（1）文化自信应该改为文明自信。因为文明是人类所创造的财富的总和，文化是多样性的，但文明是一统性的。

（2）我一直在思考为什么全世界的消费者都对德国制造没有免疫力，也没有过多的批判。很简单，因为德国是全球公认的“大国工匠”。一个国家的商业产品就是这个国家的精神，因为它和消费需求和期待没有冲突。

（3）文化求异，文明趋同，这是我们应该思考和遵守的规律。我们不能睡在文化的怀抱上而又拒绝文明的拥抱，这是很危险的。

（4）有人说现在的中国人没有信仰，其实只要你去观察，你就会发现，没有人是游离于信仰之外的。

（5）新时代，我们必须高度认可“围绕核心”这个词。中国自古至今存在一个问题就是不愿意围绕核心，你干你的、我干我的。

（6）文明包括三个力：软实力（soft power）、巧实力（smart power）和锐实力（sharp power）。我们必须要考虑这三个力，否则，无论是文化还是文明，都会一文不名。

（7）文明冲突能否避免？我认为避免文明冲突的办法有两个：①强强联合，推动强势文明。②慢慢接受，主导文化文明。

（8）掌握海外经营之道、解决商业文明的冲突，应该做到“五个必须”：①必须关注世界大势，知道哪里有战争、哪里有和平。②必须服从国家战略，与国家战略一起成长才有希望。③必须争取国家的支持和保护，没有国家的背书，你在海外永远是个孩子，不能保证你不会遭受不公平。④必须避免文明冲突，要全面了解、尊重、遵守对方文明的相关历史、现状、宗教、文化、法律、风俗。⑤必须量力而行，管控风险，你可以做攀登者，但是也要做好随时牺牲的准备。

文明冲突的提法从一开始就备受争议和批评，但我们都应该冷静下来思考，到底如何面对全球文明的全新格局？我有一个观点：强者就是文明，文明未必就是强者，主导文明的最好方式是强盛起来，否则文明就只剩下文化了。而文化每天都在消失，就像正在速融的冰川。

这么烧脑、这么敏感的话题，写得这么热闹，我也是醉了。

点上一支烟，吐了一个圈，写下两句话：我的策划是文化还是文明？策划观点是否一直存在冲突？我站在窗边，冲击着、冲突着……入睡前，我打开歌曲《新青青河边草》，这首歌是我为青年歌手孙艺琪定制的歌曲。咖啡馆、斑马线、小雨点、油纸伞，思绪一下子被带回青涩的初恋时节。

《新青青河边草》

作词：张默闻

作曲：陈　伟

演唱：孙艺琪

扫码听好歌
读书享快乐

时间：2019年11月14日晚
地点：长江商学院上海校区
原则：为心情记录、向学问致敬

第六十五课：神仙姐姐朱睿教授的影响力和前景理论（上）

上海，天气温暖如春。

朱睿教授不是第一次给我们上课了，她今天带给我们的是从行为科学的视角探讨影响力，重构著名的前景理论。

前景理论是丹尼尔・卡尼曼教授与阿莫斯・特韦斯基教授共同提出的。一直以来，经济学家们都假设人们的信仰及决定都是合乎逻辑的，他们将理论建构在一个理想的社会基础上，在这个社会里，每个人都是理性的，寻求每个机会来提高自身的利益并使自己快乐。但卡尼曼教授和特韦斯基教授强调，在某些情况下，人们的行为是不合逻辑的，他们的选择与判断不能和经济学的理想模型相吻合，他们背离理性的某些行为，只有心理学家可以作出完美的解释。

例如，相同的选择机会，如果以不同的方式表现出来的话，就会引起人们作出不同的决定，这点传统的经济学理论无法解释。在一个实验中，心理学家召集一群人，让他们想象一种情况，如果一种可怕的疾病暴发，可能有 600 个人会因此死亡。有两种治疗方案可供选择：A 方案的结果是 200 个人肯定可以得救；B 方案的结果是存在 1/3 的机会，600 个人全都可以得救，2/3 的机会连 1 个人也救不了。大部分被试者选择了方案 A，也就是偏向于肯定的方案。如果从人员死亡来描述就会不同，当被告知采用方案 A 会有 400 个人丧生，采用方案 B 有 1/3 的可能没人死，有 2/3 的可能 600 个人都会死，此时被试者会选择方案B。也就是说，在负面情况要出现时，大部分人会倾向于不肯定的方案。

卡尼曼教授和特韦斯基教授详细阐述了实验中人们的短视行为，并试图解释这一现象。通过其他各种实验，他们认为：不确定的损失比得到更重要，第一印象对今后的判断很重要，具体而生动的案例比抽象的理论更有分量。他们的一个崇拜者信服地说：“他们是用简单而清楚有力的案例得出了结论。”甚至连经济学家，以前并不习惯从心理学的角度寻求指导，后来也开始注意这方面的动态了。

前景理论认为，决策权重是随概率的增加而增加的单调函数，但它不直接等于其概率。决策权重的特点有：①不可能事件应该剔除。②赋予低概率事件以超过其概率值的决策权重，赋予中、高概率事件以低于其概率值的决策权重。③对于任何概率比来说，低概率事件的决策权重比高概率事件的要高。

亲爱的朱睿教授认为前景理论的结论有：①人们面临条件相当的获得前景时，更倾向于确定性盈利（风险规避）的论断。②人们面临条件相当的损失前景时，更倾向于冒险赌博（风险偏好）的论断。③人们不仅看重财富的绝对量，更看重财富的变化量（参照依赖）的论断。④人们在得与失之间，对失去更敏感，等量的损失比等量的获得对人们会产生更大的影响。

前景理论将来自心理学研究领域的综合洞察力应用在了经济学研究中，尤其是在不确定情况下的人为判断和决策方面作出了突出贡献，针对长期以来沿用的理性人假设，从实证研究出发，从人的心理特质、行为特征揭示影响选择行为的非理性心理因素。

前景理论通过一系列的实验观测，认为人在不确定条件下的决策选择，取决于结果与展望（预期、设想）的差距而非结果本身。即人在决策时会在心里预设一个参考标准，然后衡量每个决定的结果，与这个参考标准的差别是多大。例如，一个人预期能得到奖金500元，当他的决策让他得到奖金500元时，他会觉得没什么；若他有办法得到多于 500 元，多数人会审慎地考量这个方法（决策）带来的风险，以免失去预期回报；相反，即使他有另一个比较安全但让他少得 100 元奖金的方法（决策），多数人也会冒较大的风险，以获取预期回报。它比较符合心理学的观察结果，能比较写实地描述一个人，在风险决策（如金融投资）时的心理。传统的经济学是规范性经济学，教人们该怎样做；行为经济学是描述性经济学，描述人事实上是怎样做的。

前景理论的三个基本结论包括：①大多数人在面临获利的时候是风险规避的。②大多数人在面临损失的时候是风险喜好的。③大多数人对得失的判断往往根据参考点决定。简单地说，就是人们在面临获利时，不愿冒风险；而在面临损失时，人人都成了冒险家。损失和获利是相对于参照点而言的，改变评价事物时的参照点，就会改变人们对风险的态度。

时间就像一个漫游的女子，从早上 9:00 飘到了下午 5:00，我听课听得热血沸腾、云里雾里。前景理论就像一堂数学课，也像一堂心理学课，更像一堂营销课，慢慢咀嚼，味道鲜美、久久难忘。朱睿教授就像一个钢琴师，课讲得非常飘逸、非常有温度。

今天的课，让我的心情大好。听歌是我对自己最大的奖励，特别是听自己写的歌。今天我特意选择了一首比较喜气的歌——《悦来悦爱你》，这是江苏宜兴籍著名女歌手杭娇老师演唱的，也是我写给员工季策婚礼的贺礼歌曲。

《悦来悦爱你》
作词：张默闻
作曲：陈　伟
演唱：杭　娇

扫码听好歌
读书享快乐

课后，迎来了奥美的前创意官为我们讲述品牌创意之道。说实话，这位创意官课讲得好，人也干净儒雅，灰白的头发、得体的西装、名贵的眼镜，一看就是活得有地位、有水平的人，算是“德高望重”的典范。我很感谢长江商学院，总能把一些“神”一样的人物送到我们面前，为我们 “送水、充电”。谢谢长江商学院，谢谢我们第 32 期 4 班的蔡史印同学的鼎力推荐。据说，他演讲的海报是我们公司的作品。

时间：2019年11月15日晚
地点：长江商学院上海校区
原则：为心情记录、向学问致敬

第六十六课：神仙姐姐朱睿教授的影响力和前景理论（下）

上海，天空很晴朗，云朵在散步。

讲台上依然是女神朱睿教授，一如既往的优雅和睿智。上课前，她找我简单沟通了一下，要我成为她所带领的品牌与营销课题组的成员之一。我突然感到特别光荣，原来学生和导师之间的距离可以那么近，近到灵魂和思想能在一年内极速融合。

今天的课是昨天的延续，关键词是锚定效应。所谓锚定效应（anchoring effect），是指当人们需要对某个事件做定量估测时，会将某些特定数值作为起始值，起始值像锚一样制约着估测值。在做决策时，人们会不自觉地给予最初获得的信息更多的重视。

锚定是指人们倾向于把对将来的估计和已采用过的估计联系起来，同时易受他人建议的影响。当人们对某件事的好坏做估测时，其实并不存在绝对意义上的好与坏，一切都是相对的，关键看你如何定位基点。基点定位就像一只锚一样，它定了，评价体系也就定了，好坏也就评定出来了。丹尼尔·卡尼曼与阿莫斯·特韦斯基指出，人们在进行判断时常常过分看重那些显著的、难忘的证据，甚至从中产生歪曲的认识。例如，医生在估计病人因极度失望而自杀的可能性时，常常容易想起病人自杀的偶然性事件。这时，如果进行代表性的判断，则可能会夸大极度失望病人自杀的概率，这就是人们在判断中存在的锚定效应。

1974年，卡尼曼与特韦斯基通过实验来进一步证明锚定效应。实验要求受试者对非洲国家在联合国所占席位的百分比进行估计。因为假定分母为100，所以实际上要求受试者对分子数值进行估计。首先，受试者被要求旋转摆放在其面前的罗盘，随机地选择一个在0到100之间的数字；其次，受试者被暗示他所选择的数字比实际值是大还是小；最后，受试者对随机选择的数字向下或向上调整来估计分子值。通过这个实验，两人发现，当不同的小组随机确定的数字不同时，这些随机确定的数字对后面的估计有显著的影响。例如，两个分别随机选定10和65作为开始点的小组，他们对分子值的平均估计分别为25和45。由此可见，尽管受试者对随机确定的数字有所调整，但他们还是将分子值的估计锚定在这一数字的一定范围内。

许多金融和经济现象都受锚定效应的影响。例如，股票当前价格的确定就会受到过去价格的影响，呈现锚定效应。证券市场股票的价值是不明确的，人们很难知道它们的真实价值。在没有更多的信息时，过去的价格（或其他可比价格）就可能是现在价格的重要决定因素，通过锚定过去的价格来确定当前的价格。

那么，锚定效应的形成条件是什么呢？一般而言，“锚”只要受到人们的注意，无论其数据是否夸张、前例是否有实际参考效用，或对决策者是否有提醒或奖励，该锚定效应都会起作用。当然，参照物与估测答案的相关性、相似性越大，锚定效应越显著。

近年来，研究者认为锚定的产生根源主要是参照物在第一阶段——获取信息时发挥的作用，参照物使得与之相近的信息受到更多的重视，甚至人们会把参照物本身作为参考因素，这样就会影响最终结果的产生。这一理论也得到其他实验的印证，即理解某一事物首先是接受已给出的某个结论，随后剔除掉其中错误的信息。大量的研究结果表明，参照物会对人的记忆产生某种作用，引导人们在考虑结果时选择那些相似的信息。只有当人们清楚地意识到参照物与目标间的不同或信息与目标无关时，锚定现象才会有所减弱。

在回顾和总结锚定效应研究成果的基础上，未来关于锚定效应的研究可能会围绕以下几方面进一步深入：①锚的种类和结构的研究。②锚定效应研究范式的创新。③锚定效应的神经心理机制研究。④锚定效应影响因素的研究。⑤锚定现象对人的心理与行为的正负面影响。⑥锚定效应与其他有关心理现象之间的关系。

锚定效应常常在不自觉中被人们应用。例如，我们有时会在意和谁在一起做事，谁和我们一起在公众场合亮相。因为所有这一切都会影响到别人对我们的评价，我们身边的“锚定”成为评定我们个人价值的基准。商业上一个很现实的例子就是新产品推广，如有一种新饮料面世，如果它被放在与我们目光平视高度的货架上，左边是可口可乐、右边是百事可乐，那么，它的高价政策十有八九会被消费者接受。相反，如果它被放在一个不起眼的位置，与价格低廉的产品摆在一起，即使质量超群、功能强大，也很难被判定为是一个好的产品。

产业经济学的研究表明，任何产品都可以归类为指导型产品或经验型产品。这两类产品的差异在于，前者消费者在购买前已经对产品质量有判定，而后者只有在被消费之后其质量才会真正被感知。锚定效应也可以应用在产品定价方面，企业通过各种锚点招数，或者利用对比、暗示等来营造幻觉，动摇人们对于产品价值的评估。以下几个案例也许能说明一些问题。

案例 1：星巴克卖依云水。依云水在星巴克卖 22 元 / 瓶，但在购物网站上大概是 5 元 / 瓶，是“中产阶级”能够承受的价格。依云水在星巴克的售价，给人带来一种“高端”的印象，从而促使一些用户群选择购买依云水。同时，在星巴克咖啡的定价中，中杯咖啡的价格不超过 30 元，超大杯咖啡的价格不超过 40 元。当用户发现一品矿泉水都要 22 元后，对比之下就不会觉得咖啡贵了。

案例 2：优衣库产品打折。优衣库有一个惯例：在打折或限时优惠时，打折价格的旁边一定会清楚地标注初上市价格。原价 599 元的羽绒服，现在只要 199 元就可以买到，这里 599 元就是锚点，有它作为参照物，消费者会毫不犹豫地接受 199 元的价格。

案例 3：降序排列的价目表。不知道你有没有注意过，酒吧或餐厅的菜单价格往往都是按照降序排列的。最高的价格放在最上面，这个价格就成为一个起始参照物。当消费者从上往下浏览价目表时，随着价格越来越便宜，会产生一种金钱获得的感受。为了平衡价格和品质，大多数消费者都会选择第二或第三贵的产品，实际上这是被最高价格“吓”到后作出的非理性选择。尤其是针对酒类、饭菜、美容美发等产品或服务，消费者很难去判断它的价格是否合理，很容易进入商家设置的价格情境中。

夜色终于拉下帷幕，上海虹桥商务区依然热闹得没有底线。我们第 32 期 4 班的同学们正在奔赴今天晚上的第一个场、第二个场甚至第三个场。我直接选择消失，不是因为不爱，而是因为爱不动了。我要按时睡觉，因为睡觉对于一个中年大叔来说才是最大的尊重。

我吃了两个橘子，很甜，水很多。医生告诉我，这种橘子可以带皮吃，我没有采纳他的建议，就像没有被锚定一样。每次听朱睿教授的课我都很兴奋，此刻我需要用音乐来平静一下自己。舒缓的音乐响起，我自己为江西乐安养心谷景区写的歌《养心养肺养心谷》。

《养心养肺养心谷》

作词：张默闻

作曲：陈　伟

演唱：孙艺琪

扫码听好歌
读书享快乐

晚安，上海；晚安，虹桥；晚安，张默闻。

时间：2019年11月16日晚
地点：长江商学院上海校区
原则：为心情记录、向学问致敬

第六十七课：部队教授为我们讲授心理动力系统构建与领导力（上）

上海。天空美极了，就像走在香格里拉的风景里。

最近，我写了一首很美的歌，叫《青风》，有浓烈的江南武侠电影风。作曲者是音乐家陈伟老师，演唱者是人甜歌美的任妙音老师。这首歌评价甚好，评论甚多，一面倒全是赞美。

《青风》
作词：张默闻
作曲：陈 伟
演唱：任妙音

扫码听好歌
读书享快乐

今天，由王择青教授为我们讲授心理动力系统构建与领导力。王择青教授为中国人民解放军军事心理训练中心特聘教授、首席专家，清华大学公共管理学院行为与大数据实验室主任、首席专家，长江商学院特聘教授。

王择青教授有10句话令我很有感触。

（1）企业家更需要心理压力顾问。

（2）企业家需要生理压力和心理压力的释放。

（3）美国总统有总统心理健康委员会。

（4）企业家对自身及团队的心理健康管理意识薄弱。

（5）心理健康的正常表现：智力正常、情绪健康、意志健康、良好的自我认知能力、良好的社会适应能力、心理与行为特点符合年龄标准、性生活和谐。

（6）心理动力模型的基础系统包括人格结构、能力结构、心理健康指数、压力应对方式、压力源分析、压力水平评估、社会支持系统、压力预警系统和情绪预警系统。

（7）抑郁症的预防包括生理因素、心理因素和社会因素。

（8）企业领袖、决策团队、管理团队和执行团队都需要过硬的生理素质和心理素质的“双料素质”。

（9）心理大数据包括价值观、应激源、心理健康指数、压力指数、个性品质、情绪指数、信息加工能力、心理恢复能力、心理放松能力和情绪行为反应模式等。

（10）构建科学的组织心理工作体系，并可拓展多维度工作应用，主要包括：入职心理评估、心理科普、心理咨询与危机干预、心理训练与调适、数据综合管理、全员健康维护及预警和高管心理健康维护。

王择青教授还告诉我们。

（1）个体层面要坚持心理健康自我维护。心理学研究表明，压力是影响心理健康问题的主要因素。压力过大，表现为各种躯体化症状，如头痛、失眠等，会降低个人的主观幸福感，给组织层面带来工作绩效降低、成本增加等无形的损失。应对压力管理的措施包括：①增强自我心理健康维护意识。②进行有效的压力管理。

（2）组织层面要坚信预防胜于治疗。如何从组织层面减少职业群体心理问题的发生率，提高他们的心理素质？实践证明，这种以“问题”为导向的策略反而增加了组织内部对心理问题的焦虑和关注度，个体“心理问题”反而会造成对组织的污染，导致“人人自危”。后来将研究重心转向大部分心理健康人群，以培养科学、系统、有效的优秀心理品质等为导向，研发了一整套心理行为训练系统。事实证明，这样做的效果非常显著。

（3）重大突发事件要坚持心理危机干预。心理危机干预，应从三个方面入手：①建立组织架构，即由哪一层级的人员来统一指挥，哪一层级的人员进行组织协调、调配资源，这是我们开展工作的一个重要基础。②制定心理危机干预预案。③建设专业骨干队伍。对于心理学工作者来说，从事心理危机干预是一个巨大的挑战，相比起传统的心理咨询服务，其专业要求度更高。

从心理学的角度讲，压力是指个体在环境中受到刺激而产生的一种紧张情绪，这种情绪会对个体行为产生正向或负向的影响。适度的压力能够让人具有饱满的工作热情，使工作效率最大化。压力不足，自我成就实现感降低，工作效率就会大打折扣。压力持续过大，将会导致工作效率急剧降低，严重时甚至会对个人及组织造成巨大的伤害。

如何才能知道自身压力是否过大呢？可用如下方法辨别：第一阶段以情绪体验为主，焦虑、烦躁、易怒、缺乏耐心是主要的表现形式，这个阶段易被忽略。第二阶段除了情绪问题，还会出现明显的生理症状，如头疼、背酸、消化系统功能不良、心前区疼痛等，这时可能会去医院就诊。第三阶段表现为认知与社会功能受损。在这个阶段，已经发展为 60%~70% 的社会功能丧失，如需要花比以往多两倍的时间来完成相同的工作。大部分人在这一阶段才开始介入心理疏导和调适。

中国对企业家和管理者的培训，过多地会关注领导力方面，而对心理疏导和心理危机干预方面的关注还有很多不足。压力管理方面，我们与欧美等发达国家相差甚远。如何把压力化为动力，如何在出现危机时进行科学调适，都需要我们特别关注。事实证明，领导者的心理素质培养和专业能力提升具有同等重要的地位。

有效的压力管理就是要化解压力，改变过度压力产生的负面影响，把压力转化为动力：①提升个体的心理健康认知和意识，科学对待。②建立整套的压力管理科学体系，进行系统管理。领导者的良好心态应包括8个字：宽容、坚定、共赢、阳光 。

我们再来看看美国专家提供的减压建议。

（1）必须思考清楚，对于你和家人来说最重要的是什么，并尽一切努力去实现它。

（2）面对困难感到孤立无援，应该寻求朋友和亲人的安慰。

（3）消除压力产生的根源。如果你意识到，与同事的冲突和工作中的难题令你沮丧万分，不妨努力与大家搞好关系，精诚合作。

（4）我们都会有无所事事的时候，排队、坐车或是等人。上述情况会加重紧张情绪，此时要从烦恼中抽身而出，想点别的事情。

（5）审视自己的居住环境，装修时尽量避免红色和黄色，颜色柔和的卧具最易稳定情绪。

（6）同好友讨论自己遇到的难题，倾诉后，问题可能就解决了一大半。

（7）学会倾听。任何时候都不能自认为已经完全领会了对方的意图。唯有仔细倾听，才会远离诸多的不快与冲突。

（8）如果心情烦恼是因为时间不够，不妨放下手头的事情，合理安排一下工作计划。

（9）试着为你的生活添加一些笑声与幽默。

（10）音乐是非常有效的心理疗法。

（11）定期进行锻炼，良好的身体素质是战胜心理压力的基础。

听王择青教授上课，有三个感觉：①王择青教授身上的医生特质很明显。②他讲课很有意思，总能把课讲到最好玩的状态。③感觉自己一旦有心理问题，找到他就会安全感爆棚。

作为董事长，我并没有在心理素质和生理素质上获得双丰收。我的心理素质并不强大，甚至有点脆弱。多亏总裁赵青老师成功地扮演了我的心理辅导老师，让我的压力没有产生严重的决策后果和健康后果。看来，在未来，我需要两张牌，一张是心理牌，一张生理牌；前者需要辅导，后者需要锻炼。

同学们听王择青教授的课，生龙活虎；教授看同学们，就像看小白鼠，相看两不厌。毫无疑问，同学们喜欢既能“胡说八道”，又功底深厚的教授。

转眼，又是深夜，虹桥的灯又亮了起来。我开始慢慢地回收摊开的思绪，把自己交给正在变浓的夜。窗外，是另外一个世界，正上演着无数的恩恩爱爱，车来车往穿越这个城市，有的来，有的往。

我突然很想儿子，这个小家伙的嘴巴上已经长出茸毛，最关键的是他已经习惯了说：“老爸，你要注意身体，身体才是第一。”有儿子，挺好！

时间：2019年11月17日晚
地点：长江商学院上海校区
原则：为心情记录、向学问致敬

第六十八课：部队教授为我们讲授心理动力系统构建与领导力（下）

上海。似乎有一丝悲伤的味道。

原来，今天，是第 32 期 4 班的最后一课。

今天站在讲台上的依然是王择青教授，继续昨天的主题。鉴于他课程的政治敏感性越来越高，我还是按照心理学的思维来写写我对人心的洞察吧。

（1）永远不要和白痴争辩，因为他会把你的智商拉到和他同一水平，然后用丰富的经验打败你。

（2）女人可以接受有故事的男人，男人普遍不爱有故事的女人。

（3）在爱情上，正经的人最后都会后悔自己的正经。

（4）真爱上一个人你会患上感情洁癖。

（5）你会在夜场遇见白天看起来最高不可攀和无比纯洁的人。

（6）所有的认真里都藏着道德。

（7）越是拥有，越是不满足。

（8）胡闹是一种依赖。

（9）对着情人左耳说情话更能打动她的芳心。

（10）手牵手比分享一张床更有意义。

（11）骨子里自卑的人，总希望看到别人出丑。

（12）很多事都介于不说憋屈和说了矫情之间。

（13）两个男人追一个女人，用情浅的那个先放弃；两个女人追一个男人，用情深的那个先放弃。

（14）没有时间休息的人总会有时间生病。

（15）越害怕发生的事情就越会发生。

（16）想要忘记一段感情，方法只有一个：时间和新欢。

（17）大多数不开心的人，往往低估了自己所拥有的，又高估了别人所拥有的。

（18）那些不假思索就做出决定的人到关键时刻就会溜走。

（19）缺乏交往的生活是一种缺陷，缺乏独处的能力是一种灾难。

（20）失眠时，你将会在别人的梦里出现。

（21）一个人喜欢你的程度，一般和他回你短信的速度成正比。

（22）喜欢一个人是感觉，不喜欢一个人是事实。

（23）心灵最脆弱的时候，也是想念最疯狂的时候。

（24）炫耀源于内心的不自信。

（25）有事情是要说出来的，不要等着对方去领悟。

（26）没有人可以重新开始，但谁都可以从现在开始。

有时候，心理学很可怕，会让你经常看到自己都不愿意相信的东西。看到了，你会更绝望，但是绝望过后你会突然长大，那感觉，有点舒服、有点自由。

回到酒店，我习惯性地打开我创作的音乐进行单曲循环，一口气循环了两首歌曲，是为我的客户红宝石东北大板冰淇淋创作的企业歌曲和广告歌曲，《红色思想红宝石》浑厚，《爱我就请我吃东北大板》可爱，这种反差萌确实很过瘾。

《红色思想红宝石》

作词：张默闻

作曲：陈 伟

演唱：金久哲

扫码听好歌
读书享快乐

《爱我就请我吃东北大板》

作词：张默闻

作曲：陈 伟

演唱：李 策

扫码听好歌
读书享快乐

第二部分
思篇

课后随笔 01：72 条企业管理建议

企业家们每天都在谈管理，但是并没有多少企业家可以完全掌握“管理”。我用服务世界 500 强和中国 500 强的“张默闻方法”为中国企业家编写了“72 条企业管理建议”，作为献给中国企业家的一份礼物。本文从管理、管理者、企业、战略、决策、用人、时间管理、危机、目标等 9 个维度展开，为中国企业家的企业管理提供参考。

1. 谈管理

（1）管理的目的是提高企业效率，解决企业的大企业病就是要提高大企业的管理效率。

（2）验证管理效果好不好，不在于逻辑是否合理，而在于成果是否出色。

（3）管理者的工作是建立高效的运营秩序、确定战略方向。

（4）确定使命是企业家的事情，完成使命是企业成员的事情。

（5）敢于说不行，但是要知道怎么做才行。

（6）有效的管理源自尊重个性与尊严。

（7）管理一定要简单。

（8）做管理，就是做榜样；榜样做不好，管理也做不好。

2. 谈管理者

（1）管人不是仗势欺人，而是运用技术激发每一个人。

（2）管理者就是把事情管正确、理正确。

（3）管理者经常扮演专家会把事情搞砸。

（4）好的管理者必须有八懂：懂人性、懂道德、懂沟通、懂聚焦、懂使命、懂目标、懂因果、懂进退。

（5）管理者是否伟大，就看能否让别人帮你实现目标。

（6）管理者承担的不应该是全部的荣誉，而应该是全部的责任。

（7）没有一批追随者，你就不配成为管理者。

（8）管理者一定知道自己的长处和短处在哪里，并懂得如何发挥长处，补足短处。

3. 谈企业

（1）企业的任务就是企业家的任务。

（2）企业受挫的重要原因就是完不成任务。

（3）企业家成长的高度就是企业成长的高度。

（4）好企业就和好婚姻一样，平稳、健康、积极、向上。

（5）企业活得好不好，就看围绕在你身边的消费者多不多。

（6）好企业一定有高工资。

（7）企业间的竞争是三个方面的竞争：超级单品竞争、超级模式竞争和超级传播竞争。

（8）伟大的企业最后会走向文明、走向谦虚。

4. 谈战略

（1）重构战略就是重构资源。

（2）战略就是抓住那些别人看不见的机会。

（3）战略就是把我们的企业现在是什么、将来是什么弄清楚。

（4）战略高于一切。

（5）战略最好十年不变，经常变的叫战术。

（6）企业家必须具有高超的战略思维。

（7）战略上藐视对手，战术上重视对手，战场上打败对手。

（8）管理者必须要敬畏战略。

5. 谈决策

（1）决策就是确定目标，选择措施。

（2）高级管理者要做的是重大决策。

（3）有效的决策要有“站在月球看地球”的格局。

（4）有效的决策是能很快出成绩的。

（5）不同的见解通过辩论才能成就伟大的决策。

（6）决策有风险，科学决策需要数据信息和智力系统的支持。

（7）决策有时候是由竞争对手决定的。

（8）决策者要有自己的决策风格。

6. 谈用人

（1）用人所长永远不会过时。

（2）晋升必须给那些能带来良好业绩的人。

（3）团队就是“团”，不会“团”人的人是没有办法带团队的。

（4）一个敢于对结果负责的人是一个好的管理者。

（5）以德服人，用爱做事。

（6）用平凡的人做不平凡的事。

（7）点燃热情、点燃信念是用人的极高境界。

（8）企业家是什么人就会用什么人。

7. 谈时间管理

（1）重要的时间交给重要的事情。

（2）连时间都管理不好的人是无法管理好一个企业的。

（3）伟大的人对自己的时间十分爱惜，对别人的时间也倍加珍惜。

（4）把花天酒地的时间变成孤独思考的时间，你会发现你已经快人一步了。

（5）管理者要安排好留给家人、运动、阅读、办公的时间。

（6）管理者要创造信仰。

（7）谈判谈很长时间还没有结果，应尽快结束。

（8）演讲的时间不用很长，但是要让听你演讲的人长时间地回味。

8. 谈危机

（1）企业也许明天早晨就不是我的了，我一直这样警告自己。

（2）所有的答案都在未来，所有的未来都在于今天。

（3）你比变化快，变化就会比你慢。

（4）企业最大的危机是企业家开始动机不纯。

（5）危机处理能力应该放在战略管理的第一阵营。

（6）对手的危机不一定是我们的机会，也许是更大的危机。

（7）企业家是没有资格睡安稳觉的。

（8）专业公司最后都是被不专业的公司干掉的。

9. 谈目标

（1）完成目标是信用升级，完不成目标是无效承诺。

（2）企业能否完成目标还要看企业家配置的资源是否到位，企业家既要设定好目标，又要配置好资源。

（3）每一个目标都是需要成员共同完成的。

（4）完成目标后的奖励水平决定下一次的目标是否能够完成得更好。

（5）目标一定要交给可以完成的人和团队。

（6）设计目标要先设计目的。

（7）大目标是由很多小目标组成的，所以没有若干小目标就不要设计大目标。

（8）庆功的仪式感比完成目标本身更重要。

所有的管理都是为了发展、为了效率、为了目标，最终的使命都是成就人、成就事。世界上伟大的管理方法何止 72 种，一辈子也学不完，但是，总有那么几条是你必须学的。我没有神药，也不是药神，只是希望能给你的管理带来健康。祝中国企业家管理无“病”，祝中国企业家管理有方。

课后随笔 02：中国品牌的 31 大误区

当前，品牌救国、品牌救企的观点不绝于耳。但是，有些企业并不是真的懂品牌的发展和运营之道，经常走在错误的道路上，一头栽进误区里爬不出来，失去了品牌发展的机遇。根据多年全案策划的经验，我提出了中国品牌的 31 大误区，以期为企业的品牌成长找到预警机制和制胜之道。

误区 1：认为模仿性品牌创新是荒唐行为。

误区 2：认为符号是品牌创意的唯一力量。

误区 3：认为定位确定了就是销量提高了。

误区 4：认为超级单品没有什么核心作用。

误区 5：认为挑战最强竞争对手是不理智。

误区 6：认为传统媒体已经完全失去效果。

误区 7：认为小企业去做品牌是自不量力。

误区 8：认为多打广告就可以把品牌做好。

误区 9：认为花钱请明星是一件不值的事。

误区 10：认为广告俗对品牌没有很大伤害。

误区 11：认为在广告里把商标放太大很土。

误区 12：认为广告一打就一定会有大销量。

误区 13：认为广告的创意就是老板创意学。

误区 14：认为创意做好了就是品牌做好了。

误区 15：认为品牌有影响做啥品类都可以。

误区 16：认为品牌之间竞争是不理智行为。

误区 17：认为做几个事件营销就是做品牌。

误区 18：认为个人名字做品牌对企业不利。

误区 19：认为品牌年轻化是品牌的救心丸。

误区 20：认为只要渠道够强销量就会够好。

误区 21：认为只要口碑够好就能做大品牌。

误区 22：认为品牌故事没有什么实际作用。

误区 23：认为新时代只有品牌才能救品牌。

误区 24：认为只有客户才能决定品牌命运。

误区 25：认为标志一旦确定就不能再修改。

误区 26：认为品牌就是企业品牌部门的事。

误区 27：认为某个专家一堂课就可以救命。

误区 28：认为管好代理商不是品牌干的事。

误区 29：认为互联网广告效果绝对排第一。

误区 30：认为促销就是折扣就是销量良药。

误区 31：认为色彩营销对品牌帮助很有限。

很多专家会把每一个误区都说得很详细，我认为，一个误区一句话，但是每句话都要讲“人”话，真正懂得品牌的人会看懂、会理解、会思考。有时候误区就是雷区，但有时候误区也是开发区，没有绝对的正确和错误，中国品牌的 31 大误区会随着时间的变化而发生变化，所以，我会根据中国经济和媒体的不断变化而不断调整和优化这 31 大误区，让它不断焕发出全新的生机。

课后随笔 03：企业为什么要学习如何做好宣传思想工作？

2018 年全国宣传思想工作会议在北京盛大召开，会议提出了很多宣传思想工作的新观点和新要求。一石激起千层浪，整个国家的宣传思维瞬间被激活，新形势下如何做好国家的宣传工作成为热门话题，引起了各个行业的热议。

1. 把繁杂的事情数字化

要想做好宣传思想工作，一定要把繁杂的问题简单化，简单的问题数字化。2018 年全国宣传思想工作的重点，被总结为一系列的数字：9 个坚持、1 个中心环节、5 项使命任务、1 个战略任务、1 项重要职责、4 个必须、3 个不、3 个风、4 个讴歌、4 个观、3 个讲、3 个故事、3 个新、4 个力，非常简单、非常有效，让执行人员做到心中有“数”。

这些数字背后隐藏着巨大的信息量，表面上看是数字，实际上是要求、是目标、是思想、是行动、是号召。企业的宣传思想工作也应如此，要制定明确的数字化战略，要用数字化思维来解决问题。

2. 把人民的利益高度化

所有的宣传思想工作都要解决一个核心问题，那就是为谁服务的问题。我国的宣传思想工作给予了明确回答，一切为了人民。只有把人民的利益高度化，宣传思想工作才能真正产生巨大的威力。中国企业也要回答好这个问题，回答不好，就无法做好企业的宣传思想工作。

其实，国内的很多企业不是被竞争对手干掉的，而是被过期的价值观干掉的，被对宣传思想工作的冷漠干掉的。可以负责任地说，企业不把员工利益最大化，企业就不可能基业长青。

3. 把思想的核心固定化

2018 年全国宣传思想工作会议把宣传思想工作的思想核心固定化了。思想核心就是“9 个坚持”里的第一个——坚持党对意识形态工作的领导权。思想核心确定了，一切工作就都能有序开展。也只有固化了核心思想，宣传思想工作才能名正言顺、师出有名。

企业宣传思想工作的领导权要在员工代表大会，你把员工放在天上，你就不会掉入地狱。企业的宣传思想工作必须还权给员工，还权给以员工为本的思想核心。

4. 把队伍的建设标准化

宣传思想工作重视班子建设，从中央到地方，从地方到基层，宣传队伍建设标准化。中国企业就是要学习国家宣传思想工作的这种主题鲜明、任务明确、落实到位、安全第一的宣传思路，将企业打造成为会宣传、能宣传的行家里手，通过宣传思想实现企业思想复活和事业的全面复兴。

中国企业也应该做到“9 个坚持”：①坚持党和政府对企业发展大方向和大原则的指导权。②坚持宣传思想工作是提高企业发展的前提。③坚持用新时代中国特色社会主义思想武装头脑。④以中国特色社会主义核心价值观为指引，培育企业的核心价值观。⑤坚持企业文化自信，推动企业文化从上墙、上报，向上会、上课、上心过渡。⑥提高新闻营销的能力，推动企业的战略形象上台阶。⑦坚持以员工、消费者、合作伙伴为核心的企业文艺创作导向。⑧坚持营造风清气正的企业网络空间、生活空间、创新空间、效率空间和高质量空间。⑨讲好企业的最美故事，传播企业的最美声音。

宣传思想工作会议提出了“1 个中心环节”的定位，就是要把“统一思想、凝聚力量”作为宣传思想工作的中心环节。中国企业要设置的“1 个中心环节”就是“统一”：统一企业文化思想、统一企业竞争思想、统一企业营销思想、统一企业宣传思想、统一企业创新思想、统一企业产品思想。

宣传思想工作会议提出了“5项使命任务”的要求，我认为，企业同样需要“5项使命任务”：①让方向大旗迎风飘扬。②让企业管理高效运转。③让高、精、专人才脱颖而出。④让企业品牌扶摇直上。⑤让合作伙伴同心同德。

宣传思想工作会议上提出了“1个战略任务”的定位，这就要求在企业内部营造全员认可、全员行动、全员拥护的氛围。

宣传思想工作会议上提出了“1项重要职责”的定位，要把培养担当民族复兴大任的时代新人作为重要职责。我认为，中国企业有两个使命：一是培养品牌；二是培养人。相比之下，培养人更为重要。例如，同仁堂、可口可乐等百年品牌在培养接班人上是非常严格的，为全球企业树立了标杆。

宣传思想工作会议上提出了“4个必须”的要求。我认为，中国企业也要做到“4个必须”：①必须体现国家利益、员工利益和消费者利益的融合发展。②必须全面深化和理解企业的核心价值观并做好价值观的转化和教育。③必须建立企业家的绝对权威，履行好企业家的使命和责任。④必须做好企业的公共关系网络，让企业始终处于文化安全、形象安全的生态圈。这“4个必须”做好了，企业的宣传思想工作才能更稳、更快地发展。

宣传思想工作会议上提出了“3个不”的执行标准。我认为，中国企业的执行力标准也应该执行“3个不”：产品质量不马虎、品牌建设不懈怠、营销目标不妥协。产品质量是立身之本、品牌建设是发展之本、营销目标是生存之本，没有这“3个不”，企业的宣传思想工作就是无本之木。

宣传思想工作会议上提出了“3个风”的要求，我认为，中国企业要点燃发展的熊熊之火，需要营造中国企业的“新3风”：①实事求是之风。从实际出发，让企业生活在规规矩矩的氛围里。②匠心制造之风。树立高质量意识，让大国工匠的精神和梦想化为实际行动在企业生根发芽。③致敬品牌之风。重视品牌建设、品牌形象、品牌文化、品牌自信，让爱护企业品牌的风气成为企业全员的新风气。

宣传思想工作会议上提出了“4个讴歌”的要求，我认为，中国企业也要借助“4个讴歌”提升企业魅力：讴歌祖国和人民、讴歌企业与企业家、讴歌企业榜样、讴歌企业价值观。

宣传思想工作会议上提出了“4个‘观’和3个‘讲’”的要求，我认为，企业也要有建立更加务实和有效的“4个‘观’和3个‘讲’”：领袖观、质量观、营销观、公益观以及讲战略、讲结果、讲故事。我经常想，为什么很多企业周周搞培训，培训时誓言铮铮，结束后转眼忘得一干二净，原因就是缺少这“4个‘观’和3个‘讲’”。

宣传思想工作会议上提出了“讲好3个故事”的要求，中国企业也要“讲好3个故事”：①领导者的故事。把领导者的创业经历讲述成企业的发展历史。②品牌的故事。让品牌故事成为品牌符号。③价值观的故事。讲好价值观的故事，提升客户的认同感和信任感。

宣传思想工作会议上提出“3个‘新’、4个‘力’”的要求，中国企业也要对号入座、深入思考下一步应该怎么做。我认为，中国企业的“3个‘新’”应该这样设计：①新时代的新认识。新时代，企业依然是国家资源的重要组成部分，企业要成为推动国家发展的重要力量，这个认识很重要。②新环境的新认识。企业所处的外部环境一般是由竞争者和国家的政治经济环境决定的，每天都是新环境，每天都要有新认识。③新管理的新认识。管理要稳扎稳打、与时俱进，管理创新是一个企业的核心竞争力。此外，中国企业还应具备“4个‘力’”：①时局变化洞察力。就是要有“站在月球看地球”的视野，不能一叶障目。②宣传口号提炼力。不能长篇大论，一句话、一首歌、一首诗、一副对联能说清最好。③拥抱变化创新力。遭遇变化，拥抱变化，主导变化，不被变化牵着鼻子走。④展开落实行动力。没有宣传的高效行动力，就没有宣传思想工作的高速、高质量。

2018全国宣传思想工作会议虽然结束了，但是如火如荼的宣传思想工作却刚刚开始。我们思考它、研究它、学习它，就是要增强中国企业的宣传思想工作的管理意识、管理深度，将国家思维转化为企业思维。中国企业的发展任何时候都和国家、民族命运紧紧相连，所以宣传思想的工作更需要一个声音、一个调子、一盘棋子，让国与企、企与民建立更加紧密、互助的关系，共建经济新秩序。

和国家保持一致，你的企业就充满力量；和国家的宣传保持一致，你就能掌握宣传思想工作的核心力量。这么多年的发展经历告诉我，爱国，与国家同在，才是企业营销和发展的真正秘诀。

课后随笔 04：好孩子与坏孩子

我一直以为商学院的同学都是最聪明的一群人，情商、智商双高。相处久了才发现，有时候他们比孩子还单纯，工作业绩并不能掩盖他们生活中的“低能”。好的企业家不见得是好的生意人或特别会生活的人，我也是如此。所以，今天整理出 21 条感受，献给我商学院的同学们。

（1）你所浪费的今天就是浪费昨天的人奢望的明天。我不说你浪费时间是可耻的，但你浪费时间一定是可惜的。

（2）世界上哪有什么斤斤计较？还不是因为穷。世界上哪有什么优柔寡断？还不是因为㞞。活，就要活得漂亮点。

（3）很多的烦恼源于不够狠心，做什么都要顾及别人的感受。

（4）处理好与别人的关系，要看别人的长处、帮别人的难处、记别人的好处。不要随便评价一个人，纵然你的评价是无毒的。

（5）所谓理想与现实之间的差距，就是夹起来以为是块肉，咬下去才知道是块姜。所以，理想是用来向往的，现实是用来生活的，教训是用来反省的。

（6）我喜欢这句话：知人不必言尽，言尽则无友，所以留一半最好；责人不必苛尽，苛尽则众远，所以留一半最好；敬人不必卑敬，卑敬则少骨，所以留一半最好。什么都要给自己留一点主权，没有主权，就会挨打。

（7）健身和读书，是世界上成本最低的增值方式。读书可以清洗身上的傻气，健身不至于让自己老得那么快。

（8）非让现实给你一巴掌，你才知道社会有多虚伪；非让所谓的朋友伤害你，你才知道人心叵测。我们要看到这个社会的好，更要看到这个社会的坏，只有看到坏才能珍惜好的东西。

（9）该生气就要生气，宁愿做真小人也不要包装出来的假人设。

（10）信任就像一张纸，一旦皱了，即使抚平也恢复不了原样。所以，永远不要去欺骗别人，因为你能骗到的都是相信你的人。

（11）人与人之间的感情就像织毛衣，织的时候一针一线，小心而漫长，拆的时候却只要轻轻一拉，全线崩溃。

（12）一个人想要幸福，就不能太聪明，也不能太傻，这种介于聪明与傻之间的状态叫作智慧。我一直在寻找智慧的核心，最后才发现是利他与良知。

（13）我一直以为我在微信圈里很风光、在微博上很英雄，事实上没有多少人关注，把自己、把别人看得太重和太轻都是毛病。

（14）现实很残酷，它会不断高举双手给你耳光。你不现实，现实就欺负你，尽管我们每个人一直都在跟现实较量，但胜算都不大。

（15）永远不要怪别人不帮你，也永远不要怪他人不关心你。人生路上真正能帮你的，只有“自己”，所以叫醒自己、管理自己、经营自己很重要。

（16）人总要找点事情做让自己忙起来，只有忙起来才知道生活的不易，才明白平时的忧伤都是矫情。

（17）女人莫欺少年穷，男人莫嫌老来丑。女人懂相守、男人懂感恩才能长久。

（18）任何事情总有答案，与其烦恼，不如顺其自然。烦恼会自然消失，我相信如果不对烦恼太重视，它的毒性就会减弱。

（19）关系再亲密也要保持距离，一旦没有了界限也就没有了底线。

（20）不开心时，做个深呼吸，不过是糟糕的一天而已，又不是糟糕的一辈子。只要还活着，事情总会给你一个结果和一个选择。

（21）所有的愤怒多数来自没钱，所有的励志多数来自想要赚钱，所有的幸福多数来自有钱，所有的忠诚多数来自给钱，所有的成功多数来自钱生钱。

生活真是个坏孩子，它专捡“老实人”欺负，所以我们要变得稍微“坏”一点。我们不去伤害别人，但是也要保证不被别人伤害。信任别人，但要保留 20% 的质疑，质疑不是不信任，而是另外的一种尊重。

保留一点余地，给别人，也给自己！

课后随笔 05：我的“40 条自我修炼术”

所有的生活都源自策划，所有的创意都源自乱想！

一个人走着走着就开始胡思乱想，一首歌听着听着就开始左右情绪。生活的美好和惊喜就在于突然发现从来没有发现的，生活的苦涩和尴尬就在于突然总结从来没有总结的。

从上海虹桥到北京南站，坐得身体都没有了反应，大脑却一直在张牙舞爪，最后决定把这些思考记录下来。因为我始终提醒自己，如果没有对生活的洞察就不可能有对创意的突破，但愿这“40 条自我修炼术”能让我对得起一路的思考。

（1）在乎的人越多你就越脆弱，不善待自己的人不会真的在乎这个世界上的其他人。

（2）怕输的人已经输了，特别想赢的人其实也已经输了，关键是“输了笑得起，赢了哭得出”。

（3）“但是”之前的都是废话，“但是”后面的才是实话。

（4）世界上有两个神：一个叫作死神，一个叫作精神。对前者要敬畏，对后者要拥有。

（5）一个人唯有在害怕的时候才能够勇敢，一个人只有在没有活路的时候才会真的想改变。

（6）我们最爱什么，也许就会毁在什么上面；我们最恨什么，就会从它们身上学到什么。

（7）笑是恐惧的解药，一直笑是痛苦的解药。

（8）不读书，身上的气味会越来越大，不是霉味，而是完全没有滋味。

（9）撒谎，说明我还不够坦荡；迷恋奢侈品，说明我还不够自信。

（10）饿狼从不在乎羊群的想法，暴君从不在乎百姓的想法。

（11）迷恋权力是因为已经尝到权力的滋味，放弃权力是因为已经看透权力的危险性。

（12）每一次睡下和每一次醒来、每一次起飞和每一次降落都是一次重生。

（13）失去的时候，才知道你曾忽略了不止 1 000 次的提示和预警。

（14）永远不要忘记：你是谁、你能干什么、你干过什么、你准备干什么、你准备干到什么程度。

（15）相信有公平你就失败了，不相信有公平你就彻底失败了。

（16）就算博览群书、高山仰止，也不能保证能看透人心。

（17）每个人都需要掌声，需要的是别人不由自主的掌声，要来的掌声和乞讨没有区别。

（18）谋士之间的斗争更为激烈和阴险。

（19）我一直小心地选择伙伴，但我更谨慎地选择敌人。

（20）只有现场能创意的人才能称得上真正的创意人。

（21）没人能保护自取灭亡的人，也没有人能拯救自甘堕落的人。

（22）自我批评有起死回生的功效，自我学习能得到站得更高的机会。

（23）如果说你的善良一直被利用，只能说明你已经不是善良而是愚昧了。

（24）不能为别人披上婚纱就不要扯掉别人的裙子，不能为别人定制业务交易就不要说你懂营销。

（25）只有现在和未来，才值得花时间谈一谈。

（26）客户永远是贪婪的，这种贪婪是由你造成的。

（27）失败的初恋会让一个人永远处于初恋状态。

（28）需要握手言和的是敌人而不是朋友，需要永远保鲜的是婚姻而不是爱情。

（29）最愚蠢的人经常会嘲笑比他更聪明的人，愚蠢的品牌经常会嘲笑比它伟大的品牌。

（30）世界上很少有人可以抵得住真诚的甜言蜜语。

（31）落井下石、人云亦云是人的两大丑恶嘴脸。

（32）婚姻里，任何被冷落的身体都能找到能给它带来火焰的人。

（33）歌词写得不好，怎么唱都是难听的；谱子写得不好，怎么唱都是辛苦的。

（34）让你疼，可能才是你的爱情。

（35）世界上所有完美到没有瑕疵的婚姻基本上都是失败案例。

（36）生活总是充满讽刺，创意总是源于意外。

（37）当客户不按时付钱时，你可以立即按下暂停键，这是对自己最大的保护。

（38）在胸前画上标靶的时候，就要有挨箭的心理准备；在经营中缺少共生，就应该有破产的心理准备。

（39）为人师表的大师越来越少了。

（40）经常醉的人不值得信任，经常不醉的人也不见得值得信任。

课后随笔 06：给爱情卸妆

爱情这个东西，人人爱，也人人恨。似乎，每一份爱情都是化好妆才来到我们身边的，看上去很美，找不到瑕疵。

爱情的脸，有时候纯洁得让你丧失防范，有时候的妆容让你一脸茫然，它可以甜蜜到天昏地暗，也可以痛苦到化为碎片。爱情到底是什么？不妨让我们一起为它卸下精致的妆容。

（1）浪漫是什么？浪漫就是“情不知所起而一往而深”，更是“情不知何时起而一往而深”。在浪漫里，看不见的最危险，最不愿意看见的是清醒。

（2）爱情中，选别人少走的路的人，往往背负最沉重的枷锁，所以爱情越来越现实、越来越现场。

（3）爱情被戳穿就是骗局，骗局里充满枪林弹雨；爱情没被戳穿就是信仰，信仰里都是童男童女。

（4）有些人出现在你的生命里，只是为了告诉你：我在等你，我在爱你；我在伤你，我在骗你。

（5）爱情最可悲的是：每一个人都在用生命去论证自己的爱情很伟大，跟别人不同，但结局往往都是完全相同的。

（6）每个人的心中都有一匹欲望的野马在奔腾。你可以放养它，也可以圈养它、驯养它、荒废它。

（7）真正的童话故事不是王子遇见了公主从此过上幸福的生活，而是一个平庸的我遇见了一个平庸的你，我们愿意放下幻想、放弃标准，做一对相互依偎的“狗”，忠诚地蹲在各自的角色里。

（8）爱情很诡异的地方在于往往你很动心的时刻，都是在你还没准备好的时候遇到；往往你准备好奉献的时刻，都是发现残酷真相的时刻。

（9）如果没有前几年坚持的能力，就没有后几年选择的权力。

（10）靠谱的事情大部分只是在模仿，不靠谱的事情才能打上自己的烙印。

（11）在爱情中撑下去是一种祝福和鼓励，可是对于绝症病人来说，撑下去也许会是一种诅咒。

（12）在爱情的道路上，不奋斗真的好舒服、不真爱真的很轻松、不负责真的很划算、不纠缠真的好痛快，但这些都是不可能的。

（13）美好的东西往往会掺杂虚伪的成分，任何一样东西若是完完整整地呈现出来，可能会不好看。

（14）在爱情的战争里，什么车需要备胎，答案是破车。

（15）我一直警告我的读者，用我的故事去改变你的人生，你肯定会输！

不说了，曾经我的爱情一塌糊涂，现在还在这谈论爱情，想想也是个笑话。

课后随笔 07：坚持“长期主义”是 CEO 的必备良药

我认为，企业家一定要信奉“长期主义”。《哈佛商业评论》自 2010 年推出以来，英文版已经多次发布了全球百佳 CEO 评选榜单，其衡量恒久成功的宗旨始终未曾改变——放眼长期。自 CEO 上任的第一天起，就对 CEO 表现加以追踪，用客观数据作为评价标准，评判其在整个任期内的表现。这种客观方法评估出来的绩效表现得更加真实、可靠，更能体现 CEO 的真正实力。

在 2016—2018 年的中国百佳 CEO 榜单中，CEO 们主要来自三个行业：科技行业、服务行业和医药行业。其中，科技行业的 CEO 在 2016—2018 年分别上榜 17 个、15 个和 20 个，占比最大。这是改革开放 40 年来，中国坚持“科学技术是第一生产力”的明证，也是在未来的竞争中，中国经济持续发展的强大动力。

值得注意的是，未来的商业环境更具挑战性，加上技术推陈出新的速度也在加快，科技企业需要更加坚守和执行长期主义战略。那么，什么是长期主义？信奉长期主义的企业及其 CEO 具备哪些特质？

长期主义是指存续时间足够长，体现在企业创办之初就志存高远，具备长远哲学，因为只有放眼长远、持续成功，才能保证用户利益、员工利益、股东利益和社会利益相一致。

长期主义是专注力和连续性的一种叠加。企业只有专注，才能持续地改善效率，才能促进分工的深化，才能激励创新。企业要想实现长期主义，必须在微观层面强化专注力，在宏观层面解决好社会体制、社会文化等的持续发展问题。

有些企业当下发展得很好，却没有种下“长期主义”的种子，这是非常危险的。如果CEO没有认真想过如何做到长期发展，那又怎么能要求用户长期、员工长期、股东长期和社会利益长期呢？所以，CEO一定要站在长期主义的指挥台上，将长期主义进行到底。

恒大集团、娃哈哈集团、通威集团、天能集团都是长期主义的坚守者，也是我们服务过的重要客户。它们长期主义的思想深刻地影响着我、改变着我，同时也影响着国内的其他企业。

课后随笔 08：企业的成功离不开传播的成功

世界上大部分企业的成功都离不开传播的成功。要成功就先要得到人们的认可，而认可的获得离不开传播。研究发现，世界上有三类组织特别擅长传播。

（1）宗教组织。宗教不生产任何生活必需品，也不销售任何商品，它不怕经济危机，也永远不会破产，更不会担心政权轮替。就其本质来看，宗教是一个传播组织，堪称是世界上最大的大众传媒集团，每一个教徒都是它的员工，他们都是传播者。宗教只生产一样东西，那就是内容；它只负责一样工作，那就是传播信仰。通过传播让你信它、爱它、加入它。

（2）政党组织。政党组织也不直接生产有形产品，除了生产内容，它最主要的工作就是传播信念，它通过传播争夺执政权，通过传播掌握资源，通过传播获得支持乃至一切。

（3）传媒组织。大众传媒顾名思义就是要向大众传播信息，如纸媒、电视、广播、网络（微博、微信、抖音）等。它们可以成就一个品牌，也可以毁灭一个品牌。媒体是把双刃剑，要用也要防。和媒体的关系就像情人关系，甜蜜的时候天下太平，翻脸的时候泥沙俱下。

所以，宗教传播信仰、政党传播信念、传媒传播信息，它们通过传播不同的内容，获得地位、掌握权力、实现目标。企业采用传播的目的包括：①为企业领导者粉饰伟大。②为产品销售呐喊。③为企业品牌塑造影响力。④为企业的社会责任拉票。⑤为市场竞争增加机会。⑥为让消费者永远记得自己。⑦为企业的安全性进行公关。⑧为了获得资本市场的支持。

今天的企业要明白这样一个道理：企业的本质是营销，营销的本质是传播，传播的本质是创意，创意的本质是内容，内容的本质是媒体，媒体的本质是关注，关注的本质是客户，客户的本质是利益，利益的本质是营销，营销的本质是传播。企业一定要注意，培养一个好的传播团队非常有必要。好好研究传播的手段，也许，你就会明白：原来传播才是一切，一切的成功离不开传播。

课后随笔 09：创业的生与死

我是创业者。

创业之初，除了老婆是自己的、儿子是自己的、本事是自己的，其余什么都不是自己的。

创业之初，我表面上雄心勃勃，就像是被打了催产针的牦牛，其实内心很恐惧，就怕自己玩砸了。好在老婆支持，岳父、岳母支持，就连刚学会爬的儿子似乎也是支持我的。好在竟然把公司办活了，而且一活就是十几年，并且活成了中国排名第二的策划公司。今天，就来总结一下“创业”这个让人又爱又恨的小伙伴吧！

（1）创始人很狂，真的很危险。我的经验，如果创始人没有持续艰苦奋斗的精神、持续低调求生的精神，最终是不会成功的。如果一开始就想着做皇帝，有点成绩就想换天地，不去做看得见硝烟的战士，没有做好打持久战的准备，这样的创始人不会走得长远，这样的创业基本上都不会有下文。

（2）业务不专注，天天玩漂移。创业者一定要注意，今天想干这个，明天想干那个，这山看着那山高，什么生意都想往口袋里装，什么能赚钱的事情都想去做，一只手想抓十个甲鱼，难！所以，主营业务、战略业务必须专注，专注到可以成为一代巨匠。

（3）征服不了企业家等于白搭。企业家都是人才里的人才。每个企业家都是有故事的人，每个企业家都是有梦想的人，每个企业家都是有特色的人。无法摆平企业家就无法获得他们的生意，这个本事要靠努力加天赋才行，特别是对于我们这样的全案策划公司而言。

（4）没有自我批评、自我改造的能力可不行。创业其实就是不断自我修正、自我成长的过程，整天高仰着头，不反省、不自我批评，即使能在商海中扑腾两下，终究还会沉下去。成功的企业家是在批评和自我批评里成长和壮大起来的。

（5）掌握不了节奏和火候会摊上大事。创业者要明白，只看见好事，看不见危险，该改进的时候不改进，该前进的时候不前进，该软的时候总玩横的，该横的时候总玩柔的，最后，你不死，谁死？所以，创业者要掌握公司发展的火候，要掌握紧跑慢跑的节奏才行。

（6）盲目学习那些千亿级别的大公司。创业者不能盲目崇拜，更不能盲目跟风大公司，要知道自己几斤几两，要知道自己高矮胖瘦。非要把大号衣服穿身上，号码不对穿着肯定不舒服。

（7）看不起小钱也看不起小气。有些创业者原本是大企业的职业经理人，创业后挥霍的习惯一点儿也没变。不愿意挣小钱，还不愿意小气，最后把自己拍死在沙滩上了。

（8）听商学院教授们的忽悠后就盲目转型。创业者现在都习惯去上商学院，听了几堂课回来就大刀阔斧地要改革、要转型，从实战思维直接过渡到教授思维。最后水土不服、阵地失守，成了创业路上的孤魂野鬼。

（9）把命运交给理论兵。有些创业者特别崇拜空降兵、理论兵，吹吹打打迎进门，恭恭敬敬拜菩萨，职业经理人都成了“活佛”。用高出很多倍的年薪请那些只会吹拉弹唱的理论兵，弄得老臣寒心，四散而奔。最后公司被整得一塌糊涂，职业经理人一走了之。

（10）有点儿闲钱就开始作。部分创业者获得了一些成就，就开始享受人生。全球跑马拉松、年年登珠峰、月月上商学院、天天去养生堂，完完全全地过成了“太上皇”。听不见炮声，看不见对手，管你竞争凄风苦雨，管你发展血压不稳，最后只能“安乐死”。

我也是创业者。直到今天，一天不工作就浑身发痒，一天不加班就活不下去。年轻时喜欢的风花雪月早就成了过眼云烟，生命只剩下键盘和加班。其实，每一个创业者都是受难者，每一个创业者也都是劳动者。创业路漫漫，一旦骑上创业这匹骏马，就由不得你不拼命驰骋了。停不下来，不是因为不想，而是因为创业越成功，责任就越大，那么多双眼睛盯着你，你都不好意思下马！

课后随笔 10：十年十读《度心术》，百战百胜人生路

我经常说，做人也好，做事也罢，其实就是一部《度心术》而已。用你的心去度别人的心，度量准了，就赢了，度量错了，就输了，就这么简单。有人一辈子研究人性，却没有看懂人性；有人一辈子混迹商海，却没有度准商道人心。

有人问我，你为什么在策划方面如此具有感染力？我觉得，我没有任何超级天赋，只是更喜欢阅读。当大家都在读浪漫的爱情故事、钻研财经著作时，而我在默默地读《度心术》而已。

《度心术》是唐朝宰相李义府所作，十年来我读了十遍，越来越感受到《度心术》就是一部“站在月球看地球”，看透世界、看透人心的心理学巨著。《度心术》从度心、御心、擒心、纵心、夺心、诛心等十个方面将看似浩瀚无边的商道之术讲得明明白白。

《度心术》充满了人生技能和社会生存方面的智慧，历来为人们所推崇。度心术说来简单，但真正实施后才发现绝非易事。我们必须承认，历史上成大事者大都是度心和攻心的高手，抛开个人经历和社会出身不谈，善于攻心是他们的共同特征。

我们无法选择先天条件，却可以做到后天的努力——阅读《度心术》。十年读十遍《度心术》，看透别人更看透自己。《度心术》从实用的心理学中提炼出了核心卖点——“度心”，教给人们如何在为人处世、风云交际中抓住对方的心理塌陷区，进而瓦解和征服对方。现实生活中，很多人只研究模式、研究对手、研究产品，却很少静下心来研究“心”，研究自己的心、研究别人的心、研究众生的心。

十读《度心术》后我才明白：度人就是度心，度心就是攻心。

如果你渴望在社交场合如鱼得水，渴望成为最受欢迎的人，渴望在商场运筹帷幄决胜千里，不妨试试随我一起解读《度心术》。

十读《度心术》之度心篇。

（1）吏者，能也，治之非易焉。历史证明，任何朝代能入朝为官的人都是具有各种天赋、各种能力的人，管理他们绝对不是一件易事。和他们为伍，要斗智斗勇，更要深入其中，方能得其要领。

（2）仁者，鲜也，御之弗厚焉。古代的官吏队伍里，品德高尚、勤勉自律者也属少数，治理官吏不能过于宽厚，否则官吏系统就会陷入不敬畏人民、不敬畏法律的境地。

（3）志大不朝，欲寡眷野。志向远大的人一般不愿入朝为官，而是更愿自主创业。欲望少的人会眷恋乡野，游走于民间，享受烟火味的生活。他们看透世界，却不愿意与世界为伍。

（4）才高不羁，德薄善诈。职场中有这样一个规律，特别有才华的人大都不太服管教、不守规矩、不愿受气，他们喜欢活在自己的世界里。品德不佳的人则更善于欺诈，我们应该远离。

（5）民之所畏，吏无惧矣。古代的老百姓很怕官吏，不到生死存亡的时刻是不敢做出格的事的，所以官吏是不怕老百姓的。古代官吏是骑马的人，而老百姓就是官吏屁股下面的马。

（6）狡吏恃智，其勇必缺，迫之可也。狡猾的官吏都是头脑灵活的人，奸诈的官吏往往有超人的智慧。他们圆滑但缺少勇猛，只有靠勇猛制服他们才是最正确的选择。官吏们不怕玩心眼，而怕武力，武力一到，智慧就跑掉。

（7）悍吏少谋，其行多疏，挟之可也。凶狠的官吏一般缺乏智商和情商，行为上的漏洞会很多，仔细观察就能找出他们的问题，然后要挟他们就范。可见，人有多凶狠，就有多脆弱。

（8）廉吏固傲，其心系名，誉之可也。正直的官吏一般傲娇，听不进去别人的意见。他们看重名声，害怕名声被玷污，自我保护意识很强。只要不断赞美他们就能解决问题，批评只会加速失去他们。

（9）治吏治心，明主不弃背己之人也。管理官吏就是管理、收服他们的心。情商和智商双高的领导一般不会抛弃曾经背叛过自己的官吏的，而是会再次给予信任、赋予能量，使之成为自己可以一直使用的人。

（10）知人知欲，智者善使败德之人焉。了解、使用、驾驭一个人，首先要了解他的欲望是否可控。一个有智慧的人最应该做的就是驾驭那些品德有缺陷、有清晰欲望的人。怕就怕那些没有特点、没有欲望、没有缺陷的人。

十读《度心术》之御心篇。

（1）民所求者，生也；君所畏者，乱也。无生则乱，仁厚则安。人民的要求非常容易满足，能生活得好一点就可以了。皇帝最害怕的是叛乱，害怕失去江山。如果人民活不下去，天下肯定大乱，只有让人民安居乐业才能获得真正的和平。

（2）民心所向，善用者王也。人忌吏贪，示廉者智也。知道人民想什么、要什么、最关心什么，是非常重要的。只有真正了解民心的人才能成为王者。人民最恨的是贪官污吏，只要官吏宣讲、保持廉洁才是有智慧的官吏。但是如果言行不一，最后一定会被秋后算账。

（3）众怨不积，惩恶勿纵。不礼于士，国之害也，治国固厚士焉。生命一旦被踏破，民众一旦有了怨恨，必将导致不可收拾的局面。千万不能让怨恨积累、发酵，惩治恶人要推行雷霆手段。如果一个国家不善待教育、不善待读书人，这个国家也将处于危险的境地。

（4）士子骄纵，非民之福，有国者患之。士不怨上，民心堪定矣。有的读书人，一旦取得一些成就就会恃骄而纵，这对于老百姓来说不是好事。治理国家要高度重视这类人，尽力引导。如果这些人不对国家产生抱怨，老百姓的生活就会相对稳定。

（5）严刑峻法，秦之亡也，三代盛典，德之化也。暴政是秦国灭亡的真正原因。夏禹、商汤、周文三代盛世证明了以德治国的重要性。长治久安必须推行仁政，仁政才能政通人和，体制、流程、价值观缺一不可。

（6）权重勿恃，名高勿寄，树威以信也。权力再大也不要乱用权力，名声再高的也不要滥用名声。树立权威的最好方法是讲究诚信，没有诚心就无法树立权威。诚信的力量是你无法想象的，只有信和信用才能做大、做强一件事。

十读《度心术》之擒心篇。

（1）德不悦上，上赏其才也。品德高尚的人不会整天取悦上司，那样会让高尚的品德变得黯淡无光。上司尊重的是你的才华、才学以及贡献，不是你的取悦、甜言蜜语。取悦上司会挤占努力工作的时间，只有贡献才能让上司刮目相看。

（2）才不服下，下敬其恕也。作为上司，即使你很有才能，有时也很服众。下属最看重、最尊敬的是你对下属工作中所犯错误的宽恕能力。当然，小错可以谅解，但如果是损害国家和人民利益的大错，最大的宽恕就是最严厉的惩罚。

（3）才高不堪贱用，贱则失之。不重用有能力的人，不为其提供发挥才能的舞台，把原本昂贵的东西贱卖，你就会失去他们。人才就应该被奉为座上宾，为他们提供建功立业的机会。

（4）能微莫付权贵，贵则毁己。不可重用能力低下的人，此类人一旦手握实权，就会变得贪婪、膨胀、无度，就会祸及社会和提拔、重用他的人。

（5）才大无忠者，用之祸烈也。有能力、有才华、有想法的人，如果没有一颗忠诚的心，一旦被委以重任，就会造成巨大而惨烈的祸患。不忠，就会背叛，能力越强，伤害越大，这是一条铁律。所以，关注能力更要关注忠诚度。

（6）人不乏其能，贤者不拒小智。能力不同，发挥关键作用的时间和环节也不同，管理者要学会鉴别。品德高尚、胸怀宽广的人不会看不起只有小智慧的人；相反，他们会很尊重这些人的长处。因为他们知道，小智慧聚在一起就会产生大智慧。

（7）**智或存其失，明者或弃大谋**。智者也会出现失误，甚至造成不可弥补的后果，这就是为什么军师既能兴国也能败国的原因。人无完人，智者也有考虑不周的时候，也有存在漏洞的可能，不能盲目迷信权威。

（8）**不患无才，患无用焉**。不要担心没有人才，要担心的是能否鉴别、培养、使用、感召人才。人才到处都是，就看你能否用好而已。被称为人才的人首先都是有想法的人，有想法人的人自然是比较难以驾驭的人。

（9）**技显莫敌禄厚，堕志也**。有才华的人往往也难以抵挡高官厚禄，特别是巨额薪酬的诱惑，所以金钱会腐蚀人的志向，让很多人才陷落在金钱的沼泽里。今天的职场中此类现象普遍存在，所以对于人才一定要舍得花钱。

（10）**情坚无及义重，败心矣**。情深义不厚，是无法走远的。中国人常说的情深义厚是指相处不仅要感情热烈、深沉，更要讲义气、有气节，这才是合作的最好状态。没有节操的人即使一时和你感情深厚，终将也会和你在有情、有义的道路上分道扬镳。

十读《度心术》之欺心篇。

（1）**愚人难教，欺而有功也**。愚昧的人难以教化、难以改变。对付他们最好的办法是善意的“欺骗”。但是，欺骗要以拯救、改变他们为前提，通过非正常的手段让他们接受教训，走出愚昧和愚蠢。因为正常的方法是叫不醒他们的。

（2）**智者亦俗，敬而增益也**。不要以为有智慧、品德高尚、有社会地位的人都是谦谦君子，他们也有庸俗的时候，也有喜欢别人赞美和恭维的时候。对他们表达尊敬、表达爱戴，你会得到意想不到的收获。

（3）**自知者明，人莫说之**。一般来说，对于有自知之明的人，你提示或者不提示，他们都会知道进退和远疏。不要过度议论、批评他们，要给予他们更多的机会和谅解。有自知之明的人自尊心通常很强，他的自我惩罚远远大于你的批评。

（4）**身危者骇，人勿责之**。身处危险和困苦中的人都比较恐怖，他们的心理是脆弱的，他们的恨是对这个世界的不满。不要再去激怒、责怪他们，否则将会把他们推到更加绝望的边缘。身处危险和困苦中的人，最容易产生的行为是疯狂地报复。

（5）**无信者疑，人休蔽之**。没有信誉、信义的人，大多是多疑的人。和他们相处，蒙蔽他们是没有用的，应尽量告诉他们真相，结束他们的多疑。因为多疑，会让他们变得很可怕。

（6）**诡不惑圣，其心静焉**。在我看来，再诡异的欺诈之术，对于那些达到圣人修为的人来说都是无效的。因为他们的内心是安静的，欲望是极低的，心态是归零的。无欲则刚，他们不大喜、不大悲、面对诡计，不惹尘埃。

（7）**正不屈敌，其意谲焉**。不要以为你是正义的，你就可以让敌人自动地屈服和主动地接受。不是所有的正义都可以换来和平，正义有时候要用战争来证明。能成为敌人的人，其本性里写满了奸诈和贪婪，盲目原谅会让敌人觉得你不是仁慈而是懦弱。

（8）**诚不悦人，其神媚焉**。不要以为真诚，就可以获得他人的欢心，毕竟多数人都喜欢献媚和谄媚的人。真诚虽然好，但是过度真诚，太直易折，终究不能招人喜爱。我喜欢真诚，但是我更赞成对真诚的人真诚。

（9）**自欺少忧，醒而愁剧也**。我们每个人都有两种状态：自我欺骗和自我警醒。自我欺骗能减少忧虑，自我警醒却使自己愁苦加剧。自我欺骗终会醒来，痛更深；自我警醒终能正视，爱会来。

（10）**人欺不怒，忿而再失矣**。如果被人欺骗了，请不要丧失理智，要尽量争取以后不再受人欺骗。因为过度愤怒会让人更加失去理智。我们必须冷静，因为冷静是对付欺骗的最好方式。

十读《度心术》之纵心篇。

（1）国盛势衰，纵其强损焉。国运有波谷也有波峰，强国也会慢慢走向衰落。无度地放纵强大、放纵武力、放纵势力，最终强国会为此付出惨重代价。曾经盛极一时的日不落帝国已成为历史，就像没有永远不会融化的冰山、永远不会干涸的海底一样。

（2）人贵势弱，骄其志折焉。权贵的最后结局是走向弱小，因为作为权贵的他们会越来越骄傲、越来越跋扈、越来越脱离群众，最后志趣消退、转向弱小。他们最大的问题是忽略了权贵是流动的事实。因为想当权贵的人实在太多，想成为新权贵就要消灭老权贵，道理就这么简单。

（3）功高者抑其权，不抑其位。对于功高者，可以限制其权力，但不能削减和降低其地位。因为人一旦上升到一定的地位，是不愿意再下来的，下来就会让他更想上去。所以，限制权力比降低地位更有作用。限制权力要温和、要稳健、要见爱不见血。

（4）名显者重其德，不重其名。对于声名显赫的人，我们要看重他们的品德，而不是他们的名望。品德好，名望越大越能相处得愉悦；品德不好，名望越大越难相处。

（5）败寇者纵之远，不纵之近。任何时候我们都要清醒地认识到，面对失败的敌人我们可以放他们逃到最遥远的地方，确认没有安全隐患即可。但是，绝对不可以放在身边，成为一只随时可以咬断你脖子的“老虎”。失败的敌人更具潜伏性，一旦时机成熟他们就会反扑，比失败前更加拼命。

（6）君子勿拘，其心无拘也。对待君子，我们不要试图束缚他们，不管是他们的身体还是他们的信仰。因为他们的心是不受任何人束缚的，纵然失去生命，也很难让他们接受被束缚。

（7）小人纵欲，其心唯欲也。小人最看重的就是“欲”，不管是对生理还是对物质的贪婪，因为他们的内心充满对“欲”的无限向往和永不满足。“欲”是怪兽，只有把“欲”关在笼子里才能得到遏制。小人们的心里都住着一只叫“欲”的怪兽，我们要异常当心。

（8）利己纵之，利人束之，莫以情易耳。遇见有利于自己的事情，要尽力地去获取；遇见有利于别人的事情，要大胆地去约束，不能因为感情而改变这一初衷。在战争中，这一点特别重要，它的名字叫“战机”。一旦错过战机，你就会成为彻底的失败者，项羽不是败在能力上而是败在对战机的一再错失上。

（9）心可纵，言勿滥也。心里怎么想都可以，但是嘴上不能乱说，心理活动最安全。任何思考一旦从嘴里流露出来就变成了证据，言多必失。心里可以纵横千里，嘴上却要严于律己。管不住嘴，何以管得住人生？

（10）行可偏，名固正也。做法允许有偏失，但是名义上要正。打着正义的旗号做事才会名正言顺。名不正，则无法号令天下。有些人恰恰相反，事情做得很对，但是名不正，最后还是一败涂地。所以，名正和正名是事业道路上非常重要的两个关键词。

十读《度心术》之构心篇。

（1）富贵乃争，人相构也。富贵是靠斗争、竞争、勤奋争取来的，不是天上掉下来的。今天的商界，表面上一片祥和，但是品牌与品牌之间的商战硝烟从来没有消失过，相互构陷的手段一浪高过一浪。

（2）生死乃命，心相忌也。“命”很难说清楚，所以才会有“生死由命，富贵在天”的说法。正因为这种说法造成了“有人天生富贵、有人天生贱命”的怪论，所以人们才会相互忌恨，才会造成社会的不和谐。

（3）构人以短，莫毁其长。要征服一个人，就要用他的短处来攻击他，千万不要诋毁他的长处。一个人的短处就是这个人的软肋，软肋被刺，再大的长处也会轰然倒下。没有人没有软肋，只要仔细观察就会发现，它就躲在这个人的性格里。

（4）伤人于窘，勿击其强。征服一个人或一支部队，最佳时机就在他们相对窘迫之时，不要在他们最强势的时候发动攻击。敌人的窘迫就等于给了你双倍的力量和机会。敌人越窘迫，我们越要加速战斗，将敌人消灭在窘迫的时间段里。

（5）敌之不觉，吾必隐真矣。在与敌人周旋的过程中，如果敌人没有任何察觉，我们一定要隐藏好自己真实的想法、说法和做法，不要暴露在敌人可以觉察的范围内，否则，就会产生严重的后果。一个人隐藏想法的能力，就是未来成就自己的能力。

（6）贬之非贬，君子之谋也。有时候，对一个人进行必要的贬损是很有必要的，贬损不是目的而是手段，更是一种君子的谋略。适度的贬损可以使高傲的人更低调、使冲动的人更客观、使兴奋的人更冷静。但是要注意，贬损不能伤害别人的尊严。

（7）誉之非誉，小人之术也。生活中，我们经常会听到有很多赞誉并不是真实的，也是自己没有能力获得的，这时候一定要小心，这可能是小人们的惯用伎俩。无功获誉、无德获赞，大多是陷阱。我们身边这样的人很多，他们靠推销自己的赞美，营销自己的赞美来寄生、来获利。

（8）主臣相疑，其后谤成焉。莫须有是如何变成现实呢？破坏分子们会想尽一切办法造成君臣之间的相互猜疑，相互猜疑越演越烈，最后就会变成莫须有的罪名。相互猜疑是一切悲剧的起源，更是毁灭一个团队的隐患。

（9）人害者众，弃利者免患也。如果你过得很好，就会有很多的妒忌者。他们在暗处放箭，直到你倒下然后获得你的利益。面对这样的危险，你要能舍弃利益，保全安稳，换来祸患的远离。

（10）无妒者稀，容人者释忿哉。这个世界上没有妒忌心的人很少，能容人的人就更少了。只有能宽容别人的妒忌、看淡别人的议论，才可以消融愤恨、善待他人、成就自己。容人需要宽阔的胸怀、豁达的性情、伟大的格局，能容人者才能容天下。

十读《度心术》之逆心篇。

（1）利厚生逆，善者亦为也。你给别人的利益越丰厚，别人越容易背叛你。不管是天生的恶人，还是天生的善人，多会如此。这在管理企业中特别要引以为戒。因为利益越丰厚，对方的欲望就会越膨胀，就会不满足你给的，而是要本来属于你的。

（2）势大起异，慎者亦趋焉。古代君臣之间经常上演这样的事件，臣子势力太大就容易产生异心，不管是粗暴的人，还是谨慎的人，都会如此。所以，给予权力而不知道收回，最后遭遇反叛是必然的结果。限制臣子的势力发展，有时候也是对自己的一种保护。

（3）主暴而臣诤，逆之为忠。如果皇帝生性残暴，决策不明，听不进别人的意见，作为大臣冒死诤谏，虽然表面上看是违逆皇帝，却是忠心的表现，值得珍惜。为大局进言的人，是当权者应该重用的人，否则身边就会围绕一批昏官，虽然表面上一团和气，其实背地里则是暗潮汹涌。

（4）主昏而臣媚，顺之为逆。如果皇帝昏庸不堪、不理朝政、沉于温柔，作为大臣并不去劝谏，虽然表面上看是顺从的，但实质上则是一种叛逆。职场中，也存在这样的人，明明知道上司的诸多做法会导致决策失败，下属不敢，也不去劝谏，这样的人，也可以称为“逆”。

（5）忠奸莫以言辨，善恶无以智分。忠臣也好，奸臣也罢，不能以他们的话语来辨别，要看实际行动；善人也好，恶人也罢，也不能以他们的智商高低进行区分。智，还是要看实际行动，只有行动才是判定一个人好坏的标准。

（6）谋逆先谋信也，信成则逆就。谋划反叛时，首先要取得对手的高度信任，信任一旦形成，叛逆就更容易成功。所以，过度信任一个人可能就是毁灭自己的开始。“用防兼备”4个字说出了“反制反叛先谋信”的核心。信任要有度，信任就是要更加冷静地信任。

（7）制逆先制心也，心服则逆止。如果想要制止反叛，必须先制止反叛者的心，让反叛者在心里臣服于你，进而愿意继续在你的帐前听令。收服人心的能力是高于一切的能力，反叛者都是受心控制的。攻占别人的领土只是军事实力强大，攻占别人的心，是管理能力、魅力的强大。

（8）**主明奸匿，上莫怠焉**。古代有很多奸臣很有智慧，遇见英明的领导者他们就会隐藏得很深，看起来比忠臣还要“忠臣”。如果遇见一个糊涂的领导者，他们就不再隐藏，而是张牙舞爪、煽风点火、破坏朝纲。

（9）**成不足喜，尊者人的也**。成功并不值得欢喜，一个人的失败往往是从成功的那一刻开始的。一个人越成功，地位越高，受到的攻击会越大，危险系数就越高。所以真正的成功者要明白：成功之时就是最危险之时，要把自己的锋芒隐藏起来，变成一束不会引起妒忌的人性光芒。

（10）**败不足虞，庸者人恕耳**。失败是不值得忧虑的。因为人们都有一个喜好，特别愿意同情失败者，不会对失败者、平庸者高举打击的大锤。所以，失败虽然令人痛苦，但也是一种自保的方式。我们要能品味成功的快乐，也要能接受失败的伤感。

十读《度心术》之夺心篇。

（1）**众心异，王者一**。在一个团队里，每个人都有自己的想法、说法和做法。人心是不整齐、不一致的。作为领导者，最需要做的就是让大家一条心，把大家完全统一起来、武装起来、一致起来。不能做到万众归心，就不能成为真正的领导者，这是一个硬指标。

（2）**慑其魄，神鬼服**。征服一个人或者一个组织，最好的方法是攻击其精神，如果其精神恐惧了、垮掉了，就会屈服于你的管理和领导。因为精神是支柱，打掉支柱就是打掉最后一根救命稻草。

（3）**君子难不丧志，释其难改之**。苦难并不能让君子改变志向。20 岁时，我经历了 60 岁男人才能经历的苦难，但我挺过来了，并且取得了一些成功。不敢说自己属于君子之列，但如果没有曾经的那些苦难和有贵人帮我解除这些苦难，也许成功就不再属于我。

（4）**小人贵则气盛，举其污泄之**。一般来说，小人得志是非常嚣张的，制服小人最好的办法就是找到他的污点和罪行检举他，让他束手就擒。小人得意就容易忘形，这时就可以从他的表现中发现罪行的蛛丝马迹，这就是他的漏洞。

（5）穷堪固守，凶危不待也。单纯的贫穷可以让人在苦难里煎熬，坚守节操，等待贫穷结束的那一天。如果遭受凶险和危难，人就会放弃自己的节操。所以，贫穷不可怕，可怕的是在贫穷里遭遇凶险和危难，这会让人放弃节操进而开始反击。

（6）察伪言真，恶不敢为。观察伪装和谎言，然后说出真相，伪装者和说谎者是不敢继续这样做了。所以，我们要提高鉴别谎言的能力、强化洞察伪装的能力，用真相使伪装者和说谎者害怕、羞愧、反省，他们才会停止不良的行动。

（7）神褫之伤，愈明愈痛。当心神被无端剥夺刺激，就像被鞭抽斧砍，我们就会心神不宁、坐卧不安，越聪明的人就会越痛苦、越绝望。所以，打击、征服一个人，就是要用策略让他心神不宁、坐卧不安、方寸大乱。

（8）苛法无功，情柔堪毕焉。最严厉的苛责未必能达到目的，最残酷的刑罚未必能改变一个人，如果尝试用情感来安抚，说不定事情就会有转机。温柔以待可能会高于严苛粗暴所达到的效果。情感安抚要稳、准、狠，要一步到位。情感安抚得不够彻底、不够真诚，就达不到以柔克刚的目的。

（9）治人者必人治也，治非善哉。多年的实践告诉我，惩罚别人的人一定会也受到别人的惩罚，所以惩罚并不是越多越好，越多越会产生不良的后果。治人者遭人治，这是千年不变的道理。

（10）屈人者亦人屈也，屈弗耻矣。不要把让别人屈服当作很了不起的事情。别人屈服于你，你屈服于别人，这都很正常。屈服并不可耻，而是一种智慧。如果我们连屈服都做不到，又怎么能做到让别人屈服呢？

十读《度心术》之警心篇。

（1）**知世而后存焉。**只有了解社会最真实的样子，你才有资格享受它的怀抱。社会，有时候很温情，有时候很残忍，有时候很冷漠，看透这社会，生存才变得简单。

（2）**识人而后幸焉。**人是复杂的动物，人的性情也会随着事件的变化而变化，好人会转化为坏人，坏人也会转化为好人。所以，鉴别一个人的好坏很重要。识人要靠阅人，阅人无数才能看清人，看清楚你面前的这个人是个什么人。

（3）**天警人者，示以灾也。**宇宙之大，万象有法。上天警告我们，我们就会遭遇天灾，天灾就是提醒我们做事要收敛。天灾源于人祸，源于人类对大自然的破坏。我们不敬畏世界、不敬畏环境，就会遭受天灾。这不是玩笑，这是警告！

（4）**神警人者，示以祸也。**宇宙之大，万象有法。神警示我们，我们就会看到人祸，人祸就是在提醒我们不要做丧尽天良的事。人祸源于怨与恨，减少人祸最好的方法是遵守爱、远离恨、远离怨。神就是我们的道德监督员。

（5）**人警人者，示以怨也。宇宙之大，万象有法。**人对人的警告，就是怨恨的开始。我们要做的就是马上停止制造深度怨恨的机会，不要把怨恨升级为伤害。当一个人对你发出警告时，应该引起你的高度重视，停止行动、回到本位，不要把警告变成镣铐。

（6）**畏惩勿诫，语不足矣。**我发现，害怕惩罚的人更需要惩罚。要惩罚一个人，没必要提前告诉他，因为对于他来说，语言警告已经失效，只有惩罚才能起作用。有时候，害怕惩罚是因为不敢担责，越是不敢担责的人越应该受到惩罚。

（7）**有悔莫罚，责于心乎。**如果一个人有了悔改之心，尽量不要再去惩罚他。此时的惩罚只会徒增他的痛苦，而无法起到惩罚的作用，甚至会起反作用而让事情变得一发不可收拾。发现问题，及时醒悟、及时悔改，是很宝贵的品质。我们要给有悔改之心的人更多的机会，而不是把他踩在脚下，让他永世不得翻身。

（8）**势强自威，人弱自惭耳**。一般来说，强势的人通常很有威严，懦弱的人更容易自卑。所以，强势的人要控制好自己，不要伤害到他人的尊严；弱势的人要保全自己的尊严，不要受到羞辱，这是非常重要的。如果强势的人能体恤懦弱的人，这个社会就和谐多了。

（9）**变不可测，小戒大安也**。我们不能预测和控制事情的变化。所以，越是小事越要小心谨慎，因为所有不可收拾的大事都是由于小事上的不谨慎造成的。一个人对待小事的态度就是其驾驭大事的能力，小事经常出纰漏，是绝对不可以托付大事的。

（10）**意可曲之，言虚实利也**。有时候，别人故意曲解你的意思，对你说谎，是为了在你这里获得更多的好处。说谎的人是为了得到更多，但是说谎无法得到长久的好处。

十读《度心术》之诛心篇。

（1）**诛人者死，诛心者生。杀人偿命，千古一律**。诛杀别人的心不算犯罪，所以还能活命。就像伤一个人的心，伤到极致，也不会受到法律的制裁。但是，诛心比杀人更残忍。需要注意的是，被诛心的人有可能会产生疯狂的报复，这也是很危险的。

（2）**征国易，征心难焉**。要征服一个国家，靠军队、武器、计谋是可以实现的。但是征服一个国家的人心，却是很困难的。如果征服了国家并没有征服人心，征服就变得毫无意义，除了物质上的利益和心理上的满足外，并无其他好处。所以，获得国土容易，获得人心却很难。

（3）**不知其思，无以讨之**。要想领导一个人，一定要知道他的想法，知道得越多，领导起来就越容易。获得想法就是要获得他的信任，获得信任还是要获得他的想法。可以这么说，只有知道其所想，才能完成其所治。

（4）**不知其情，无以降之**。要降服一个人，如果不知道他的情况就无从下手，获得他的情况是降服他最有效的办法。每个人都有自己的实际情况，情况越真实、越新鲜，降服这个人的可能性就越大。

（5）其欲弗逞，其人殆矣。如果一个人的欲望无法得到满足，这个人基本上就废了。欲望无法得到满足，人们就会想尽各种办法实现欲望，实现欲望的力量一旦成为邪恶的力量，它的破坏力就会成倍地增长。

（6）敌强不可言强，避其强也。面对强敌，尽量不要硬碰硬，回避是一种智慧，示弱更是一种能力。在强敌面前充英雄，只会遭到更疯狂的蹂躏。

（7）敌弱不可言弱，攻其弱也。在弱小的敌人面前要很强势，要攻击他最软弱的地方，这样才能一举打倒他。我们必须注意到，弱小的敌人也会有方法来对付强敌。一定要记住，轻视小敌是大忌。

（8）不吝虚位，人自拘也。企业管理中，要善于、不吝惜地给一些人虚的、没有实权的职位，这样就会束缚住一些人，对企业管理会起到很大的助益。

（9）行伪于谶，谋大有名焉。谶语是指事后应验的话。在古代，有些想谋大事的人会在谶语中做假，中国古代有些草莽起义者就有利用谶语的谋略。在做策划的过程中，我也经常做预测，这里并没有什么玄机，只是善于洞察而已。

（10）指忠为奸，害人无忌哉。很多历史故事里都提到，古代朝廷里陷害一个人最常用的手法就是指责忠臣为奸臣，进行栽赃陷害，让忠臣百口莫辩，然后忠臣就成为砧板上的鱼肉了。这是古代奸臣弄权的必要手段和常规做法，一定要引以为戒。

每次夜读《度心术》，都会深感疲惫，不是理解之痛，而是人性洞察之痛。作为度心者，要看透世界、看透身边人，是一件特别痛苦的事。作为度心者，自己首先要长心，自己不长心，不但无法度别人的心，而且还会把自己度进去。长心的奥秘就在于要长信，只有信誉才能让你掌握度心的真本事。我非常钦佩古人的智慧，也常常为今天我们忽略古人智慧、片面相信西方智慧而感到遗憾。我并非科班出身，但是，我很愿意沉下心来阅读《度心术》，就是要从心看心、从心度心、从心掌心。

我率领张默闻策划集团的小英雄们服务过很多超级品牌，一次次大打攻心战，虽然很少失守，但是也觉得越来越难。因为，大家都在开始度心,用自己的心去度别人的心,用别人的心去度自己的心。掌握度心之术，成就更多的英雄，这也是我解读《度心术》的初衷。文字功力有限，古学造诣浅薄，所以未必解读得精彩，但愿此文能为有幸者指路，我就非常满足了。

课后随笔 11：写给企业管理者的 12 条新定律

什么是定律？定律是客观规律的统称，是解锁宇宙奥秘的钥匙。定律是为实践和事实所证明，反映事物在一定的条件下发展变化的客观规律的论断。定律的特点是可证，而且可以被不断证明。定律可以是一种理论模型，用以描述特定情况、特定尺度下的现实世界，在其他尺度下可能会失效或者不准确。

（1）新赞美定律。有人说，重 250 千克的猪受到赞美后，它也会努力地爬上树，所以赞美的成本最低。作为管理者，如果你连赞美都不会、都吝惜，可以说你根本就不懂管理。还有一句话就是，听到赞美就完全当真的人和听到赞美就膨胀的人，更没有资格成为管理者。赞美，是个武器，但是用不好，会伤人。

（2）新沟通定律。沟通不良是结果，关系不良是原因。做管理，要先做人再做事才能顺畅。否则，你再牛也会寸步难行。企业管理最大的问题就是关系不良，导致管理也出现营养不良，结局自然是很难看的。与其说我们的沟通成本很高，不如说我们的人际关系融洽度并没有真正地建立起来。

（3）新管理定律。管理的演变过程应该是这样的，变统治为团结、变指挥为说服、变领导为引导。说到底，这“三变”的本质还是做人。但是，我们的部分管理者依然习惯用统治者思维、指挥官思维和领导者思维来管理公司和员工，最后，不一定能取得预期的效果。

（4）新空杯定律。有些管理者有丰富的经验，杯子被经验装满了，所以装不下理论；有些管理者有丰富的理论，杯子被理论装满了，所以也装不下实践。不管你上哪一家商学院，如果没有真正的空杯心态，除了一肚子白酒，你可能什么也装不了。所以，空杯心态的根本是杯子必须真的是空的。

（5）新缺点定律。对于老板的缺点，可直面上诉，等待结果，但是不可暗含讥讽和明目张胆地对战。做人，不能打着正义的旗号没有底线、打着善良的旗号飞扬跋扈。正确评价老板和给老板提意见的方式很重要，给老板足够的自我批评和反省时间更重要。无论对谁，提意见一定要留有余地，话绝路就绝了。

（6）新文化定律。没有任何一种文化适用于所有时代，总是抱着老思想不放，企业也会随着老思想而“老化”。敬畏、守护传统很好，但是更要向前看，不能过度消费传统文化。传统文化也需要换新颜，也要融合新文化，适应新时代、新环境。

（7）新穿越定律。中国和美国都有穿越剧，区别在于我们大多向古代“穿”，美国大多向未来“穿”。企业也是如此，有的企业往创新上“穿”，有的企业往保守上“穿”。穿越，我更主张穿越未来，展开想象。其实就是一句话，敢想，世界就是你的！

（8）新智慧定律。现在有些企业家，什么是管理，什么是经营，什么是战略都还没搞清楚，就天天研究什么是智慧。管理还不到位，就想著书立传，大谈智慧。智慧，不是小聪明，是对人性的超级洞察、对时事的超级洞察、对世界的超级洞察。

（9）新共识定律。管理变革的第一步是达成共识，变革的过程是双赢。共识，不是强势地推销你的观点，而是在重要观点上达成一致，形成可以共同遵守的共识，这样才能实现精神和力量的高度统一、知识和行动的高度统一、目标和效率的高度统一。

（10）新执行定律。执行力不强，不是原因，是结果。要思考的不是执行力不强怎么办，而是为什么执行力不强，是谁造成了执行力不强。团队执行力不行，本质是管理不到位。管理的方向、方法、方略不行，所有的执行不到位都是管理水平低下造成的。

（11）新领袖定律。纵观历史，发现一个规律：有好皇帝就有盛世。中国企业更需要“好皇帝”型的企业家。一个企业有多大的成就，就要看这个企业的领袖有多大的格局。领袖的命运就是企业的命运，领袖的性格就是企业的性格。

（12）新沉默定律。沉默不一定是金。这个社会上很少有成功的人是靠沉默发家的。事业大多是“谈”出来的，善于表达和沟通才是硬道理。但是，需要警醒的是，不沉默不是乱说、胡说、信口开河，而是知道能说什么、要怎么说。

课后随笔 12：中国各大商学院里有意思的现象

读书归来睡不着，站在地球看地球。

读长江商学院有一个好处竟然是结识了不少其他商学院的同学，经常聊天，就发现了一些比较有意思的现象。

（1）同学们好像不是来学习的，而是来评价教授水平高低的。

（2）越优秀的学生越低调，越自负的学生越高调。

（3）教授的观点大都模棱两可，学生的学习大都浮于表面。

（4）网上竟然能找到十年前有些教授已经开始用、今天还在讲的课件。

（5）关系好的同学总是坐一块儿，怎么看都像小帮派。

（6）各大商学院里企业家越来越少，生意人越来越多。

（7）没有奉献精神的同学是没有办法当一名合格的班委的。

（8）说国际企业头头是道，论中国品牌蜻蜓点水。

（9）爱国主义教育和企业家精神很少出现在课堂上。

（10）班长就像董事长，要有情、有义、有地位，有钱、有位、有品德。

（11）企业家同学们都在深情地呼唤国家品牌语言、国家品牌情怀的全球输出。

（12）每一位教授都是学术传奇，每一位同学都是生意传奇。

（13）看得见企业家的生活，看不见企业家的精神。

（14）商学院要两手抓，两手都要硬：一是和政治保持一致，二是和真理保持一致。

（15）班主任和同学们一直在斗智、斗勇、斗法。

（16）不仅要站在月球看地球，更要站在美国看中国，站在中国看美国，站在亚洲看中国，站在中国看亚洲，一定要多看。

好玩的事情还有很多，今天只能想起这么多。

课后随笔 13：全案客户论

客户是谁？你是谁的客户？谁是你的客户？你怎么对待、经营客户？你了解客户的软肋和情趣吗？你怎么把客户变成永不背叛的客户？你的客户观是什么？你靠什么成为客户的客户？……

尽管我无比崇拜阅读，但我一直反对看那些没用的书。生意的本质不是生意，生意的本质是人，因为生意是人做出来的。客户是什么？答案很简单，就是对自己的生意有价值的人。

关于业务的 10 句话。

（1）事业来自客户，营销客户才是企业营销的最大奥秘。

（2）尽最大的努力，做最坏的打算。

（3）天上不会掉馅饼，业务的获取都是“夺”过来的。

（4）必须找到企业家的管理痛点、品牌的营销痛点。

（5）一般业务，业务员就行；超级业务，必须是老板和老板谈。

（6）多花时间理解客户需求，少推销自己辉煌的过去。

（7）获取业务主动权最受尊敬的办法就是让客户主动上门。

（8）任何业务的获取都不能靠投机取巧。

（9）客户口碑是保持业务长期稳定的根本。

（10）公司品牌强大是保证业务价值保值的法宝。

关于业务谈判的 10 句话。

（1）好生意就是相互能满足对方的需求。

（2）好的谈判十分钟就够，总是谈不下来的客户其实大多从没有想过要和你好好谈。

（3）失败的谈判源于对形势的错误预判。

（4）谈判一定要给对方一个可以向老板邀功的空间和机会。

（5）谈判中，当你放弃原则的时候也就意味着别人会放弃你。

（6）谈判的最高境界是真诚，真诚是最难谈判的。

（7）谈判，先要留给谈判者一定的余地。

（8）谈判者的水平决定着一家公司的境界和高度。

（9）不抱希望的谈判往往才会产生希望。

（10）放别人一条生路、给自己一条退路，永远是谈判的安全线。

关于甲乙双方董事长见面的10句话。

（1）双方董事长见面是战略和战略意见的交换。

（2）双方董事长的代言人必须深刻领会共同的合作使命。

（3）双方董事长必须出任合作项目组长。

（4）双方董事长的性格可以不同，但眼界必须相同。

（5）双方董事长见面是目标和目标的碰撞。

（6）双方董事长的沟通必须高度相当、深度相当、风度相当。

（7）双方董事长的见面就是两家企业团队相互找感觉的过程。

（8）双方董事长的感情要起于互赏而久于互谅。

（9）双方董事长的酒场要以不醉为美、微醺为本。

（10）双方董事长的见面要有大会，更要有密谈。

关于管理者下市场调研的10句话。

（1）管理者一定记住：领导不在前面干，公司迟早要完蛋。

（2）听不见前线隆隆的炮声、看不见敌人身影的人去指挥战争就是个笑话。

（3）调研不是摆阔、不是喝酒、不是按摩，调研是把自己看清楚、把敌人看得更清楚。

（4）调研越严肃，成果就越轻松。

（5）现场主义和现实主义是管理者决策的两大法宝。

（6）市场的答案和竞争对手的动作都在终端，你去你就会有收获。

（7）花在市场调研上的时间永远不浪费。

（8）管理者亲自调研，下面就没有人再敢欺骗你，营销风气就会正。

（9）比市场调研更重要的是管理者谦虚、务实的心态。

（10）管理者接地气了，事业就接地气了，团队也就接地气了。

关于做全案策划的 10 句话。

（1）没有战略高度，根本做不了全案策划。

（2）全案策划是企业家思维、战略家思维、军事家思维的集合。

（3）全案策划最伟大的地方在于全，更在于精。

（4）60% 的客户消化不了全案策划，但 90% 的客户会因为全案策划而选择你。

（5）做全案策划，就是做顶层设计和执行设计。

（6）全局观就是全案观。

（7）全案策划是服务“有野心”的企业家的。

（8）把创意作为全案策划，暴露了部分企业家的急功近利、品牌视野的狭隘。

（9）靠全案策划活着的公司，本身就值得尊重。

（10）创意决定产品命运、全案决定企业命运，这就是差距。

关于创意与客户的 10 句话。

（1）创意不能产生竞争就没有品牌的未来。

（2）产品创意必须找到消费者的买点。

（3）创意成功 =20% 的定位 +20% 的制造冲突 +20% 的超级符号 +40% 的卖点。

（4）伟大的创意即使被抛弃，也可以用来建功立业。

（5）《广告法》的新规定提高了创意的难度，却增加了创意的高级感。

（6）创意没有高端和庸俗之分，只有卖货能力强与弱的区分。

（7）创意成功很难，成功地卖给客户更难。

（8）创意依然是一把手工程。

（9）创意一定要强势：强，就是有进攻性；势，就是能主导和占据客户心智。

（10）成功创意的背后是成功的策略。

关于对客户提案的10句话。

（1）提案是一场心理战。

（2）提案要放大你对客户需求的新发现。

（3）提案没有中庸，只有成败。

（4）提案者要调动一切智商和情商。

（5）提案要让客户觉得很值得，量大、质优，这是购买者最喜欢的。

（6）提案是硬碰硬的沟通，没有肥美的草料是拿不下骆驼的。

（7）提案再好，遇见不对路的客户也没用。

（8）提案必须要让客户有一种醍醐灌顶的感觉。

（9）第一次提案一旦被推翻，离失去这个客户已经不远了。

（10）提案就是提出解决方案。

关于组建项目组的10句话。

（1）项目组的每一位成员都要热爱这个品牌、品类和使命。

（2）项目组必须由老板带队。

（3）项目组的每一位成员都要做奔跑在市场上的“老虎”。

（4）项目组是感性与性感的组合，更是精神与神经的组合。

（5）项目组就是一个品类研究组。

（6）项目组的组建遵循三大原则：稳定原则、受压原则、独立原则。

（7）项目组要由新员工与老员工共同组成。

（8）项目组要建立项目性格和项目营销的定制模式。

（9）项目组的关键在成员间的默契度，默契是项目组的灵魂。

（10）项目组的组建必须得到客户的认可。

关于项目组对接人的10句话。

（1）项目组的对接就像军事合作，对接人的质量决定合作的质量。

（2）甲方的对接人要有乙方思维，乙方的对接人要有甲方思维。

（3）项目内的工作高质量完成，项目外的工作高质量辅助。

（4）对接人之间要进行专业碰撞，更要进行灵魂碰撞。

（5）对接人之间原则上不要上演“卖主求荣”的戏码。

（6）对接人要固定，频繁更换会对业务产生冲突乃至毁灭。

（7）对接人一定要成为双方项目组共同喜欢的“小萝莉”或者“小帅哥”。

（8）对接人的情商要高于智商，要有外交官的特性。

（9）对接人要能同时听懂两个老板的指示。

（10）对接人要有化解合作中尴尬氛围的能力。

关于客户服务的10句话。

（1）和客户的沟通，最考验你的不是嗓门、脾气，而是让客户“听话”的能力。

（2）客户用权力、权限与你沟通，你要用真相、真诚与客户沟通，这样才能打成平手。

（3）沟通的质量决定服务的质量。

（4）我们不是客户户口簿上的亲人，越专业越不能太任性。

（5）客户批评我们的人没有关系，一旦批评我们的作品就要坏事。

（6）服务客户，各种场合都要能打胜仗。

（7）客户对你的喜欢程度决定你的业务长久程度和顺利程度。

（8）用心的礼物比甜言蜜语更重要。

（9）永远不要说客户的坏话。你说了，就一定能传到客户的耳朵里。

（10）客户越不专业越要鼓励、越要有耐心。

关于洞察客户需求的10句话。

（1）不尊重合作条款的客户最终会输在自己的诚信上。

（2）没有伟大的创意，客户的眼睛是不会放光的。

（3）客户最容易听信谗言、喜新厌旧，这种事随时都会发生。

（4）越投机的客户越没有未来，要尽早撤离。

（5）和客户到前线视察敌情很关键。

（6）无论客户如何折磨，我们都要感恩，感恩客户的折磨更有收获。

（7）和客户同台演讲一定要相互抬轿子。

（8）为客户省钱一定要让他们知道。

（9）客户需要创意时，你要给他“创意＋战略”；客户需要战略时，你要给他“战略＋创意”。

（10）客户让我们生气时，我们唯一能做的就是坚决不生气。

关于接待客户的10句话。

（1）接待的满意度有时候比创意更重要。

（2）记住客户和客户重要亲人的生日一样重要。

（3）永远不要大刀阔斧地改变客户的现状，要慢慢来，先麻醉、再手术。

（4）客户习惯性地扮演专业，我们要配合演出，然后再谋求共识。

（5）每个客户里都有几个不喜欢我们的领导，如果活干得不好谁也救不了我们。

（6）满足客户的情趣是另一种能力。

（7）永远不要忽略客户的代理商和幕僚的意见。

（8）让客户觉得你最懂他很有必要，但是让客户的品牌有增长更有必要。

（9）服务客户，速度和完美都很重要。

（10）用婚姻的心争取客户，用恋爱的心服务客户。

关于在客户功劳簿上的10句话。

（1）永远不要和客户抢功劳。

（2）客户才是所有荣誉的焦点。

（3）一旦看透你抢功劳的嘴脸，客户会立即抛弃你。

（4）我们更看重客户自发地对我们的嘉奖。

（5）居功就会自傲，客户能感觉得到。

（6）理解并敬重客户企业中的每一位贡献者。

（7）苦劳是没有用的，功劳是不能抢的，我们唯一能做的就是做公仆。

（8）没有品牌、销量的强大，哪有什么功劳值得抢。

（9）功劳簿上要客户第一，内心深处更要客户第一。

（10）一定要相信客户最会论功行赏。

关于案例全案的10句话。

（1）案例推广因果要正，要一切为了客户。

（2）客户不认可的案例坚决不对外公布。

（3）案例必须真实。

（4）案例一定要能再度提高客户品牌的美誉度。

（5）案例是一种工具，更是一种品牌流传的最佳方式。

（6）案例推广必须以增长论。

（7）案例要体现客户的管理思想，更要体现我们的策略思想。

（8）没有什么案例是没有遗憾的。

（9）客户为案例的推荐很重要。

（10）案例一定要够经典。

关于企业歌曲、品牌歌曲或产品歌曲的10句话。

（1）歌曲的重要使命是员工愿意唱、客户愿意传播。

（2）歌曲是信仰，旋律是享受。

（3）品牌有歌曲，更易传播。

（4）不好听的歌曲，等于没有。

（5）老板不认可，一切都是白搭。

（6）歌曲是文案、是诗歌，更是广告。

（7）有时候，歌曲比炮火还要有“杀伤力”。

（8）打造听觉系统是企业一种更高级的策划。

（9）不能流行的歌曲几乎是无效的。

（10）演唱歌曲的歌手也很重要。

课后随笔 14：深夜漫步虹桥新天地的 18 条思考

生活需要思考，就像烤鸭需要炭一样。

我不愿意活得越来越像个“伪君子”，我想活得越来越像个可爱的“小人”。我想把我的所思所想记录下来，时刻警醒自己，也许这就是思考的力量，也是思考的奥妙所在。

深夜步行在虹桥新天地，别有一番滋味。微凉的风，妖娆的光，一切都那么醉人。独行的时候，更适合思考。

（1）世上有三样东西很难直视：中午的太阳、被你欺骗的人的愤怒的眼神、永远也找不到脉搏的人心。

（2）真心是为闯世界准备的武器。

（3）生命中出现的各种事，也许都是命中注定。

（4）信任一个人敢于从怀疑开始，怀疑一个人敢于从信任开始。

（5）失败 10 000 次也不要后悔 1 次，因为后悔才是最昂贵的。

（6）人心也是一门科学，但也是科学破解不了的问题。

（7）父母只是我们生命的引路人，不要对父母要求太多。

（8）天真的人吃过苦头，才能把天真变成认真。

（9）不要把时间浪费在总想从你的身上找机会的人身上，要把时间花在愿意和你一起创造机会的人身上。

（10）你对待合同的态度决定了你事业的长度。

（11）有时候，一个人只要活在这个世界上，就足以拯救某个人、某个公司和某个国家。

（12）心，这种东西，不怕冷，怕暖。

（13）只有物质才能打败爱情，只有时间才能看清婚姻。

（14）有些人还活在爱人的前任的阴影里。

（15）经历不了岁月、经济、价值观和亲情等考验的爱情，不能算是真正的爱情。

（16）学文科的人离婚讲究好聚好散，学理科的人离婚讲究彻底清算。

（17）愿意好好和你告别的人，其实还是爱你的。

（18）越伟大的人越需要别人的点醒，越有天赋的人越容易犯低级错误。

这些思考，不是瞬间的灵感，而是我内心的对白。活到 40 岁，我才明白，有些思考一直在发生，只是你从来不曾总结。

课后随笔 15：中国品牌竞争论

最近感觉有三件事让我有点晕。

第一件事：专家的课越来越难上，因为听讲人的要求越来越高，没有新东西都对不起观众，出场费都不好意思拿。第二件事：方法论的课越来越多，风起云涌，令人眼花缭乱，授课者全是一代宗师。第三件事：企业家越来越难忽悠，因为企业家被不同的忽悠者忽悠后，自己都是专家了，“忽悠时代”宣告结束。

无论是策划人、创意人还是媒体人，现在集体走进了一个没有创意信号的时代。怎么办？答案很简单：积极参与品牌竞争。

退，死路一条；进，活着才好。但是还要记得4个字——善拼者赢。那么，中国品牌竞争论到底是什么？三句话15个字：模仿性创新、动销性创意、散财性管理。模仿性创新，看看可口可乐与百事可乐的竞争历史就知道了；动销性创意，看看“怕上火喝王老吉”的创意就知道了；散财性管理，看看秦始皇、成吉思汗、曾国藩、任正非、马云的成功就知道了。

什么是品牌？

品牌就是品：企业家的品、产品的品、品类的品、色彩的品、包装的品、创意的品、故事的品、战略的品、竞争的品、传播的品。

品牌就是牌：资本的牌、管理的牌、渠道的牌、著作的牌、商学院的牌、客户的牌、体验的牌、执行的牌。

什么是竞争？品牌越来越强，销量越来越大，团队越来越强，分配越来越多。它们的逻辑关系就是：竞争就是战争，要靠计；战争就是生死，要靠勇；生死就是销量，要靠夺；销量就是品牌，要靠打；品牌就是竞争，要靠养。计是什么？计是战略，计是创意，计是你奔腾不息的野心。可以这么说，新时代的品牌策划与创意、品牌营销与管理，不会竞争就没有未来，不去竞争就没有未来。

中国品牌之间竞争的六大基本原则。

（1）没有证据不要说话，有了证据要打趴下。

（2）表面看是经济实力，背面看是各方关系。

（3）对待对手温和有礼，对待终端大举进攻。

（4）进攻一定正义立身，防守却要黑白兼收。

（5）老板文化彰显情怀，业务文化奉行掠夺。

（6）企业使命高于老板，竞争使命高于对手。

中国品牌之间战略竞争的六大基本原则。

（1）不与国家利益作对。

（2）不与人民情感作对。

（3）不与产品质量作对。

（4）不与新闻媒体作对。

（5）不与知识产权作对。

（6）不与行业协会作对。

中国品牌之间产品竞争的六大基本原则。

（1）安全第一。

（2）有差异。

（3）卖点接地气。

（4）价格很有利。

（5）包装要讨喜。

（6）学会再升级。

中国品牌之间策划竞争的六大基本原则。

（1）更狠的定位。

（2）更全的布局。

（3）更稳的目标。

（4）更奇的模式。

（5）更近的竞争。

（6）更妙的模仿。

中国品牌之间创意竞争的六大基本原则。

（1）借势而上毫不客气。

（2）买点思维毫不动摇。

（3）数字卖点毫不犹豫。

（4）画面风格毫不客气。

（5）拿来主义毫不犹豫。

（6）混淆视听毫不动摇。

任何品牌，不管你是东方的还是西方的，不管你是大品牌还是小品牌，竞争已经来到我们面前，不参战就会被边缘化，竞争已经不是备选项而是必选项。

学习竞争、主导竞争是企业活下去的唯一机会！

课后随笔 16：企业生死取决于企业家的战略能力

有些企业家是战术高手，不是战略高手。这就是为什么有些企业能成功，有些企业不成功的原因。我一直认为，战略就是选择，一旦选择错了，如何能得到好的结果？

战略和管理有何区别？陈春花教授认为，管理一般要解决两个问题：降低成本和提高效率。战略则要解决两个最重要的问题：如何赢、如何实现持续增长。制定战略时，选择对的事情做，就会有赢的可能，得到增长的机会。战略一定是牵引作用，企业必须将战略与管理同时匹配、同时存在、同时发力。

战略就是选择，选择做什么和不做什么。如果想要做好所有的工作，难度相当大。战略的目标是“赢”，要求我们必须聚集力量做最有竞争力的工作，聚焦到最能实现增长的地方。有些管理者的战略思维非常强，虽然其管理水平一般，但是企业的增长和劲性非常好；有些管理者擅长做管理，管理体系做得很好，但是企业缺少成长空间和未来机会。因此，对管理者第一位的要求是要有战略思维。只有具备战略思维，管理者才会选择如何做能让企业实现增长，如何做可以让企业聚焦赢的方向。这些都是管理者最需要修炼的地方。

（1）战略是一套非常接地气的作战计划。战略由目标、策略、检验标准和行动方案组成。策略就是要正确选择、选择正确。策略还要有检验标准，策略需要被检验，如果没有办法检验，那就无法保证策略的正确性。最后，还要有具体的行动方案来保障策略的实施。

（2）战略是一套非常有效的商业模式。阿里巴巴创立伊始，马云就非常明确地提出了阿里巴巴的价值主张：“让天下没有难做的生意。”正是基于这一价值主张，阿里巴巴在为客户制定解决方案这一点上不断地提升客户价值，为阿里巴巴的营销战略赢得了生存的空间。因此，你要明确地告诉别人，你有什么价值，你的成本模型与盈利模型是什么。最后，要解决供应链和组织形式的问题。

（3）战略是一套有前瞻性的未来判断。做战略，其实是在回答如何走向未来、如何以未来决定现在的问题。例如，近年来，贵州在新一轮的发展中抢占了一个很特殊的位置，在大数据时代脱颖而出。为什么贵州成功了？因为它在多年前就对中国经济的发展作出了判断，预测到数字经济会脱颖而出，就明确地把大数据作为战略选择的方向。于是，今天，贵州的山山水水里就隐藏着诸多的大数据企业，就像天上的繁星，熠熠发光。

（4）战略是一套军事化的超级执行。有企业家认为，战略一旦选错，可能会产生比较大的影响。于是，有些企业家怕选错就不敢选了，这是不具备战略能力的表现。事实上，战略的核心并不是选择，而是执行。因此，不用担心战略是对还是错，关键在于执行。任正非在总结华为今天的成功时说："方向大致正确，关键看执行。"

（5）战略是一套整合型的攻心策略。40余年前的改革开放，总设计师邓小平带着我们作出了战略选择，"以经济建设为中心"。这个战略是如何统一思路，让全国上下保持一致呢？邓小平用了一个概念——改革开放。如果没有"改革开放"这个概念，其实很难让行动统一到"以经济建设为中心"的方向上来。所以，战略应该是一种概念，能解决复杂性，如"顺德模式"用"以工业企业、乡镇企业、集体企业为主"的概念，解决掉了大部分的冲击和复杂性。

服务客户时，经常会被客户的战术思维所包围，甚至有可能被扼杀在狭隘的非战略思维里。一直非常感谢世界500强恒大集团，中国500强娃哈哈集团、天能集团、通威集团、北京同仁堂集团等一大批优秀的企业选择了我们。他们都有战略非常清晰的企业家，在"中国速度"的发展道路上用战略指导企业前进，成效显著。

最后我还想说，企业的生死取决于企业家的战略能力。

这句话，要引起中国企业家们的高度重视！

课后随笔 17：灵魂年轻才是品牌年轻化

现在，谈年轻化的品牌越来越多，做品牌年轻化活动的企业越来越多，追逐品牌年轻化创意的大学生也越来越多。企业家在布局品牌年轻化，营销人员在落实品牌年轻化，策划人员在推崇品牌年轻化，传播人员在升级品牌年轻化，设计人员也在进行创意品牌年轻化，一夜之间大家对品牌年轻化无比迷恋。

那么，到底什么才是品牌年轻化？我认为，品牌年轻化就是重构品牌的年轻灵魂、实现品牌的灵魂年轻。灵魂不年轻，只是创意年轻化，并不是真正的品牌年轻化。

（1）品牌年轻化是一个系统工程，也是一把手工程、战略化工程、全员化工程、创意性工程、重构性工程和灵魂性工程。

（2）品牌年轻化存在七大误区：认为色彩年轻就是品牌年轻化、认为话术年轻就是品牌年轻化、认为包装年轻就是品牌年轻化、认为客户年轻就是品牌年轻化、认为故事年轻就是品牌年轻化、认为创意年轻就是品牌年轻化、认为卖场年轻就是品牌年轻化。

其实，品牌年轻化是一个品牌从内到外都年轻的重构过程。不妨来看一下三个极端案例：①可口可乐，130 多年的品牌，无处不在的年轻。②杜蕾斯，90 多年的品牌，无处不在的活力。③耐克，40 多年的品牌，无处不在的奔跑。之所以选择这三个当今年轻人非常喜欢的老品牌，就是想告诉大家什么才是真正的品牌年轻化。究其本质，它们都是因为灵魂年轻才达到了品牌年轻的目标。这三个品牌，年轻人在用、中年人在用、老年人也在用。品牌年轻化不是指消费者仅限于年轻人，而要给所有渴望年轻、拥有年轻、体验年轻的消费者提供的一种灵魂品牌。

（3）品牌年轻化的年轻灵魂包括：老板的灵魂要年轻、产品的灵魂要年轻、创意的灵魂要年轻、价值观的灵魂要年轻、沟通的灵魂要年轻。

（4）品牌年轻化的三把锤：视觉锤，如可口可乐的红白色；听觉锤，如新闻联播的旋律；故事锤，如德芙巧克力的爱情故事。

（5）找到品牌年轻化灵魂的做法包括：品牌的思想面貌、精神面貌、语言面貌、色彩面貌、工具面貌、情感面貌、故事面貌和文化面貌。

（6）为什么很多企业都参与中国大学生广告艺术节学院奖？这是因为：①一次学院奖抵得上找 50 家创意一般的设计公司。②每个参赛的客户都能得到它们想要的创意。③一次学院奖就等于面向全国的大学生做了半年的广告。④和年轻人玩创意才知道怎么玩年轻人的创意。⑤参与学院奖，投资最少、收获最多，是市场总监最有成就感的一件事。

（7）做大学生创意为什么要选《广告人》承办的学院奖？现在做这个活动的单位很多，但是大部分都是从学院奖里拷贝和临摹出来的。很多单位复制学院奖的模式、复制开展创意的形式，抢院校、抢评委、抢客户，但是，火候差很多。为什么说最正宗、最值得信赖的还是《广告人》承办的学院奖呢？大经验、大创新、大服务、大作品、大规模、大影响、大大咖、大品牌、大造势、大评委。最后，用两句话结束：品牌年轻化就找学院奖，创意专业化就找《广告人》。

课后随笔 18：讲透张居正的《权谋残卷》

2008 年，第一次读张居正的《权谋残卷》，让我感觉特别震撼。《权谋残卷》是一部权谋类作品，残卷也好，整卷也罢，重在内容，深邃厚重。听其言而观其行，观其色而究其实，这是一代首辅对权谋之术的所思、所悟。半部残书，一代首辅，十年峥嵘，千年权谋。

张居正，号太岳，七岁通六经大义，16 岁中举人，而后熟读经史，贵为帝师，几乎凭一己之力实现了明代中兴，成为“中国经济第一人”。

读懂《权谋残卷》要有三个条件：有一定的战略经验、有一定的人生阅历、有一定的权术经验。三者缺一不可，若不具备前述条件，强行阅读，轻者深陷其中，重者反受其害。所以，我想从更理性的角度，尝试讲一讲我对《权谋残卷》的一丝理解。

浩瀚星空，月挂苍穹。

如果月亮出现了月晕就会刮风，如果柱石出现了湿润就是要下雨了。人世间的事情虽然各不相同，但是原理和本质却是相同的。只有善于观察的人才能从细节里洞察出事情的本质，然后对症下药、占领先机。不明察周围的事物怎么能发现令人费解的人情世故、令人胆寒的虚伪小人的卑劣行径呢？只有明察之后才能够知晓事情的真假、明辨事情的虚实、探究事情的真相。

如果不能明察秋毫，做事就不会有什么成果。观察一个人，要听这个人怎么说，再对比他的言行、观察他的神色，进而发现事情的真相。明察秋毫的人是明智的也是理性的，不能够明察秋毫的人遇事就会迷惑。洞察先机的人为国家做事能够使国家强盛，君子在明察这件事情上，要有足够的重视。不能够看清问题的本质，身边就会出现奸佞之人，就会导致贤能的人离开。贤能的人离开，国家就不会兴盛，国家不兴盛必然会走向衰败、走向灭亡。

君子谋求的是国家大事，小人谋图的是自身私利。谋求国家大事的人首先会为国家操心，谋图自身私利的人首先想到的自身利益。这是因为有智慧的人志向深远，所谋求的目标宏大。

古代君主要出动军队，大多会依靠蓍草和龟甲去占卜，但是不如在谋略上多下功夫。炫耀武力，不如用道义去征讨。明察事情原委后再谋划，谋划后再行动。提醒别人什么事情不该做，不如为他们深入谋划获得先机。

考察一个人，要顺应他的欲望，趁机开始谋划，之后所有的事情就会顺理成章、水到渠成。谋求目标在于造势，形势转变了，自己的力量强大了，敌人的力量就弱小了。调动全国的力量去征讨敌人，不如让敌人自己削弱自己。靠武力去争取，不如靠智慧达到目的。

直接的武力攻伐，不如先用感情来打动，再用利益来诱惑，不战而屈人之兵。否则，就要用迅雷不及掩耳之势对敌人发起猛烈进攻，使敌人闻风丧胆，然后再征服他们。谋略不够深远，行动不久就会遇到很大的阻力。

国家治理的根本规律在于分辨善恶、严明赏罚。若国法严明周全，不用去占卜也是吉利的；若有功劳的人得到赏赐，不去祝贺也是有福的；若贤能的人得到重用国家就会兴盛，小人得到重用国家就会危亡。君主应该赶走小人、举荐君子。

为了保持政治清明而驱除犯错的人，不如对其施德，用恩惠收服他们、用赏赐劝诱他们、用刑法威慑他们。看重一个人的大节，宽恕他的小错误，这样有才能的人没有不肯为你效命的。赏赐不害怕少，却害怕不公正；惩罚不害怕严厉，却害怕不能服人心。

侍奉上级应该以诚相待，诚实就不会产生裂痕。不欺骗上级，也不使领导受到屈辱，站在领导的角度来鼓励他，用深远的谋划来劝说他，使领导置身荣耀显贵的境地，天下人就都会称赞你的智慧了。与领导荣辱与共，共进共退，上下同心，事情才能够办好。

胸怀匡扶天下之人，应该隐起内心抱负。因为牙齿虽硬却最易失，舌头柔软却常伴终生。柔能克刚，弱能胜强。人心不可测，知道他人心思往往会让自己身处危险，所以能洞察先机的人应该隐藏自己所知道的。思考祸福的本源，明察盛衰的始末，在事情萌芽时就开始准备对策，在危难还没有到来时就要考虑如何避开它，这就是智慧。

与别人不和，要公之于众，这样他人就不能进谗言了。重用一个人，要对别人说是“小用”，使得他人无法诋毁。不失操守，给人恩惠，当进则进，当退则退，遵循天理，兼顾人情。不在乎眼前的得失，要图谋长远打算，靠人不如靠己，容易满足就能幸福常伴。

顺天应人，自爱才能获得敬重。只有遇见明君才能直谏，遇见昏君则要主动离开或隐身于朝廷。恃才不能傲物，事情不能求全时就要选择全身而退，这就是保身之道。

顺势而为，得到形势的帮助就会变得强大，得不到形势的帮助就会变得弱小。事有轻重缓急，该快的不应拖得太久，该慢的不应操之过急，根据当时的形势分析对策，才能平安无事。

可以利用形势，也可以制造形势。要么像处子一样安静，要么像奔兔那样迅捷。善于分析形势的人能够利用敌人的疏漏，不善于分析形势的人却常常把自己的疏漏暴露给敌人。

智者在事态还不明显的时候就能洞察先机了，何况那些已经很明了的事情，只是在于取舍罢了。没有智慧就不能够安身立命，没有胆量就不能够身体力行。制定谋略，重要的是胆量、贵重的是智慧，只有胆量和智慧兼备，才可能改变形势。

治理，不用暴力而用道义；取胜，不靠勇敢而靠仁爱。所以，别人用暴力我用道义，别人用勇敢我用仁爱，而后胜败自然就明了了。想要得到，先要放弃；想要发扬光大，先要抑制自己。

善于明察的人能够看清事物的本质，善于思考的人能够作出正确的抉择。借助天命，追随你的人就会很多。想要征服敌人，首先要给与纵容；想要除掉敌人，首先要让他骄横，然后就可以顺势而为了。

敌人强大，则想办法使他变得弱小，敌人弱小了，不存在真正的威胁了，就没有什么隐患了。偷梁换柱、移花接木，在不知不觉中就可以消除隐患了；釜底抽薪、上屋抽梯，虽然有巧妙的智慧，但也应该包含大谋略。要谋人先谋事，由远及近、从小到大、循序渐进，这样就能够顺理成章了。

攻击对方的盾，一定要用对方的矛。谋，没有固定之法，因时间、形势不同而不同，用别人的智慧来对付别人，用别人的谋略来图谋别人。间，就是裂痕，有了裂痕就产生了可以被人利用的机会，用你的缺点反过来施加到你的身上，如同拨草寻蛇、顺手牵羊一样简单。

一个人的生死存亡可能取决于某一次的抉择，一个国家的安危也可能取决于某一天颁布的政策。只有智者才能够见微知著、临机而断。顺势而起、伺机而动，如何运用时机，关键在于自己。时机就是变化带来的机遇，只有能够洞察时机的人才能把握住机会。

含蓄的讽喻，是用来说不能够直接说出来的话的、劝谏不可以劝谏的人的。劝谏者需要体恤对方的情感，而不是只为自己谋划。对受谏者应该用激将或者劝勉的方法来表达自己的意愿，或者用讽谏或比喻来说明对方的错误。劝谏，不宜操之过急，而应该缓和一些，言语不能太过直白，而最好委婉地说出。

天下最恶毒的事莫过于谗言。进谗言，是小人惯用的伎俩。管理者最忌讳的是相信谗言，一旦相信了就会受制于奸人，所以在这个问题上面应明察秋毫。搞乱了德行，贤人就会离去；管理出现了偏颇，小人就会得势。近美色而远贤人，智慧的人是不会这样做的。谁说女人柔弱？一颦一笑，有时胜过百万雄兵。借助美色而包藏祸心，出卖色相而成就其阴谋的人，千百年来，绵绵不绝。

读他，就等于上了一次商学院。我不善权谋、不喜权谋，但不管是阴谋还是阳谋，只要站在善良的阵地上、只要站在良心的阵地上、只要站在自保的阵地上、只要站在公心的阵地上，命运就会眷顾我们，生活就会善待我们。

课后随笔 19：中国管理者应该掌握的 110 条经营管理观

能在中国开公司、办企业，而且活得还不错的一定是英雄，因为中国的商业环境、竞争环境、创新环境、媒体环境、政策环境等是最复杂、最具挑战性的。今天的中国，一方面是 5 000 余年的中国哲学，一方面是 300 余年的西方商业哲学，古为今用、洋为中用，很考验每个中国企业的管理者。结合自身服务世界 500 强、中国 500 强企业全案策划的经历，我整理了中国管理者应该掌握的 110 条经营管理观，献给所有中国的创业者和创造者们。

1. 战略观

（1）不要在非战略问题上斤斤计较，更不要用局部利益蚕食战略利益。

（2）企业要进入战略营销时代，战略营销的核心是进攻思维。

（3）战略就是选择，方向选错了，速度越快越容易翻车。

（4）学会清醒地拒绝客户的不合理需求，专心做好一款百年经典的产品。

（5）创意救不了企业，必须从战略层面展开差异化进攻，任何专家和咨询公司的意见都只能作为参考。

2. 决策观

（1）没有现实主义、现场主义、长期主义、品牌主义精神的人，做决策就是个笑话。

（2）靠权力指挥、决策，必败无疑。

（3）任何决策都不能只把命运押在一个产品、一个人的身上，这样做的风险太大。

（4）部分企业之所以失败，是因为它们热衷于做加法而不懂得做减法，贪婪是决策的天敌。

（5）在决策上，没有人可以给出完美的答案，一半靠经验、一半靠运气。

3. 管理观

（1）公司内部管理一定要靠法治而非人治，法治的本质是将“法治”变成习惯。

（2）管理就像修建高速铁路，让动车自由行驶，让你自由奔跑。

（3）公司管理要老虎和猴子搭班、秦始皇和马克思搭班、狼和狈搭班。

（4）管理一定要先管好自己，不要在夜总会搂着美女和别人谈自律，自己乱七八糟，很难管好别人。

（5）管理就是实现公司标准化、流程化与奖惩化的三个现代化。

4. 文化观

（1）企业的价值观，决定企业的发展。

（2）只有企业文化是带不走的，也只有企业文化才是企业最大的价值、重生与重构的武器。

（3）企业文化是做出来的，不是喊出来的。

（4）企业文化首先是老板文化，但最后必须是老板文化、员工文化、客户文化与消费者文化的结合体。

（5）文化首先是物质的，然后才是精神的。

5. 权责观

（1）凡事都要请示、汇报的企业，效率一定不高。

（2）对事负责比对人负责更有高度。

（3）把风险与困难都甩给上司的人，其实是没有什么价值的人。

（4）留着负不起责任的人，就是对负责任的人不公平。

（5）责任配不上权力、收入配不上能力，这是团队失败的唯一理由。

6. 授权观

（1）要连问部下三遍“你真的听明白了吗？”然后让部下复述

两遍，你才有授权的资格。

（2）高层决策必须实行委员会制。

（3）放权，才能成就伟大的公司。

（4）授出的是决策权，保留的是监督权，没有监督的授权很可能会失败。

（5）授权，不是懒惰者的避风港；有权，不是玩弄权术的后花园。

（6）如果让无能的人拥有权力，他唯一的兴趣就是内耗和搞人。

7. 竞争观

（1）玩不好成本，就挣不来利润。

（2）瞄准行业里的第一，公司才有奋斗目标。

（3）企业战略是“以一当十”聚焦战，我们的战术是“以十当一”规模战。

（4）会叫的狗不咬人，会咬人的狗不声张，所以越是看起来文明的竞争，手段越狠。

（5）消灭了伟大的对手，你就成了伟大的公司。

8. 成本观

（1）管理中，该花的钱，少花一分是犯罪；不该花的钱，多花一分是罪犯。

（2）提高效率是速度之美、控制成本是利润之美，这是企业活下去的两大准则。

（3）成本意识是法律，不是建议。

（4）成本战争的胜败，和老板的生活作风、工作态度直接相关。

（5）没有全员节约意识是无法控制成本的。

9. 变革观

（1）改革要一点点地改，大刀阔斧地改革会把人都改跑的。

（2）通过不断的改良，实现从量变到质变的飞跃。

（3）改革就要先改短板，先改那些最见不得人的缺陷。

（4）成功的企业变革离不开国家政策、行业变化和企业自身实际。

（5）变革就是开除一批反对者，晋升一批拥护者。

10. 做事观

（1）一定要干到专业且不可替代。

（2）轻视市场部就是轻视“参谋部”。

（3）如果有尽心、尽力两个员工，你要毫不犹豫地选择第一个。

（4）做小事，要做到大事的格局；做大事，要做到小事的精致。

（5）做任何事情，都必须要有三套方案备选。

11. 研发观

（1）产品卖不出去就是浪费，所以企业的核心任务是营销。

（2）产品研发者必须要和消费者多聊天，必须观察、研究竞争对手的产品。

（3）新产品第一要领先，让企业满意；第二要有人性，让客户满意。

（4）研发者必须和营销者联合。

（5）自己的产品拥有比市场上卖得最好的产品高 1% 的优势就可以了。

12. 流程观

（1）要敢于砍掉一切不合理的流程。

（2）重复性的管理一定要制度化，操作必须简单化，常规的工作需要自动化。

（3）把不必要确认的东西减少、减少、再减少。

（4）流程的经典之处在于反应快，反应很快，反应特别快。

（5）糟糕流程如脑梗，严重会要命。

13. 学习观

（1）向大公司学习一般不会错，但是不要盲目照搬。

（2）古为今用、洋为中用，很重要。

（3）要学习毛泽东的定位兵法、孔子的道德礼法、成吉思汗的进攻战法。

（4）管理者学习过度的表现是越来越看不起员工，这不是好事，要和员工一起学习。

（5）学习做人是学习的首要任务。

14. 用人观

（1）对没有犯过错但没有能力的管理者，可以就地免职；对偶尔犯错但业绩好的管理者，可以照样使用。

（2）轮岗很重要，是骡子是马，拉出来遛遛很有必要。

（3）没有实战经验的人，基本上是没有什么实际价值的人。

（4）“带病”提拔是对公司最大的伤害。

（5）会分享的人就是会用人的人。

15. 考核观

（1）不以责任和结果为导向的绩效管理，简直就是劳民伤财。

（2）考核一定要简化 KPI。

（3）末位淘汰不是杀人，是调整人。

（4）考核不是要把人“考”跑，而是要把人“考”出动力和成绩。

（5）考核别人的人首先要接受考核，这比什么都重要。

16. 领导观

（1）找不到人才是管理者最大的败笔。

（2）成为企业领袖的两个条件：驾驭人性的能力、洞察市场的能力。

（3）管理者要有 5 种能力：业务能力、决定能力、胸怀能力、知识能力和榜样能力。

（4）管理者要能承受委屈甚至误解，否则就会成为最大的叛徒和逃兵。

（5）管理者不要感觉太好，要有洞察风险的第六感。

17. 激励观

（1）再小的成绩都要庆祝，不是为某个人，而是为团队。

（2）精神激励要加上物质激励，精神激励太多反而会“激励”出反动派和反对派。

（3）仪式感很重要，非正式的表扬用处不大。

（4）不要激励出一批骄傲的鸵鸟。

（5）激励要走心，言不由衷的激励会有“毒”。

18. 自省观

（1）不会自我批评的人，没有任何提拔的价值。

（2）不断抱怨的人，就是看不见自己问题的人。

（3）自我批判可以有专门的组织，专业批判自己。

（4）自我管理要做到才不输人、德不负人。

（5）自我管理就是培养自己光明正大的习惯。

19. 分配观

（1）不怕员工多拿钱，只要贡献可以摆到桌面上。

（2）工作效率低下，也许缘于一套不公平的制度。

（3）一个人拿三个人的钱，有时候比三个人各拿一份钱效率更高。

（4）给钱不心疼是分配的本质。

（5）分配能力也是战略能力的一种。

20. 客户观

（1）一定要让客户得到合理的好处。

（2）我们的钱都是客户给的，客户背叛之时就是企业关门之日。

（3）再好的商业模式都离不开服务客户。

（4）客户有的要管着、有的要惯着、有的要扔掉、有的要优化。

（5）客户不是亲人是情人。

21. 创新观

（1）创新就是产品更适应国内外市场，创新就是管理更适应团队建设、成果建设。

（2）创新就是创意，创意就是解决冲突。

（3）创新就是要找到新的商业模式、技术模式和领导模式。

（4）创新就是创造效益、创造速度、创造文化。

（5）创新就是与时俱进地跟着国家走、跟着党走、跟着市场走，而且走得有胆有识、有模有样。

22. 危机观

（1）高层管理者之间一旦貌合神离，企业与客户一旦貌合神离，衰退和倒闭就会接踵而至。

（2）企业没有成功只有成长，没有长生不老只有延缓衰老。

（3）公司的真正的危机源于“五大突然”：老板健康突然坍塌、权威媒体突然围剿、产品质量突然崩塌、行业机遇突然被替、政商平台突然倒掉。

（4）企业不要太有安全感，要有末日意识。

（5）管理者时刻要做好“企业明天可能不属于自己”的打算。

课后随笔 20：无处安放的 13 个想法

上海虹桥商务区，灯红酒绿，人来人往。有人在这里买醉、有人在这里约会、有人在这里穿行、有人在这里流泪。我来这里，只是为了一个约会，一个和“长江商学院”的约会。夜色中的上海虹桥商务区，我一个人走在街上，想和这个夜晚谈谈。

（1）走在繁华的虹桥商务区，我想的最多的却是故乡安徽。

（2）福气就是你的德性，德性就是你的未来。

（3）做人，能做到通情达理也就算接近完美了。

（4）生活的最大智慧就在于我们把最看重的那一部分紧紧地保护好了。

（5）小时候我总是看别人的眼色行事，所以我庸俗，后来为了彰显个性而特立独行，也没好到哪里去。

（6）若要成功为人父，先要成功为人子。

（7）真正的爱情，最后都变成了秘密、变成了祝福、变成了不愿意回忆。

（8）婚姻就像一幅画，越老越值钱，越被收藏越值钱。

（9）能奋斗、能忍受、能跑路、能宽恕，才能称为真男人。

（10）想做的事情就要去做，不要等到做不动的时候再发狠。

（11）看一个人是否有出息，看他怎么对待下班后的时间就够了。

（12）有人说我看透了人性，其实每一眼都是我经历的巨大痛苦。

（13）读书，不是为了学问，而是为了精神的自由。

有很多想法真的无处安放。就这样把它们写出来，恩也好，怨也罢，不过就是昨夜窗台的一枝花。

课后随笔 21：藏在内心的霸气信条

在这个世界上，谁没有点霸气？谁没有点野心？谁的心里不藏着一点血性？没来长江商学院之前，我目空一切；读了长江商学院，我一切目空。就像个刚出生的婴儿，除了会哭，还是哭。读长江商学院的一个好处就是，更加激发了心中的霸气信条。

（1）在必须进攻的道路上，得一寸进一寸、得一尺进一尺，不用客气。

（2）什么是善良？面对敌人或者曾经伤害过你的人，有能力伤害却不愿意伤害，这就是善良。

（3）什么是懦弱？面对敌人和伤害过你的人，有能力伤害却不敢去讨回公道，这就是懦弱。

（4）30 年前，周围的人根据我的父母的地位看待我；30 年后，周围的人会根据我的地位看待我的孩子，所以父母的努力很重要。

（5）时间决定我会在生命中遇见谁，心决定我想要谁出现在我的生命里，但是我的行为决定最后谁能留下。看看留在我身边的人，我才知道，我的行为就是我的一切和未来。

（6）对未来最大的慷慨，就是把一切献给现在；对品牌最大的慷慨，就是把一切献给传播。

（7）要么出众，要么出局。

（8）人这一辈子，不管活成什么样子，都不要把责任推给别人。

（9）一切的喜怒哀乐都是自己造成的，给别人什么，就会收获什么。

（10）自卑的泥土里无法长出成功的花朵。

（11）人生的大海没有不受伤的船，人生的奋斗没有不受伤的人。

（12）想了解某个行业只有两种方法：要么亲自尝试，要么去问这个行业中的成功人士。

（13）你不面对现实，现实也会面对你，现实是你必须要面对的现实。

（14）用心，可以让对方信任你一辈子；用心计，只能让对方相信你一阵子。

（15）当才华还撑不起梦想时，就把梦想先关起来，好好提高你的才华。

（16）有人喜欢展翅高飞，有人喜欢落地生根。飞是为了降落，根是为了生长。

（17）任何事情都要竭尽全力，而不是尽力而为，其实尽力而为就等于不准备尽力。

（18）成功的路上和奋斗的路上，一点儿都不挤。

正海阔天空之际，突然来了个电话，一看，是一个同样“寂寞”的朋友。她问：“你在哪儿呢？”我说：“我正站在月球看地球。”她笑了：“我现在是站在地球看地球，但是什么也看不见。”我说：“你需要上长江商学院，那就什么都能看见了。”

课后随笔 22：孔子与庄子的一字之别

孔子与庄子都是哲学高手，不相伯仲。

孔子说："己所不欲，勿施于人！"庄子说："己所欲，勿施于人！"两句话，两个观点，一字之别，却是冰火两重天，各有滋味。人活世上，要处理好两种关系：一种是人与世界的关系；一种是人与人的关系。人与世界的关系可以简化成人与物的关系，人与人的关系则关系着我们如何在社会上立足。

儒家哲学是一种爱的哲学，无论是对物还是对人，都提倡用爱去关爱世界、关爱别人、关爱自己，这就是"民胞物与"的精神。

宋代理学家、关学创始人张载说："民吾同胞，物吾与也。"他认为，天下的人都是我的兄弟姐妹，天地间的万物都是我的同伴，这种"民胞物与"的精神，要求我们对他人应像兄弟姐妹一样去关心，对万物也应像对人一样去爱护，这完全就是一个美好得不能再美好的世界。

相对于处理好人与世界的关系，中国古代哲学更重视处理人与人之间的关系。毕竟人是群居动物，所以儒家更加强调人伦。在儒家看来，维系人与社会、人与人之间关系的准则就是爱。孔子说"仁者爱人"，孟子说"仁者无敌"，都提倡用仁爱之心去对待别人、对待世界。

孔子提出，我们应该把"忠恕之道"作为人际关系的金律。忠是"己欲立而立人，己欲达而达人"。如果想取得成功，你就应该帮助别人；如果想在社会上通达无碍，你就应当帮助别人。恕则是"己所不欲，勿施于人"，不想被强加在自己身上的，也不要强加在别人身上，这是一种推己及人、换位思考的精神。换句话说，儒家提倡做人要多换位思考，做事要多替别人着想，这样世界就会充满爱。这种温情脉脉的价值观，是“仁者爱人”思想的具体体现。

但“己所勿欲，勿施于人”真的是规范人伦的金科玉律吗？一贯对儒家学说持批评态度的庄子冷笑一声，大有不服气的感觉。庄子是道家哲学的集大成者，他博学善辩，但不是脸红脖子粗的那种。他非常善于讲意味深长的故事，他曾经讲了这样的一则故事：“南海之帝为倏，北海之帝为忽，中央之帝为浑沌。倏与忽时相与遇于浑沌之地，浑沌待之甚善。倏与忽谋报浑沌之德，曰：‘人皆有七窍，以视、听、食、息，此独无有，尝试凿之。’日凿一窍，七日而浑沌死。”倏与忽受到浑沌的优待，想做点好事来报答浑沌。他们认为人都应该有七窍，好用来看东西、听声音、吃食物、呼吸空气，可怜的浑沌没有，于是就想替他凿出七窍来，就这样凿了七天，终于把恩人浑沌给凿死了，只剩下尸体了。倏与忽都是有仁爱的，浑沌也同样爱心满满。但倏与忽却用爱的名义，害死了自己的朋友。他们的行为是儒家学说“己所不欲，勿施于人”的延伸，就是“己所欲而施于人”。

这在崇尚道法自然的庄子看来，是极其荒谬的。如果说儒家重视人的集体属性的话，道家则高度重视个体的自由，这好像是一把折扇的两面，一面是人需要在社会上实现人生价值，一面是人如何在自然大道中实现心灵的自由，这种自由被庄子称为“逍遥游”。儒家提倡入世，强调人总要做出一些有利于个人和社会的事情，立德、立言、立功，这样生命才能不朽。道家则认为，儒家那些所谓的不朽和“仁义礼智信”等价值观，恰恰是人性的枷锁，让灵魂被桎梏，人生而不自由。按照老子“故道大，天大，地大，王亦大。域中有四大，而王居其一焉。人法地，地法天，天法道，道法自然”的思想，人是大自然中的一员，理所当然应该效法自然，按照自然而然的方式去发展自己。

所以，庄子认为，人生道路千万条，自然而然最重要。不要打着仁义的口号，这样实在太累了。对于人来说，应该顺应自然天性，努力摆脱物的束缚与奴役，做到“物物而不物于物”，发展本性、超脱于世、放飞心灵，做一个独一无二的自己。既然每个人都是独一无二的存在，我们在人际交往中，就不能用自己的想法去揣测别人，这叫做“己所欲，勿施于人”。庄子这位老先生也很倔强，他认为超脱就是超越俗世、超越自我、超越固有经验，对人对己，不以自我为中心，否则就是拘泥于世、拘泥于心，动机与行为相背离则害人害己。

庄子又讲过一则故事，同样是“己所欲，而施于人”造成的悲剧。故事是这样的：“昔者海鸟止于鲁郊，鲁侯御而觞之于庙，奏《九韶》以为乐，具太牢以为膳。鸟乃眩视忧悲，不敢食一脔，不敢饮一杯，三日而死。此以己养养鸟也，非以鸟养养鸟也。”一只海鸟，降落在鲁国国都郊外，被人捕得。国王以为祥瑞，亲自迎入太庙，要陪海鸟好好喝一杯，就像接待他国国君一样。他吩咐乐队为海鸟演奏《九韶》古乐，安排御膳房为海鸟摆设三牲国宴，可惜这海鸟无福消受，被吓得头昏眼花，不敢尝一块烤肉，不敢喝一口老酒，最后竟然死掉了。庄子借用孔子的话说，这是用人类的生活方式养鸟，而不是用鸟类的生活方式养鸟，庄子的言下之意是“己所欲，勿施于鸟”。

一位孔子，一位庄子，两位老先生，各有各的道理，就看你自己如何取舍了。

课后随笔 23：看罢《易经》我自愈，修养原来叫自律

《易经》的一个核心思想是“日中则昃，月盈则食”，也就是“物极必反、过犹不及”的意思，所以至为刚健的乾卦在第五爻“飞龙在天”之后，紧接着就是第六爻“亢龙有悔”。其本意想提醒我们，做人、做事不可太满，须留有回旋余地，才能不受反噬，此乃最为深刻的自我成就之道。要做到这一点，就需要自我克制，放到今天来说就是“自律”。

自律，是最大的修养

自律，是做心的主人。

人首先要做得了心的主，才能谈得上高贵，才能摆脱那些低级、本能的动物性。理学家、教育家许衡，有一年夏天与很多人一起逃难。在经过河阳时，由于长途跋涉，加之天气炎热，所有人都感到饥渴难耐。这时路边恰好有一棵大梨树，结满了香梨。其他人都争先恐后地爬上树摘梨吃，只有许衡端坐树下不为所动。众人觉得奇怪，便问许衡。许衡答：“梨树不是我的，怎么可以乱摘？”众人笑道：“时局大乱，人人逃难，梨树的主人早不知去哪里了，你还管他干啥？”这时，许衡说了一句流传千古、令人振聋发聩的话：“梨虽无主，我心有主！”这就是自律，这就是高贵。

试想，如果处在那样的环境下，我们是否能做到自律？经常可以看到，有些人为了一点儿利益争得头破血流，为占了一点儿便宜而沾沾自喜。可不知道他们有没有想过，自己这样和动物又有何区别呢？越是细微处，越见真修养。人之所以为人，就是因为可以做自己这颗心的主啊。

自律，是为了更好的自己

人的高度取决于对自我要求的高度。

自我要求高并严格去做，正是最好的自律。明代大学士徐溥自幼天资聪颖，读书刻苦。少年时代的徐溥在私塾读书时，老师发现他常常从口袋中掏出一个小本本看，看了后才发现原来是徐溥自己手抄的一本儒家经典语录。徐溥还效仿古人，不断检点自己的言行，在书桌上放了两个瓶子，分别装有黑豆和黄豆。每当心中产生一个善念、说出一句善言、做了一件善事，便往瓶子中投入一粒黄豆，反之，便投入一粒黑豆。

开始时，黑豆多黄豆少，他就不断地反省并激励自己。渐渐地，黄豆和黑豆的数量开始持平，他就再接再厉，更加严格地要求自己。久而久之，瓶中的黄豆越积越多，黑豆则不再变多了。凭着这种持久的约束和激励，他不断地修炼自己、完善自我，终成一代名臣。徐溥高度的自律背后，其实就是一种对自我极高的要求，并通过自律促使自己接近并成为更好的自己。

这尤其值得家长们借鉴，让孩子从小养成自律的意识和习惯，在不断磨砺中成就更好的未来。这其实也是我为什么要来长江商学院求学的原因，就是为了给自己找一条自律的道路而已。

自律，是最好的状态

做人需自律，做事要自律，情绪更需要自律。自律，是一种真正的修养，最能体现一个人的涵养和品质，也是一种心中安稳的人生状态。

（1）大喜易失言。言多必失，特别是在高兴的时候，自以为没有坏心再加上渴望倾诉，常常就会口无遮拦，此时尤其需要警惕。

（2）大怒易失礼。一旦怒从心头起，便只想发泄让自己痛快，言语过重甚至人身攻击都是常事，岂止是失礼。

（3）大惊易失态。曹操、刘备煮酒论英雄，刘备听到一句“天下英雄，唯使君与操耳”而惊掉筷子，那一刻起其实二人高下已判。所谓“泰山崩于前而色不变”，体现出一个人的心性修为。

（4）大哀易失颜。这里的颜，更多的是指精神状态。庄子主张“吾所谓无情者，不以好恶而内伤其身”，情太浓、太深是一种执念，造成的可能是自己的内伤。

（5）大乐易失察。人在高兴的时候，往往觉得一切都是可心的、悦目的，分辨能力会被遮蔽和削弱，失察也就乘虚而入了。

（6）大惧易失节。恐惧，是意志的试金石，人恐惧时最容易失去原则与底线。恐惧的背后是关乎得失的欲望，是由它蠢蠢欲动甚至喷薄欲出，还是节制和承受住，关键在自己。

自律，是最高的修身

曾国藩云：“君子责己，小人责人。”自律，就是以律人的标准、心态去律己。“欲修其身者，必先正其心”，自律是一种风度、一份超越。

（1）自律，要有勇气。要有决心和勇气进行反省、剖析，对自己存在的问题敢于较真。大禹“三过家门而不入”的故事、曾子“吾日三省吾身”的处世态度等，无不透射出自律的光辉。三国时期，权倾朝野的曹操，带兵打仗途中，马受惊踏坏老百姓的庄稼，便自断其发以严明军纪，成为严于律己的典范，为后人所称道。

（2）自律，要有骨气。做人、做事要意志坚定，经得起诱惑，不为功名利禄所累。孟子“富贵不能淫，贫贱不能移，威武不能屈”，于谦“清风两袖朝天去，免得闾阎话短长”等气节，都充分展示出自律的铮铮铁骨和浩然正气的光辉。

（3）自律，要有底气。人要敢于接受他律，行得端、走得正。古人说“律己足以服人，量宽足以得人，身正足以率人”，只有从严要求自己，自觉遵守原则和规矩，扎扎实实地履行好每一件事，才能养成自律的习惯。

自律是对自我的控制，自信是对事情的控制，控制自己才能控制事情。李嘉诚就是一个勤奋自律的典范，他的作息非常严格，不论晚上几点睡觉，早晨5：59闹铃响后一定会准时起床，随后阅读新闻，打一个半小时的高尔夫，再去办公室开始工作，如此数十年如一日。

有人问我，你怎么获得的成功，我说就两个字说三遍：自律，自律，自律！

课后随笔 24：纵然顶级商学院，难挡民间谚语准

梅建平教授讲了比尔·盖茨和巴菲特的故事，得出了 9 个字的论断，其实不用那么复杂，中国古代谚语早就把这一切都说清楚了。来！我们先恭敬地读一遍有代表性的古代谚语 40 句。

（1）病来如山倒，病去如抽丝。

（2）不到江边不脱鞋，不到火候不揭锅。

（3）八成熟，十成收；十成熟，二成丢。

（4）不经冬寒，不知春暖。

（5）百闻不如一见，百见不如一干。

（6）败家子挥金如粪，兴家人惜粪如金。

（7）帮人要帮到底，救人要救到头。

（8）帮助别人要忘掉，别人帮已要记牢。

（9）饱带饥粮，晴带雨伞。

（10）暴饮暴食易生病，定时定量保康宁。

（11）背后不商量，当面无主张。

（12）笨人先起身，笨鸟早出林。

（13）鞭打的快马，事找的忙人。

（14）边学边问，才有学问。

（15）病从口入，寒从脚起。

（16）病从口入，祸从口出。

（17）病好不谢医，下次无人医。

（18）病急乱投医，逢庙就烧香。

（19）白米饭好吃，五谷田难种。

（20）病人心多，忙人事多。

（21）补漏趁天晴，读书趁年轻。

（22）不担三分险，难练一身胆。

（23）不当家不知柴米贵，不养儿不知父母恩。

（24）把舵的不慌，乘船的稳当。

（25）不懂装懂，永世饭桶。

（26）不给规矩，不成方圆。

（27）不会烧香得罪神，不会讲话得罪人。

（28）不会做小事的人，也做不出大事来。

（29）不见兔子不撒鹰。

（30）百日连阴雨，总有一朝晴。

（31）不可不算，不可全算。

（32）不磨不炼，不成好汉。

（33）不怕百事不利，就怕灰心丧气。

（34）不怕不识货，只怕货比货。

（35）不怕穿得迟，就怕脱得早。

（36）不怕家里穷，只怕出懒汉。

（37）不怕路长，只怕心老。

（38）不怕乱如麻，只怕不调查。

（39）不怕慢，就怕站；站一站，二里半。

（40）不怕年老，就怕躺倒。

每一条谚语，都是经过岁月的磨砺和血汗的教训所得，都是真正的精神食粮。其实，做策划这么多年，我也有一些自己的做事准则，拿出来与大家共勉。

（1）老板不在前面干，公司迟早要完蛋。

（2）员工都是儿和女，长大都会嫁和娶。

（3）创意不狠，销量不稳。

（4）策略准，创意狠，地位稳。

（5）一分价钱一分货，策划也要货比货。

（6）没有调研，遮了双眼。

（7）创意是根钉，越深越管用。

（8）卖点是把锤，砸谁谁开心。

（9）文案是把琴，写好能勾魂。

（10）借势先造势，才能办大事。

（11）动销先动情，销售肯定赢。

（12）买点是杆秤，全让客户称。

（13）听觉也是锤，话术要顺耳。

（14）故事成为锤，品牌不用吹。

（15）品牌年轻化，灵魂一把抓。

（16）定位先定芯，有芯就有魂。

（17）策划是盘棋，靠的是格局。

（18）数字是盏灯，肯定能竞争。

（19）品牌先品类，营销响惊雷。

（20）符号是个钩，客户挤破头。

（21）饮料卖味道，好喝第一道。

（22）药品卖疗效，身体会知道。

（23）伟大品牌就是伟大信仰。

（24）不做第一，就做第二，不是第一，也是第一。

（25）听不见市场炮声，看不见销量飙升。

（26）品牌不去做全案，隔靴搔痒很难看。

（27）合伙人合的是心，合伙人看的是银。

（28）员工看好咱的家，老板挣钱养活家。

（29）每人都有风格，每人也有性格。

（30）品牌之战，策划向善。

（31）产品需要功能，创意需要功夫。

（32）企业家就是把企业当家。

（33）下辈子不做广告人，下辈子要做广告神。

（34）德不配位，管理太累。

（35）天要下雨娘要嫁人，我要思路你要作品。

（36）打倒懒惰，扔到黄河。

（37）好创意其实是好策略，好策略其实是好战略。

（38）好文案一秒就懂，好战略一选就对。

（39）营销的营是谋的问题，营销的销是卖的问题。

（40）好好策划，天天创意。

其实我的做事准则还有很多，虽不如谚语简单、直接、粗暴、有效，但也保证了我这么多年的企业顺顺利利。不要被理论蒙蔽了双眼，我们需要一双火眼金睛，看透复杂事情的本质。你简单了，你就了不起了。最后的最后，我想说，品牌广告语创作的最高境界是什么？就是达到民间谚语的水平。

这一点，我始终坚持！

课后随笔 25：原来阅读真的可美容

我喜欢阅读，就像我喜欢有着娃娃脸的秀美女子。

集团图书馆收藏了很多书，图书馆已经成了我每天放松心灵、冥想世界的最佳场所。家中书柜里的书上有一层薄薄的细灰，就像女孩脸上的雀斑。虽然我赞成“温故而知新”，但是温多少故，知多少新，则是由时间来决定了。

三毛写下了读书可以改变容颜的体会：“读书多了，容颜自然改变。许多时候，自己可能以为许多看过的书籍都成过眼烟云，不复记忆，其实它们仍是潜在的。在气质里、在谈吐上、在胸襟的无涯，当然也可能显露在生活和文字中。”阅读对我来说是一种厚爱，更是一种厚德。与书香为伴，能听到心的声音；与书香为伴，就会改变我正在老去的容颜。很多人说：“张默闻，十年前见你，你如此，十年后见你，你依然如此。到底发生了什么？为什么你不见年轻，也不见变老？”我一笑而过。我知道，阅读，与容颜总有千丝万缕的联系。

《韩诗外传》中记载了一个读书可以养颜的故事。春秋时，鲁国有个叫闵子骞的人，仰慕孔子的才学，拜孔子为师。起初，他的脸色干枯、蜡黄，过了一段时间后，竟变得红润起来。孔子觉得很奇怪，便问其原因。闵子骞回答：“在没读书之前，我生活在偏僻的乡下，能到老师门下学习做人与治国的道理，心里十分高兴，但看到达官贵人坐在华丽的车上，前后龙旗飘舞，又很羡慕。这两种情形时常在我的脑子里打架，因而寝食不安，脸色干枯、蜡黄。现在我接受老师的教化，精读做人与治国之书，懂得的道理日益增多，能辨别是非美丑了，那些‘龙旗’之类的东西再也不能让我内心困惑，因而心情平和，脸色也就红润起来了。”他把自己的容光焕发，归因于读书明理。北宋著名文学家苏轼在《和董传留别》的诗中，写下了读书可以养颜的自信：“粗缯大布裹生涯，腹有诗书气自华。”这就是说，苏轼虽然身穿简陋的土布，用粗丝绑发，却满腹诗书，自然气质高华。

曾国藩叮嘱儿子曾纪泽，要懂得读书的重要性：“人之气质，由于天生，本难改变，惟读书可以变换气质，古之精相法者，并言读书可以变换骨相。”这就是说，读书不仅能获取知识，而且能提升人的精神境界，日积月累就会脱离低级趣味，养成高雅、脱俗的气质。他还说过一句极为精辟的话：“书味深者，面自粹润。”也就是说，读书体味得深的人，面容自然纯粹、滋润。

林语堂直截了当地赞美过读书人的容颜：“章太炎脸孔虽不漂亮，王国维虽有一根辫子，但是他们是有风韵的……”章、王二人并没有潘安之貌，可是在林语堂的心目中却很美，因为他们书气十足、气质非凡。周国平也明确地支持读书可以养颜：“阅读能养心，能养生，我还要加上能养颜。一个人读不读书，你从他的面容就能看出。一个人美不美不只是外在的东西，他有个气质，读不读书气质就是不一样，从表情、神态、风度都会显示出来的。许多老学者老得非常美，让你惊叹人老了还可以这样光彩照人。”

好莱坞明星简·方达更是毫不吝啬地赞美了读书对养颜的功劳：“书香是最好的美容剂。”这同毕淑敏的见解完全相同：“读书才是最好的美容。”读书不是擦胭脂，却可以让人光彩照人；读书不是戴首饰，却可以让人自信从容；读书不是穿华服，却可以让人风流儒雅。可以说，读书不是装扮外表，而是装扮心灵、装扮生命。欣赏一个人，往往是始于颜值，敬于才华，合于性格，久于善良，爱于人品。相比之下，外在美虽能愉悦人的眼睛，但内在美却能征服人的灵魂。正如托尔斯泰所说：“人不是因为美丽才可爱，而是因为可爱才美丽。”

我喜欢和敬重那些喜欢阅读的人。他们的眼睛里闪着纯真的光芒,就像蹲在荷叶上刚刚长大的小青蛙,眼睛里藏着晨露一样的纯净。我一直坚持阅读,每遇大事我唯一的去处便是书房,沉浸在它的怀里,哭也美、笑也美、站也美、坐也美,说风花雪月的爱情也美,谈硝烟弥漫的战争也美,那种书香合成的味道常常让我迷恋。容貌变否,已不重要,重要的是心灵之变、气质之变、格局之变。

课后随笔 26：文化自信不能只是“拼祖上”

北京大学马克思主义学院孙熙国教授对文化自信的相关论述，是我很喜欢的，说到了我的痛处。文化自信不仅针对国家、地区，也针对具体的个人。我们每一个人也要有文化的自信和自信的文化。我经常会问自己：“张默闻，你是个合格的文化人吗？你有文化自信吗？”我不断地问、不断地想、不断地思考。

我们这一脉源于明朝饮宴侯张泌。不知道从什么时候起，我像抓住一根救命稻草一样到处“标榜”我是张泌的多少代传人，说到后来，连自己也感觉越来越不自信。似乎，自己必须“贴”上祖上的标签才能有所作为、才能立于人前。现在想来，实在是荒唐至极，也倍感羞愧。

在中国，一讲文化自信，有些学者首先想到的是中国优秀传统文化的自信。如果把文化自信仅仅归结为传统文化的自信，那就相当于只是和人家说“我祖上也曾阔过”，问题是“祖上阔”并不代表今天的“自己阔”。讲文化自信，毫无疑问应包括中国优秀传统文化的自信，但最重要的还应是对中国当代文化的自信。不同的时代有不同的文化，不同时代的文化体现着不同时代的自信。因此，文化自信不是某一阶段的优秀文化的自信，而是在不同历史时期所创造的所有优秀文化自信的总和。

我想，每个人都要建立自己的文化自信，我也应如此。于是我出书，内容涵盖品牌策划、全案策划；于是我写歌，囊括企业歌曲、品牌歌曲、情歌和大学歌曲。我开始慢慢树立自己的文化自信，对祖上曾经拥有的“阔”只保留“敬”就可以了。自信，特别是自我时代的文化自信，才是真正的自信。

传统文化是中华民族的“根”和“魂”，是国家和民族传承、发展的根本。但是，传统文化是产生于中国特定历史时期的文化，不能直接拿过来就能够运用。“古之道”不能驾驭“今之有”，“洋之道”不能解决“中之有”。

传统文化要想在今天发挥作用，必须按照当今时代的特点和要求，对其中有借鉴意义的内涵和表达形式进行改造，使之与当代文化相适应、与现代社会相协调，实现其创造性转化；必须对相应的内容进行补充、拓展和完善，使之成为适合当今时代实践和社会发展要求的新文化，实现其创新性发展。

树立自己的文化自信，要做好以下 5 件事。

（1）将祖上张泌的优良传统整理下来并形成家规，进行传播。

（2）将所掌握的传统文化和新时代文化相互融合，形成自己的文化观。

（3）整体提高文化自信背后的道德自信、智慧自信、善良自信、专业自信和管理自信。

（4）将“策划向善”作为个人文化自信的核心思想，升级、研究并发扬光大。

（5）将个人的文化自信和国家的文化自信紧密结合，创造出全新的、自我的文化自信。

我相信，自信源于善良，伟大来自实力，个人的文化自信则来自于你对别人产生的影响。

自信起来，这就是我一直要走的路！

课后随笔 27：大地苍茫，膝下荒凉——写给我那有儿的娘

被誉为“彭城女侠”的老作家袁成兰的杂文《我儿没儿》，堪称佳作。该文不长，照录如下 。

一只破瓢伸到我的面前，一个声音传过来：“大姐行行好，给点吃的吧。”原来是位衣衫褴褛的老者在向我行乞。我问：“大爷今年高寿？”大爷答：“82 岁了。”我问：“下这么大的雪，为什么出来要饭？”大爷答：“家里没有吃的。”我问：“家里还有什么人？”大爷答：“没有人了。”我问：“那你怎么不进养老院”？大爷答：“我不够条件。”我问：“什么条件？”大爷答：“无儿无女。”我问：“你有儿吗”？大爷答：“我有儿。”我问：“你儿咋不养活你？”大爷答：“儿子进了养老院了。”我问：“那你咋不进养老院？”大爷答：“因为我有儿，我儿没儿。”

这篇杂文，我看完非常难过，笑也笑不出来，哭也哭不出来，心里就是难过。我是做儿子的，也是做爹的，更是做女婿的，对于此文我感同身受。

1973 年我出生于安徽省界首市，原籍为安徽省阜阳市临泉县杨桥镇，一个千年古镇。生于皖北、长于皖北的我，对农村老人们的境遇有刻骨的感受。我突然想起几句老家的民间谚语：“人人都想生儿子，要来儿子好传世，传宗接代光宗族，千钱万钱归儿使……”人生在世，不过就是我生你、养你，你陪我终老。有时候，我们需要的就是这最朴素、最简单的美好愿望。为人父母者，要想让子女通情达理，自己首先要做好榜样。

我的母亲生了五个女儿两个儿子，其实奶奶和父亲也是有重男轻女的想法的，但是我从无优越感，母亲对我的严厉程度更甚。在

我们七个兄弟姐妹中，我们是平等的、是相爱的、是风雨同舟的。今天，特别想写一首诗，一首专门写给母亲的诗。

母爱苍茫，膝下荒凉——写给我那有儿的娘

娘，生了儿，两个。一个是数理化才子，他叫哥；一个是文字好孩子，我叫弟。最后老大熬成了教授，老二也熬成了教授。一个教中学生，一个教大学生。

娘，生了儿，两个。大儿子娶了老婆，一朵香遍几十里公路的大村花。小儿子娶了老婆，一支淡雅江南荷塘边的小姐姐。娘，很自豪，常常合不拢嘴；娘，很满足，常常得意扬扬。

娘，生了儿，两个。一个守候故土家园，一个独自浪迹天涯。一个与人为善，一个江湖挥剑。娘说，你们俩一个如水一个如火。娘说，你们俩一个争气一个霸气。

娘，生了儿，两个。没有享到什么福，大儿子表现一般，大儿媳表现一般，小儿子表现一般，小儿媳表现一般。说起来，大儿子有所成就；说起来，小儿子“人模狗样”。

娘，生了儿，两个。经常受到女儿们的亲密批判，说她偏心；经常受到儿媳们的文明冷淡，嫌她多年。娘说，端平一碗水好难好难；娘说，放平一颗心好烦好烦。

娘，生了儿，两个。一个成为优秀人民教师，一个成了创意行业名人。但是在敬娘、养娘、陪伴娘的道路上都是该打的不孝子。娘说，你们忙你们的，我很好；娘说，你们干你们的，别管我。

娘，生了儿，两个。没有一个儿带她去过大城市；没有一个儿带她走出过国门。娘说，要是没有几个闺女，我活不了那么长的时间；娘说，要是没有两个儿子，我拿什么去向人炫耀。

这就是，我的娘，生了儿，两个。一个退休在原籍安享田园，一个奋斗在杭州还在战场。娘的儿子也都开始老去，儿子的儿子也都开始油腻。

娘，却还年轻着，还活在她 18 岁的时间里……

曾记得1999年，我读过范仲淹的100字家训，似乎是在一本叫《民间故事》的杂志上看到的。100字的家训让范仲淹的家族兴旺了800年。范仲淹从小就有救人、救世的大志，一生积功累德、不疲不厌。范仲淹死后，他的子孙代代相传，直至民国初年，800年不衰。印光大师说过，中国800年不衰的福报只有两个人修得，第一是孔夫子，第二就是范先生。让范家兴盛800年的奥秘就藏在《范仲淹家训百字铭》中。

孝道当竭力，忠勇表丹诚；兄弟互相助，慈悲无过境。

孝道也好，丹心忠诚也罢，都是慈悲的体现，慈悲是没有度量、没有尽头的。这20个字，是告诫子孙后代要注重孝道、慈悲，只有如此才能团结齐心、创建和美家庭。

勤读圣贤书，尊师如重亲；礼义勿疏狂，逊让敦睦邻。

书到用时方恨少，如果平时能够博览群书，一旦真正需要用到知识时，也不会惊慌失措。读书很重要，尊敬师长更重要，我们应该向尊敬父母一样尊敬师长。遵守礼仪、谦逊忍让是做人的基本准则。唯有谦逊忍让、宽厚和善，才能促进邻里和睦。这20个字，是告诫子孙后代要谦卑宽厚，能够彬彬有礼、友好待人，才能广结善缘、赢得福报。

敬长舆怀幼，怜恤孤寡贫；谦恭尚廉洁，绝戒骄傲情。

尊老爱幼是每个人应该具备的基本品德。大至一个国家，中至一个团体，小至一个人，都应该有体恤鳏寡孤独等弱势群体的品德。“满招损，谦受益”，为人处世，要谦虚、廉明，不可骄傲自满、恃才傲物。这20个字，是告诫子孙后代要尊老爱幼、富有同情心，能够戒骄戒躁、谦恭廉明，才能树立威信、为人信服。

字纸莫乱废，须报五谷恩；作事循天理，博爱惜生灵。

善恶到头终有报，只争来早与来迟，做事要顺应天理，做人要博爱众生，不能做出伤天害理、荼毒生灵的事，否则就会有恶报。这20个字，是要告诫子孙后代要常怀勤俭节约、感恩的心，能够顺应天理、慈悲为怀，才能广种资粮、普利群荫。

处世行八德，修身率祖神；儿孙坚心守，成家种义根。

八德是指“孝、悌、忠、信、礼、义、廉、耻”，这是古人处世的基本操守。“儿孙坚心守，成家种义根”，这两句是对前面的总结。创业容易守业难，家业的操持与发展，需要数代人的努力，后世如能谨遵前人教诲，以家训为戒，才能将家业继承、操持得更好。这20个字，告诫子孙后代要切记前辈训诫，精进勤勉、遍施善行，才能发扬祖业、有所作为。

泱泱华夏，中国历朝历代的文人雅士，留下无数传世之作，蕴含数不尽的人生智慧。时至今日，仍令无数人受益匪浅。明代文学家、书画家陈继儒有一篇警世通言《一生都是命安排，求什么？》，数百年来，点醒了无数人，被后世称为“千古奇文”。

一生都是命安排，求什么？
今日不知明日事，愁什么？
不礼爹娘礼鬼神，敬什么？
弟兄姊妹皆同气，争什么？
儿孙自有儿孙福，忧什么？
奴仆也是爹娘生，凌什么？
当官若只行方便，做什么？
举头三尺有神明，欺什么？
公门里面好修行，凶什么？
刀笔杀人终自杀，刁什么？
举头三尺有神明，欺什么？
文章自古无凭据，夸什么？
荣华富贵眼前花，傲什么？
他家富贵前生定，妒什么？
前世不修今受苦，怨什么？
岂可人无得运时，急什么？

人世难逢开口笑，苦什么？
聪明反被聪明误，巧什么？
补破遮寒暖即休，摆什么？
才过三寸成何物，馋什么？
死后一文带不去，怪什么？
前人田地后人收，占什么？
得便宜处失便宜，贪什么？
聪明反被聪明误，巧什么？
怨怨相报几时休，结什么？
虚言折尽平生福，谎什么？
是非到底自分明，辩什么？
暗里催君骨髓枯，淫什么？
嫖赌之人无下梢，耍什么？
治家勤俭胜求人，奢什么？
人争闲气一场空，恼什么？
恶人自有恶人磨，憎什么？
怨怨相报几时休，结什么？

这篇奇文，也是20年来支撑我走下去的最大动力。记得母亲、父亲、伯父都或多或少地和我说过这其中的部分内容，但是这样完整地整理、再度回味却是第一次。一直依赖母爱抵御心灵的寒冷，此刻却距母亲离开我们已十年有余。人虽不在，但母亲之灵魂却一直鲜活地存在我的心中，久久萦绕……

课后随笔 28：孔子、孟子、老子、庄子的硬核思想

孔子，名丘，字仲尼，鲁国陬邑（今山东曲阜）人，祖籍宋国栗邑（今河南夏邑），思想家、教育家、儒家学派创始人。

孔子提出“仁”的学说，即要求统治者能够体察民情、爱惜民力，不要过度压迫、剥削人民，以缓和阶级矛盾。他主张以德治民，反对苛政和任意刑杀。他的学说后来成为我国 2 000 多年封建文化的正统，对后世的影响极大。

孔子兴办私学，广收门徒，突破官府的垄断，扩大了教育对象的范围。孔子主张“因材施教”，对不同的学生进行不同的教育。他教育学生：学习知识要经常复习，温故而知新；学习态度要老实，知之为知之，不知为不知；要把学习和思考结合起来。

孟子，名轲，字子舆，战国中期鲁国邹人（今山东邹城市东南部人），儒家学派的代表人物之一。

孟子生活的时代，百家争鸣，“杨朱、墨翟之言盈天下”，孟子站在儒家立场加以激烈抨击。孟子继承和发展了孔子的德治思想，发展为仁政学说，成为其政治思想的核心。他把“亲亲”“长长”的原则运用于政治，以缓和阶级矛盾，维护封建统治阶级的长远利益。孟子提出了一套完整的思想体系，对后世产生了极大的影响，被尊奉为“亚圣”。

孟子把伦理和政治紧密结合起来，强调道德修养是搞好政治的根本。他说：“天下之本在国，国之本在家，家之本在身。”后来，《大学》提出的“修齐治平”就是根据孟子的这种思想发展而来的。孟子继承了孔子的天命思想，剔除了其中残留的人格神的含义，把天想象成为具有道德属性的精神实体。他说：“诚者，天之道也。”

孟子把“诚”规定为天的本质属性，认为天是人性固有的道德观念的本原。孟子的思想体系，包括他的政治思想和伦理思想，都是以“天”为基石的。

老子，姓李，名耳，字聃，东周春秋时期陈国苦县（今河南陈州）人，中国古代的思想家、哲学家、文学家和史学家。

老子哲学的核心思想是“道生万物”的宇宙生成说，他把宇宙看成一个自然产生、自然演变的过程，天地万物是依照自然规律发展变化的，而“道”是世界的本原。老子哲学思想的精髓是他的朴素辩证法思想，“有无相生，难易相成，高下相倾，声音相和，前后相随”，矛盾双方相互依存、互为条件，对立的双方可以互相转化，事物总要走向它的反面。

老子的观点在一定的条件下有其合理性，但这种观点忽视了矛盾双方的斗争，把转化看成是无条件的循环往复。在政治思想上，老子主张“无为”，认为只有无为才能无不为，反映了当时统治者的无力，企图缓和尖锐的社会矛盾。他对“侯王”的告诫，如“民之饥，以其上食税之多，是以饥”“民不畏死，奈何以死惧之”也是很精辟的。

老子要求回到“小国寡民”时代，“邻国相望，鸡犬之声相闻，民至死不相往来”。老子哲学在中国哲学史上有着重要的地位，后代的不少哲学家都在不同程度上受到它的影响。他的思想影响了后来中国哲学的发展，深深地影响了整个封建社会的意识形态。

庄子，姓庄，名周，战国时期宋国蒙人，战国中期道家学派的代表人物，思想家、哲学家、文学家，庄学的创立者，与老子并称为“老庄”。

庄子在哲学思想上继承和发展了老子“道法自然”的思想观点，使道家真正成为一个学派，他自己也成为了道家的重要代表人物，与老子并称为“道家之祖”。庄子认为，“道”是客观真实的存在，“道”是宇宙万物的本原。庄子一生著书十余万言，《庄子》的出现，标志着在战国时代，我国的哲学思想和文学语言，已经发展到比较高的水平。无论是在哲学思想方面，还是在文学语言方面，庄子都给予了我国历代的思想家和文学家以深刻的、巨大的影响。

四位圣贤到底带给了我怎样的思考？

孔子带来的思考：①孔子很注意养生，活到72岁，该经历的都经历了。②孔子一生都在讲仁德，对中国后世的影响巨大。③孔子热衷于教育，培养了很多的文化名人和正直的官员。

孟子带来的思考：①孟子将伦理和政治紧密地结合起来，强调道德修养是政治的根本，形成了自己独特的主张。②孟子比较好地继承、拔高了孔子的思想，被称为“亚圣”。③孟子的家国思想对后世的影响很大。

老子带来的思考：①老子的《道德经》对后人的影响很大，哲学水平非常高。②老子提出的“无为”思想、“以柔胜刚”的思想直到今天依然拥有无数粉丝。③老子比较保守，主张“小国寡民”，不具有先进性。

庄子带来的思考：①庄子在哲学思想上继承和发展了老子“道法自然”的思想观点。②庄子的哲学思想、文学语言造诣很高，可以说达到了登峰造极的程度。③庄子不愿意做官。

世界上最好的阅读方法之一是比较，把四位圣贤的硬核思想找出来好好地进行比较，就能发现他们各自的特色和优势，这也很有意思。伟大的哲学家之间既有惺惺相惜，也有磨磨唧唧，这才是人性，这才是生活，这才是应该有的调皮之处。

课后随笔 29：你想知道的张默闻的问题都在这里

近 10 年来业界最想问我的问题，现在逐条回答。

（1）30 年前张默闻的真实学历是什么？答：初中二年级，早恋出问题。

（2）30 年后张默闻的最高学历是什么？答：长江商学院，招生做代言。

（3）张默闻到底是哪吒还是孙悟空？答：各自一半，亦神亦魔。

（4）张默闻为什么总被人骂？答：无门无派，做事野路子；无依无靠，做人太自我。

（5）张默闻为什么出那么多的书？答：有才华，没办法。

（6）张默闻的老婆为什么那么低调？答：文艺人不屑管生意人。

（7）张默闻的好朋友之一为什么是广告人文化集团的总裁穆虹？答：以心换心，姐弟情深。

（8）张默闻策划的广告语为什么是中国排名第二？答：因为叶茂中是第一。

（9）张默闻提出的“北有叶茂中，南有张默闻”现在还用吗？答：本人早不用，别人还在说。

（10）张默闻最经典的案例是什么？答：选不出来，都很经典。

（11）张默闻策划集团到底是个什么样的公司？答：践行“策划向善”，具有中国特色的全案策划公司。

（12）张默闻到底是个什么样的人？答：遇见好人是好人，遇见恶人是恶人。

（13）张默闻为什么要写歌，要转行吗？答：天生浪漫，喜欢而已。

（14）张默闻为什么要模仿叶茂中？答：站在巨人的肩膀上才能成为巨人。

（15）张默闻最大的梦想是什么？答：建一所中国策划大学并担任校长。

（16）张默闻的合伙人赵青是谁？答：北大高才生，最佳合伙人。做星星，实际上却做着太阳该做的事。

（17）张默闻的核心品牌策划理论是什么？答：品牌信仰营销学。

（18）张默闻最恨什么？答：对坏人不够狠，对好人不够好。

（19）张默闻策划集团的核心价值观是什么？答：策划向善。

（20）张默闻的品牌观和营销观是什么？答：品牌就是"品"，品牌就是"牌"；营销就是"营"，营销就是"销"。

（21）张默闻最崇拜的三个人是谁？答：秦始皇、成吉思汗、毛泽东。

（22）张默闻最想对客户说的话是什么？答：相信我，相信我，还是相信我！

（23）张默闻最喜欢读什么书？答：《毛泽东选集》《金瓶梅》《孙子兵法》。

（24）张默闻最感谢的人是谁？答：俺爹、俺娘、俺的早恋、俺的老婆。爹娘养我，早恋伤我，老婆旺我。

（25）张默闻对婚姻的理解是什么？答：必须挣钱，必须能忍，必须负责任。

（26）张默闻对未来怎么看？答：不看未来，只看现在。

（27）张默闻怎么看待 CCTV 的广告效果？答：大品牌就要争取 CCTV。

（28）排名第二有什么特别的含义？答：不做第一，一直有上升空间。

（29）张默闻的演讲有什么特色？答：简单、幽默、粗暴、有效。

（30）公司为什么叫“张默闻策划集团”？“张默闻”源于鬼谷子的一段话：“欲闻其声反默，欲张反敛。”这就是“张默闻”这个名字的奥秘，一切都是反着来，不按常理出牌，往往出人意料，常常又在情理之中，这就是谋略之美。所以，才有了“找到张默闻，就找到了闻名世界、无法沉默的品牌主张”的论断！

课后随笔 30：21 个有效的思维

广告策划靠思维，思维新，方法就新。思维之美在于启迪思考方式，把你从迷茫的路口拉上正确的道路。今天，我来分享 21 个有效的思维。

1. 关于素养的思维

（1）蓝斯登原则。往上爬时，一定要保持梯子的整洁，否则下来时可能会滑倒。进退有度，才不至于进退维谷；宠辱皆忘，方可以宠辱不惊。

（2）卢维斯定理。谦虚不是把自己想得很糟，而是完全不想自己。如果把自己想得太好，就很容易将别人想得很糟。

（3）托利得定理。测试一个人的智商是否上乘，只要看他的脑子里能否同时容纳两种相反的思想，而无碍于其处世行事。无事如有事时谨慎，有事如无事时镇定。常常给自己、给他人安全感的才是最有智慧的人。

（4）摩斯科定理。第一个回答，不一定是最好的回答。凡事多问几个为什么，一定能得到最好的回答。

2. 关于相处的思维

（1）刺猬理论。天冷时，刺猬彼此靠拢取暖，但会保持一定的距离，以免互相刺伤。距离产生美，要想和人保持亲密的关系，不如先保持适当的距离。

（2）美即好效应。对一个外表英俊、漂亮的人，人们很容易误认为他（她）的其他方面也很不错。初见看外表，久处看心灵。一颗善良的心胜过千万张好看的脸，心慈则貌美，愿我们永远坚持善良。

（3）波克定理。只有在争辩中，才可能诞生最好的主意、最好的决定，所以争辩有时也不失为一剂良药。

（4）韦奇定理。即使你已有了主见，但如果有10个朋友的看法和你相反，你也很难不动摇。别人的观点仅代表别人，有时候，坚持做自己很重要。

3. 关于沟通的思维

（1）斯坦纳定理。说得愈少，听到的就愈多。世上不乏能说会道的嘴巴，但缺善于倾听的耳朵。只有很好地听取别人的，才能更好地说出自己的。

（2）费斯诺定理。人有两只耳朵，却只有一张嘴巴，意味着应该多听少讲、少说多做，说得过多，说的就会成为做的障碍。

（3）牢骚效应。凡是公司中有对工作发牢骚的人，那家公司或老板一定比没有发牢骚的人的公司要成功得多。牢骚是改变不合理现状的催化剂。牢骚虽不总是正确的，但认真对待牢骚却总是正确的。

（4）避雷针效应。心情郁结时，要善于找人或自我疏通；豁达乐观时，也要善于开导别人。既要找到自己的避雷针，也要做好别人的避雷针。只有如此，生活才会处处皆风景。

4. 关于合作的思维

（1）氨基酸组合效应。组成人体蛋白的8种氨基酸，只要有一种含量不足，其他7种就无法合成蛋白质。当“缺一不可”时，那个“一”就是一切。

（2）米格-25效应。苏联研制的米格-25喷气式战斗机的许多零部件与当时的美国相比都是落后的，但因设计者考虑了整体性能，故能在升降、速度、应急反应等方面成为当时世界一流的战斗机。一个篱笆三个桩，一个好汉三个帮，只有善于团结，有整体意识，才能突破个人的力量。

（3）磨合效应。新组装的机器，通过一定时期的使用，把摩擦面上的加工痕迹磨光而变得更加密合。初见一个人时，印象可能不好，但通过相处，你可能会渐渐地喜欢上这个人，这就是磨合的力量。

5. 关于热情的思维

（1）马蝇效应。再懒的马，只要身上有马蝇叮咬，它也会变得精神抖擞。只有正确的刺激，才会引发正确的反应。

（2）倒“U”形假说。当一个人处于轻度兴奋时，能把工作做到最好；当一个人一点儿也不兴奋时，就没有做好工作的动力；当一个人处于极度兴奋时，随之而来的压力可能会使他完不成本该能完成的工作。网坛名将贝克尔之所以被称为常胜将军，其秘诀之一就是在比赛中自始至终保持半兴奋状态。激情过度，激情就会把理智“烧”光。热情中的冷静让人清醒，冷静中的热情使人执着。

6. 关于处世的思维

（1）吉格勒定理。除了生命本身，没有任何才能不需要后天的锻炼。天才就是1%的灵感加上99%的汗水。未来无法预料，不妨努力。

（2）巴菲特定律。在其他人都投资的地方去投资，你是不会发财的。特色不特，则优势无优。善于走自己的路，才可能走别人没走过的路。

（3）塔马拉效应。塔马拉是一种雷达，它与其他雷达的最大不同是不发射信号而只接收信号，故不会被敌方反雷达装置发现。善于隐藏自己的人，别人看不透他的心思。能识人的人，别人没办法在他面前隐藏自己的心思。

（4）弗洛斯特法则。筑墙之前应该知道把什么圈出去，把什么圈进来。人这一辈子，选择很重要，做正确的选择更重要。

做决定时要多问问自己的内心，多掌握一个思考的维度、多掌握一个具体的方法，你就能多获得一个机遇。

思维和趋势，21世纪的热门逻辑之一，值得好好研究！

课后随笔 31：你的安全才是最重要的

一位父亲发现 15 岁的女儿不在家，却找到了她留下的一封信。

“亲爱的爸爸妈妈，今天我和兰迪私奔了。兰迪是个很有个性的人，身上刺了各种花纹，只有 42 岁，并不老，对不对？我将和他住到森林里去，当然，不只是我和他两个人，兰迪还有另外几个女人，可是我并不介意。我们将会种植大烟，除了自己抽，还可以卖给朋友。我还希望我们在那个地方生很多孩子。在这个过程中，也希望医学技术可以有很大的进步，这样兰迪的艾滋病就可以被治好。”

父亲读到这里，已经崩溃了。然而，他发现最下面还有一句话：“未完，请看背面。”背面是这样写的：“爸爸，那一页所说的都不是真的。真相是我在隔壁同学家里，期末考试的试卷放在抽屉里，你打开后签上字。我之所以写这封信，就是想告诉你，世界上有比试卷没答好更糟糕的事情。你现在给我打电话，告诉我，我可以安全回家了。”父亲当即泪奔！拿起电话告诉孩子：“快点回来，成绩不重要，你的安全才是最重要的。”

当我读完这个故事，我从心里为这个孩子鼓掌，把一件很糟糕的事情就这样智慧地化解了。从那以后，我再也不问儿子的成绩了。我只问，你还坚持你的目标吗？他说，还在坚持，我便满意了。

记得 2018 年，儿子和我在美国的哥伦比亚来了一次环湖谈心。14 岁的儿子对我说了这样一番话：“爸爸，我知道你很优秀，什么事情都想做到第一。我特别能理解您为什么这样做，但是我不太赞成您这样做。虽然我和妈妈正在享受因为您的优秀而带来的成果，但是，爸爸，我只想做我自己，我不想做 100 分，我认为做到六七十分就很好了。这是我想要的目标，我不想那么累，越优秀越辛苦。我们的价值观不同，但是我希望您尊重我的选择。我不想考哈佛（大学）或者麻省（理工学院），我会考一个中国人都知道的美国的大学，这样就可以了。我不会继承您的事业，那不是我喜欢的。我喜欢计算机，我喜欢游戏开发，我喜欢我喜欢的。相信爸爸会理解我，毕竟，除了我是您的儿子，我们是完全不同的两个人，您说是吗？”

我承认我被他说得无话可说，我说：“张译匀先生，我完全赞同你的想法。从今天起，你的未来交给你自己，只是你不要忘记三点：①越来越激烈的竞争需要你能适应。②越来越全球化的现实希望你能融入。③越来越创新的社会希望你能把握。只要你牢记你自己的目标和诉求，我愿意成为你的朋友并支持你做的决定。但是，你要对你的未来负责！”儿子说：“好。谢谢您，爸爸！”

其实，我很感谢儿子和我的这次谈话，他使我明白了，尊重他人的想法和面对别人决定时给予别人自由，这就是沟通的智慧。其实，亲爱的孩子，你有多优秀真的不重要，重要的是你的安全。安全的心、安全的梦想、安全的态度和安全的价值观。

你好，爸爸妈妈才能好！

课后随笔 32：不懂感恩不要紧，不恩将仇报就好

关于感恩，我说了很多年，也做了很多年，但还是远远不够。需要感恩的人还在排队，要去感恩的我还在路上。高山流水、春去秋来，感恩是一件漫长的工程，是一辈子永不能停止的行为。

感恩，不仅要感恩父母，还要感恩导师、亲友、爱人、朋友，甚至是那些与你擦肩而过的人。但是，我也知道，感恩的过程中也会有阴谋需要鉴别，不要失身、失德、失财、失命。为了能把感恩说清楚，我想借助以下 8 句话开始今天的心灵旅程。

（1）最凶残的魔鬼也没有忘恩的儿女那么可怕。

（2）仁爱和打人一般都是从家中开始的。

（3）作为人，对父母要尊敬，对子女要慈爱，对亲戚要慷慨，对所有的人都要有礼貌。

（4）尊重他人、有责任感的孩子，大都出身于爱和管教适当结合的原生家庭。这样的家庭一般会告诉孩子：人家帮你，永志不忘；你帮人家，莫记心上。

（5）感恩是精神上的宝藏、灵魂上的健康，没有感恩就没有真正的美德。人世间最美丽的情景总是出现在我怀念母亲的时候。

（6）忘恩比说谎、虚荣、酗酒等恶德还要无德。

（7）感恩是美德中最微小的，忘恩负义是品行中最不好的。卑鄙小人总是忘恩负义的，忘恩负义原本就是卑鄙的一部分。

（8）不当家不知柴米贵，不养儿不知报母恩。在孩子的心中，父母就是上帝。在这个世界上，我们永远需要报答的就是父母。因为我们只有在父母的膝盖上，才能获得最高尚、最真诚和最远大的理想。

有人说，期望别人感恩是一种严重的错误。如果你救了一个人

的性命，你会期望他感恩吗？你可能会，也可能不会。塞缪尔·莱博维茨是美国一位有名的刑事律师，他曾使 78 名罪犯免上电椅。你猜猜看，最后有多少人登门道谢，或至少寄个圣诞卡来？我想你猜对了，一个都没有！人性的善是没有国界的，人性的恶也是没有国界的。这个世界上并没有人愿意感恩你或者认为有感恩你的必要，放宽心态，适应人性很重要。

与其抱怨别人不懂感恩，不如认真研究人性。英国的约翰逊博士曾说过："感恩是极有教养的产物，你不可能从一般的人身上得到。"忘记感恩是人的天性。如果偶尔能得到别人的感激，对我们来说，就是一个惊喜；如果没有，也不用难过。很多人在帮助别人时，从来都没有期望得到回报。

人性中最大的恶，并不是不懂感恩，而是恩将仇报。农夫与蛇的故事每天都会上演，英国作家萨克雷说："如果一个人身受大恩之后又和恩人反目，他在顾全自己体面上做的一定比不相干的陌生人更加恶毒，他要'证实'对方的罪过才能解释自己的无情无义。"

或许有人会问："如果别人需要帮助，应该伸出援手吗？"答案是肯定的，这是良知使然。可是在伸出援手前，能否给自己留 10 秒钟，问自己 5 个问题？

（1）这个人我了解吗？这个人值得帮助吗？这件事我真的有办法解决吗？如果他不懂感恩或者反目成仇，我也完全不在乎吗？

（2）帮助这个人会让我付出哪些代价？我都可以接受吗？

（3）我是准备量力而行还是不计后果？即使担保导致破产我也毫不畏惧吗？

（4）我的帮助会不会养虎为患？被我帮助的人会不会倒打一耙？纵然这样我也不在乎吗？

（5）使命使然？道义使然？必须这样做？宁愿死也要这样做？

这些问题都想清楚了，你就可以去做了，而且还不能指望别人感恩。如果这一切你都可以接受，你就大胆地去做你的英雄，就义也罢，被骗也罢，心甘情愿就好。

这还不是最悲怆的，很多被救者甚至倒打一耙，侮辱那些贡献仁慈的人。这些血淋淋的现实，我多希望是我杜撰的。有时候人太善良，以至于被恶人随意践踏；有时候人太仁慈，以至于被恶人任意凌辱。有些人值得你付出一切，可有些人，你要做的仅仅是敬而远之。我们应谨慎小心，懂得远离一些人，但不要吝惜给好人的帮助。曾经吃过的亏，就算了；过去上过的当，就罢了。从今往后，只把好心交给讲理的人，只把善心交给知足的人，只把热心交给厚道的人。更重要的，别忘了问问自己：是不是习惯于接受别人的好意，就忘记了人家的恩情？我的最低要求：不懂感恩不要紧，不恩将仇报就好！

母亲说我，默闻，未来你是要干大事的，记得要感谢那些帮助过你的人。我说，放心，娘，我一贫如洗，什么都没有，就是知道“谢谢”二字。母亲眼睛都笑成了一道缝，她不断地点头，不断地点头，说，我终于生了一个像样的东西。我愕然，我是东西？不错，我是我娘的好东西。

课后随笔 33：情深不寿，强极则辱

喜欢金庸大师，有四个理由。

理由 1：他把爱情写得惊天地，泣鬼神。

理由 2：他把武功写得出神入化，真假难辨。

理由 3：他把江湖写得惟妙惟肖，仿佛就在眼前。

理由 4：他把人性写得入木三分，令人生畏。

我觉得，在全球华人的心目中，金庸是中华武侠小说“第一笔”。我喜欢金庸的每一部武侠小说，因为每一部武侠小说都给了我一个武侠梦，给了我脆弱的心灵一个江湖，一个可以在意念里行侠仗义的江湖梦。金庸大师在《书剑恩仇录》中写道：情深不寿，强极则辱，谦谦君子，温润如玉。其中，“谦谦君子、温润如玉”这 8 个字，就像流水划过心田，就像心情踩在云端。虽然我不是谦谦君子，也未必温润如玉，但曾经也是翩翩少年，爱在心间，也没负最美时光。

我最看重的是金庸大师另外的 8 个字：“情深不寿，强极则辱。”年少不解句中意，读懂方晓不简单。金庸大师说的是，用情太深，感情就不会持久，处处好强，早晚会自取其辱。一个真正成熟的人，与人相处，谦虚有礼；对待感情，恰到好处；修养品性，刚柔相济。生活中，凡事都遵循物极必反的规律。

先说说“情深不寿”吧！

有一句话大家都很喜欢：喝酒不超六分醉，吃饭不过七分饱，爱一个人不要超过八分热。若爱一个人太深，太过思念，太过期待，就会劳心费神，感情也不会天长地久。感情中最好的相处模式，就是相互独立、共同成长。心理学研究表明，喜欢一个人时，人们就会用力地付出，付出后就希望得到等同的回应。感情越深，付出越多，

想得到回应的期望也会越高。过于追求轰轰烈烈的爱情，到最后往往经不起柴米油盐的考验。

再说说“强极则辱”吧！

俗话说：“木秀于林，风必摧之。”高处不胜寒，凡事不必处处好强，太好强就会自我膨胀、咄咄逼人。曾国藩说：刚柔互用，不可偏废。”太柔，就会萎靡；太刚，就易折断。刚柔相济，才能有效地保护自己，继而充分发挥自己的才华。老子说：“上善若水，水善利万物而不争，处众人之所恶，故几于道。”意思是美好的品质像水一样，滋润万物却不与万物相争，有着至柔却能容天下的胸襟和气度。自己的强大，对他人有帮助，才不会引起别人的妒忌，才不会受到打击。真正的强大，不仅是外表的强大，而且是内心的强大。

孔子年轻时曾向老子请教何为软硬之妙。老子张开掉光了牙齿的嘴让孔子看，孔子何其聪明，立即领悟到了其中的奥妙：牙齿是坚硬的，舌头是柔软的，牙齿掉光了可舌头却还在。硬的东西因其刚强而没落，软的东西因其柔弱而存在。外表的强大往往是虚假的，内在的强大才是真正的强大。

金庸大师着实厉害，“情深不寿、强极则辱”，简简单单的8个字，就把如何为人、如何处世说得清清楚楚、明明白白。愿你我今后，聪明中难得糊涂，深情中恰到好处，得意时不卑不亢，这才是生命中最美好的样子。

金庸大师就是金庸大师，可爱得很！

课后随笔 34：有些噎人的话，隐藏着你无法反击的真理

语言是最调皮、最幽默、最危险、最感人，也是最难搞的。一个人一辈子可以驾驭很多的财富，却未必能驾驭丰富的语言。因为世界上语言，有的叫感人，有的叫喜人，有的叫气人，还有一种叫噎人。接下来，我们就来看看这些年我写的噎人的话。

（1）父亲说，唾沫大部分的功能是用来数钞票的，而不是用来讲道理的。

（2）好听的话让人舒服，别当真；难听的话让人难受，也别当真。

（3）漫漫人生 8 个字：慢慢地熬，糊涂地过。

（4）都说高处不胜寒，都在爬；都说烟酒伤身体，都不戒；都说天堂是童话，都不去；都说爱情变亲情，都不离；都说金钱如粪土，都不舍。

（5）交话费时才发现自己的话这么值钱，成功后才发现当年的尴尬都成了励志的故事。

（6）越富的老板越吝惜，越穷的朋友越大方，这也许就是穷和富的差别之一。

（7）如果你向神求助，说明你相信神的能力；如果神没有帮助你，说明神相信你的能力。

（8）孔子不能解决的仁德问题，老子用道德来解决；老子用道德不能解决的问题，孙子用兵法来解决。

（9）经常不按时吃饭，就要按时吃药；经常不按时甜言蜜语，就要按时吃闭门羹。

（10）人不能低下高贵的头，但在求爱的时候、犯错的时候要例外。

（11）婚姻，要有情有义有利，要有心有爱有忍，要有大有小有理。

最后，再分享几句我很喜欢的话。

（1）我一直努力做一个慷慨大方的人，在任何谈判中我都会把最后的利益留给对方，不会把桌上的钱都拿走。

（2）合作中，我反复提醒自己不要把荣誉完全留给自己，因为任何一个合作方都应获得荣誉。

（3）当你开始生活的新阶段时，请保持你的爱好，如果没有爱好，就去找，找不到绝不罢休。

因为生命太短暂，所以不能空手走过，你必须对某样东西倾注你的深情。就像我，除了策划，很难再爱上其他东西。

课后随笔 35：走过商学院对面的马路

从入住的酒店到长江商学院上海校区只需要 5 分钟，我的很多想法大多在这 5 分钟里产生或被唤醒。

（1）一个人彻悟的程度，恰恰等于他所受痛苦的深度，当别人夸奖我悟性很高的时候，他们往往会忽略我受的苦。

（2）对领导者的完全信赖不能算是真正的忠诚，真正的忠诚应该是不断地通过事实证明的。

（3）一个女子最美丽的时候，是她在摇篮旁边的时候；最快乐的时候，如我曾见过的一幅西洋画像中一般，是在拥抱一个婴儿睡在枕上逗弄的时候；最恳切、最庄严的时候，是在她怀抱婴儿或牵着幼儿行走的时候。

（4）一个男人最有魅力的时候，是在他认真读书、写作、工作的时候，是在他激情演讲几乎被掌声掀翻却还保持文质彬彬的时候，是在他安静地看着一个女人，为她抹去眼泪的时候。

（5）很多女人在尚未明白航行的真正意义之前，就急着跳进婚姻之海，最后不是翻船被救上岸，就是沉到海底被鱼虾吃得只剩下了骨架。

（6）精神成熟是一种心灵的状态，就像酱香白酒一样，无法在仓促中制造出来，需要时间慢慢酝酿。

（7）古老、圆满、饱经世变的东西才是最美的东西，就像我们的父母，我们的古建筑，我们的古书，我们的文化。

（8）只有读书人才知道怎样巧妙地运用字句，以一字而“杀”人。

（9）人生必有痴，而后有成。痴不同，或痴于财，或痴于禄，或痴于情，或痴于书，我则痴于谋。

走在商学院对面的马路上，我常常很惊讶在这么短的路上自己竟然可以想了这么多。我知道，每一次的行走都是脚后跟决定胸膛，走路也可以走出灵光，现在，我就这样，有点文艺青年的张狂。

课后随笔 36：放下爱情一定要读《放妻书》

2019年7月28日，一对明星夫妻，先生在微博上发布离婚说明，文中写道：“同行半路，一别两宽，余生漫漫，依然亲情守候。”两分钟后，妻子在微博回应：“你我深爱过，努力过，彼此成就过。此情有憾，然无对错。往后，各生欢喜。”

两人微博中的“一别两宽”“各生欢喜”出自唐朝李某的《放妻书》。如果我没有猜错，两个人的声明文案是早就写好的，而且彼此修改过，参考了同一篇文章，也算是好聚好散了。

《放妻书》是出土于敦煌莫高窟的唐时文书，是离婚证明，也是“离婚协议书”。有人称之为最体面的离婚书，语气温柔，遣词风雅，彰显了好聚好散的千古奇文。我们来看一下具体内容。

“某李甲谨立放妻书。盖说夫妇之缘，恩深义重，论谈共被之因，结誓幽远。凡为夫妇之因，前世三生结缘，始配今生夫妇。若结缘不合，比是怨家，故来相对。妻则一言数口，夫则反目生嫌。似猫鼠相憎，如狼羊一处。既以二心不同，难归一意，快会及诸亲，各还本道。愿妻娘子相离之后，重梳蝉鬓，美裙蛾眉，巧逞窈窕之姿，选聘高官之主。解怨释结，更莫相憎。一别两宽，各生欢喜。

于时某年某月某日某乡谨立此书”

翻译过来就是：谈到夫妻缘分，都说恩深义重。说到同床共枕，都会想起结婚时的誓言。两人成为夫妻，是前世的缘分，今生才能走到一起。如果姻缘不合，那就是前世的冤家，纠缠到了今生。妻子常常会絮絮叨叨、整日抱怨，丈夫也会心生厌烦、动不动就翻脸。两个人就像猫和老鼠一样、互相憎恶，也像狼和羊一样各怀心事。

既然两个人的心思不同，也就不可能达成一致，不如尽快通知彼此的亲友，就此分手、各走各的道。希望你我分手后，你可以注意梳妆打扮、装点自己，保持窈窕的身材，能够嫁到达官贵人家里。千万记得要放下心结、抛掉你我恩怨，更不要再相互憎恨。这样，一分别两宽心，你我都各自满怀欢喜心，开始新生活。

想想，唐朝的离婚都到了这般境界，现代人的离婚却也有硝烟弥漫，大开杀戒，不成功，更不成仁，真是风范全无。劝君好好读读《放妻书》，就如古人一般，一别两宽，各生欢喜，却也是人间最美风景。其实就是一句话，你怎么对待和放行前妻体现了你全部的修养，也是你未来福报的最好写照。既放行，就高抬贵手，高喊贵语，让她朝更幸福的地方去，你也脱去疲惫，好好对待自己的余生吧！

课后随笔 37：公元前 5 世纪的轴心文明与我的策划战略

我发觉大智慧的人经常会出现在同一时期。公元前 5 世纪前后，世界文明发生了一系列的大事：孔子、孟子、庄子、韩非子、释迦牟尼、苏格拉底、亚里士多德、阿基米德等先后出现了，他们是这一时期世界上最聪明的那一群人。

各个文明前后跨入文明的门槛，然后由量变产生质变。这个时代被德国的法兰克福学派称为轴心时代，在这个关键时刻，中华文明没有缺席，古希腊文明也表现得特别优秀。当古希腊的哲学家在希腊海边思考的时候，印度的哲学家正在恒河岸边打坐，中国的哲学家也正在黄河岸边散步。有趣的是，他们的使命似乎也有一个分工：希腊哲学家主要考虑人和物的关系，印度哲学家主要考虑人和神的关系，中国哲学家主要考虑人和人的关系。

希腊哲学家思考人和物的关系，不是考虑完全的物质利益，而是考虑人和客观世界之间的关系。印度哲学家思考人和神的关系，这个“神”不是迷信，而是“超验世界”，就是超出我们经验世界之外的另外一个抽象天地。这批人中，有人在海边思考，也有人在河边漫步，然而再高深的思想，如果没有行政资源的加持，没有国家力量的保护，终将随风飘散。

孔子位居圣贤之列，如果他的讲话没人听，就算学生听后记了下来，学生的笔记也会很快被烧掉，那又如何能留传下来呢？这就需要由国家的力量来抵抗野蛮、捍卫文明。

2017 年 8 月 8 日，张默闻策划集团新的策划战略定位为“策划向善”，这是张默闻对其策划生涯和策划战略的再一次全新思考。“善”是善良、善学和善战的融合，是“策划向善”的核心观点。2018 年，我对“策划向善”进行了多维度的分解：从管理思维的角度理解，“策划向善”就是善良、善权、善分享；从军事思维的角度理解，“策划向善”就是善攻、善守、善交流；从学习思维的角度理解，“策划向善”就是善学、善仿、善创新；从修行思维的角度理解，“策划向善”就是善爱、善恨、善宽恕；从经营思维的角度理解，“策划向善”就是善藏、善举、善自律；从竞争思维的角度理解，“策划向善”就是善强、善弱、善承认。

无论是公元前 5 世纪的轴心文明，还是 21 世纪的策划文明、经营文明，都要在“善”字上大做文章才行。我想，如果企业不能向善，企业家不能向善，员工不能向善，职业道德不能向善，则万事难成。策划的核心理应是“策划向善”，致力于用“善良 + 善学 + 善战”的向善理论，推动客户的愿景、使命和价值观的全面向善。最终实现客户在战略向善、经营向善、信仰向善、管理向善、产品向善、营销向善、品牌向善、创意向善、传播向善、竞争向善的十大信仰营销的全面复兴。

张默闻策划集团，坚守“策划向善”的核心价值观，让客户的品牌和销量遥遥领先，让中国企业和中国品牌再次伟大。

谨将此文献给那些苦苦寻找精神家园的企业经营者和自己！

课后随笔 38：自己为自己写对联，命运为命运写华章

我喜欢对联，就像对联喜欢我！

年少时，家道中落。每年大年三十，哥哥总会铺开鲜红的纸，用廉价的毛笔，蘸着小瓶的墨汁，写下各种饱含祝福的春联。每逢那时，我都会站在新贴上对联的门前，一遍一遍地阅读那些对仗工整、意境深远的对联，喜欢得不得了。也就是从那时开始，我尝试提起笔，虽然字有些歪歪扭扭、对联缺乏文采，但依然乐在其中。时隔多年，依然难忘这一习惯，尤其喜欢自己为自己写对联。其实，自己为自己写对联，并不稀奇，自古就有不少有名的自提联。

（1）喜有两眼泪，多交益友；恨无十年暇，尽读奇书。（包世臣）

（2）天地入胸臆，文章生风雷。（吕留良）

（3）一窗佳景王维画，四壁青山杜甫诗。（孙星衍）

（4）铁肩担道义，妙手著文章。（杨继盛）

（5）好人我自苦中来，莫图便宜；凡事皆缘性里错，且更从容。（吴大微）

（6）若能杯水如名淡，应信村茶比酒香。（启功）

（7）要求真学问，莫做假文章。（张杰）

（8）莫对青山谈事世，休将文字占时名。（郁达夫）

（9）岂能尽如人意，但求无愧我心。（冼星海）

（10）心术不可得罪于天地，言行要留好样与子孙。（袁崇焕）

（11）独持偏见，一意孤行。（徐悲鸿）

（12）每临大事有静气，不信今时无古贤。（翁同龢）

（13）清风明月不论价，红树青山合有诗。（梁启超）

我也有自提联的习惯，一直觉得这是一件颇有趣的事。翻开尘封的日记，解封久违的自题联，见见阳光、晒晒灵魂，也不失来此世上走了一遭。

（1）干脆出家，善恶随她；干脆自杀，自绝芳华。背景：被美丽的早恋抛弃，被保守的学校开除。（1992 年）

（2）打一枪换一个地方，留下种子；争一寸让一尺长度，谋得长久。背景：从阜阳到上海玩落魄，从合肥到南京尽失魂。（1997 年）

（3）爱我的都是认真的，认真的都是我爱的。背景：爱过很多人大都无果，认真很多年还是废都。（1999 年）

（4）一人之下，到处都是危机；三分低头，绝处尽是出口。背景：在美国上市公司任全球副总裁，在创意媒体岗位做当权发布者。（2006 年）

（5）北有叶茂中，南有张默闻。背景：创业走投无路，创意北叶南张。（2009 年）

（6）向前一步敬中国第一，退后三尺做中国第二。背景：致敬中国第一策划人叶茂中，甘做中国第二策划人。（2016 年）

（7）舞文弄墨加写歌绝对绝色生活，策划创意还出书得到得道人生。背景：最新生活写照，最近工作态度。（2017 年）

（8）出身不好，本事要好，才够好；本质不坏，别人要坏，才能坏。背景：为自己走江湖立的规矩，为自己活得好找的借口。（2018 年）

（9）琵琶不着急，高山流水；纤手翻诗集，风生水起。背景：写给身在美国的妻子，写给苦学琵琶的伴侣。（2018 年）

（10）《广告人》是我们的人，“学院奖”是中国的奖。背景：感谢十年人中人，我爱《广告人》；感恩十年奖中奖，我爱“学院奖”。（2019 年）

（11）无门无派无依无靠，还吹什么吹？有情有义有才有德，还怕什么怕？背景：朋友安慰我的话，战友支持我的情。（2018 年）

（12）你已经是大师，说话要注意，不然被人看不起；我不要做君子，装得很正义，最后遭人戳脊梁。背景：鉴于大师多，冒充大师的也多。（2019年）

说句实话，自题联比命题联好写。嬉笑怒骂都是自己，哭天喊地尽是宣泄。人生不管多少精彩、多少故事、多少感悟，其实都在一联之间。自题联，就是最好的出路和特色。

课后随笔39：王府井的布鞋店、烤鸭店与书店

每次到北京补课，我都会一个人到王府井转转。我喜欢王府井那里弥漫着的老北京的味道，喜欢那种灰灰的却透着威严表情的古建筑，就像一个倔强的老人维护着自己的尊严。

王府井旁边的北京协和医院显得庄严肃穆，神圣不可侵犯。王府井另一边的小吃一条街，则是花花绿绿、人来人往，虽然去过两次，但我从未在那里吃过小吃，包括红得发亮的冰糖葫芦。这条街上，中华各地的名小吃，让人流连忘返。这条街上，有光鲜亮丽的红男绿女，还有极个别的北京老炮儿夹在其中，构成一幅说老不老、说现代不现代的“清明上河图”。我被“裹”在人潮中，随着人流，飘来荡去，就像一个梦游者。多年来，我怎么也无法和这座城市相互融合，总觉得和它格格不入，就像谈过恋爱的一对青年男女，偶有摩擦，最终分道扬镳。它有它的威严，我有我的不屑，但每次来北京，还就喜欢在这个地方逛逛。

走走看看，看看王府井的各种北京布鞋店。

老北京布鞋是北京的特产之一。老北京布鞋饱含着浓郁的历史文化，是中式文化的典型代表。有史料记载，山西平遥的商人结合当时老北京布鞋的优势，在京城将老北京布鞋广为推广，最终闻名于京城。这是老北京布鞋的前身，存在时间已有3000多年。

据考证，最早的手工布鞋发现于山西侯马出土的西周武士跪像所穿的布鞋。早在先秦、仰韶文化时期，我国人民已在着屝、屦或履了，当时的男女鞋饰没有明显的差别。相对于其他鞋类，布鞋有着相当广范的适用场所。时尚的绣花女鞋一直以款式新颖、漂亮端庄而闻名，在国际上已经成为中国传统女性文化的标志之一。在很

多女性眼里，绣花女鞋是一种时尚和传统的产物。穿上绣花女鞋，那种舒适惬意、那种端庄典雅，是无法用语言所形容的。中国女性一旦穿上绣花女鞋，则平添了几分性感和妩媚，能凸现女性与众不同的气质和品位。

布鞋的柔和，不但养脚，且价格低廉，这是布鞋在中国存在了数千年且长盛不衰的原因。自然的美丽、简洁的风格，尤其是在女性穿上布鞋后尽现无遗。从数千年前的秦朝勇士，到抗战时期的八路军将士，再到新时期的解放军战士，都对它爱不释“脚”，这是为什么呢？除了舒适，还因为它是文化的象征，一种在中国有着数千年历史，并且和儒家思想、佛家道义一同在中国历史上有着不可替代作用的文化。

所以，每次来北京，最喜欢的还是到王府井的各类老北京特色布鞋店去看看。我没有数过一共有多少家布鞋店，但感觉数量应该不少。店的名字都一样，老北京布鞋店。店内，货架上摆满了各类布鞋，男的、女的、老的、少的，应有尽有。白底黑面的传统布鞋，京剧脸谱的创意布鞋，时尚元素的国潮布鞋，一排排、一行行，安安静静地“躺”在那里，就像长城脚下休息的三轮车大，一副“爷”的神态。卖布鞋的北京大妞们个个长得都很好看，但每次看到她们总会想起冯小刚的《老炮儿》。老北京布鞋现在是区域公共品牌，我想，不久后，这个公共品牌里一定会跳出一个超级品牌，这才符合老北京布鞋的特色和风范。

夫人余宣莹是典型的汉服狂，对鞋子的“汉化”有非常高的要求，一直以来我都难以满足她的“脚上功夫”。在王府井，我惊喜地发现，老北京布鞋的国潮风很符合她的要求，就自作主张为夫人买了两双，洋洋得意地带回了杭州。当我告知为她买了两双鞋时，她不仅大惊失色，而且还流露出对我的品味极度不信任的表情。但是当我从箱子里拿出这两双鞋的时候，她的眼睛里开始有了光，有了失而复得的光，不断地试穿，左三圈，右三圈，晃晃荡荡再三圈。去公司的路上，收到了一条多年不遇的微信："谢谢老公，我喜欢！"

走走看看，看看王府井大街的全聚德烤鸭店。

王府井大街东侧有个金碧辉煌的全聚德烤鸭店。全聚德烤鸭我吃过，从鸭头吃到鸭屁股。但后来，烤鸭和炸酱面成为我两大最不愿接触的北京食物。很简单，这两个菜都是"命"里缺水，太干。我倒是很喜欢吃南京盐水鸭，水汪汪的、白噗噗的、咸咸的，比较符合我的口味。但是，这丝毫不能掩盖北京全聚德烤鸭的影响力，我每次来北京总要吃一次烤鸭的硬性习惯倒是没有改变。

每次经过王府井的步行街，我都会在全聚德门前转一转，看看门前停的车，看看门口迎客的"小爷"，仿佛看到了100多年前老北京的生活场景。

不知道您是否注意到，全聚德牌匾上的德字少了一横。这是为什么呢？有人说，当时的杨全仁老板得知钱子龙书法非常好，特地请他前来题匾额，两人对饮开怀，由于钱秀才多喝了两杯，精神有些恍惚，一不留心，"德"字忘写了一横。还有人说，杨全仁创业时，一共雇了13个伙计，加上自己一共14个人。为了能让大家同心协力，所以杨全仁让钱秀才少写一横，表示大家心上不能横一把刀。

这些当然都是猜测和传说。真正的原因是什么呢？原来早在100多年前，"德"字可以有一横，也可以没有这一横。这一点，可以从历代书法名家的墨迹中得到印证。例如，现立于北京国子监孔庙的康熙御书大学碑中的"德"字就没有这一横。又如，北宋真宗年间铸造的"景德通宝"的"德"字没有横，而明朝宣宗年间铸造的"宣德通宝"的"德"字则有横。由此可以得出结论：在过去，德字有两种写法，可以有横，也可以没有横，两种写法都是正确的。

我是从事全案策划的，故对下面这则广告很感兴趣。在一本1950年出版的图书里，有着全聚德的一则广告。只可惜这本书已没有了封面，无法确切地知道书名。但从这本书的内容上可推断出这是一本类似于北京指南的图书。那么，好玩的事情发生了。

这则广告的上半部分是四行从右到左繁体字排列的一段话，大意是："各位到北京，必须到前门外肉市廿四号，北京第一著名烤鸭专家全聚德去尝尝挂炉烤鸭。"

广告的下半部分是纵列从右到左的繁体字说明文字，大意是："经百余年精心研究，营养丰富、酥脆焦嫩、美味适口、中外驰名，特聘名师精做各种菜羹，远年花雕、座位清洁、服务周到、诸君一尝、保证满意"54 个字连着写，原广告没有一个标点符号。接着是四列小字："电话订座""七・〇六六六八""外叫电话通知""准时送上不误"。

由这则广告可以看出，全聚德烤鸭当时已很有名气，就餐环境优雅，服务更是没得说，不仅提供堂食，还可为客户送烤鸭上门，而且有准时、不误的外卖服务承诺。那时候，它应该已经是北京餐饮的头部品牌了。所以，能做到 100 多年还屹立不倒的品牌，值得我们想想这是为什么？

走走看看，看看王府井大街的王府井书店。

逛书店，我喜欢。这些年无论在哪里，只要是看见书店，我都迈不开腿、走不动路。终于，结束了长江商学院的当大课程，我目标非常明确地"扑"向了王府井书店。从进门到撤退，我都处在一言不语、一路向上的状态，那么多的好书，如山、如海、如森林，走在其中，有一种让人忘却人间烦恼的自由感。我贪婪地、欢喜地抚摸着每一本书，从头到尾，从身到心，从感觉到感动。不觉，四个小时过去了；不觉，收银台上已堆满了我喜欢的书。我喜欢这种感觉，这种与书相依为命的感觉。世间要是少了书，对我来说无疑是一场灾难。我喜欢这里，但是却对王府井书店知之甚少，对它，我充满了好奇，我要寻找它的美。

王府井书店与共和国同龄，始建于 1949 年 2 月 10 日，至今已走过 70 余年的风雨历程。在中华人民共和国成立以后的半个多世纪里，王府井书店一直因为成立最早、规模最大、品种最全、服务最好，被社会各界誉为“共和国第一店”。王府井书店在周恩来、董必武等众多中央和北京市领导的关怀下，在几代读者的关心和支持下，经过多次扩建、重建、重组，不断地发展壮大。

几十年间，王府井书店不仅是读者依恋的精神圣殿，更是各家出版社最紧密的合作伙伴，也是各级图书馆、学校和机关采购的重要阵地。王府井书店每年举办的近400场各类文化营销活动，取得了极好的社会反响。最重要的是，我的好几本新书在这里举办过首发式，这里也是我的福地之一。

来王府井，看这三类店，基本上就把握住了王府井的精华。所以，每次来北京，每次课后，我都会一个人来王府井步行街，走一走、看一看、转一转，感受老北京的千人一面，感受新北京的千人千面。走在王府井步行街，你会觉得北京是你、你是北京，似乎你们从来没有分开过。

课后随笔 40：我们的孩子怎样才算具备贵族精神？

贵族是装不出来！有钱人不一定是贵族，贵族也不一定很有钱。

商学院的同学们基本上都实现了财务自由、时间自由，已经相对满足。但是大多数同学的心里还有一件事情不满足，那就是自己还没有成为贵族，自己的孩子还没有成为贵族。我今天要说的就是，我们的孩子需要具备哪些贵族精神？

（1）一定要学会做饭。这与伺候人无关。当爱你的人都不在身边的时候，你能做到善待自己，不会忍受冷锅冷饭的悲凉生活。

（2）一定要学会开车。这与身份地位无关。会开车的话，在任何时候，你都可以去你想去的任何地方，不用求任何人。

（3）一定要上大学。这与学历无关。人生需要这几年的经历，无拘无束又能染上书香的生活。这样，你的心胸和格局就会发生变化，你就会有不一样的人生。

（4）足迹有多远，心就有多宽。心宽，才会快乐。万一走不远，让图书带你走。好好地阅读，爸爸妈妈无法给你的，图书可能会给你。

（5）如果世界上仅剩两碗水，一碗用来喝，一碗要用来洗干净你的脸和内衣裤。洗干净脸能给你带来自信，洗干净内衣裤能使你卫生而且充满健康。

（6）天塌下来都不要哭，也不要抱怨。那样只能让爱你的人更心痛，恨你的人更得意。哭出来虽然舒服些，但是有时候哭是没有用的，每一位父母都不愿看见自己的孩子经常哭。

（7）就算吃酱油拌饭，也要铺上干净的餐巾，优雅地坐着，慢慢享用。生活需要仪式感，生活需要规矩，你怎么装扮你的生活，生活就会怎么对待你的讲究。

（8）去远方的时候，除了相机，记得带上纸和笔。风景是相同的，看风景的心情永不会重复。记下你看到的风景，写得多了，风景就会变成你的世界，风景就会变成你的阅历。

（9）一定要有属于自己的空间，哪怕很小。它可以让你在和爱人吵架赌气出走的时候，不至于流落街头遇到坏人。更重要的是，在你浮躁的时候，有个地方能让你静下来，给自己的心一个安放的角落。

（10）小时候要有见识，长大后要有经历，你才会有精致的人生。见识就是你能看到其他小孩看不到的世界和生活，经历就是为了更美好的生活必须经历的战斗和过程，经历越多，越有能力指挥属于你的“战争”。

（11）无论什么时候，都要做一个善良的人。请记住，拥有善良，会让你成为最受上天眷顾的人。成为善良的人，意味着你选择了和邪恶分道扬镳，善良会吸引善良，仇恨会引来仇恨，这一点，一定要牢记！

（12）笑容、优雅、自信，是最大的精神财富。拥有了它们，你就拥有了全部。敢于露出笑容，敢于拥有优雅，敢于发布自信，但是都不能过分，过分了，笑容就变成了献媚，优雅就变成了做作，自信就变成了骄傲。

贵族精神其实离我们不远，关键看我们是否愿意成为贵族。我想对商学院的同学们说，如果想让我们的孩子成为贵族，那就记住上面这 12 条贵族精神！慷慨地给与孩子，这才是爱原本的模样！

课后随笔 41：营销新思考

关于营销，已经说了很多，但是在新时代如何理解营销是新问题。最近，一直躲在中美联合商学院集团看书，看着看着就忍不住想写点东西。

思考：营销到底是什么？

答案：①营销人的心里要有一个信念，这个信念就是要享受营销，享受营销带来的酸甜苦辣和成败得失。②营销是一门科学，所以营销学家也可以叫营销科学家。③营销的目标是提升企业的销量和利润，提升客户的满意度和幸福感，否则就谈不上是成功的营销。④世界上美好生活的创造无法离开营销。⑤营销是一套服务客户的哲学，更是解决经济问题和社会问题的核心技术之一。

思考：营销的中心人物是谁？

答案：①要想在营销领域有所成就，一定要从非常多的伟大思想中获取灵感和创意。②市场营销属于管理学，它深入洞察每一个商品是如何从生产者，到批发商，再到零售商，最后到消费者的手中的。③做生意不做广告，这是最傻瓜的思维，“营销即传播”是真理。④营销策划人要总结营销案例，更要有可以流传的营销方法论。⑤谁无法将客户置于市场营销的中心，谁就无法真正掌握营销的核心技术。

思考：营销学的理论基石是什么？

答案：①社会学、经济学、组织行为学和数学是构成营销学的四大基础学科。②营销的 10 个中心很重要：以生产为中心、以销售为中心、以客户为中心、以品牌为中心、以科研为中心、以社会为中心、以大城市为中心、以农村为中心、以传播为中心和以使命为中心。③营销过程就是满足客户的购买需求、为客户创造幸福感的过程。④营销的“4P”不会过时。⑤营销最可怕的地方在于我们无法把握5个“新”：新概念、新理论、新实践、新案例和新模式。

思考：营销的组织冲突是什么？

答案：①说服别人的能力是最值钱的能力，说服别人的能力就是讲故事的能力。②营销要做的事情：把市场部和销售部整合在一起，同心同德同目标，同吃同住同战斗；必须让销售人员参与到市场营销计划制订的工作中，否则就会上演无法收场的内耗战。③市场部源于销售部，注定要和销售部相爱相杀。④市场部要做出好的营销计划，要在产品、价格、渠道、促销里做出完美整合，当然销售、成本、利润这三项也要交出令人满意的答卷。⑤营销的过程就像生孩子：调研（市场细分+目标市场+市场定位）—产品（价格+渠道+促销）—执行—控制，即R-4P-I-C。

思考：营销的范围在哪里？

答案：① 21世纪的市场营销要有更宽阔的格局和对营销范围的新思考。②中国式市场营销的范围应该扩大边界，创造出多个类别的市场营销：商业市场营销、使命市场营销、区域市场营销、个人市场营销、社会市场营销、公益市场营销、教授市场营销、战争与和平市场营销。③每一次社会变革和生活质量提升都需要社会营销理论的介入，从上游、中游和下游进行社会营销，但是这三“游”都需要“4P”的支持。④商业市场营销已经不能满足现实需求，我认为应该大胆地开辟各种形式的市场营销服务。⑤最需要改变市场营销范围的是中国的大学。

思考：营销为什么被批判？

答案：①人们正在被各种营销信息包围着、轰炸着，无孔不入的信息让人们生活在营销的连天炮火里无法安静。②虚假广告、夸大广告，让消费者讨厌胡说八道的营销人。③营销忽视了高消费带来的潜在成本增加、对环境的破坏以及对穷人的不关注。④营销就是增加消费，就是通过人们的贪婪来实现的，人们无法摆脱营销带来的消费“毒瘾”。⑤营销者通过广告和品牌塑造使他们的产品和服务差异化，隐藏了产品的天然特性，具有一定的欺骗性。

思考：营销的贡献是什么？

答案：①市场营销是时代文明的象征，也是消费文明的象征。②没有市场营销就没有品牌，没有品牌就没有商业文明。③市场营销提高了我们的生活水平，促进了中产阶级的崛起和发展。④市场营销是创造就业的力量，营销扩大了就业机会。⑤市场营销让好东西实现了它应该有的价值。

思考：城市营销应该怎么做？

答案：①每一个城市都有自己的特色，找不到特色就找不到营销的方法，没有特色要去创造、创意特色。②城市营销，需要代表人物来参与。③给一个城市做营销，一定要找到一个让世人认可的、能代表该城市的“怪物”，可能是建筑，可能是游乐场，也可能是其他好玩的地方，如迪士尼。④营销城市先要调动市民的热情。⑤让城市有魅力，一定要提升城市形象，用视觉锤、听觉锤和触觉锤去激发别人对城市的好奇心。

思考：博物馆营销怎么做？

答案：①看完四川省宜宾市前副市长樊建川下海办博物馆的故事，我才觉得博物馆的建造有多么重要。②博物馆营销的重点在于如何让每一家博物馆都能震撼人心、人流如织。③博物馆营销要高大上。高，就是思想要高级；大，就是建筑要大；上，就是精神要有向上的力量。④博物馆营销必须要有超级体验感和博物馆年轻化。⑤博物馆营销重在吸引参观者、捐赠者、有才华的馆员。

思考：艺术表演怎么做营销？

答案：①我发现，仍然有很多人喜欢现场看表演，他们并不满足于只在电视和视频上看表演。②艺术表演更需要营销策划。③艺术表演必须考虑如何吸引年轻人，这是艺术表演面临的最大挑战之一。④一个城市的文明和一个国家的文明也要看其在艺术表演上的营销能力。⑤科技的手段可以为表演助力，但是永远不能取代艺术表演。

思考：个人改变怎么做营销？

答案：①我们必须明白一个道理：每个人都想改变世界，但是每个人都不想改变自己。②个人改变的营销要做两件事：一是分享个人经历；二是重建个人人格。③个人改变的营销要告别旧的价值观，接受新的价值观。④信仰是改变个人最有力的武器，信什么不重要，关键要真的信。⑤个人改变的营销的关键是要有新体验。

思考：如何抓住公司的营销信仰？

答案：①公司的核心必须放在客户身上，而且要想尽办法满足客户。②坚持问自己四句话：公司的主要业务是什么？客户是谁？能为客户创造哪些价值？你认为公司的主要业务要什么？③公司的主要目的是创造客户而不是单纯地创造利润。④公司必须找到客户的需求，必须找到好的产品、好的商业模式。⑤营销策划人必须要有渊博的历史知识和对未来的洞见。

思考：参加什么样的董事会才更有意义？

答案：①敢于邀请主要客户来反馈对公司意见的董事会。②敢于邀请分部人员来总部谈总部运行机制的董事会。③敢于邀请竞争者从对手的立场来谈如何进攻自己公司的董事会。④使命如一的董事会。⑤有批评和自我批评能力的董事会。

思考：增长乏力如何实现增长？

答案：①以前能带来的成功现在未必能继续带来成功，要有新战略。②不要设计冒进的目标，要鉴别那些新举措，采取足够多的新举措填补增长。③具体方法：一定要占有更大的市场份额；一定找到忠诚于我们的客户；一定要把品牌定位好；一定要把传播做好；一定要打造好三新：新产品、新服务和新体验；一定要进行跨界合作；

一定要考虑各方资源的联合力量；一定要在社会声誉上承担更多的社会责任；一定要学会利用政府的力量，最好和其建立卓越的合作关系；一定要保证银行与企业合作的安全性与稳定性。④我们要有高度的执行力，但是比执行更加重要的是正确的战略力。⑤在这个环节中，一个有高级智慧的领导者非常关键。

好了，今天先写到这里！

课后随笔 42：为什么成吉思汗让世界害怕？

如果说孔子是用儒家思想征服全球、孙武是用兵法思想征服全球，那么成吉思汗就是用智慧与武力相结合的思想征服全球。我认为，无论是政府官员还是企业管理者，都应该仔细研究一下成吉思汗。不为别的，就为他的进攻主义、现实主义以及征服主义。正所谓“进攻才是最好的防守”，一旦陷入防守的怪圈，最后都会彻底被攻陷、被打败、被重构。中国企业家不仅要学习《论语》，还要学习毛泽东思想，更要研究成吉思汗。

埃德温·马勒先生对成吉思汗的研究给了我全新的灵感。成吉思汗靠征服赢得世界，并建立了伟大的王国。他的王国从太平洋延伸到中欧，包括大部分当时知名的国家与地区，拥有超过世界人口半数的国民。“倘若对所有战役的叙述，都可以从历史的记录中抹去，一定要留下对成吉思汗的叙述。”这句话是道格拉斯·麦克阿瑟将军说的。道格拉斯·麦克阿瑟将军解释说，军人不能仅靠实践来学习他的职业。虽然武器在变化，但是军人必须回到昔日，去学习兵法的基本要素。他说他在任何地方都找不到这些要素，却在成吉思汗的军旅生涯中得到最好的阐明。

1. 在决定性战役中未曾战败

拿破仑以滑铁卢的失败告终，成吉思汗却在决定性战役中一次也没有战败过。我一直认为不存在常胜将军，没想到，成吉思汗就是一个特例。凯撒大帝和亚力山大大帝都很伟大，不过他们都应该感激他们的前辈，因为他们的前辈已经改善了古罗马军团和马其顿方阵，为他们后来的成功奠定了良好的基础。而这位蒙古大汗则是靠他自己的军事机器征服了世界，他的军队的人数几乎总是处于劣势，但是胜利的天平总是向他倾斜。

成吉思汗名叫铁木真，13 岁时已具有男子汉的力气和魁梧的身材。他意志坚强，也是一个强大的弓箭手，他可以整天待在马背上。他决心继承父亲的事业，成为草原上顽强游牧部落的首领。可当时部落的男人们不愿接受他，其他首领也决定除掉这个年轻的对手。他们在他的脖子上夹了一个沉重的木质枷锁，并将他的双手捆在枷锁上。最终，他寻机逃了出去，这次经历彻底激活了他身上的野性和疯狂。

2. 在通往成功的路上，他是永远的领导者

对成吉思汗来说，那些早年的经历不能改变他最终成为王者的决心。他坚持既定的目标，奋力打开通往王者的道路。他赢得了很多忠诚的追随者，不到 20 岁就已成为超级首领。在成为首领的过程中，他毫不犹豫地杀掉任何想分享、掠夺他的权力的人。贾穆加是他的堂哥，在曾经的艰苦岁月里，他们合盖过一条毛毯取暖，分享过最后的食物残渣。可是，贾穆加不满足被领导，便聚集起自己的追随者，两人开始了较量。最终，成吉思汗竟然镇静地、面无表情地下令把贾穆加勒死，连一滴眼泪都没有掉。

另外，成吉思汗又毫不吝啬地奖赏他的手下，物质奖励非常丰厚。同时，成吉思汗很聪明，他选择不骚扰商队，他认为这些商人在他将来的计划中会产生巨大的作用。这一点，在后来的战争中得到了验证，可见成吉思汗是多有智慧。

3. 征服全球的过程集中在 16 年

成吉思汗非常强健，经常身穿羊皮袄和硬皮绑腿，具有生活在马背上的人那笨重的步态。他的脸上布满深深的皱纹，像皮革那么坚韧，脸上涂了一层润油脂，以抵御严寒和刺骨的寒风。有时候，他一年都不洗脸。他的双眼在低斜的前额下间距很宽，炯炯有神、目露凶光。平日里他寡言少语，经常陷入长时间的沉思，任何人看他一眼都会觉得非常害怕。

50岁时，成吉思汗已将中亚各部落紧密地凝结在一起，他的名字传遍整个草原。他建立起了一台征服世界的军事机器，一生非凡的功绩都集中在他生命的最后16年。成吉思汗首先决定攻打金国。他率军强行闯过万里长城，扑向广阔的金国地域，很快便占领了金国中都（今北京）。

3年后，成吉思汗率军西进。不出几个月，成吉思汗的军队已开始在美丽的撒马尔罕纵马驰骋了。接下来的几年里，成吉思汗的军队开始挺进中东，继续穿过俄国，进入中欧。成吉思汗所向披靡的原因很简单，因为他具有不可征服的意志、旺盛的精力和绝对的残酷无情。意志、健康、铁腕，这是成吉思汗取得成功的原因，也是部分企业家所缺少的。

4. 在战争中的计划和细节无人可敌

成吉思汗漠视一切传统，他经常以一种全新的方式着手解决问题。只要能实现目标，他会采取一切有效的办法、技巧和武器。所以，他是第一个以发动战争为目的而组织国家的人。在当时，他已经有了“全面战争”的理念。成吉思汗拥有两大天生的战斗利器，一是蒙古马，一是骑兵。蒙古马不易疲劳，它可以在任何条件下自己去找饲料，用蹄子刨穿冰雪去寻找残存的干草。骑兵从一开始学会说话就开始学射箭，他们可以在马背上待上一天一夜，可以在雪地中睡觉，并且靠很少的食物就能活着。

在训练骑兵的过程中，成吉思汗表现出了他在计划和细节方面的天才思维。骑兵的盔甲是用生牛皮做的，在生牛皮变硬后再上漆，使得其更加坚硬。每个骑兵有两把弓，一把用在马背上，更精密的那一把用于脚上。他们都带有一种叫“干奶饼”的应急口粮，半磅重就能为他提供一天战斗所需的营养。他们还有备用的弓弦、蜡和针，作为修补之用。他们用一只皮袋子来携带装备，这只皮袋子可以充气，用于横渡溪流。

成吉思汗任命十户长、百户长、千户长、万户长、直接掌管、控制军队。除打仗的战士以外，还有支援部队：操作投石车和其他围攻机械的工程师、专家、军需兵种后勤等。军队的后方是国家，大家都在干活，以便为军队生产食品和装备，而他们自己却靠尽可能少的食物维持生活。大家仔细阅读就会发现，成吉思汗绝对是一个资源整合大师。

成吉思汗制定的战术的精确性是强化训练取得的。战斗队形是5个行列，各支骑兵间隔很宽。前面是突击部队，穿戴厚重的盔甲，使用马刀、长矛和钉头锤。后面是弓箭手，策马前进，穿过突击部队和骑兵中队之间的空隙，边开弓边骑马全速冲刺。由此可以看出成吉思汗的进攻思维：进攻的本质是火力的强度和集中的密度。

敌人一旦溃散，突击部队便向前冲，把敌人完全打垮，这是一个运转有序、协调完美的结合体。成吉思汗是一个集力量、谋略、哲学、武器、实战于一身的“战争狂人”。他身上的这些品质正是目前我们的部分企业家在实战中缺少的。营销是什么，品牌是什么，这些都可以用“战争思维”去解决。

5. 宣传上颠覆了传统

成吉思汗的胜利，离不开有效的宣传。在将语言作为武器的使用上，很少有一位指挥官能胜过成吉思汗。

他把对外宣传作为一种“恐惧”的武器。他的惯用手法是提醒打算进攻的国家，告诉他们负隅顽抗的可怕下场。成吉思汗警告他们要么屈服，要么被杀死。针对国内子民，他熟练地使用宣传来鼓舞士气，他颂扬军人这一职业，宣扬其他人应该辛勤劳作，好让军人在战场上专心作战，这是天经地义的事。可见，他不仅懂进攻战，而且懂心理战，确实是一个令对手害怕的“战争狂人”。

6. 既残忍又冷酷

倘若一座城池的人民抵抗他，成吉思汗就会下令把这座城池烧了，屠杀所有的男人、女人和小孩，这是一个彻底的过程。当他带领军队离开时，他会把一些蒙古战士和少数俘虏留下来，藏在废墟中。这些俘虏被迫在城里四处走动，大声喊叫“蒙古人已经走啦”。当少数几个逃脱的居民从藏身处出现时，蒙古人就会把他们杀了。他的残忍令人发指，这一点我是不赞同的。

我认为，建设一个强大的国家要参考成吉思汗的进攻战略，建设一个伟大的企业也要参考成吉思汗的进攻战略。我不喜欢战争，但是当战争来临的时候，我们注定无处可躲，必须被动迎战，而被动应战的代价都是非常惨重的。

进攻一定是科学的进攻，不是野蛮的、毫无目的的进攻。没有进攻就没有防守，没有主动出击就没有拥抱新文明的机会。作为企业，既要有进攻精神，又要有进攻之后的重构能力。

为什么建设企业需要具备像成吉思汗一样的进攻精神呢？不妨来看看可口可乐、百事可乐、耐克、阿迪达斯、杜蕾斯、麦当劳、肯德基、奔驰、宝马等知名品牌，它们没有一个是“安分守己”的，它们都具有强大的“侵略意识”和“进攻意识”。只是它们用的不是枪炮，而是品牌文化和意识形态。

我们中国的品牌是不是也应具有这种进攻精神呢？是的，华为就是！敢于“进攻”全世界，虽然受到委屈，但它依然伟大。华为是中国企业敢于进攻的典范。

我们的企业家要好好想一想，你的武器、精神、使命是什么？没有中国商业部队“进攻”全球，就不可能有中国真正的崛起。研究成吉思汗，不是去崇拜他对战争的执着，也不是崇拜他毫无人性的杀戮，而应着力研究他的进攻精神和善战精神。中国企业不要做商业的“奴才”，而要做商业“王者”。

热爱和平，不等于任人宰割。我们最自豪的时候，就是我们让敌人“害怕”的时候。中国也好，中国企业也罢，我们要懂得防守，更要懂得进攻，因为进攻才是最好的防守！

课后随笔 43：每一个伟大的企业都要经历 9 道坎

有人问我，作为服务过世界 500 强和中国 500 强企业的品牌操盘手，你认为企业要经历几道坎才能获得成长呢？我认为，企业在成长的过程中，要经历九道坎。走对四道能及格，走对六道算成功，走对九道才是伟大。所以，每个企业都可以找一下自己的位置，看看你正处在哪道坎上，离伟大还有多远？

企业习惯“5 看”：看销售报表、看品牌影响、看利润空间、看资产多少、看社会美誉。的确，这些都很重要，但是我们不能忽视这样一种现象：有些业绩不错、品牌很好、利润可观、资产雄厚、口碑很好的企业，一夜之间突然就消失了；有些看起来运行很健康的企业却经不起市场竞争。为什么？其中一个原因就是我们都太喜欢数字，而忽视了数字背后的规律，规律的本质就是我们要迈过的一道又一道的坎。

第 1 道坎：一定要选对行业。企业能否成为伟大的企业，首先要看你进入的行业是不是一个“长命百岁”的行业。马云的阿里巴巴、乔布斯的苹果、马化腾的腾讯、任正非的华为等，都是入对了行。行业选错了，你离伟大企业的梦想也就越来越远了。所以，企业家的第 1 道坎就是选对行业。

第 2 道坎：一定要做到竞领行业。选定行业，企业接下来要做的就是制定竞争战略。要在同行业里快速出击，通过不断推进竞争战略获得领先。在一个行业里，如果做不到前三，成为伟大的企业简直就是天方夜谭。如何竞争、如何突破，是最考验企业的能力和水平的，这是伟大企业要过的第 2 道坎。

第 3 道坎：一定要找到运营模式。如何才能将竞争战略有效落地？就是要找到适合自己发展和运营的模式，也就是我们常说的商业模式。模式对了，效率就高了；模式对了，团队就有信心了；模式对了，增长就安全了；模式对了，发展就稳健了。这是伟大企业要过的第 3 道坎。

第 4 道坎：一定要树立超级三观。所谓超级三观，就是价值观、人才观和业务观。从观观相互到观观相护，之前的管理学大师们提出了很多的“观”。我认为，企业就要锁定超级三观：价值观解决全员思想和行为的统一问题；人才观解决团队的发展和能量问题；业务观解决主业的发展和扩张问题。超级三观搞不好，其他的“观”都是关门的“关”。

第 5 道坎：一定要做好三创。走过前 4 道坎，只能算及格。第 5 道坎就是做好三创，就是企业要有创新能力、创意能力和创造能力。创新能力是企业管理和运营的优化能力，创意能力是产品和传播的创意能力，创造能力就是利润的创造能力。三创决定企业能否成为伟大的企业，这是伟大的企业要过的第 3 道坎。

第 6 道坎：一定要坚持主业挂帅。很多企业在发展到一定程度的时候，就被“转型”“升级”弄得异常兴奋，开始大规模的扩张，向自己不熟悉的领域发起进攻，结果往往是惨不忍睹。企业始终要聚焦主业、坚持主业，严禁过度开枝散叶，最后可能会以“客死他乡”来结尾。

第 7 道坎：一定要治愈大企业病。企业大了，身上的毛病就多了，大企业病也就出来了。从高管开始，到中层，再到基层，膨胀、傲慢、低效，看不清自己，找不着北。第 7 道坎阻挡了很多企业前进的步伐，属于“事故多发”地段。这道坎，过去很难，但是必须要过。

第 8 道坎：一定要履行社会使命。企业大了，国家和社会就会更加喜欢你、爱护你、帮助你，你就会被树立为行业的典范。这时候，企业更要清醒地界定和社会、和政府的关系，要主动担负起应该承担的社会责任和使命，要做一家和社会、民生息息相关的企业。这一点，是企业必须要面对和思考的问题。这一道坎，最敏感，也最刺激，要求企业家不仅能打太极，还要能打截拳道，要做商界的一代宗师范蠡，不做风光半生最后败北的徽商胡雪岩。

第 9 道坎：一定要进行全球配置。最后一道坎，要求企业家一定要有“站在月球看地球”的全球视野，对企业的发展要进行全球化布局，将企业变成世界的企业，这是通往伟大企业的必由之路。全球化战略布局要求企业要有全球化的战略高度、人才体系、管理水平、资本活力、价值融合和营销能力。

宁高宁先生曾经说过，企业成长有七道分水岭，最后两道走对了才能基业长青。这句话对我的启发很大，说明伟大的企业需要经受很多道坎的挑战的重要性和必要性。

最后，把宁高宁先生的 5 句话送给中国的企业家们。

（1）假如国有企业是一头牛，那我们就是放牛娃。

（2）让别人喜欢你，这就是并购成功的秘诀，非常简单。

（3）领导要能把握大局，看清局面，制造一种局势，做好布局。

（4）人是战略和执行的连接点，是战略成败的决定性因素。

（5）对于高层管理者来说，必须是一切方面都好。在真正重要的时期做大量的决定，是一个公司高层管理者最重要的事。

我也有五句话送给中国的企业家们。

（1）企业家管理企业，要“秦始皇 + 马克思”，更要“刘备 + 曹操”，独裁与民主结合，阴柔与阳刚共存。

（2）成功的并购大都是一个敢于出钱、一个敢于要钱，二者一拍即合，各自欢喜。

（3）全面是一个伟大的企业家的最大资本。

（4）企业中有三种人最重要：高层管理者身边的策划家、企业战略总设计师、战略执行的前线总指挥。

（5）高层管理者强则企业伟大，企业伟大则高层管理者强。高层管理者依然是企业最宝贵的重要资产。

各位，每一个伟大的企业都要经历九道坎，有时候会九死一生，有时候会九曲十八弯，但是只要能迈过这九道坎，就有望成为伟大的企业。伟大的企业毕竟是少数，但是我期望越来越多的伟大的企业出现在中国。

想成为伟大企业的企业家，你准备好了吗？

课后随笔 44：曾鸣教授谈跟随马云创业的 4 个心得

曾鸣教授原本是长江商学院的战略学教授，后来跟随马云去创业。

曾鸣教授特别强调：“一开始不要怕事情小，要敢于从小的事情切入，但是你切入之后要知道有放大的可能。所以，想的时候不妨大一点、远一点，做的时候不妨小一点、准一点。”曾鸣教授还把跟随马云创业的经历总结出了四个心得，我听后很有感触，尝试用自己的话把曾鸣教授的话“翻译”了一遍，以加深理解。

心得 1：眼高手低。在我看来，就是一句话：眼睛看着天，但是手脚要放在地上。

心得 2：试错一定要基于愿景。在我看来，就是一句话：一切围绕愿景去做不会出大问题，一切围绕愿景去做就会有大未来。

心得 3：悬崖边的狂欢。在我看来，就是一句话：老板要能扛住最难的时光、扛住最大的背叛、扛住最少的现金流。

心得 4：自信和自疑。在我看来，就是一句话：从相信自己到怀疑自己，从怀疑自己到最后还是要相信自己。

此外，曾鸣教授还提到了四个核心决策。

（1）核心客户的价值足够强大、鲜明、容易感知。在我看来，就是一句话：起步容易，但是你给客户的价值是否清晰、是否强大、是否具有不可替代性。

（2）准入门槛有多高？在我看来，就是一句话：你的门槛越高，你的难点越大，抬脚就能进门的门槛最舒服。

（3）信用问题如何解决？在我看来，就是一句话：你无法提供信用，你的伙伴就无法为你提供未来。

（4）基本功能如何满足？初步的角色分工。在我看来，就是一句话：企业最忌讳自己没有关键功能，有了关键功能最忌讳没有接地气的愿景。

伟大的企业大多从小处起步，然后慢慢长大。马云的伟大在于他不仅可以用“18 罗汉”这类的热血青年，而且可以用曾鸣教授这样站在金字塔塔尖的人。这些人毫无例外地选择相信马云、相信阿里巴巴、相信“相信”的力量，这是多么玄妙的事情。管理的真正作用是管理那些和你有共同愿景的人。不认可这个道理，就不要谈管理，管来管去是愁人，更是仇人。

曾鸣教授对马云的高度认可，说明中国的高级知识分子们开始明白：企业家需要具有革命精神的商学院，商学院的基业长青更需要有企业家精神的企业家。也许，越来越多的商学院教授会进入企业，从高举理论教鞭到高举实战教鞭，也许这样才是商学院和企业的最大出口。

最后，我想送给读者们 10 句话：①人们往往高估短期动能，却低估长期势能。②战略方案是“鱼”，战略机制是“渔”。③董事长直达客户。④好战略，激发员工创造力。⑤让你的战略拥有灵魂。⑥是非即成败。⑦在难处磨，在高处炼。⑧谁能突破信任屏障，谁就能成为下一个王者！⑨让员工成为奋斗者，是对他们最大的“爱”。⑩“被需要”。

就说这么多吧，理论的水很深！

课后随笔 45：探秘千古奇文《驭人经》

有人说千古奇文《驭人经》是领导者的必读书。开始我还不信，看了之后才感受到这部书的奥秘。人是多种多样的，心态更是千差万别，如果没有高明的手段和方法，就无法让人畏服，也无法成就优秀的企业。驭人先育己，如果自己都不懂怎么做人，又怎能驭人呢？

驭吏卷一

原文：吏不治，上无德也。

探秘：官员治理不好，是因为领导者的道德形象树立得还不够。德不配位，自然无法管理好下属。无德的人是无法树立真正的威望的，暂时屈服于权威是无法长久的。就像秦始皇统一了大秦江山，但却在秦二世的无德治理下被搞得乌烟瘴气，最后被项羽和刘邦夺走了政权。

原文：吏不驭，上无术也。

探秘：如果下属桀骜不驯，对你大为不敬，说明你的管理方法有问题，没有找到高明的驭人之术，这种情况基本上都是领导者的责任。就像刘备手下的悍将张飞、清高的关羽，都是很难领导的，但是刘皇叔泪点低、情商高，桃园三结义，兄弟齐心协力，最终成就三分天下之大业。

原文：吏骄则叱之，吏狂则抑之，吏怠则警之，吏罪则罚之。

探秘：当下属目中无人时，就要叱责他，让他变得低调；当下属忘记分寸时，就要抑制他，不要等他羽翼丰满；当下属表现怠慢时，就该警告他，要他打起精神；当下属犯错时，就要责罚他，恩怨分明。用人之难，难在打不得、骂不得、宠不得、惯不得。因此，用人就要恩威并重、慈严结合，要学曾国藩的驭兵之道，方能得成大事。

原文：明规当守，暗规勿废，君子无为，小人或成焉。

探秘：对于规章制度，领导者应带头遵守，不要主动破坏规矩。即使发现有潜规则，也没有必要废除，潜规则也是规则，有时候比规章制度更有效。凡事要懂得通融，手法要懂得变化，机械思维只会把事情搞砸。这方面要好好学习李鸿章，三朝元老、世代辉煌。

驭才卷二

原文：上驭才焉，下驭庸焉。

探秘：领导者不但要能管理和驾驭那些水平比自己低的人，更要能驾驭那些水平比自己高一筹的人。驾驭比自己水平高的人要用敬重，驾驭比自己低的人要用谦逊，敬重里要藏着霸气，谦逊里要含着锐气，万万不可敬而不威，谦而不严。时间久了，一个爬你头上了，一个把你算计了。这一点要好好学习孙权，对周瑜敬，对鲁肃柔。

原文：才不侍昏主，庸不从贤者。

探秘：有才能的人绝不会追随自甘平庸的领导者，不愿意上进的人自然不会跟着一个积极向上、积极向善的领导者。有才者，心高气傲，只服气更有才的人。无才者，投机倒把，更愿意跟着平庸的人，这样他才有机会破坏和成长。这就是为什么赵高死守秦二世、韩信远离项羽的原因。正所谓，你是什么人就会吸引来什么人，这是对吸引力法则最好的诠释。

原文：驭才自明，驭庸自谦，举之勿遗，用之勿苛，待之勿薄，罚之勿轻。

探秘：管理有才能的人要做到明察秋毫，管理水平低的人要做到谦虚和蔼。让下属做事时不苛求完美，对于成绩不管大小都予以承认与认可；下属的待遇要高于同行业者，只有这样下属才有归属感和积极性。但是，处罚时绝对不能手软，只有这样，才能令行禁止。这一点要向岳飞学习，他打造了非常强悍的岳家军。

驭士卷三

原文：驭人必驭士也，驭士必驭情也。

探秘：驾驭下属必须从驾驭有文化、有才能的下属入手，因为他们安定了，队伍自然安定，这就必须在感情上多下功夫。真正有文化、有才能的人都很重感情，未必全都看重钱财，所以以情动人是最有效的方法之一。刘备三顾茅庐请孔明就是用情感动，最终成就了君臣的千古佳话。

原文：敬士则和，礼士则友，蔑士则乱，辱士则敌。

探秘：有才能的人一般是很难管的，因为有才就会有傲。我们在管理有才能的人时，如果尊敬他们就能和睦相处，如果礼遇他们就能成为朋友，如果蔑视他们就会生乱，如果侮辱他们就会成为敌人。敌人大多是我们自己培养的，想拥有朋友、战友还是敌人，主要看我们自己。就像隋唐时的李密，不会用人，最后众叛亲离，只剩孤家寡人。

原文：以文驭士，其术莫掩；以武驭士，其术莫扬。士贵己贵，士贱己贱矣。

探秘：对待有才能的人要以光明磊落的方式厚待他们，不要耍小聪明，因为他们迟早会明白；即便有时需要以强力威慑的方式对他们，也不能在大庭广众之下，因为，那样会刺伤他们的自尊心。聪明的领导者会让他们变得更加富有和尊贵，这样你才能变得更加富有和尊贵；反之，他们低贱了，你会变得更加低贱。这一点刘邦做得很好，阴阳结合、恩威并重、敢赏敢罚，非常厉害。

驭忠卷四

原文：忠者直也，不驭则窘焉；忠者烈也，不驭则困焉。

探秘：忠诚的人往往说话直，你不驾驭他，他迟早会让你难堪；忠诚的人往往脾气暴，如不及时纠正，很容易会和自己对立起来。驾驭就是告诉他说话直是个好习惯，但要分场合、分轻重，要讲规矩；驾驭就是告诉他脾气暴没关系，但不要乱发脾气，仰仗自己忠诚就不讲规矩。魏征可谓忠臣，说话很直接，但是否得到唐太宗的真正喜欢，只有唐太宗自己心里清楚。

原文：乱不责之，安不弃之，孤则援之，谤则宠之。

探秘：当局面混乱时，不要责备忠勇之人，不能给那些制造混乱者以可乘之机；当局面转危为安时，不要抛弃他们，即便他们也有一些小的错误；当有人要孤立他们时，你要力挺他们；当有人诽谤他们时，你要不断地表扬他们。忠勇之人，本来就很孤独，需要得到保护，如果领导者连这一点都做不到，谁还会跟着你呢？这一点，周总理就做得非常好，非常时期保护了很多人，为新中国留下了宝贵的人才。

原文：私不驭忠，公堪改志也；赏不驭忠，旌堪励众也。

探秘：以私心处理事情，很难让忠直的人佩服；一心为公才可能得到他们的真心拥护；通过奖赏他们，树立起你明察秋毫的形象，这不是主要目的，激励团队中所有的人才是主要目的。玩手段、搞阴谋，最后都会以失败告终。这一点杨家将做得非常好，待人真诚、一心为公、注重奖赏。

驭奸卷五

原文：奸不绝，惟驭少害也；奸不止，惟驭可制也。

探秘：奸邪的人不会绝迹，只有发现并小心地驾驭他们才能减少危害；他们的破坏行为是不会停止的，如何制止他们的危害也很重要。我们的企业家要做的就是鉴别奸邪，而后才能对他们的破坏行为进行驾驭，以使危害最小。这方面，诸葛孔明对魏延的驾驭达到了奇效。

原文：以利使奸，以智防奸，以力除奸，以忍容奸。

探秘：对于奸邪之人，用利益就能驱使他们，但要时刻保持警惕，要机智地对他们加以防范。时机成熟时，要干净利落地除掉他们，在没有必要和把握铲除他们的时候，应采取点到为止的容忍策略。把握不好度，就会反受其害，所以，有时候身边的坏人比遥远的敌人更可怕。这一点，康熙在诛杀鳌拜时就做得很好。

原文：君子不计恶，小人不虑果，罪隐不发，罪昭必惩矣。

探秘：君子从不主动算计小人，小人做事从不考虑后果。当小人的罪行还没有被识破时，不要对他们下手；一旦他们恶贯满盈引发众怒，那就应毫不留情。这一点有点像2019年的香港，只有等那些幕后之人的嘴脸和动机完全彰显、不再遮掩的时候，就到了将他们绳之以法的时候了。

驭智卷六

原文：智不服愚也，智不拒诚也。

探秘：一个有能力、有智慧的人是不会佩服一个没有能力、没有智慧的领导者的。但只要领导者有足够的诚意，也会吸引一部分有能力、有智慧的人聚集在你的身边。企业家一定要明白，诚意比什么都重要。就像长江商学院的曾鸣教授，虽然马云是他的学生，但是马云表达出了足够的诚意，所以吸引了曾鸣教授跟着他一起创业。

原文：智者驭智，不以智取；尊者驭智，不以势迫；强者驭智，不以力较。

探秘：真正有能力、有智慧的领导者，从不会跟下属比智慧和能力，因为这会形成内耗；真正有能力、有智慧的领导者，也不会胁迫下属，因为这会让下属滋生不满之心。真正有能力、有智慧的领导者，绝不会用蛮力来让下属屈服，因为蛮力会让下属离心、离德。这一点，在刘备和孔明、刘邦和萧何之间得到了完美的体现。但我们有些企业家却把力气用反了，把智者用成了笨蛋，把笨蛋用成了智者，最后丢掉了自己的江山。

原文：智不足则纳谏，事不兴则恃智。

探秘：当你想不出好办法时，要让有能力、有智慧的下属想办法；当你的事业没有办法做大、做强时，就要将权力交给那些值得信任的人。优秀的企业家，能听得见、听得进别人的意见，会把自己不会或没时间做的交给会做的人。这一点要向周文王学习，该听姜子牙的就听姜子牙的，该放权就放权。

原文：不忌其失，惟记其功，智不负德者焉。

探秘：不要忌讳有智慧、有能力的人的失误，要常常把他的功劳挂在嘴上；一个有智慧、有能力的人，是不会背叛有极高道德品质的领导者的。毛主席和朱德之间就是这样，惺惺相惜、令人敬佩。我们有些企业家，天天说别人的错误，忘掉别人的贡献，最后别人一定会背叛。

驭愚卷七

原文：愚者不悟，诈之；愚者不智，谋之；愚者不慎，误之。

探秘：愚昧的人没有悟性，可以放心地“诈”他；愚昧的人没有智慧，可以把他作为突破口；愚昧的人往往不细心，可以很简单地误导他。愚昧无知的人，一般不学习、不思考，在安排他们工作的时候，不能讲道理，可以选用一些特殊的方法与他们沟通。

原文：君子驭愚施以惠也，小人驭愚施以诺也。

探秘：有德行的人在驾驭愚昧的人时，会讲究小恩小惠；没有德行的人在驾驭愚昧的人时，往往采用没有承诺的许诺。

原文：驭者勿愚也。大任勿予，小诺勿许。蹇则近之，达则远之矣。

探秘：领导千万不要犯以下错误：重要的职位不要交给愚昧者；不要鼓励愚昧者用小聪明得到的小好处；事业困难时要接近愚昧者，事业发达时要远离愚昧者。很多人成就霸业之后，就开始远离这些愚昧者，或者把他们安置到不重要的职位上，最终和他们渐行渐远。

驭心卷八

原文：不知其心，不驭其人也；不知其变，不驭其时也。

探秘：没有详细了解一个人时，不要急于驾驭他、征服他、重用他；在不知道他在各种情况下的表现时，还没有到能驾驭他的时候。一定要为驾驭别人留一点时间和空间，不要操之过急。有些企业家特别喜欢给人“封官”，刚见面就委以重任，最后可能要付出很大的代价。就像诸葛亮用马谡、慈禧用袁世凯。

原文：君子拒恶，小人拒善；明主识人，庸主进私。

探秘：君子会拒绝使用卑劣的手段，小人则不拒绝使用善良的方式。英明的领导者，会从小事中辨寻到有德、有才的君子；平庸的领导者，则会选择自己的亲信、私交，会选择小人。就像宋朝皇帝赵构对待岳飞和秦桧一样。

原文：不惜名，莫嫌仇，不吝财，人皆堪驭也。

探秘：只要愿意把名声分给下属，不记恨下属的失误和抱怨，不吝啬手中的财物和资源，任何人都可以在你的手下发挥出你想要的能力。我们每个企业家都应该好好地掰着手指头算一算：你给部下名声了吗？你宽恕部下的失误了吗？你敢于给部下涨薪吗？华为的任正非、阿里巴巴的马云都是这样的领导者。

历代帝王，善用人者则国家兴，不善用人者则国家亡。世袭王朝本身就对用人有极大的挑战，所以兴兴衰衰几千年、恩恩怨怨数春秋。企业家要想驾驭别人，首先要驾驭自己，把自己放在被驾驭的状态，深刻地理解你是什么人、下属是什么人，方可谈到驾驭下属。驾驭下属需要智慧、需要思想，这往往是最难的。我经常告诫自己：洞察人性、驾驭人性是最伟大的管理，除此之外似乎找不到更好的办法。有人说《驭人经》是一本驭人的绝学，我更愿意认为它是一本自我审视、自我盘点的修养绝学。

秘密在此，开始修炼吧！

课后随笔46：有用的谋略可能是有“毒”的

人，过了40岁，突然就会明白很多事。那些不愿意接受的、不愿意承认的、不愿意面对的，似乎一夜之间都现出了原形。这也许是最幸福的，但也许是最可怕的。

有一个人，连毛主席都说他最会用人，这个人就是东汉光武帝刘秀。刘秀是一位颇具传奇色彩的开国皇帝，他白手起家，短短十几年间，就一统天下，创建了一个新的王朝，不能不说是一个奇迹。刘秀之所以能够创下丰功伟业，很大程度上得益于他善于吸收和利用人才。毛主席这样评价刘秀：“光武帝是历史上最有学问、最会打仗、最会用人的皇帝。”如果对其领导艺术进行总结，大致可归为10条，既有谋心之术又有权变之道。

（1）韬光养晦。刘秀的哥哥刘縯被更始帝刘玄所杀，刘秀也危在旦夕。为了不受猜忌，他强忍悲伤、面无戚色，还向刘玄谢罪，表示兄长犯上，自己也有过错。同时，他不私下接触大哥刘縯的部将，也不为刘縯服丧。刘玄见刘秀如此谦恭，虽剥夺其兵权，但并未加害刘秀。

（2）不计前嫌。刘秀让岑彭劝降朱鲔时，朱鲔顾虑重重：“我曾参与杀害刘縯，又劝说刘玄不要派出萧王刘秀，有罪不敢归降。”刘秀得知后，表示不会加害于他，并对黄河发誓。见此，朱鲔将自己反绑起来，和岑彭一起去见刘秀。刘秀好言抚慰，并任命朱鲔为平狄将军、扶沟侯。

（3）高帽笼络。刘秀从不吝啬对下属的夸奖。耿弇作战勇敢，在中箭负伤的情况下，镇定自若，继续激励部下战斗，刘秀誉其为韩信：“韩信袭击已降，将军独拔劲敌，其功乃难于信也。”收复河北时，他派寇恂守卫后方，并夸寇恂有萧何之才，必定能像萧何守关中一样尽忠职守。

（4）指腹为婚。贾复在长期征伐中，多次奋不顾身，解救危急，身上受伤达12处。有一次，贾复身受重伤，刘秀十分悲伤，当众宣布："闻其妇有孕，生女耶我子娶之，生男耶我女嫁之，不令其忧妻子也。"

（5）开诚布公。有人奏报"大树将军"冯异在关中独断专行，杀县令、树威望，抚百姓，人们都称他为"咸阳王"。刘秀派人把奏章拿给冯异观看。冯异惶恐害怕，上书谢罪。刘秀以诏书回答："将军之于国家，义为君臣，恩如父子。我们没有什么嫌隙，你不要感到害怕。"

（6）笑里藏刀。刘秀兵强马壮，刘玄派谢躬来牵制刘秀。刘秀很欣赏谢躬，想收服他，却屡遭拒绝，于是刘秀起了杀心。谢躬工作非常勤奋，刘秀经常夸赞他："谢尚书是真正的官吏！"谢躬从未怀疑过刘秀。谢躬之妻经常提醒他要提防刘秀，谢躬不听，最终被刘秀所杀。

（7）推心置腹。刘秀率兵大破农民起义军，封降将渠帅为列侯。但降者惴惴不安，担心刘秀会诱杀之。刘秀获悉后，采用安抚之计，令降者各归其本部，刘秀则轻骑简从巡行各部。这样一来，降者皆私下议论："大王将自己的一颗红心，置入我等腹中，我们还担心什么？"

（8）反侧自安。刘玄派刘秀攻打王郎。刘秀的一些部下见王郎势大，私下和王郎勾结。刘秀拿下城池后，杀掉了王郎，并把大家召集一堂，当众把收缴的机密文书全部烧掉。那些翻来覆去睡不着觉的人终于放心了，下定决心要跟刘秀"创业"到底。

（9）厚待功臣。功臣若有小过，刘秀一般都会选择原谅；功臣若再建功，刘秀则增赏封邑，但是不给官职，所以功臣大都能保福善终。远方进贡来的美味，必先遍赐列侯。刘秀经常宴请功臣，马武嗜酒，喝醉了就在刘秀面前评论各人长短，从不忌讳。刘秀故意让他讲，以为笑乐。

（10）重用耿臣。祭遵被任命为军市令。刘秀的家奴犯了法，祭遵把他杀了。刘秀对诸将说：“你们对祭遵要多加小心！我的家奴犯法他照样杀了，对你们是绝不会徇私的。”因为刚直不阿、公正执法，祭遵一生都很受刘秀重用。祭遵去世时，刘秀素服亲临，望哭哀痛。

这就是刘秀，一个极度会用人的皇帝。但是，有用的谋略可能是有“毒”的，我们要注意鉴别使用。我们长江商学院的企业家们更要好好地领会刘秀之能、之谋、之诡，认真学习这位连毛主席都认可的皇帝的御人之术。

课后随笔 47：为人处世 28 条

为人处世到底有多难？你说难，它就难；你说简单，它就简单。为人处世只需要记住 28 条：酒有七不喝、财有三不发、话有三不说、忙有三不帮、债有三不欠、碗有三不端、邻有三不比、亲友三不走。

（1）酒有七不喝：①不喝多酒。酒桌上不贪杯、不嗜酒，不醉为宜，保持清醒，任何圈套都套不住你。②不喝急酒。酒是烈物，不可急喝，喝急了，一旦后劲上来了会很难受。③不喝劝酒。喝酒时，要知道自己的酒量，不要经不住劝，不经意就喝超量了。④不喝勾兑酒。喝勾兑酒，醉后头疼脑胀伤身体。⑤不喝醉酒。亲朋聚会，喝酒要有度，因为喝醉易闹事或出事。⑥不喝无名之酒。喝酒要有名头，互相敬酒也是理所当然，尽量不喝无名之酒。⑦不喝不敬之酒。不喝不敬之酒，人一定要有自尊和骨气。

（2）财有三不发：①借单位光的财不发。有些人借单位的“东风”，做自己的生意，虽然可能会发点小财，但出事后的结果也会很惨。②透支“三情”的财不发。所谓透支“三情”的财，就是不顾亲人、朋友和家人的感情，在违背他们意愿的情况下，赚一些不正当的钱。③祸害人的财不发。所谓祸害人的财，就是损害别人的利益来谋求自身的利益。

（3）债有三不欠：①孩子的债不能欠。一定要重视孩子，事业再成功，与孩子的未来相比都不重要。如果有了欠孩子前途的债，将来可能会落下与孩子矛盾的祸根，再成功的事业也显得没有任何意义。②父母的债不能欠。趁着父母还健在，把这份养育之恩补上吧！如果你已为人父母，更要做好榜样，你如何对待父母，将来孩子也会如何对待你。③恩人的债不能欠。走过半辈子，一定遇到过不少恩人。对于那些久未联系的恩人，快点开始联系吧！你能事业有成，家庭美满、幸福，就是对他们最大的报恩，可不能等没机会了才后悔。

（4）碗有三不端：①亲戚朋友的碗不端。与亲戚朋友合作，需要大胸怀、大格局，更需要不计较、不算计，否则可能连一般朋友都没得做。②短平快的碗不端。所谓短平快的碗，就是有些人利用自己积累的技能和经验到一些小企业里拿高薪。一旦小企业获得了你的技能和经验，你也就不值钱了，再想回原来的单位就难了。所以，人到中年求一个“稳”字，不端短平快的碗。③烫手冒险的碗不端。所谓烫手冒险的碗，就是为了获得晋升、利益而去尝试一些风险太高的事情。

（5）邻有三不比：①不要比钱财。钱，够用就好，没有必要去和别人比。②不要比孩子。孩子有没有出息，是孩子自己的事，没有必要拿自家的孩子跟别人家的孩子比。③不要比房子。房子是用来住的，无论大小，都只不过是一个“窝”。“窝”最重要的是温馨，无关大小。

（6）话有三不说：①不说闲话。正所谓“祸从口出”，闲话不仅没有营养，说多了还容易招惹是非。②不说狂话。饱满的稻谷从来都是低着头的，只有空空的秕谷才仰头向天。做人要低调、谦逊，如果因为一时的成绩，狂妄自大迷失自我，那就得不偿失了。③不说怨话。人生不如意十之八九，生活中尽量少说怨话，偶尔发点牢骚可以，长时间唉声叹气，再亲近的人也会受不了。

（7）忙有三不帮：①逞强的忙不能帮。古语说：“力微休负重，言轻莫劝人。”帮人要量力而行，逞强帮忙，事情没办成或者办砸了，就会被对方埋怨，这就不是帮人的初衷了。②涉情的忙不能帮。所谓涉情的忙，就是涉及别人感情、婚姻的事情。俗话说：“不做媒人，三世好。”感情、婚姻的事，不是理性能解决的，所谓“清官难断家务事”，外人不宜参与其中，否则会帮倒忙。③救穷的忙不能帮。俗话说：“救急不救穷。”亲友在难处，帮一把理所当然。但是，大多数人只能救人急难，不能改变他人的命运。对于不肯上进、不知感恩的人，帮忙可能会加强他对你的依赖，甚至会带来无端的仇恨。

（8）亲友三不走：①不走势利眼的亲。你好，他就巴结、奉承你，天天围着你转；你差，他就看不起你，对你爱答不理。这样的亲，不走。②不走太重利的亲。眼里只有利，为了利，不择手段。这样的亲，不走。③不走无情义的亲。他有难时，跟你讲情义，求你帮他；你有难时，他不仅不帮，还落井下石。这样的亲，不走。

为人处世是大智慧，我们每个人都要活出一点智慧来。我们无法让世界听我们的，但是我们要有办法和这个世界打交道。我们不举屠刀，但是可以高举尊严，掌握、营销我们的原则，也许，我们的幸福指数就会变得更高。

课后随笔 48：那些年母亲留给我们的话

我的母亲孙兰英，长得一般、活得一般，既没有惊天动地的爱情，也没有天塌地陷的悲剧。她就像皖北大地上的一棵枣树，安静地生活在她的世界里。

她，无法留给我一封纯文字的书信作为遗产，因为她不识字；她，无法留给我一笔不菲的金钱，因为她把我们兄弟姐妹七人拉扯大，已经不容易；她，却在生我、养我的岁月里留给我许多话。好的、坏的、愤怒的、卑微的、幽默的……此去经年，这些话对我的影响不但没有减少，反而逐日增加。

关于"活着"：我现在是活一天，少一天；过一天，乐一天；乐一天，赚一天。我不怨恨别人，也不希望别人怨恨我，世界上所有的恩恩怨怨都会在我闭眼的那一天结束。至于下辈子，我会遭什么报应、遇见什么人，老天自有安排。

关于"高兴"：高官不如高薪，因为高薪是安全的，而高官是不安全的；高薪不如高寿，因为高薪随时会消失，而高寿的人才是最后胜利的人；高寿不如高兴，因为如果没有好的心情，人活到 100 岁也毫无意义。最昂贵的东西是每天保持一份好心情，让自己高兴起来，因为高兴是最有意义的事情。

关于"自己"：我活了 70 多岁，看到了很多从村子里走出去的有本事的人，也看到了他们被拉回来下葬的场景。所以，地位是暂时的，扎不下根；荣誉是过去的，守着没有意义；健康是自己的，值得花一辈子去照顾它。

关于"父母与子女"：父母对子女的爱是无限的，无限到连命都愿意给子女；子女对父母的爱是有限的，有限到有时候连赡养费也想省掉。子女一旦有病，父母揪心，卖血卖命；父母一旦有病，子女能问问、看看，父母就知足了，这方面来回的路真的不一样长。子女花父母的钱，理直气壮，到父母花子女的钱，就不那么顺畅了，甚至想都别想。更多的时候，父母家就是子女的家，可子女的家不见得就是父母的家。明白人把对子女的付出视为义务和乐趣，不图回报，一心想回报，就是自寻烦恼。生了就养，养大就放，不邀功、不要赏，父母才能活出该有的模样。

关于“指望”：养病指望谁？指望子女，结果是“久病床前无孝子”；指望老伴，结果是老伴自顾不暇，无能为力。最后只能指望钱，用钱养病是唯一的好办法。父母一定要牢记：不要为孩子花掉最后一个铜板，要给自己留点看病的钱，给自己留点棺材本，这就是最大的指望。

关于“怀旧”：我念旧，也怀旧，但是“念念”就好了，不会掉进去出不来。大部分的事都应该忘掉，过度怀旧就会短寿，朝前看，能看多远看多远。把越来越老的自己活成年轻人的样子，该干活干活，该发脾气发脾气，看看山，亲亲水，拔拔柳，弄弄孙，怀怀旧，这样就好。

关于“死亡”：生老病死，自然规律，人人平等，有什么好怕的。不管这几十年好也罢，坏也罢，最后都要成泥巴。我一直都在做着准备，一旦阎王小鬼来叫，无牵无挂无语，谢天谢地谢你，跟上走就是了。反正，该审判的跑不了，该嘉奖的少不了。

好吧，今天就写到这里吧！娘是妈，妈是娘，从姑娘到新娘，从新娘成徐娘，从徐娘成老娘。我的母亲，我的老娘，您在的岁月，真是好极了！

课后随笔 49：新 40 不惑

不经意间，已经 46 岁了。从 1973 年到 2019 年，初恋的硝烟还没有完全消散，成长的烦恼还在不停地纠缠。一晃，就中年了，就油腻了，就不青春了。40 岁以后的想法，突然变了，变得深刻、开阔、好玩、通透了。曾经的疑惑开始反疑惑，曾经的愤怒开始反愤怒。这，难道就是传说中的新 40 不惑。

（1）有人在拼命地寻找快乐，这世界哪有快乐等着你，只有你变得智慧了才能找到快乐。有人经常和我说他不快乐，其实就是读书少、智慧不多造成的。

（2）我最害怕的是，自己和爱人没有了审美却多了世俗，那该是多么无趣和可怕啊。

（3）我一直在研究人性，但是真正处理人性问题时，我常常不知所措。

（4）有人一看书就卖弄，说的都是大道理，我劝他们多看几遍再卖弄。后来我发现，多看几遍，他们就不再卖弄了。

（5）我的青春将尽，天赋的本钱日渐消亡，而肉体、精神上的开支开始变大。这个人人难逃的规律，似乎没有更好的解决方案。

（6）我很害怕的一句话是“以善得天下，以伪善治天下，伪善的不耐烦，就直接作恶了”。现在有些企业就是如此，这也是其最终倒闭的原因之一。

（7）我喜欢鹰的高度，也喜欢狼的进攻，一个是战略，一个是战术。

（8）生命本来没有意义，所以才需要我们赋予生命各种意义。

（9）所谓智者，就是对一切发生的事情都不会大惊小怪的人。

（10）我发现，活在自然美景之中就会变懒，变懒就会变善。

（11）如果读的都是一流的书，你就抢占了制高点。

（12）与敌人对坐，我必须清醒；与朋友对坐，我肯定忘我；与酒鬼对坐，我必须撤离。

（13）有些人做不成导演做演员，做不成演员做观众。我不接受这种逻辑，我要做导演的“导演”，这就是我成为策划人的原因。

（14）一段爱情联想不起另一份爱情，这才是值得珍惜的爱情。

（15）凡事大惊小怪、推向极端，这是思想不成熟的表现。

（16）生活的过程，是自我教育、自我感受、自我践踏、自我修复的过程。

（17）我不喜欢整过容的脸，因为我认为自然美高于一切，哪怕她平凡如尘埃。

（18）容易悲哀的人容易快乐，也容易存活。

（19）傲慢是天然的，谦逊是人工的。

（20）没有比粥更温柔的了，没有比油条更可怜的了，油条一见到粥，就站不起来了。所以，温柔才是最厉害的武器。

（21）对一个伤害自己的人念念不忘，说明你还可以被继续伤害。

（22）没有自我的人，往往自我感觉特别好。

（23）我一直在寻找人心的深度，但只看到了人心的浅薄，这也许是生命的真相。

（24）我极度反感那些把世界说得很“黑暗”的人，因为他们就是“黑暗”的制造者。

（25）不用害怕那些嚣张的人，他们最容易下跪。

回想已经过去的40余年，初中没有毕业的我，最终读了南开大学、上了长江商学院，拿了几个高大上的毕业证书，但是我的本质依然没有变。

读书的最大好处是我学会了反省、学会了修养。生命就是这么奇怪，明白了，也就开始老了。46岁，对于男人来说，花一样的年纪，怎么绽放得更有亮点？也许，这才是我想要的答案！

课后随笔 50：说说“长寿”的日本企业

新经济背景下，当越来越多的人开始渴求全新的商业模式时，长寿企业引起了广泛关注。研究发现，全球有 7 万多家长寿企业，其中 35% 的长寿企业在日本。按照拥有长寿企业的数量进行排序，前十名的国家分别是日本、美国、德国、英国、瑞士、意大利、法国、奥地利、荷兰和加拿大。结合对这些长寿企业的调研，我总结出了这样三句话。

第一句话：长寿企业基本上都是家族企业。世界长寿企业排名前十位中，日本占有 9 个席位，另外一个席位给了德国，这些长寿企业大都是家族企业。

第二句话：长寿企业其实并不能轻易地获得长寿。有统计数据表明：日本企业存续超过 200 年的有 3 900 多家，超过 300 年的有 1 938 家，超过 500 年的有 147 家，而超过 1 000 年的有 21 家。事实上，所有日本现存的企业中，只有 1% 的企业可以存续 100 年以上。在企业的平均存续时间方面，美国企业是 24 年，中国企业是 7 ～ 9 年，而日本企业是 52 年。

第三句话：日本的长寿企业面临四大问题。四大问题包括：政治危机、自然灾害（如地震、海啸和台风等）危机、产业危机（如技术革命等）和接班危机。

最后，我想和大家讨论长寿企业的战略、核心思想与执行。俗话说，罗马不是一天建成的。若要富过三代，有三件事情不能忘记：长寿企业的六大战略、核心思想和每日执行。

长寿企业的六大战略：①长期观点，管理时要有非常长远的眼光。②量力而行，不要超过你的能力或者拥有的资源。③关注你的核心能力，哪怕是多元化时，也不要超越你的核心能力。④重视利益相关者的关系，包括客户、员工和供应商的关系等。⑤风险管理。⑥要有事业传承的强烈意愿。管理者必须不断地操练、执行这六大战略。

除了这六大战略之外，有一个核心思想非常重要，就是利他之心。如果家族只是关心自己的企业，不可能得到利益相关方的支持；如果家族能够关心社会、回报社会，在企业遇到危机时，就能得到利益相关方的支持。日本人有一种非常强烈的意愿，就是将自己的家族企业存续下去、传承下去，这种思想源于中国。在日本，有三大价值观，其中的两个是从中国传入日本的佛教和儒教的价值观，还有一个是日本原有的神道教的价值观。

日本长寿企业的五个关键点：①企业不是为家庭服务的，而是为整个社会服务的，要有利他之心。②日本的企业往往能获得老百姓的好评。③企业不仅仅追求赚快钱。④企业理解资源的重要性，会想尽办法利用资源。⑤关注可持续性。

日本企业跟美国企业不同。美国企业的目标是赚快钱，越快越好，然后退出。但是日本企业不是这样，它们希望代代相传。现在有越来越多的人开始了解日本模式，喜欢日本模式，关注企业发展的长期模式。

我认为，日本之所以拥有这么多长寿企业，最根本的原因是他们认真学习和实践了中国的传统哲学思想。中国和日本的企业家应该相互学习、相互尊重，这一点很重要！

中国有一句古话：富不过三代。我不完全同意这个观点，日本有很多企业存续超过 1 000 年，它们遵循的是来自中国的古训。中国改革开放 40 多年来，出现了越来越多的民营企业，很多民营企业都是家族企业。我希望中国企业家能认真学习东方哲学，尤其是中国哲学，让企业实现基业长青。

课后随笔 51：营销新语录

（1）市场营销的未来会长成什么模样？未来的消费者会变得非常聪明、非常理性、非常简单，可能不再需要销售人员，也不再需要广告了。那时候，市场营销最需要做的就是管理好口碑。

（2）销售和市场营销的区别到底在哪里？销售只是市场营销的一个“器官”。产品已经存在了，销售者只需找到客户就好。市场营销决定是否生产以及要生产什么样的产品，如果市场需要这个产品，市场营销要判断产品是不是可以满足市场需求。

（3）市场营销理论多久才发生改变？市场营销理论基本上每10年都会出现一些巨大的变化。所以每三年左右，我们的营销案例、理念就必须更新，这个世界变化太快了。

（4）市场营销为什么特别强调消费者共鸣？企业要想打造成功品牌，品牌名必须有吸引力，而且要饱含感情。消费者想买的产品可能有很多，要让消费者最终选择你的品牌，你的品牌必须能够跟他们产生共鸣。如果不能确定客户为什么要来选择你，你就有问题了。

（5）市场营销中的数字化为啥越来越重要？每个企业都应该进行数字化营销，应该让消费者不到实体店就可以买到你的产品。

（6）市场营销在新时代有什么新定义？市场营销是驱动企业增长的商业准则，其功能是促进企业增长。因为营销部是真正唯一一个花时间和客户在一起，并希望客户购买的部门。

（7）市场营销框架到底要怎样搭建？搭建方法：①深度了解客户、企业、合作伙伴、竞争对手以及环境，这是每一个市场营销的框架或计划必须要考虑的原则。②需要描述产品、价格、渠道、促销和包装，这是全新的“5P”。

（8）企业销售业绩不好怎么办？如果销售业绩不好，可能是营销战略制定得好，但是执行得不好，或者团队不行；如果执行做得好，但销售业绩仍然不好，那可能就是营销战略有问题，就这么简单。

（9）什么样的CEO才是合格的CEO？市场营销必须无所不在，知道企业的工作就是为客户创造价值，营销是一切工作的开始，这是最优秀的CEO必须掌握的。

（10）市场营销到底怎样进化更科学？企业要学会把传统的大众营销和新的数字化营销结合在一起，这样才能为目标客户创造最大的价值。

（11）企业如何看待增长这个可爱的大象？如果一个企业实现了内生性增长，而不是通过并购来实现，这样的企业会更优秀。内生性增长意味着企业有更优秀的市场营销能力、有更好的领导力等。

（12）如何掌握新时代的营销特征？①将市场营销作为企业增长的引擎。②与其他职能协同制胜。③以移动营销为中心。④收集有关客户的数据。⑤参与和建立品牌社区。⑥使用社交媒体平台做广告。⑦管理内容的开发和分发。⑧使用营销自动化技术。⑨以优质的服务取胜。⑩做一个有爱的企业，以品牌声誉制胜。

（13）以客户为中心，到底需要哪些有效维度？

维度1：客户洞察。企业不仅要了解客户，还要能够了解他们的深层需求，要能"钻"到客户群体中，了解客户，这才是客户洞察。

维度2：客户预判。客户是会变化的，明天的客户会走向何处？会更关注价格，更关注品牌，还是更关注渠道的便利性？这些都需要企业提前作出预判。

维度3：竞争洞察。与客户洞察类似，企业也要对竞争对手有深入的竞争洞察。

维度4：竞争预判。企业不仅要有竞争洞察，还需要对竞争对手的行为进行预判。如果价格发生变化，竞争对手是否会跟随我们的脚步？竞争对手会有怎样的变化？

维度5：环境关注和合作。除了客户和竞争对手，企业还要把眼界拓展到更大的环境中，关注外界环境的变化，同时要进行更多的合作。

（14）如何成为市场中的隐形冠军？企业要善于发现利基市场。所谓利基市场，就是具有相似兴趣或需求的一群客户，他们往往特别需要某一类产品。有些企业就是因为做好了利基市场，从而成为隐形冠军的。

（15）为什么要把研发和营销结合得更加紧密？企业的研发人员和市场营销人员之间要有很好的合作。研发人员研发出的、自认为非常完美的产品，如果从未咨询过市场营销人员的意见，我觉得大概率情况下会失败。只擅长创新却不擅长市场营销，或者只擅长市场营销却不擅长创新，都不太好。

（16）怎么才能把研发创新和市场营销结合起来？①管理当下。企业必须做好主营业务，削减无利可图的产品线，提升运营水平，并适当精简规模。②开拓新产品。企业在做好主营业务的同时，还需要开发高可行性的新产品，把握新机遇。③创造未来。某个创新可能就是未来。

（17）企业将面临的转变有哪些？①从创造营销战略到驱动业务增长。②从控制信息到激活价值网络。③从持续改善到普遍创新。④从管理营销投资到激发卓越营销。⑤从关注运营到以客户为中心。

（18）为什么要关注企业的品牌行动主义？品牌行动主义是指从企业过去的价值主张扩展到企业现在最看重的东西，这些都应该体现在企业品牌中。

（19）品牌故事将成为未来营销的重要手段吗？绝对会！品牌的未来打造其实就是讲故事，讲一个可以感动客户和消费者的故事，非常重要。

课后随笔 52：我为长江商学院写的歌和商学院的 10 句话

突然想写点东西！

想写写长江商学院，还有我为长江商学院写的歌。突然想起这样一句话：商学院的 10 句话，句句包罗世界万象；张默闻的一首歌，字字表达长江情怀。

2018 年，张默闻开始就读长江商学院 EMBA。不到长江不知道，一到长江吓一跳。长江商学院就是一个全球化的社交平台，更是一个高级的企业家俱乐部，这里人才济济。打个比方：随便扔一个石头，砸中的都是身家数亿元的企业家。

最近，我介绍了一位在英国名校就读的精英人士加入了长江商学院。她说："长江的，才是中国的；长江的，才是世界的。"我感动了很久，看来项兵博士的预期达到了。在我入学半年的时间里，我有幸发现了只有长江商学院的人才能读懂的十句话，其中的两句话和我为长江商学院写的《站在月球看地球》情感交织、浑然天成。

《站在月球看地球》是我以学生的身份献给长江商学院的歌，并谨以此歌，献给长江商学院创办者项兵博士和全体长江商学院的师生们。不妨先来欣赏一下《站在月球看地球》的歌词。

伸出你双手，伸出我双手，乘势长江一起走，一起走。你有你追求，我有我追求，击浪未来写风流，写风流。没有长江万古流，哪有中华壮美图。要把世界都看透，站在月球看地球。

你有你疆土，我有我疆土，向往大海共所有，共所有。迈开你脚步，迈开我脚步，汇入长江全球路，全球路。喜看长江英雄出，指点江山在全球，要把世界都看透，站在月球看地球。

2018 年，恰逢改革开放 40 周年。在新时代的浪潮中，长江商学院也历经了16个春秋。初心未变，长江商学院始终以为中国和世界培养一批具有全球视野、人文关怀和创新精神的商业领袖为己任，紧随时势，通过新视野、新思维、新格局、新境界与新价值取向，打造全球新一代商学院，并积极推动与引领新商业文明。在变与不变之中，长江商学院沉淀下了独有的“长江文化”，形成了具有长江商学院特色的十句话。

第一句话：站在月球看地球。长江商学院提倡“站在月球看地球，以全球应对全球”的广阔视野，超越“中西之分”和“体用之争”，让世界资源为我们所用。长江商学院不能仅关注自己的问题、中国的问题，而应通过对接全球优质资源，创造出具有全球影响力的思想与科学，进而建设性地改变世界。

第二句话：新商业文明。“这是一个最好的时代，这是一个最坏的时代。因为这么多大的变革集中在一起，人类历史上没几次，这或许意味着新一轮启蒙和新文艺复兴。”为了在商业环境中破旧立新，有人以破釜沉舟的姿态前行，每走一小步，都有痛苦的抉择和艰难的付出，但正是这样的一步又一步，将他们推到了新的人生高度。长江商学院的学子们从高处俯瞰商业文明的发展形势，以“从月球看地球”的眼光去引领时代发展。

第三句话：因为向往大海，所以汇入长江。长江之博，在于百河交汇；长江之大，在于万溪合流。长江入海，白浪滔滔，新一轮的全球复兴和启蒙又在酝酿当中。因为我们向往大海，所以选择汇入长江。

第四句话：无公益不长江。长江商学院自成立之日起就拥有天然的公益DNA和公益责任感，始终将激发和培养企业家的人文关怀和社会担当精神作为学院发展的重要使命。2005年，长江商学院将人文课程与公益实践系统引入商学管理教育；2010年，长江商学院设立48小时公益学时制度；2017年，公益学时制度覆盖长江商学院所有的学位项目；2014年，长江商学院开设“公益第一课”，并且每年设立“长江公益奖”评选。每一位长江商学院学员都能从富足的生活走向丰盈的人生，践行强者的有为，“为天地立心，为生民立命，为往圣继绝学，为天下开太平”。

第五句话：终身学习。如果说成功有捷径，那就是终身学习。终身学习不仅是长江商学院倡导且积极打造的校友文化，更是深植于长江人灵魂深处的信仰。长江人，因学而凝聚；长江情，因学而结缘。终身学习是长江人共同的追求，是一场携手共进的修行。长江商学院的学员们在收获丰富的社会经历后，选择重归校园，一起分享经验、激荡观点，让思想与智慧的光芒点亮更多长江人的生活。

第六句话：取势、明道、优术。“取势、明道、优术”是项兵博士提出的理念。“势”，是要认清世界经济与社会发展变革的大趋势，练就全球取“势”的能力，提升企业家的视野和思维方式；“道”是对事物本质规律的归纳和总结，商业之道包括很多理念的、文化性和社会性的思考，如如何做生意、财富的使用等；“术”指管理之术的适用性调整，创造全球化时代合纵连横的管理方法。

第七句话：全球视野。长江商学院秉承打造全球新一代商学院的愿景，积极为全球问题的解决贡献“中国的智慧和力量”，强调在全球视角下理解中国经济发展问题，注重培养学员的全球视野、思维模式与资源整合能力。同时，凭借长江商学院与近 40 家全球知名院校建立的合作伙伴关系，长江人在学习期间与毕业之后，可以持续获益于独特的全球学习生态。

第八句话：人文关怀。创院伊始，李嘉诚先生在长江商学院课堂上对 EMBA 学员亲传两个字的成功心法——奉献。长江商学院一直倡导企业家要积极承担社会责任，重视企业家精神品格的塑造与培养，强调践行“强者的有为”。作为全球管理教育创新的引领者，长江商学院突破传统商学院的教学体系，率先将人文课程与公益学时纳入管理教育。时至今日，长江校友在弘扬人文关怀、推动社会变革、助力社会进步与和谐发展方面做出诸多探索与重要贡献。

第九句话：创新精神。“惟创新者进，惟创新者强，惟创新者胜。”面对科技变化带来的新的商业模式，长江商学院提倡用创新思维应对全球问题，在挑战与机遇共生的时代，构建持续制胜的战略思维体系。

第十句话：长江体育学院。因为长江商学院一直倡导学员健康生活、积极运动，故被亲切地称为“长江体育学院”。长江商学院的校友，时常奔跑在绿茵场上、飞驰在赛道之上、攀岩在雪山顶峰、勇走于大漠深处。中国第一位成功登顶全部14座8 000米级山峰的罗静、被誉为“长跑女神”的马妍星、2016中国马拉松十大年度跑步人物李小白……他们都有一个共同的身份——长江人。

这十句话，只有长江人才能知晓其中深意。长江人在学习中不断实践，不断加深对它们的认识，每经过一段时间的学习，都会有不同的感悟。相信长江思维将伴随长江人走过更多的挑战与成就，面对更多的机遇与突破。

作为长江商学院的一名普通的EMBA的学生，我从进校就开始思考长江、理解长江、奉献长江，充满情怀地写下了《站在月球看地球》，表达作为一名学生对长江商学院的拳拳爱心。“站在月球看地球”，这不是一句简单的口号，而是通过对接全球优质资源，创造出具有全球影响力的思想与科学，进而建设性地改变世界的大格局。创作歌词时，我引入了“因为向往大海，所以汇入长江”这句话，实现了广告语的共鸣、价值观的共鸣和格局观的共鸣。曾有人私信我，说因为听过这首歌，所以决定要来上长江长学院。

“商学院的十句话，句句包罗世界万象；张默闻的一首歌，字字表达长江情怀。”这不仅是巧合、是缘分，更是一名学生和一个学院的深厚感情和心有灵犀。一边沉浸在《站在月球看地球》的优美旋律中，一边阅读只有长江人才能看懂的十句话，此情此景、此情此境，我感觉到了幸福，就像一个婴儿爬到了我的身边，柔软、白皙、可爱，瞬间，我被温柔袭击了。

附录

歌词赏析

1.《我的老母亲》

作词：张默闻　作曲：陈伟　演唱：安静

你有你母亲，我有我母亲，我的母亲是一位平凡的农民；虽然不识字，有颗菩萨心，粗茶淡饭养育了我们一家人。

不管对儿女，还是对别人，我的母亲是一个平凡的好人；毕生忙耕种，有颗利他心，瘦弱肩膀庇护了我们一家人。

我问神在哪？她说爹娘恩；我问佛在哪？她说种善因。我的老母亲我最亲爱的人，您就是我的佛就是我的神。

我问怎么爱，她说凭真心；我问怎么恨，她说宽恕人。我的老母亲我最亲爱的人，您就是我的佛就是我的神。

2.《站在月球看地球》

作词：张默闻　作曲：陈伟　演唱：王峰

伸出你双手，伸出我双手，乘势长江一起走，一起走；你有你追求，我有我追求，击浪未来写风流，写风流。

你有你疆土，我有我疆土，向往大海共所有，共所有；迈开你脚步，迈开我脚步，汇入长江全球路，全球路。

没有长江万古流，哪有中华壮美图，要把世界都看透，站在月球看地球。

喜看长江英雄出，指点江山在全球，要把世界都看透，站在月球看地球。

3.《闻名》

作词：张默闻　作曲：陈伟　演唱：冷漠

商道不平，天下纷争，谁是那布阵的英雄？不做花瓶，不求巅峰，只为那一世的闻名。

指点朦胧，穿越泥泞，我是那送雨的东风；创意奇兵，文案刀锋，只为那一世的闻名。

都说万人朝拜是英雄，我只愿羽扇轻摇江湖行；一支笔抵得上千千万万兵，有智者才是真心英雄。

都说富可敌国是枭雄，我只愿洞察人情看暖冷；一条计定得了朝朝暮暮情，有谋者才是真心英雄。

4.《桃花珺珺杨柳依》

作词：张默闻　作曲：陈伟　演唱：张津涤

落花人独立，情郎千万里，桃花珺珺杨柳依，等待爱归期。

双眸剪秋水，纤手翻诗集，桃花珺珺杨柳依，沉醉在书里。

谁说流水都无情，谁说落花皆有意，一池芙蓉新出水，爱成了年年岁岁。

谁说百花都含蕾，谁说千枝皆泛翠，千层思念叠成被，爱成了年年岁岁。

5.《中国最美是安吉》

作词：张默闻　作曲：陈伟　演唱：任妙音

美丽乡村在哪里，它在安吉美景里；滔滔大竹海，悠悠养生地，一杯安吉白茶喝醉了我和你。

金山银山在哪里，它在绿水青山里；绵绵天目山，源源西苕溪，两山重要思想改变了天和地。

不管东南和西北，不管雄山和秀水，神州大地任来去，中国最美是安吉。

不管天时和地利，不管艺术和美丽，神州大地任来去，中国最美是安吉。

6.《世界品牌，中国龙蟠》

作词：张默闻　作曲：陈伟　演唱：张津涤

我们一起跨过江河，我们一起翻越高山，因为我们的名字叫中国龙蟠。

我们一起展望明天，我们一起高歌扬帆，因为我们的名字叫中国龙蟠。

我们是世界品牌，我们是中国龙蟠，我们秉承懂汽车更懂客户的核心理念，用照顾好全球每一辆汽车的使命，把龙蟠成为世界第七的梦想实现。

我们一起上班下班，我们一起同路征战，因为我们的名字叫中国龙蟠。

我们一起激情装满，我们一起挥洒血汗，因为我们的名字叫中国龙蟠。

我们是世界品牌，我们是中国龙蟠，我们秉承懂汽车更懂客户的核心理念，用照顾好全球每一辆汽车的使命，把龙蟠成为世界第七的梦想实现。

7.《永不变芯》

作词：张默闻　作曲：陈伟　演唱：陈文浩

你家大阳台，晾霸装起来，晾霸不怕坏，谁用谁喜爱。

我们生活在美丽的家园，和幸福心连着心，我们拥有着漂亮的阳台，和阳光心连着心。

不管是阴天还是下雨，不管是夜晚还是清晨，我为你烘干爱情的衣，让你满心欢喜。

只要你满意，我愿十万小时转不停。

永不变芯晾霸晾衣机，忠于客户忠于你，永不变芯晾霸晾衣机，感谢一生永远有你。

永不变芯晾霸晾衣机，忠于客户忠于你，永不变芯晾霸晾衣机，感谢一生永远有你。

我们生活在世界的家园，和全球心连着心，我们拥有着全球的阳台，和世界心连着心。

不管是阴天还是下雨，不管是夜晚还是清晨，我为你烘干亲情的衣，让你自由穿起。

只要你开心，我愿六十年后还陪你。

永不变芯晾霸晾衣机，忠于客户忠于你，永不变芯晾霸晾衣机，感谢一生永远有你。

永不变芯晾霸晾衣机，忠于客户忠于你，永不变芯晾霸晾衣机，感谢一生永远有你。

8.《同一个世界，同一个浪鲸》

作词：张默闻 作曲：陈伟 演唱：陈文浩

我们的世界是浩瀚的海洋，我们的理想一浪高过一浪，当太阳升起看浪花飞扬，浪鲸就是中国的卫浴之光。

我们的世界是全球的战场，我们的品牌一浪高过一浪，看性感为王为感性亮相，浪鲸就是世界的卫浴之光。

中国一起浪世界一起浪，浪出个一跃而起震天响，中国一起浪世界一起浪，浪出个世界品牌百年长。

中国一起浪世界一起浪，浪出个一跃而起震天响，中国一起浪世界一起浪，浪出个世界品牌百年长。

我们的世界是全球的战场，我们的品牌一浪高过一浪，看性感为王为感性亮相，浪鲸就是世界的卫浴之光。

中国一起浪世界一起浪，浪出个一跃而起震天响，中国一起浪世界一起浪，浪出个世界品牌百年长。

中国一起浪世界一起浪，浪出个一跃而起震天响，中国一起浪世界一起浪，浪出个世界品牌百年长。

9.《我爱太阳升》

作词：张默闻 作曲：陈伟 演唱：陈文浩

我们是太阳旭日东升，我们是希望点亮光明，我们是爱己救人的中国英雄，我们的名字就叫太阳升。

我们是太阳与爱同行，我们是热爱传播温情，我们是重视感情的中国英雄，我们的名字就叫太阳升。

我爱东方红我爱中国梦，我爱国民药我爱太阳升，我要做英雄腾飞中国龙，我要向世界证明太阳升。

我爱东方红我爱中国梦，我爱国民药我爱太阳升，我要做英雄腾飞中国龙，我要向世界证明太阳升。

我们是太阳闪耀光荣，我们是火种代表永恒，我们是国民好药的民族英雄，我们的名字就叫太阳升。

我们是太阳实干忠诚，我们是精英冲刺巅峰，我们是实事求是的民族英雄，我们的名字就叫太阳升。

我爱东方红我爱中国梦，我爱国民药我爱太阳升，我要做英雄腾飞中国龙，我要向世界证明太阳升。

我爱东方红我爱中国梦，我爱国民药我爱太阳升，我要做英雄腾飞中国龙，我要向世界证明太阳升。

10.《森鹰给你冬暖夏凉的家》

作词：张默闻　作曲：陈伟　演唱：张津涤

北疆看雪花，南方玩浪花，有爱有温度，森鹰住我家；北极看冰花，赤道玩热沙，有爱有温度，森鹰在我家。

窗外是秋冬，窗内是春夏，有爱有森鹰，温暖住我家；暖暖过隆冬，爽爽过盛夏，有爱有森鹰，春天在我家。

莫负好年华，推窗看朝霞，温暖相伴才是美好的家；不怕冷热苦，不怕闯天涯，森鹰给你冬暖夏凉的家。

莫负好年华，推窗看晚霞，温暖相伴才是美好的家；不怕天气变，不怕温差大，森鹰给你冬暖夏凉的家。

11.《无限芳华在安外》

作词：张默闻　作曲：陈伟　演唱：张津涤

生于二零零二年，坐落景区紫蓬山，一湖清水微风推，鸟语花香满院传。

山有木兮木有灵，紫蓬脚下有书声，窗外世界美如画，不负此生美华年。

头顶中华一片天，精忠报国扬风帆，学兼中外天下事，知行合一天地宽。

要问大学哪家美？安徽外国语学院，昨天今天和明天，立志报国五百年。

才女藏身图书馆，球场尽是美少年，清泉如歌月如灯，一路青春教室还。

院有书兮书有香，生命从此不迷茫，走遍世界自风流，一代一代美名传。

头顶中华一片天，精忠报国扬风帆，学兼中外天下事，知行合一天地宽。

要问大学哪家美？安徽外国语学院，昨天今天和明天，立志报国五百年。

12.《中国皇玛中国家》

联合作词：张默闻 叶晓亮　演唱：韩磊

我爱我的家，你爱你的家，我们有个共同的家他叫中国家；你要家健康，我要健康家，我们期待美好的家他叫康之家。

携手中国梦，芬芳满中华，大国工匠百年梦想铸就了皇玛；你也爱皇玛，我也爱皇玛，一带一路连接未来闪耀在华夏。

从天府之国到琼州海峡，从长江源头到长城脚下，我们把康之家送到万户千家，因为我们是中国皇玛中国家，中国家。

从世界各地到神州华夏，从匠心打造到名满中华，我们把康之家送到万户千家，因为我们是中国皇玛中国家，中国家。

13.《我的远方我的诗》

作词：张默闻　作曲：陈伟　演唱：张津涤

清晨醒来时，你用爱表示，同年同月同日生，人生浪漫事。

子夜熄灯时，你用爱表示，有情有义有期许，人生浪漫事。

不管唐诗和宋词，不管将来和此时，你是我的远方我的诗，一定要一生一世。

不管陋室和瑶池，不管国事和家事，你是我的远方我的诗，一定要一生一世，一生一世。

14.《我们一起朝东走》

作词：张默闻　作曲：陈伟　演唱：陈文浩

世界的奇迹在东方，东方的奇迹在中国，中国的骄傲在上东，上东的骄傲在你我。

五千年的中国，五千年不朽，五千年的华夏，五千年风流。

向上走的上东，一起向上走，向上走的战友，一起手拉手。

大健康的上东，大健康的梦，大健康的品牌，大健康的路。

向上走的上东，一直向上走，向上走的伙伴，一直手拉手。

我们向东看，我们竞上游，我们向东看，我们向上走，走出个少年壮志不言愁，走出个好药传递中国健康路。

我们爱上东，我们争上游，我们爱上东，我们写春秋，写出个东方巨龙龙抬头，写出个好药传递中国健康路。

15.《每一步都是起步》

作词：张默闻　作曲：陈伟　演唱：陈文浩

我们爱进步，我们爱起步，童年七彩路，每一步都是起步。

孩子的每一步都是起步，专业的每一步都是进步，呵护孩子一小步，改变世界一大步。

孩子的每一步都是起步，有爱的每一步都是进步，呵护孩子一小步，改变世界一大步。

为孩子绘制美好蓝图，让每个孩子成为参天大树。

我们是中国的起步，我们是专业的起步，陪孩子走好每一步，让童年更幸福更幸福。

我们是世界的起步，我们是专业的起步，陪孩子走好每一步，让童年更幸福更幸福。

孩子的每一步都是起步，有爱的每一步都是进步，呵护孩子一小步，改变世界一大步。

为孩子设计时尚蓝图，让每个孩子走向成功之路。

16.《真材实料刺力王》

作词：张默闻　作曲：陈伟　演唱：孔兰兰

悠悠盘州岁月长，世界闻名银杏乡，古时称为夜郎地，绵延不绝是盘江。
冬无严寒夏无暑，万亩刺梨喜生长，都说刺梨不是梨，世间维 C 它称王。
浑身是刺大营养，漫山遍野一片黄，核心产区美名扬，数万黎民为它忙。
宏财用爱报家国，精准扶贫闪光芒，谁把刺梨做成王，敢做敢为刺力王。
本草纲目有记载，造福健康不迷茫，藏在高原千万年，今日终得美名扬。
人说刺梨一上市，太医整年不开张，要说刺梨是什么？是果是药是营养。
超过弥桃整十倍，刺梨维 C 更优良，超过柑橘五十倍，刺梨维 C 强中强。
超过苹果五百倍，堪称维 C 第一王，要问刺梨哪家好？真材实料刺力王。

17.《我的森鹰，我的大国之鹰》

作词：张默闻　作曲：陈伟　演唱：金久哲

中国东北浩瀚苍穹，黑土大地辽阔心胸，大国之鹰，中国之鹰，黑土地养育的质量英雄。

中国东北江山多情，黑土大地前途光明，大国之鹰，世界之鹰，黑土地成长的品牌英雄。

美和艺术心意相通，爱与温度四季相同，有森鹰的家夏不热冬不冷，我的森鹰我的大国之鹰。

走向世界雄心相通，艰苦奋斗步伐相同，有森鹰的家爱更深情更浓，我的森鹰我的大国之鹰。

18.《你是燕子你是诗》

作词：张默闻　作曲：陈伟　演唱：张津涤

春天最美时，烟雨成歌词，鲜花铺大地，心情芬芳事；鸟儿为你唱，娇阳变天使，身边有儿郎，南国有相思。

提笔写心情，推窗看月时，小杯功夫茶，心里藏信使；漫漫人生路，将它变成诗，莫道女儿娇，优雅在今世。

沉鱼游来去，落雁舞成诗，香火为你绕，蝴蝶曾相识，春风不老浪漫事，浪漫事，你是燕子你是诗，你是诗。

羞花低下头，闭月正柔时，音律为你飘，晚风入心室，春风不老浪漫事，浪漫事，你是燕子你是诗，你是诗。

19.《谢天谢地谢谢您》

作词：张默闻　作曲：陈伟　演唱：张津涤

青山云雾吻，竹海传情深，一场小雨唤醒了江南的春；悠悠安吉情，揉揉白茶心，阳春三月迎来了采茶的人。

佛用禅茶修，爱用心敲门，天地之间长满了向善的心；滔滔父母恩，漫漫师生情，知恩图报绵延了中华的魂。

一片叶子富了一方百姓，一杯极白洗了琐事凡尘，请许我深情举杯祝福你，谢天谢地谢谢您。

20.《来世莫欺少年穷》

作词：张默闻　作曲：陈伟　演唱：曾春年

我是墨，你是红，我是落雨你是晴；我是墨，你是红，渡口一别难重逢。

我是墨，你是红，来世莫欺少年穷；我是墨，你是红，一轮残阳铺水中。

忆起杨桥月如灯，低头一笑脸就红，转眼山河都老去，岁月背后藏深情。

不见书信不见影，只闻深山敲钟声，转眼故事都老去，相忘江湖烟雨濛，烟雨濛。

21.《我心永达》

作词：张默闻　作曲：陈伟　演唱：大哲

你来自雪花北国，我来自海角天涯，你来自江南水乡，我来自西域黄沙。

你是那行业新秀，我是那创意大侠，你是那民族英雄，我是那世界芳华。

我们都有一个家名字叫永达，致敬中国品牌兴我中华。

南来北往的高铁密密麻麻，纵横交错的公路潇潇洒洒，永达发布的品牌英姿飒飒，选择永达就会永远发达。

永达中国的资源密密麻麻，永达景区的人流潇潇洒洒，永达传媒的品牌英姿飒飒，选择永达就会永远发达。

22.《万朵梅花这朵香》

作词：张默闻　作曲：陈伟　演唱：张津涤

傲雪朵朵艳，分秒袅袅香，素手遥指月，美女不饶霜，俏也不争春，守于先生房，西风作歌谣，东风散芬芳。

雪花朵朵落，情爱深深藏，左手大儿郎，右手小儿郎，古筝弹情深，琵琶传意长，开口是温良，握手是余香。

明眸皓齿俊模样，倾国倾城似暖阳，喜看天下梅满堂，万朵梅花这朵香。

不经彻骨风雪霜，怎得梅花扑鼻香，喜看河山万里长，万朵梅花这朵香，这朵香。

雪花朵朵落，情爱深深藏，左手大儿郎，右手小儿郎，古筝弹情深，琵琶传意长，开口是温良，握手是余香。

明眸皓齿俊模样，倾国倾城似暖阳，喜看天下梅满堂，万朵梅花这朵香。

不经彻骨风雪霜，怎得梅花扑鼻香，喜看河山万里长，万朵梅花这朵香，这朵香。

23.《人间最美是小秋》

作词：张默闻　作曲：陈伟　演唱：张津涤

不问春天绿，不管夏雨愁，不羡冬日暖，只爱一个秋；同耕一亩田，笑看秋水流，人间最美是小秋，是小秋。

不问跋涉苦，不管风雨路，不羡野花香，只爱一个秋；同枕波涛眠，笑看海水流，人间最美是小秋，是小秋。

说不完的私房话，爱不完的温与柔，看不完的儿女书，灯不灭的爱情楼。

画不完的恩爱画，说不够的共白头，泡不完的恩爱茶，温暖相握两双手。

虽然四季都有路，人间最美是小秋。

24.《天上的星星是爱情的灯》

作词：张默闻　作曲：陈伟　演唱：陈瑞

有一颗星挂在夜空，与我一夜抵抗到天明，南海听涛声，沙漠听驼铃，你就是那一颗温柔的星。

有一颗星长在心中，和我一生无尽的缠绵，寒冬听北风，盛夏听蝉鸣，你就是那一颗浪漫的星。

天上的星星是爱情的灯，照亮了我长长的旅程，有你的陪伴，花开更红，一路绽放快乐的笑容。

天上的星星是爱情的灯，温暖了我漫漫的人生，用你的光芒灿烂风景，一路收获幸福的感动。

25.《速度与温柔》

作词：张默闻　作曲：陈伟　演唱：张津涤

开上你的爱车把我带走，我在你的车里感受温柔，哪怕漫漫长路，有你在，有你在，我就永不停留。

开上你的爱车把我带走，我在你的身边极尽温柔，哪怕漫漫长路，有你在，有你在，我就不会停留。

你说爱情保养需要温柔，你说爱车保养需要世界好油，龙蟠润滑油就像一双莲花的手，让我们享受速度，享受温柔。

你说爱情保养需要温柔，你说爱车保养需要世界好油，龙蟠润滑油就像一双爱情的手，让我们享受速度，享受温柔。

26.《爱家你就常回家》

作词：张默闻　作曲：陈伟　演唱：刘奕辰

窗外一轮月，桌上一杯茶，客厅里有一套健康好沙发；父母在厨房，孩子在玩耍，有爱的家就有皇玛康之家。

饭菜冒热气，阳台开鲜花，客厅里有一套健康好沙发；早上跑跑步，晚上说说话，有爱的家就有皇玛康之家。

你在闯世界，我在照看家，你一回到家，就爱坐沙发；我想告诉你，一句掏心话，爱家你就常回家，你就常回家。

我在打扫家，你在打天下，你一回到家，就爱坐沙发；我想告诉你，一句掏心话，爱家你就常回家，你就常回家。

饭菜冒热气，阳台开鲜花，客厅里有一套健康好沙发；早上跑跑步，晚上说说话，有爱的家就有皇玛康之家。

你在闯世界，我在照看家，你一回到家，就爱坐沙发；我想告诉你，一句掏心话，爱家你就常回家，你就常回家。

27.《想你爱你忠于你》

作词：张默闻　作曲：陈伟　演唱：张津涤

茶园喜鹊飞，高山飘灵气，茶女唱歌谣，晨露藏白帝；掌心捧青叶，妙手炒欢喜，一芽一叶都是为了你。

细雨洒江南，情爱心中起，禅茶敬天地，佛心藏白帝；大师揉传奇，新茶跑千里，三生三世都是为了你。

亲不够的绿水青山茶园地，想不够的日出月落爱归期。我把白帝，白帝献给您，想你爱你忠于你忠于你。

说不完的敬天爱人情与理，道不尽的情深义重我和你，我把白帝，白帝献给您，想你爱你忠于你忠于你。

28.《中国第一彩绘村》

作词：张默闻　作曲：陈伟　演唱：张津涤

中国第一彩绘村，坐落乐安大通村，以前到处斑驳墙，现在壁画美如春。

早看朝阳晚看霞，白云朵朵醉身心，要知童话啥模样，就来大通彩绘村。

竹海里面藏森林，一世难得美乡村，高山畲族歌舞琴，一代一代原住民。

山泉潺潺随时饮，彩虹飘飘照路人，观赏壁画还养心，乐安大通彩绘村。

村子上面有飞瀑，村子下面有乡邻，人在画中走一走，人变画来画变人。

画家神笔舞天地，彩色凤凰飞满村，三千三百三十只，保佑天下善良人。

千言万语爱不尽，乡村振兴领路人，绿水青山无限美，精准扶贫中国心。

土菜香香敬宾朋，翠鸟声声送客人，生态摄影还养心，中国第一彩绘村。

29.《我爱我爱你的脸》

作词：张默闻　作曲：陈伟　演唱：张津涤

捧着你的脸，吻着你的眼，我要告诉你，那万语千言，不管多少年，不论阴晴天，你已定居在我的心里面。

捧着你的脸，亲了很多年，虽然不再是，那盛世容颜，不管大小船，不怕浪翻天，你已定居在我的心里面。

想你泪也甜，爱你心也软，请让斑消宝，亲亲你的脸，抹去小斑斑，笑里藏暖暖，我爱我爱你的脸，你的脸。

陪你走很远，念你千万遍，请让斑消宝，亲亲你的脸，抹去小斑斑，笑里藏暖暖，我爱我爱你的脸，你的脸。

30.《新青青河边草》

作词：张默闻　作曲：陈伟　演唱：孙艺琪

街上斑马线，一把油纸伞，淋湿的爱情，谁来把它暖；外面下着雨，里面烛光闪，易碎的泪滴，掉在爱里了。

靠窗看街灯，咖啡喝一半，安静的美好，漂亮像花瓣；岁月不饶谁，远方不算远，思念的时针，转了很多年。

临街咖啡馆，音乐唱着暖，一条感情线，直通心里面；青青河边草，朵朵是晴天，魂牵梦绕每一天，每一天。

临街咖啡馆，月光洒心尖，看着你的眼，泪光在打闪；青青河边草，根根是思念，紧握双手每一年，每一年。

31.《悦来悦爱你》

作词：张默闻　作曲：陈伟　演唱：杭娇

走着走着我就遇见了你，说着说着我就爱上了你，跳大美之舞，穿汉服素衣，我用余生的时间来爱你。

爱着爱着我就相信了你，暖着暖着我就嫁给了你，煮高山红茶，调冰糖雪梨，我用余生的时间来爱你。

清晨是你，夜晚是你，一季一季都是为了你；依靠是你，想念是你，你是我的故事，悦来悦爱你。

春天是你，秋天是你，一季一季都是为了你；牵手是你，等我是你，你是我的传奇，悦来悦爱你。

32.《养心养肺养心谷》

作词：张默闻　作曲：陈伟　演唱：孙艺琪

谷在高山处，瀑布日夜流，时而像鸟鸣，时而如猛虎；远山吐云雾，竹鼠在散步，捧着山泉水，就像饮甜露。

满山萤火虫，青蛙在背书，空气水洗过，真爱心中留；忘掉红尘苦，和你去漂流，躺着看星星，就像画一幅。

好一副上风上水风景图，好一条真山真水养心路，若问哪里，哪里可解愁？养心养肺养心谷，养心谷。

好一副人见人爱真情图，好一条花见花开养心路，若问天下，天下浪漫处？养心养肺养心谷，养心谷。

33.《青风》

作词：张默闻　作曲：陈伟　演唱：任妙音

江南雾雨，悠悠回廊，又见宋朝，临湖青唱；桂花吐芳，琴声悠扬，青风细细，柔了儿郎。

美目流盼，笑声朗朗，芸芸众生，可爱姑娘；铿锵玫瑰，朵朵奇香，行走江湖，青风飘扬。

谈得了千百年儿女情长，论得了古到今风云战场，读得透沁园春无限风光，唱得出李清照婉约感伤。

看不够梦江南老街古墙，看得透人世间情深意长，转瞬间青风起又上战场，要让那凯歌奏轻舞飞扬。

34.《红色思想红宝石》

作词：张默闻　作曲：陈伟　演唱：金久哲

美丽大中国，一颗红宝石，修合无人见，存心有天知；细节定成败，团结做大事，做人当如龙，冲天吐气势。

美丽大东北，一颗红宝石，办事稳准狠，万事靠坚持；带兵先带心，旗下有雄师，做人先垂范，诚信最大事。

树百年品牌我们实事求是，品天地良心我们以爱明志，绿色的道路啊走啊走成诗，红色的思想点亮红宝石。

坚持走正步我们目不斜视，认真去总结我们审时度势，绿色的道路啊走啊走成诗，红色的思想点亮红宝石。

35.《爱我就请我吃东北大板》

作词：张默闻　作曲：陈伟　演唱：李策

青青校园，可爱笑脸，恋爱真好，匆匆那年；一起牵手，步行缓缓，人手一只，东北大板。

悠悠岁月，幸福笑脸，婚姻真好，匆匆那年；三口之家，温情漫漫，人手一只，东北大板。

清晨醒来我想看见你的脸，午后我想在你怀里偷个懒，你说想把爱情的营养加满，爱我，就请我吃东北大板。

每个清晨我都亲亲你的脸，每个午后我都抱你偷个懒，你说想把健康的营养加满，爱我，就请我吃东北大板。

悠悠岁月，幸福笑脸，婚姻真好，匆匆那年；三口之家，温情漫漫，人手一只，东北大板。

清晨醒来我想看见你的脸，午后我想在你怀里偷个懒，你说想把爱情的营养加满，爱我，就请我吃东北大板。

每个清晨我都亲亲你的脸，每个午后我都抱你偷个懒，你说想把健康的营养加满，爱我，就请我吃东北大板。

后记

娘，我好好读书了

娘，您在那边还好吗？自从 2008 年您离开我们，至今已整整 12 载。

娘，您在世时一直告诫我，要认真读书，这是我可以站着走出去的唯一一条路，因为我的爹、我的娘都没有本事能帮到我。

娘对我说：“你有个不识字的娘，已经吃够了没有文化的苦，自己出门连车都坐不好，问人怕让人笑话，所以总是坐错车。儿子，你要争气，要好好读书，争取‘穿白衬衫、黑皮鞋’回来给我看看。”所以，每次我成绩不理想的时候，您总会对我一顿暴揍、一阵数落，那情景仿佛就在眼前，就像一部老电影。

娘，您还告诉我：“你要好好读书，做个正儿八经的读书人，不要做读书人里的坏人。”我一直牢记您的话，好好读书、好好做人。小时候，我“欺负”您不识字，经常在您面前看与学习无关的书，《故事会》《读者》《安徽日报》等。您总是笑眯眯地看着我，从未想过我会欺骗您。如今每每回想起当时您的笑容，我的心中就充满了愧疚和不安。

每到暑假农忙结束，您就会习惯性拉个席子和我坐在屋后面的洋槐树下纳凉，一边做着针线活，一边含着笑、歪着头看着我趴在席子上读书、写字。那时候，我想您的心里一定是美滋滋的，觉得自己的儿子就是个“小秀才”，将来一定能中“状元”。虽然我的眼睛小、鼻子大，骨瘦如柴，但您却觉得我好看、有福气。当然，您偶尔也会有点儿冷幽默，还记得吗？您曾说过我的脸长得长，春天哭的眼泪到冬天还没流到嘴边。这句话，我整整记了40年。

后来，因为一场轰轰烈烈的早恋，读书成了泡影。您的失落和绝望都写在了心里，脸上一丁点儿也没流露出来。您没有骂我，反过来却安慰我："儿子，没关系，种地也能吃饭，不读书就不读书，娘能养你。"那时候，我也觉得读书和我已经彻底决裂了，我觉得我已经是个正儿八经的小农民了，命运的镣铐已经"咔嚓"一声戴在了我的手上。那年我16岁，您61岁。

后来，我一个人出去流浪，我又开始了读书。您知道后，喜极而泣，您说："就知道你小子不会让娘失望，娘告诉你，让你多读书，不是求你高官得坐、骏马任骑，其实就图你今后能照顾好你自己，因为一寸学问、一尺机会，有学问才可以到大城市里走走，说不定，你就走出了你的路……"

那时候，每次回家，我都会给您读我写的文字。您每次都在煤油灯下，或者月光下，或者电灯下，认真地听着、认真地笑着，连连说，写得好，读得也好，我们老张家出了第二个秀才啦。后来，姐姐告诉我："娘说，你读给她的文章她一句也没有听懂，她觉得很内疚。"我流泪了。

后来，我买的书越来越多，读的书也越来越多。现在，我在杭州有一个几百平方米的"超级大书房"，里面收藏了上万套书。我白天读、夜晚读，就是想成为您期望我成为的读书人的样子。我坚信您能看得见，因为您说过："我不会走很远，你干什么我都看得见。"这就是我要在杭州拥有那么大的一个书房的原因，我就是要报答您，那个让我一直读书的您。

娘，《读书向善》就要出版了，这本书是献给您的。20年的时间，我从南开大学毕业了，也从长江商学院EMBA班毕业了，我已经尽了我最大的努力来读书了。虽然读得不是很好，但是我努力了，我不敢让您失望。

娘，这些年，我通过努力连续七年蝉联中央广播电视总台的广告策略顾问，成为中国十大营销策划家，成为不少世界500强和中国500强企业品牌的全案策划人。两任中国首富宗庆后和许家印都在用您的儿子做的策划案，您自豪吗？

20年来，您的儿子出版了30多本书、写了30多首歌、照顾着将近30个员工的家庭，我也尽全力孝敬我的岳父岳母，他们都很善良，对我很好。您一直嘱咐我要做个好儿子、好丈夫、好女婿，做个正儿八经的读书人，我都做到了。娘，这一切都是您让我坚持读书的结果，我要谢谢您，我勤劳、善良的娘亲！

娘，现在您的孙子辈都已经长大成人了，很英俊。您后继有人，您可以放心了。最后，我想负责地对您说："娘，我真的好好读书了。"这些年，我一直在读书，我还要继续读下去。我还要告诉您，我读书的原则就四个字——"读书向善"。这下您可以彻底放心了！

娘，您听到了吗？

您的儿子：

2020年10月8日写于中国杭州